感谢您的支持！
请指正。

全球

能源互联网

Global Energy Internet

刘振亚◎著

中国电力出版社
CHINA ELECTRIC POWER PRESS

图书在版编目（CIP）数据

全球能源互联网 / 刘振亚著. —北京：中国电力出
版社，2015.1
ISBN 978-7-5123-7052-4

Ⅰ.①全… Ⅱ.①刘… Ⅲ.①能源发展－研究－世界
Ⅳ.①F416.2

中国版本图书馆 CIP 数据核字（2015）第 002050 号

审图号：GS（2014）5350 号

中国电力出版社出版、发行
（北京市东城区北京站西街 19 号　100005　http://www.cepp.sgcc.com.cn）
北京盛通印刷股份有限公司印刷
各地新华书店经售
*
2015年1月第一版　2020年5月北京第三次印刷
787毫米×1092毫米　16开本　25印张　422千字
定价：96.00元

前　言

　　能源是经济社会发展的重要物质基础。人类对能源的利用，从薪柴到煤炭、石油、天然气等化石能源，再到水能、风能、太阳能等清洁能源发电，每一次变迁都伴随着生产力的巨大飞跃和人类文明的重大进步。能源作为现代化的动力，关系国计民生、关系人类福祉。以新一轮能源变革为契机，加快建立安全可靠、经济高效、清洁环保的现代能源供应体系，成为世界各国共同的战略目标。

　　自工业化以来的近三百年间，世界能源工业飞速发展，有力支撑了全球经济与社会发展。在这个过程中，传统化石能源的大量开发使用导致资源紧张、环境污染、气候变化等问题日益突出，严重威胁人类生存和可持续发展。全球化石能源资源有限，能源资源与能源消费分布不均衡，能源开发越来越向少数国家和地区集中，一些资源匮乏国家能源对外依存度不断提高，能源安全问题十分严峻。同时，大量化石能源在生产、运输、使用的各环节对空气、水、土壤等造成严重污染和破坏，化石能源燃烧产生的二氧化碳已经成为导致全球气候变暖、冰川消融、海平面上升的重要因素。未来，随着全球经济增长和世界人口增加，能源需求将持续增长，建立在化石能源基础上的传统能源发展方式已难以为继。

　　统筹解决能源和环境问题，破解经济社会发展瓶颈，已经变得十分紧迫。全球清洁能源资源丰富，水能资源超过

100亿千瓦，陆地风能资源超过1万亿千瓦，太阳能资源超过100万亿千瓦，远远超过人类社会全部能源需求。21世纪以来，以电为中心、清洁化为特征的能源结构调整加快推进，风能、太阳能等新能源的大规模开发利用成为世界主要国家的共同选择。随着技术进步和新材料应用，风能、太阳能、海洋能等清洁能源开发效率不断提高，技术经济性和市场竞争力逐步增强，完全有可能成为世界主导能源。绝大部分清洁能源只有转化为电能才能够高效利用。而电能作为优质、清洁、高效的二次能源，能够替代绝大多数能源需求，是未来最重要的终端能源。从世界能源发展趋势和资源禀赋特征看，实施以清洁替代和电能替代为主要内容的"两个替代"是世界能源可持续发展的重要方向。

"两个替代"是对传统能源生产消费方式和理念的根本性变革。这要求我们树立全球能源观，以全球视野、历史视角、前瞻思维、系统方法研究能源问题，加快构建全球能源互联网，促进清洁能源大规模开发、大范围配置、高效率利用，实现能源与政治、经济、社会、环境协调发展，保障能源安全、清洁、高效、可持续供应。全球能源互联网以特高压电网为骨干网架，以输送清洁能源为主导，连接大型清洁能源基地以及各种分布式电源，将清洁能源输送到各类用户，是服务范围广、配置能力强、安全可靠性高、绿色低碳的全球能源配置平台。依托全球能源互联网，在能源开发上实施清洁替代，以清洁能源替代化石能源，走低碳绿色发展道路，实现化石能源为主向清洁能源为主转变；在能源消费上实施电能替代，以电代煤、以电代油，推广应用电锅炉、电采暖、电制冷、电炊具和电动交通等，提高电能在终端能源消费中的比重，从根本上解决化石能源污染和温室气体排放问题。

全球能源互联网是实施"两个替代"的关键，是保障全球清洁能源高效开发、让人人享有可靠能源供应的重要平台，将带来能源发展战略、发展路线、结构布局、生产和消费方式以及能源技术等全方位调整。本书基于全球能源观，分析了世界能源发展现状、挑战和实施"两个替代"的必然趋势，在预测未来全球能源电力供需基础上，提出了依托特高压交直流和智能电网技术发展全球能源互联网的战略思路、总体目标、基本格局、构建方式和发展路径，为推动世界能源安全、清洁、高效、可持续发展提供了全新的解决方案。

全书共分为八章：

第一章分析全球能源资源分布和发展现状，总结当前世界能源发展所面临的主要挑战。

第二章介绍世界风电和太阳能发电发展趋势，阐述"两个替代"的必然性及其在能源革命中的重要地位。

第三章探讨世界能源发展规律，提出全球能源观发展理念，明确要坚持以全球性、历史性、差异性、开放性的立场研究和解决全球能源问题。

第四章分析能源电力供需主要影响因素，预测全球能源电力需求总量和结构，提出未来全球能源开发重点和布局，对全球电力供需和全球电力流进行了展望。

第五章阐述全球能源互联网与坚强智能电网的内在联系，提出构建全球能源互联网的设想和框架，研究了跨洲特高压骨干网架、洲内跨国互联电网、国家泛在智能电网建设方案，探讨了全球能源互联网的合作机制，并初步评估了全球能源互联网的综合效益。

第六章阐述全球能源互联网技术创新的重要性和重点领域，着重介绍电源、电网、储能和信息通信等技术领域的最新进展、发展方向和应用前景。

第七章介绍全球能源互联网研究和实践基础，重点总结国内外在特高压、智能电网、清洁能源、大电网互联领域的技术研究、标准制定、规划编制和工程建设情况。

第八章从能源、经济、社会、文明四个维度，展望全球能源互联网对未来世界的重大影响和推动作用。

全球能源互联网是既利当前又利长远的重大基础设施，对世界能源可持续发展能够发挥全局性、战略性引领作用，符合全人类的共同利益。未来几十年将是全球能源互联网快速发展的关键时期，需要各国政府、国际组织、社会团体和能源企业积极参与，加强理论研究、理念传播、技术攻关和国际合作，共同推动全球能源互联网建设，更好地支撑经济社会发展。

本书所论述的全球能源互联网等理念和发展思路，是基于作者多年来对中国和世界能源电力发展战略问题的思考，特别是结合了中国特高压发展成功实践，同时参考了国内外一些专家学者和组织机构的研究成果，希望能够对世界能源战略研究和政策制定有所帮助。

作　者

2015年1月

目　录

第一章
全球能源发展现状与挑战

能源安全事关经济社会发展全局。世界能源发展与资源禀赋密切相关,地球不仅拥有大量的煤炭、石油、天然气等化石能源,而且拥有丰富的水能、风能、太阳能等可再生清洁能源。长期以来,世界能源发展过度依赖化石能源,导致资源紧张、气候变化、环境污染等问题日益突出,严重威胁人类生存发展,形势十分严峻。应对挑战,需要统筹把握经济发展全球化、资源配置全球化和环境影响全球化的新特征,推动世界能源走上安全、清洁、高效、可持续的发展道路。

第一节　全球能源发展现状

　　全球能源发展经历了从薪柴时代到煤炭时代，再到油气时代、电气时代的演变过程。目前，世界能源供应以化石能源为主，有力支撑了经济社会的快速发展。适应未来能源发展需要，水能、风能、太阳能等清洁能源正在加快开发和利用，在保障世界能源供应、促进能源清洁发展中，将发挥越来越重要的作用。

一、基本概况

　　长期以来，世界能源消费总量持续增长，能源结构不断调整。19世纪中叶，人类消耗的能源以薪柴为主，煤炭占比不足20%。随着工业革命的推进，煤炭比重大幅度上升，到20世纪初达到70%以上。20世纪以来，随着石油、天然气比重不断上升，煤炭比重快速下降。60年代，石油超过煤炭成为世界第一大能源；1973年石油占比达到峰值。在经历20世纪七八十年代两次全球石油危机之后，石油比重逐步下降，天然气比重不断上升，煤炭比重有所回升。特别是近20年，世界能源发生了深刻变革，总体上形成煤炭、石油、天然气三分天下，清洁能源快速发展的新格局。1850年以来世界能源消费结构变化情况如图1-1所示。

（一）能源资源

　　全球能源资源主要有煤炭、石油、天然气等化石能源和水能❶、风能、太阳能、海洋能等清洁能源。**全球化石能源资源虽然储量大，但随着工业革命以来数百年的大规模开发利用，正面临资源枯竭、污染排放严重等现实问题；清洁能源不仅总量丰富，而且低碳环保、可以再生，未来开发潜力巨大。**

---

❶　广义的水能包括河流水能和海洋能，本书中水能专指河流水能。

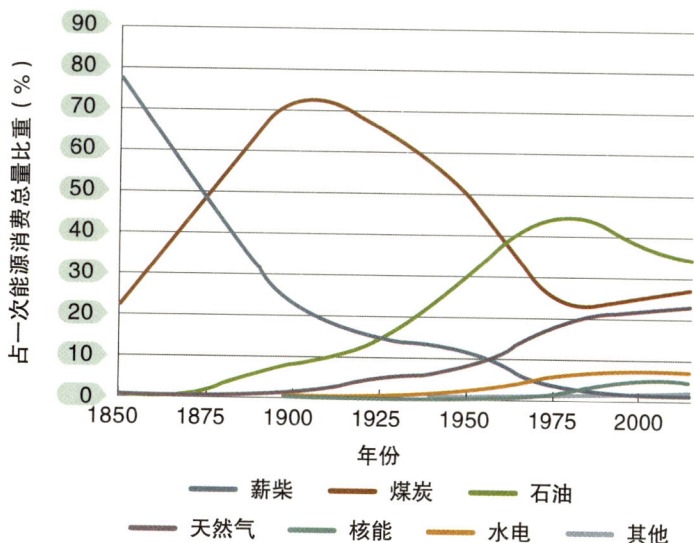

图1-1 1850年以来世界能源消费结构变化情况

资料来源：罗伯特·海夫纳三世，能源大转型，中信出版社，2013年。

　　截至2013年，全球煤炭、石油、天然气剩余探明可采储量分别为8915亿吨、2382亿吨和186万亿米³，折合标准煤❶共计1.2万亿吨，其中煤炭占52.0%、石油占27.8%、天然气占20.2%。按照目前世界平均开采强度，全球煤炭、石油和天然气分别可开采113年、53年和55年。这些化石能源在全球分布很不均衡，煤炭资源95%分布在欧洲及欧亚大陆、亚太、北美等地区（见图1-2），石油资源80%分布在中东、北美和中南美，天然气资源70%以上分布在欧洲及欧亚大陆、中东地区。世界煤炭、石油、天然气资源分布情况如表1-1所示。中国❷化石能源资源以煤炭为主，石油、天然气等资源相对贫乏，化石能源剩余探明可采储量总计约为896亿吨标准煤，其中煤炭占91.2%、石油占3.9%、天然气占4.9%，储采比❸分别为31年、12年和28年。

---

❶ 1吨原煤相当于0.714吨标准煤，1吨原油相当于1.43吨标准煤，1000米³天然气相当于1.33吨标准煤。
❷ 如无特别说明，本书的中国数据未包含港澳台地区。
❸ 储采比是指剩余探明储量与当年开采量的比例，也就是按当前生产水平尚可开采的年数。

图1-2 世界煤炭、石油、天然气分布示意图

注 本图区域划分依据英国石油公司（British Petroleum，BP）统计口径。后文中资料源于BP的，其区域划分也同本图。

表1-1 世界煤炭、石油、天然气资源分布情况

地区	煤炭			石油			天然气		
	剩余探明可采储量（亿吨）	占比（%）	储采比（年）	剩余探明可采储量（亿吨）	占比（%）	储采比（年）	剩余探明可采储量（万亿米³）	占比（%）	储采比（年）
北美	2451	27.5	250	350	13.6	37	12	6.3	13
中南美	146	1.6	149	511	19.5	>100	8	4.1	44
欧洲及欧亚大陆	3105	34.8	254	198	8.8	23	57	30.6	55
中东	11	0.1	>500	1094	47.9	78	80	43.2	>100
非洲	318	3.6	122	173	7.7	41	14	7.6	70
亚太	2884	32.4	54	56	2.5	14	15	8.2	31
合计	8915	100	113	2382	100	53	186	100	55

资料来源：BP，Statistical Review of World Energy 2014。

全球水能、风能、太阳能等清洁能源资源非常丰富。根据世界能源理事会（World Energy Council，WEC）估算，全球清洁能源资源每年的理论可开发量超过150000万亿千瓦·时，按照发电煤耗300克标准煤/（千瓦·时）计算，约合45万亿吨标准煤，相当于全球化石能源剩余探明可采储量的38倍。清洁能源资源分布也很不均衡。水能资源主要分布在亚洲、南美洲、北美洲、非洲中部的主要流域；风能资源主要分布在北极及其附近地区与亚洲、欧洲和北美洲的高纬度地区，非洲、南美洲、北美洲、大洋洲近海地区也拥有一定的优质风能资源；太阳能资源主要分布在东非、北非、中东、澳大利亚、智利等赤道附近的中低纬度地区，在地球其他沙漠、戈壁滩等干燥气候地区也拥有优质的太阳能资源。这些清洁能源富集地区大多地广人稀，远离人类的生产生活中心数百到数千千米，需要大范围配置才能开发利用。世界水能、风能、太阳能等资源分布情况如表1-2所示。

表1-2　　　　　　世界水能、风能、太阳能等资源分布情况

地区	水能		风能		太阳能	
	理论蕴藏量（万亿千瓦·时/年）	占比（%）	理论蕴藏量（万亿千瓦·时/年）	占比（%）	理论蕴藏量（万亿千瓦·时/年）	占比（%）
亚洲	18	46	500	25	37500	25
欧洲	2	5	150	8	3000	2
北美洲	6	15	400	20	16500	11
南美洲	8	21	200	10	10500	7
非洲	4	10	650	32	60000	40
大洋洲	1	3	100	5	22500	15
合计	39	100	2000	100	150000	100

资料来源：世界能源理事会，World Energy Resources: 2013 survey；联合国政府间气候变化专门委员会（Intergovernmental Panel on Climate Change, IPCC），the IPCC Special Report: Renewable Energy Resources and Climate Change Mitigation（SRREN），2011年5月。

（二）能源消费

全球能源消费呈现总量和人均能源消费量持续"双增"态势。1965～2013年，受世界人口增长、工业化、城镇化等诸多因素拉动，全球一次能源年消费总量从53.8亿吨标准煤增长到181.9亿吨标准煤（考虑非商品能源，大约为195亿吨标准煤），近50年

时间增长了2.4倍，年均增长2.6%；年人均能源消费量从2.1吨标准煤增长到2.6吨标准煤，增长了23.8%，年均增长0.4%。

亚太地区逐渐成为世界能源消费总量最大、增速最快的地区。随着产业转移和人口比重变化，发达国家在世界一次能源需求中所占比重趋于下降，发展中国家占比趋于上升。1965～2013年，亚太地区能源消费占世界的比重从11.7%上升到40.5%，年均增长率达到5.2%，是全球近50年来能源消费增长最快的地区；全球新增一次能源消费128.1亿吨标准煤中，有52.6%来自亚太地区，2003年后，亚太地区能源消费总量超过北美和欧洲地区，在全球能源消费地区中居于首位。1965～2013年世界一次能源消费格局变化如图1-3所示。

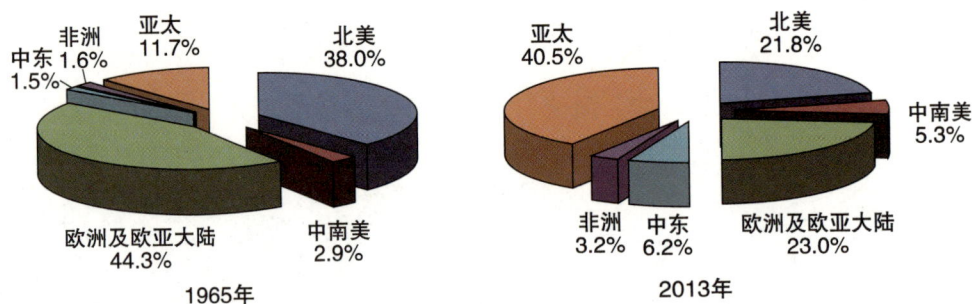

图1-3   1965～2013年世界一次能源消费格局变化

资料来源：BP，Statistical Review of World Energy 2014。

随着经济持续增长和人民生活水平不断提高，改革开放以来中国能源消费量逐年攀升，目前已超过美国成为世界最大的能源消费国。1980～2013年，中国能源年消费总量由6.0亿吨标准煤增长至37.5亿吨标准煤，年均增长率达5.5%，为同期世界年均增长水平的2.8倍；年人均消费量从0.6吨标准煤增长到2.8吨标准煤，从世界平均水平的26%增长到104%。

世界能源消费结构长期以化石能源为主，但其所占比重正在逐步下降。1965～2013年，全球化石能源年消费总量从50.5亿吨标准煤增长到157.5亿吨标准煤，增长了2.1倍，年均增长2.3%；化石能源占一次能源消费比重由94.3%下降到86.7%，下降约7.6个百分点。1965～2013年世界一次能源消费总量及化石能源占比如图1-4所示。

电能占终端能源消费比重逐步提高。随着电气化水平提高，越来越多的煤炭、天然气等化石能源被转化成电能，化石能源在世界终端能源消费结构中的比重持续下降。1973～2012年，煤炭、石油在世界终端能源消费中的比重分别下降了3.6个、7.5个百分点，而电能所占比重从9.4%增长到18.1%，仅次于石油占比，位居第二位。2012年中国终端能源消费中，终端用电所占比重已经超过20%，达到22.6%，高于世界平均水平，但仍低于日本等一些电气化水平高的国家。1973～2012年世界终端能源消费量结构变化如图1-5所示。

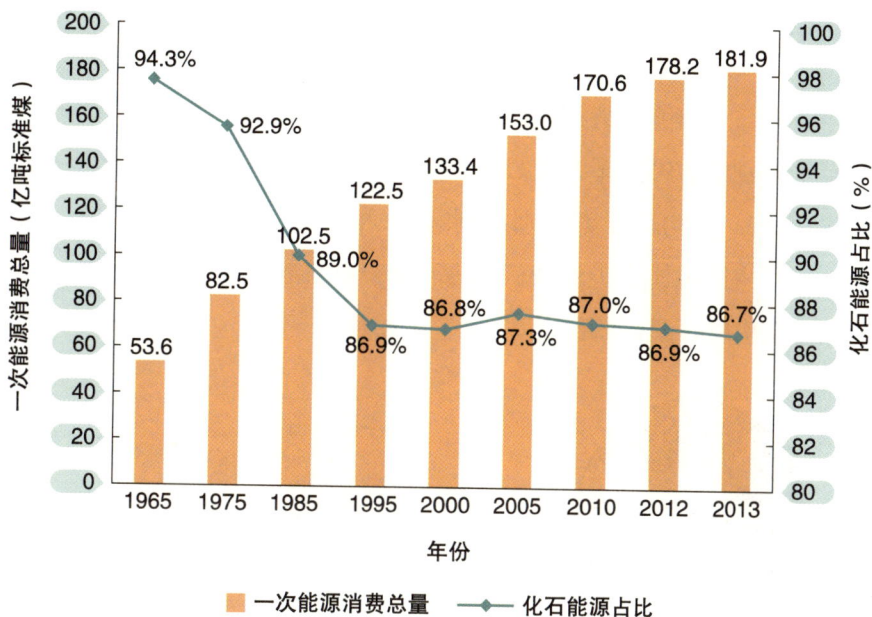

图1-4　1965～2013年世界一次能源消费总量及化石能源占比

资料来源：BP，Statistical Review of World Energy 2014。

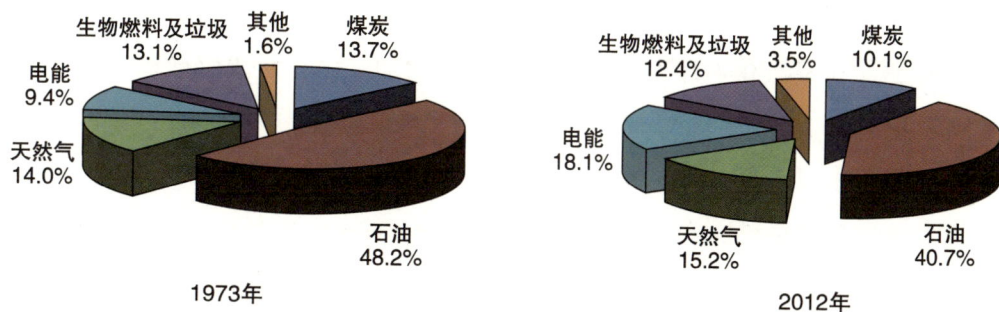

图1-5　1973～2012年世界终端能源消费量结构变化

资料来源：IEA，2014 Key World Energy Statistics。

（三）能源生产

世界能源生产总量稳步上升，化石能源逐步增加，清洁能源发展迅猛。工业化以来，化石能源支撑着世界经济的发展，在化石能源生产中，石油目前占据着最重要的地位，其次是煤炭和天然气。1980～2013年，世界石油年产量从30.9亿吨增至41.3亿吨，增长了33.7%，年均增长0.9%，中东、非洲在全球石油生产中的地位趋于上升，北美地区趋于下降；天然气年产量从1.4万亿米³增长至3.4万亿米³，增长了1.3倍，年均增长2.6%，欧洲成为世界天然气最主要产区；煤炭年产量从38.4亿吨增长至79.0亿吨，增长了1.1倍，年均增长2.3%，亚太地区成为世界煤炭最主要产区。进入21世纪，风能、太阳能等清洁能源发展迅猛。2000～2013年，全球风电、太阳能发电装机容量分别由1793万千瓦、125万千瓦增长到3.2亿千瓦、1.4亿千瓦，分别增长了17倍和111倍，年均增长率分别达到24.8%和43.7%。但由于基数小，风能、太阳能等非水可再生能源比重仍然较低，占全球一次能源供应总量的2.2%。2013年世界一次能源生产构成如图1-6所示。

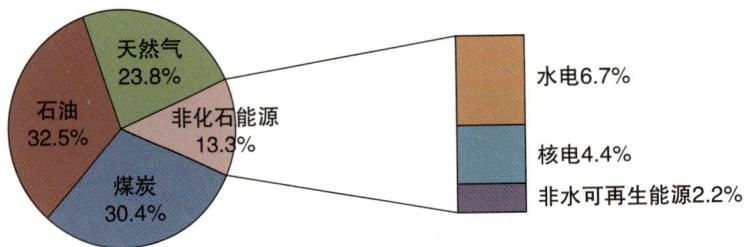

图1-6   2013年世界一次能源生产构成

（四）能源贸易

全球能源贸易以化石能源为主，总量稳步增加。化石能源生产和消费分布的不均衡，需要能源资源在世界范围内优化配置。随着海运、铁路、油气管网等能源运输网络的逐步建立与完善，跨国跨洲能源贸易流量逐渐增大。2013年，全球化石能源跨国跨洲流动规模达到63亿吨标准煤，其中石油、天然气和煤炭分别占63%、22%和15%。2002～2013年不同化石能源贸易量占各自全球消费总量的比重变化如图1-7所示，其中石油、天然气和煤炭分别占其全球消费总量的66.4%、31.9%和17.1%。受电网输电能力等因素限制，电力主要以国内和区域内平衡为主，跨国跨

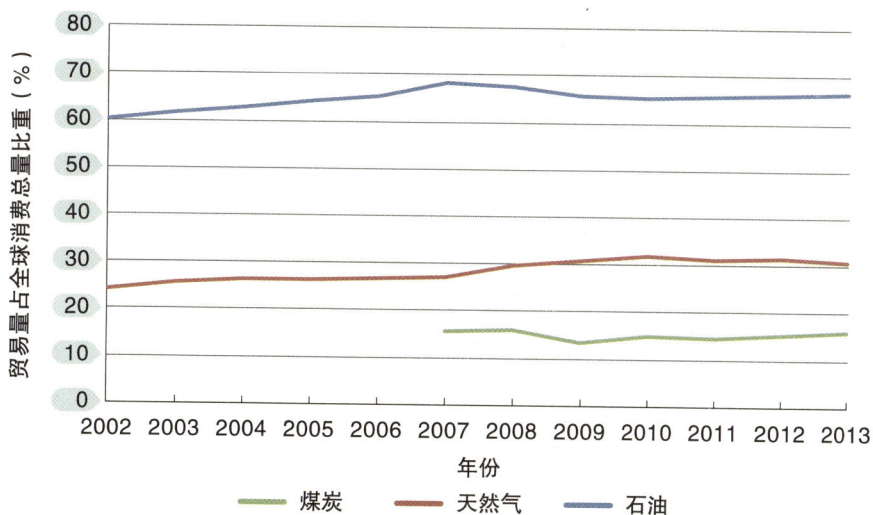

图1-7　2002～2013年不同化石能源贸易量占各自全球消费总量的比重变化

注　2002～2007年全球煤炭贸易量数据缺失。

洲电力贸易规模较小，按热值当量计算，仅为全球化石能源贸易量的1.3%。

目前，石油是全球贸易量最大的能源品种。2013年，中东地区和俄罗斯[1]石油产量合计占全球总产量的45.0%，而其石油消费量只占全球消费总量的12.9%。与此相反，北美、欧洲和亚太地区石油产量合计占全球总产量的35.8%，而其消费量却占全球消费总量的75.6%。2013年世界石油生产和石油消费分布如图1-8所示。

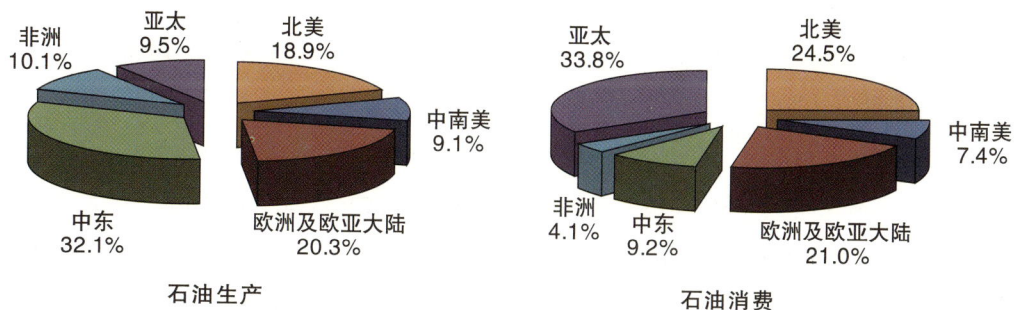

图1-8　2013年世界石油生产和石油消费分布

资料来源：BP，Statistical Review of World Energy 2014。

[1]　俄罗斯领土横跨亚洲和欧洲，本书在讨论化石能源时，按BP划分方式将其纳入欧洲及欧亚大陆；俄罗斯水能、风能资源主要集中在亚洲部分，在讨论清洁能源时将其纳入亚洲；俄罗斯约90%的能源电力需求位于欧洲部分，在分析未来能源电力需求时将其纳入欧洲；俄罗斯亚洲部分面积广阔，在讨论电网现状时将其纳入亚洲。

　　总之，全球能源生产与消费结构目前仍以化石能源为主，清洁能源和电力比重增长较快；由于能源分布不均衡，能源供需分离程度不断加深，全球能源贸易规模不断扩大。

二、化石能源

　　化石能源主要是指煤炭、石油、天然气等由远古生物质经过亿万年演化形成的不可再生资源。第一次工业革命以来，化石能源支撑了近现代工业发展。目前，全球化石能源消费呈现总量增加、结构优化、远距离配置规模扩大的发展态势，煤炭、石油和天然气等化石能源超过全球一次能源消费总量的80%。

（一）煤炭

　　煤炭作为燃料使用至今已有三千多年的历史，是人类最早实现大规模开发利用的化石能源。11世纪后期，煤炭开始成为建筑材料和冶金业的燃料。18世纪80年代，瓦特改良型蒸汽机的发明使得煤炭开始被大规模开发和利用，推动了第一次工业革命，建立了以机械化为特征的近代工业，纺织、钢铁、机械、铁路等行业实现大发展，使人类社会进入蒸汽时代。到19世纪末，煤炭成为世界主导能源，随后比重有所下降，直到20世纪中叶，煤炭在世界能源结构中都占据主导地位。近年来，虽然煤炭所占比重有所下降，但世界煤炭开发利用规模始终保持增长态势。

　　煤炭是世界上蕴藏量最丰富的化石能源。截至2013年，世界煤炭资源剩余探明可采储量约为8915亿吨，按热值计算，分别相当于石油和天然气剩余探明可采储量的1.8倍和2.5倍。欧洲及欧亚大陆的煤炭储量最为丰富，达到3105亿吨，约占全球总储量的34.8%；其次是亚太地区，储量为2884亿吨，约占全球总储量的32.4%；北美煤炭储量也很丰富，为2451亿吨，约占全球总储量的27.5%；中南美、中东及非洲煤炭资源有限，合计仅占全球总储量的5.3%。2013年全球煤炭剩余探明可采储量地区分布如图1-9所示。

　　煤炭产量持续增长，亚太成为全球最主要产区。2013年，全球煤炭产量达到79.0亿吨，比1980年翻了一番，年均增长2.3%。目前，煤炭生产主要集中在亚太、北美和欧洲及欧亚大陆等地区。1980～2013年，亚太地区煤炭产量占全球比重从

26.7%上升到68.8%。其他煤炭产区所占比重均有不同程度下降，北美地区煤炭产量从26.3%下降到14.1%，欧洲及欧亚大陆从42.4%下降到11.6%。自1985年以后，中国超过美国成为世界上煤炭产量最高的国家，2013年煤炭产量达到36.8亿吨，约占世界煤炭生产总量的一半。1980～2013年全球煤炭产量区域分布变化如图1-10所示。

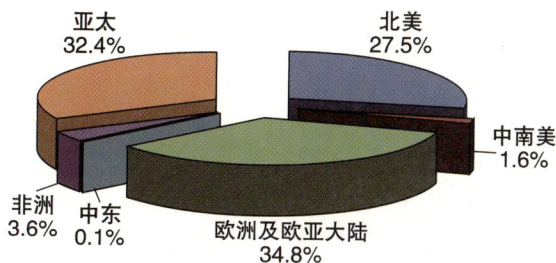

图1-9　2013年全球煤炭剩余探明可采储量地区分布

资料来源：BP，Statistical Review of World Energy 2014。

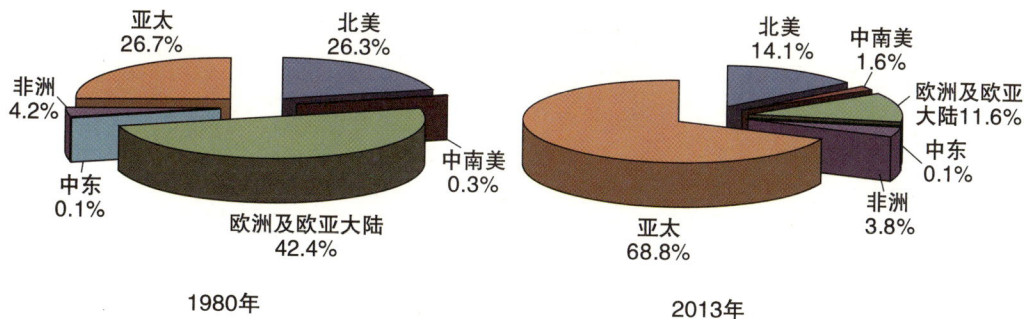

图1-10　1980～2013年全球煤炭产量区域分布变化

资料来源：BP，Statistical Review of World Energy 2014。

煤炭消费总量逐渐增加，但在能源结构中的比重总体呈下降趋势。1980年以来，世界煤炭消费量从25.8亿吨标准煤上升到了2013年的54.7亿吨标准煤，每年大约增长2.3%，与能源消费总量增幅基本一致。但由于石油、天然气消费量的快速增加，20世纪下半叶开始，煤炭占世界一次能源消费的比重由1965年的38.1%下降到2013年的30.1%，下降了8个百分点。20世纪80年代开始，以中国、印度为代表的新兴经济体快速发展，拉动了煤炭消费量的快速增长，延缓了煤炭消费占比下降的速度。

煤炭国际贸易以海运为主。由于运输成本较高，加上环境污染等因素，煤炭资源主要在本国和本区域内消费，远距离贸易规模相对较小。国际煤炭贸易一般发生在邻近的国家之间。除了少数陆路相连的国家或地区采用铁路、公路运输之外，其他大部分贸易都是通过海运完成的。2013年，全球煤炭贸易量约为13.3亿吨，占全球煤炭生产总量的17%，其中海运贸易量比重超过90%❶。目前，国际煤炭市场大致可分为亚洲太平洋和欧美大西洋两个区域市场。亚洲太平洋市场的煤炭出口国主要有澳大利亚、印度尼西亚等，进口国主要有中国、日本、韩国、印度等。欧美大西洋市场的煤炭出口国主要有南非、俄罗斯等，进口国主要有英国、法国、德国等。世界煤炭贸易流向如图1-11所示。

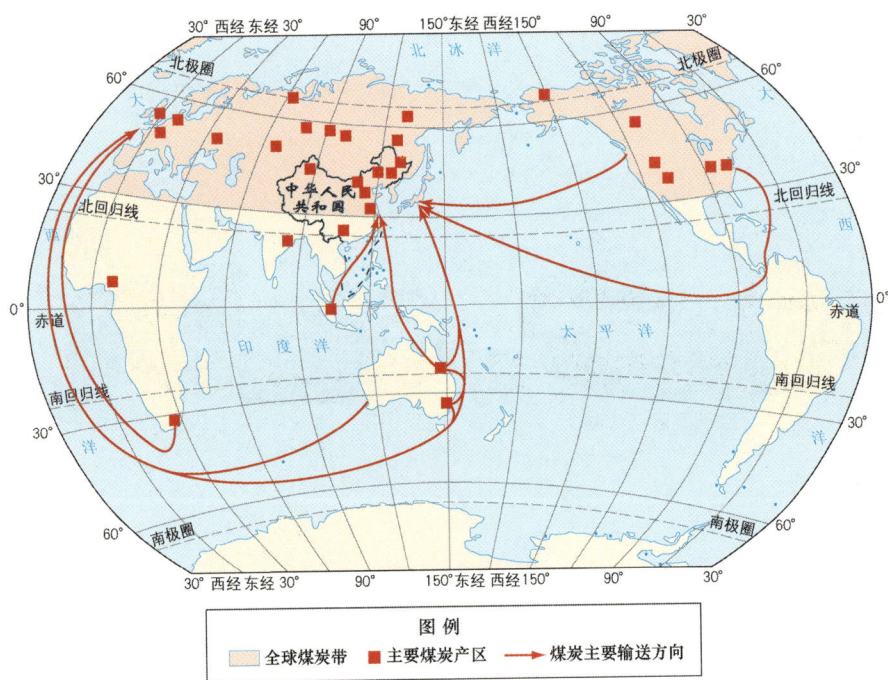

图1-11　世界煤炭贸易流向示意图

（二）石油

石油是支撑现代工业体系的主导能源。19世纪，人类开始开发和利用石油。1859年世界第一口油井在美国宾夕法尼亚州投入使用，美国因此成为早期主要的石

---

❶　资料来源：世界煤炭协会，World Coal Association Statistics 2014。

油生产国和消费国之一，随后苏联也开始了油井采油，现代石油工业开始逐步建立。随着内燃机的广泛应用，对燃料油的需求猛增，一些国家开始大量地开采和提炼石油，石油产量迅速增长。20世纪20年代以后，石油开始广泛应用；40年代以后，主要发达国家的能源消费重心逐步从煤炭转向石油；60年代，石油在能源消费结构中的比重超过煤炭，成为世界主导能源；90年代，石油已占全球一次能源消费总量的40%以上。可以说，20世纪中叶以后，世界能源发展进入了石油时代。石油行业的发展、电力的发明与应用推动了第二次工业革命，交通、化工、电力以及汽车、电器等行业实现了大发展。

世界石油资源分布很不均衡，中东、中南美和北美地区石油资源最为丰富。截至2013年底，全球石油剩余探明总储量约为2382亿吨，其中中东剩余探明可采储量最大，约1094亿吨，占47.9%；中南美剩余探明储量511亿吨，占19.5%；北美剩余探明储量为350亿吨，占13.6%；欧洲及欧亚大陆、非洲和亚太等其他地区储量较小，仅占19.0%。2013年底全球石油剩余探明可采储量地区分布如图1-12所示。

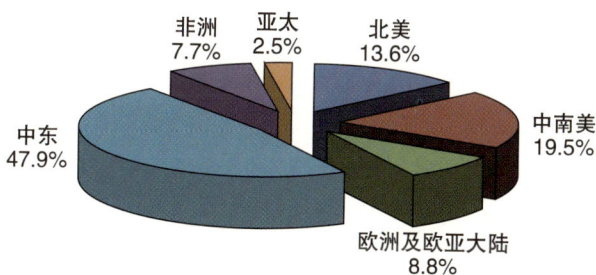

图1-12 2013年底全球石油剩余探明可采储量地区分布

资料来源：BP，Statistical Review of World Energy 2014。

全球石油产量总体保持稳定增长态势。世界经济快速发展，石油需求不断增长。近半个世纪以来，全球石油产量总体保持稳定增长，仅1973～1974年和1979～1980年两次石油危机期间，石油产量有一定下降。1965～1980年，世界石油年产量从15.7亿吨增长至30.9亿吨，翻了一番，年均增长率达到4.6%。近30年来，全球石油产量增速明显放缓。1980～2013年，全球石油产量年均增长率仅为0.9%，2013年达到41.3亿吨。1965～2013年全球石油产量变化趋势如图1-13所示。

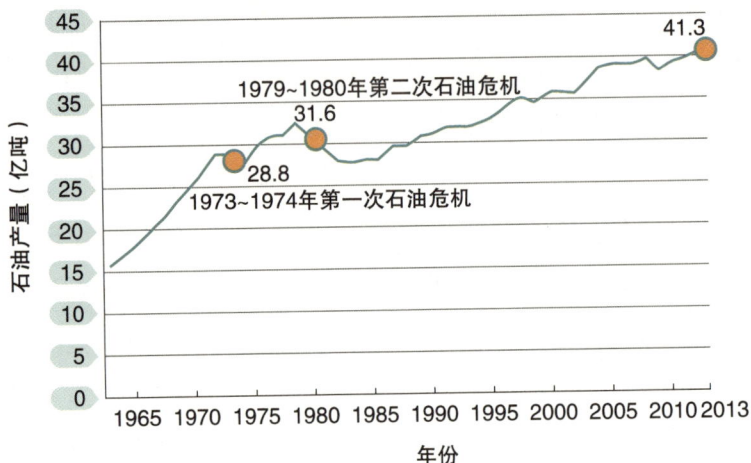

图1-13   1965～2013年全球石油产量变化趋势

中东和中南美在全球石油生产中的地位越来越重要，欧洲、北美地区趋于下降。1980～2013年，中东石油产量占全球的比重由30.2%上升到32.1%，中南美石油产量占比从6.4%提高到9.1%，而北美地区石油产量占比由21.7%下降到18.9%。沙特阿拉伯、俄罗斯和美国是世界石油产量最多的三个国家，2013年产量分别占全球产量的13.1%、12.9%和10.8%。中国作为世界第四大石油生产国，近年来石油产量保持平稳增长，2013年原油产量2.08亿吨，约占世界石油产量的5%。但受资源条件限制，中国石油年产量已接近峰值，未来增长空间有限。1980～2013年全球石油产量分地区变化如图1-14所示。

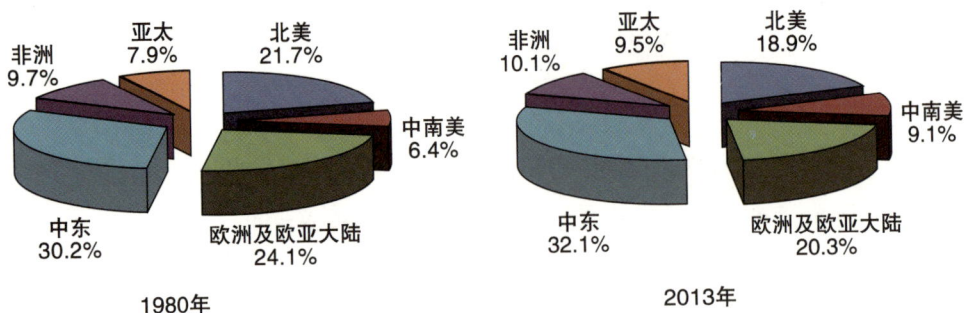

图1-14   1980～2013年全球石油产量分地区变化

资料来源：BP，Statistical Review of World Energy 2014。

　　石油消费量逐年增加，亚太地区逐渐成为消费重心。1965～2013年，全球石油消费量由15.3亿吨增长到41.9亿吨，增长了1.7倍，年均增长率约2.1%；亚太地区石油消费量占比由10.8%增长到33.8%；北美地区石油消费量占比由40.5%下降到24.5%；欧洲地区石油消费量占比由38.6%下降到21.0%。

　　石油是全球贸易量最大的化石能源。2013年全球石油贸易量达27.8亿吨，占化石能源贸易总量的63%。近年来，全球石油贸易规模逐年增加。2003～2013年，全球石油年贸易量由22.6亿吨增加到27.8亿吨，年均增长2.1%；石油贸易量占全球石油消费总量的比重从62.1%提高到66.4%。在世界石油贸易中，中东和俄罗斯是重要的出口地区，非洲和中南美的出口量也在逐年增长。石油出口流向仍以北美、欧洲等发达地区为主，但向发展中国家的出口量也在逐年增加。目前，全球石油超过3/5的贸易量是通过海上油轮运输，剩下不到2/5的贸易量通过管道输送。2013年世界石油贸易流向如图1-15所示。

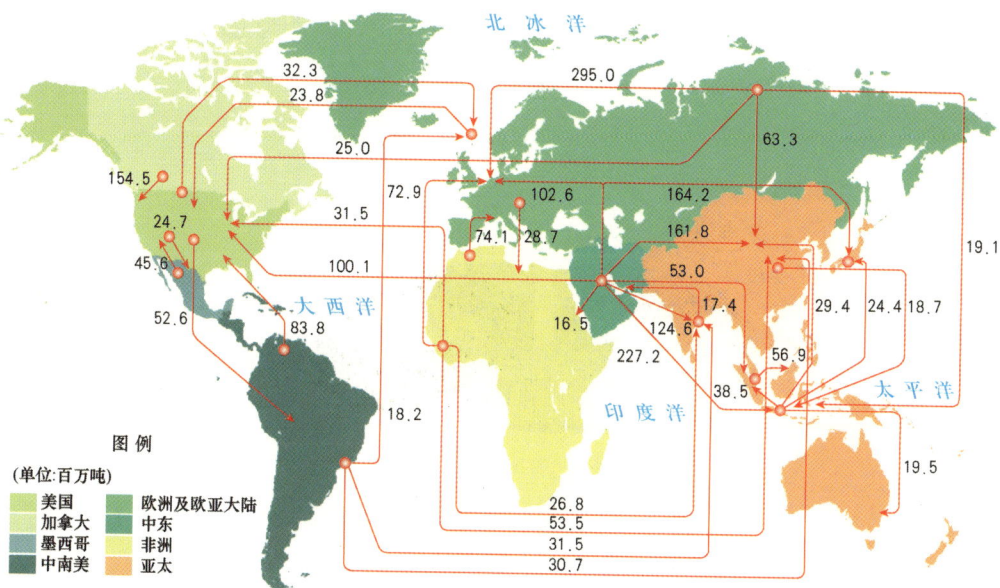

图1-15　2013年世界石油贸易流向示意图

资料来源：BP，Statistical Review of World Energy 2014。

（三）天然气

天然气是相对清洁的化石能源。1821年美国宾夕法尼亚州最早开始实现天然气商业应用。随后，世界各地发现了大量天然气田，但受到气体管道运输安全制约，天然气工业发展严重滞后于石油工业。1945～1970年，各国加大了油气勘探开发投入，世界天然气储量、产量大幅度上升，其中苏联、美国和荷兰天然气发展最快。近年来，天然气在全球一次能源消费结构中的比重不断上升，与石油、煤炭比重的差距逐年缩小。

世界天然气资源分布很不均衡。截至2013年底，全球天然气剩余探明可采储量约为186万亿米^3，天然气资源主要集中在中东、欧洲及欧亚大陆地区。其中，中东剩余探明可采储量为80万亿米^3，占全球总量的43.2%；欧洲及欧亚大陆地区剩余探明可采储量为57万亿米^3，占全球总量的30.5%。中东、欧洲及欧亚大陆地区之和约占世界天然气剩余探明可采储量的73.7%，亚太、非洲、北美剩余探明可采储量基本相当，分别占全球总量的8.2%、7.6%、6.3%。随着勘探技术进步，天然气剩余探明可采储量不断增加。1980～2013年，世界天然气剩余探明可采储量从72万亿米^{3}增长至186万亿米^3，年均增长率为2.9%，但由于开发利用规模不断扩大，储采比由57年降至55年。全球天然气剩余探明可采储量地区分布如图1-16所示。

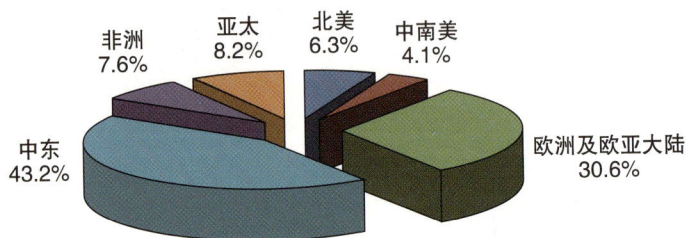

图1-16　全球天然气剩余探明可采储量地区分布

资料来源：BP，Statistical Review of World Energy 2014。

全球天然气产量持续增长，欧洲及欧亚大陆和北美是主要产区。2013年，全球天然气产量3.4万亿米^3，是1980年的2.3倍，年均增长率达到2.6%。全球天然气生产主要集中在欧洲及欧亚大陆、北美等地区，1980年上述地区产量占比达88.6%，2013年降至57.5%。近年来，中东、亚太和非洲等地天然气产量逐渐上升，与1980年相比，2013年中东、亚太、非洲天然气产量占全球总产量比重分别上升14.4个、9.6个和4.3个百分点。目前，美国、俄罗斯和中东是世界天然气产量最多的国家和地区，2013年上述国家和地区天然气产量占全球产量的比重分别达到20.6%、17.9%和16.8%，超过全球总产量的一半。近年来，中国天然气生产也步入快速发展阶段，产量增长较快。2013年中国天然气产量1170.5亿米³，是1980年的8.2倍，约占世界天然气产量的3.5%，位居世界第六位。1980～2013年全球天然气产量区域分布如图1-17所示。

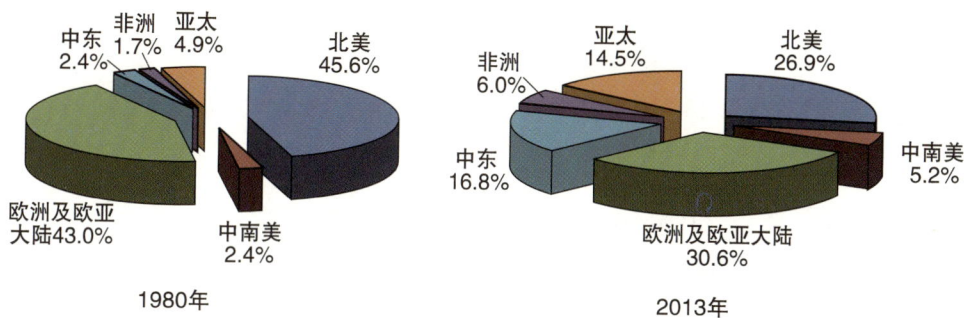

图1-17　1980～2013年全球天然气产量区域分布

资料来源：BP，Statistical Review of World Energy 2014。

天然气消费总量持续提高，占比稳步上升。1965～2013年，全球天然气年消费量由6445亿米³增加到33476亿米³，增加约4倍。1971年全球天然气消费量首次突破1万亿米³，1991年突破2万亿米³，2008年突破3万亿米³。1965年天然气仅占全球一次能源消费总量的15.6%，2013年上升至23.7%，在过去近50年里天然气消费占比提高了约8个百分点。

天然气世界贸易量增长较快。世界天然气贸易主要有管道天然气和液化天然气（Liquefied Natural Gas，LNG）两种方式。管道天然气主要从俄罗斯流向欧洲，从加拿大流向美国；LNG主要从中东、北非地区流向东亚、欧洲和北美。2003～2013年，全球天然气年贸易量由6237亿米³增长到10360亿米³，年均增长5.2%，国际贸易量占天然气总消费量的比重持续上升，由2003年的24.7%上升到2013年的31.9%。2013年，管道天然气和LNG分别占天然气总贸易量的68.6%和31.4%。2013年世界天然气贸易流向如图1-18所示。

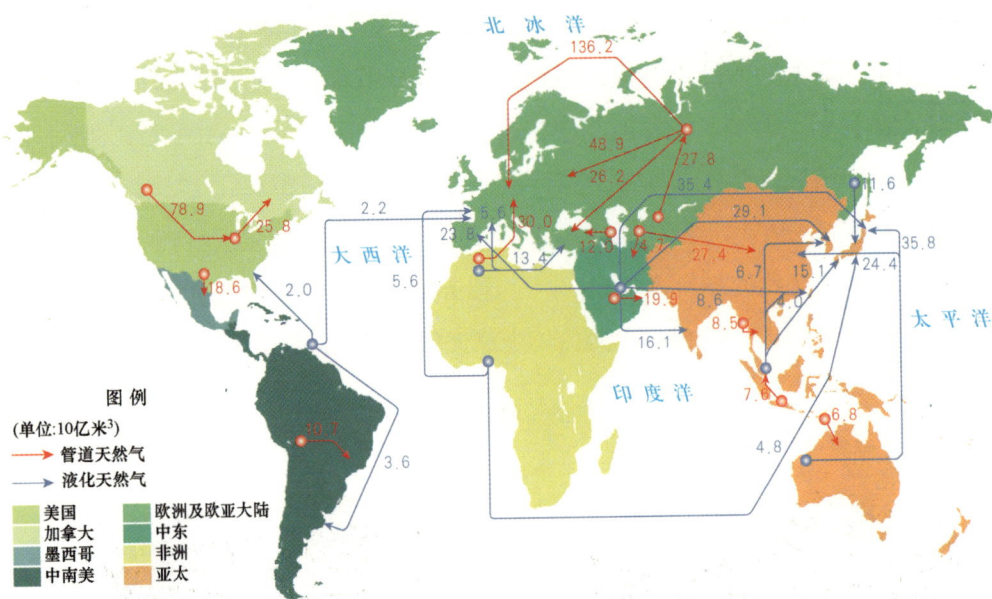

图1-18　2013年世界天然气贸易流向示意图

资料来源：BP，Statistical Review of World Energy 2014。

（四）非常规油气

全球非常规油气资源储量丰富，但分布不均衡。非常规石油主要包括重油、油砂、页岩油等。其中，重油主要分布在南美、中亚、俄罗斯和中东等地区；油砂主要分布在北美洲、非洲和中亚、俄罗斯等地区。全球页岩油技术可开发量471亿吨，主要分布在俄罗斯、美国。2013年页岩油技术可开发量居前五位的国家如表1-3所示。

表1-3　　　　2013年页岩油技术可开发量居前五位的国家　　　单位：亿吨

排名	国家	技术可开发量
1	俄罗斯	102
2	美国	79
3	中国	44
4	阿根廷	37
5	利比亚	35

资料来源：美国能源部能源信息管理局。

非常规天然气包括可燃冰、页岩气、煤层气、致密砂岩气（深盆气）、浅层生物气、水溶气、无机成因气等。可燃冰又称为天然气水合物，具有储量丰富、能量密度大、燃烧利用污染排放少等优点，通常分布在海洋大陆架外的陆坡、深海、深湖及永久冻土带上。据估算，全球可燃冰资源总量约为20000万亿米³。全球页岩气主要分布在亚洲、北美洲等地区，技术可开发量约为207万亿米³。2013年页岩气技术可开发量居前五位的国家如表1-4所示。全球煤层气主要分布在北美洲、中亚、俄罗斯和亚太等地区，资源量估计为225万亿米³。

表1-4　　　　　　2013年页岩气技术可开发量居前五位的国家　　单位：万亿米³

排名	国家	技术可开发量
1	中国	32
2	阿根廷	23
3	阿尔及利亚	20
4	美国	19
5	加拿大	16

资料来源：美国能源部能源信息管理局。

中国具有丰富的非常规天然气资源。中国已先后在南海、东海及青藏高原冻土带发现可燃冰，仅南海北部的可燃冰储量已相当于陆上石油储量的一半。陆上可燃冰远景储量在500亿吨标准煤以上。陆地页岩气地质资源潜力为134万亿米³，可采资源潜力为25万亿米³（不含青藏地区），主要分布在南方海相页岩地层及东北松辽、内蒙古鄂尔多斯、新疆吐哈和准噶尔等陆相沉积盆地[1]。埋深2000米以浅的煤层气资源量约为36.8万亿米³，位居世界第三位，主要分布在内蒙古鄂尔多斯、山西沁水、新疆吐哈和准噶尔等盆地。

受制于成本和技术因素，大部分国家非常规油气尚未实现大规模开发利用。页岩质地坚硬，具有孔隙度小、渗透率低等特点，因此非常规油气的开发需要突破水平钻井、水力压裂、随钻测井、地质导向钻井、微地震检测等诸多复杂的加工处理

---

[1]　资料来源：国家能源局发展规划司，科学发展的2030年国家能源战略研究报告，2012年；中华人民共和国国土资源部，全国油气资源储量公报2014。

和提炼技术，比常规油气井对设备、钻采技术的要求要高很多。非常规油气井压力等级一般是常规油气井的3倍以上，压裂车成本要高出常规油气井10倍。由于美国页岩属海相沉积，主要分布在比较稳定的大地构造单元内，并且经过数十年的技术积累和突破，页岩油气开采经济性相对较好。目前全球只有美国等少数国家实现了非常规油气的大规模开发（中国页岩气开采成本是美国的2～3倍）。此外，页岩油和页岩气的开发需要消耗大量的水，压裂用的药剂对环境和地下水系也会产生污染，由此对地质生态环境的影响还需要做深入研究和评估。可燃冰尽管储量丰富，但还处于资源调查和技术研发阶段，与实现大规模商业化开发利用尚有较大距离。

三、清洁能源

清洁能源主要包括水能、风能、太阳能、核能、海洋能、生物质能等，其资源丰富，开发潜力巨大。随着清洁能源开发技术的突破，经济性大幅提升，以清洁能源替代化石能源将成为全球能源发展的重要趋势。全球水能资源超过100亿千瓦，陆地风能资源超过1万亿千瓦，太阳能资源超过100万亿千瓦，可开发总量远远超过人类全部能源需求。

（一）水能

水能是目前技术最成熟、经济性最高、已开发规模最大的清洁能源。据世界能源理事会统计，全球水能资源理论蕴藏量约为39万亿千瓦·时/年，主要分布在亚洲、南美洲、北美洲等地区，其中亚洲理论蕴藏量约为18万亿千瓦·时/年，占世界总量的46%；南美洲8万亿千瓦·时/年，占世界总量的21%；北美洲6万亿千瓦·时/年，占世界总量的15%。

全球水能资源技术可开发量约为16万亿千瓦·时/年，占理论蕴藏量的41%，其中亚洲技术可开发量7.20万亿千瓦·时/年，占世界总量的46%；南美洲2.87万亿千瓦·时/年，占世界总量的18%；北美洲2.42万亿千瓦·时/年，占世界总量的16%；欧洲1.04万亿千瓦·时/年，占世界总量的7%。世界各大洲水能资源量如表1-5所示。

从国家来看，水能资源理论蕴藏量居前五位的国家分别是中国、巴西、印度、俄罗斯、印度尼西亚，分别达到6.08万亿、3.04万亿、2.64万亿、2.30万亿、2.15万亿千瓦·时/年。水能资源技术可开发量居前五位的国家分别是中国、俄罗斯、美国、巴西、加拿大，分别达到2.47万亿、1.67万亿、1.34万亿、1.25万亿、0.83万亿千瓦·时/年。世界各大洲水能资源量居前三位的国家如表1-6所示。

表1-5　　　　　　　　世界各大洲水能资源量　　　单位：万亿千瓦·时/年

地区	理论蕴藏量	技术可开发量
亚洲	18.31	7.20
欧洲	2.41	1.04
北美洲	5.51	2.42
南美洲	7.77	2.87
非洲	3.92	1.84
大洋洲	0.65	0.23

资料来源：世界能源理事会，World Energy Resources：2013 survey。

表1-6　　　世界各大洲水能资源量居前三位的国家　　　单位：万亿千瓦·时/年

地区	国家	理论蕴藏量	技术可开发量
亚洲	中国	6.08	2.47
	俄罗斯	2.30	1.67
	印度	2.64	0.66
欧洲	挪威	0.60	0.24
	土耳其①	0.43	0.22
	瑞典	0.20	0.13
北美洲	美国	2.04	1.34
	加拿大	2.07	0.83
	墨西哥	0.43	0.14
南美洲	巴西	3.04	1.25
	委内瑞拉	0.73	0.26
	哥伦比亚	1.00	0.20
非洲	民主刚果	1.45	0.78
	埃塞俄比亚	0.65	0.26
	喀麦隆	0.29	0.12

续表

地区	国家	理论蕴藏量	技术可开发量
大洋洲	澳大利亚	0.27	0.10
	新西兰	0.21	0.08
	巴布亚新几内亚	0.18	0.05

① 土耳其领土横跨欧洲、亚洲，本书根据研究需要将其归入欧洲。

资料来源：世界能源理事会，World Energy Resources：2013 survey；全国水力资源复查工作领导小组，中华人民共和国水力资源复查成果，2005。

　　未来大型水电基地的开发重点集中在亚洲、非洲和南美洲等地区。亚洲水能资源主要集中在长江、雅鲁藏布江、恒河等流域，理论装机容量超过11亿千瓦。非洲水电资源主要集中在刚果河、赞比西河等流域，理论装机容量仅次于亚洲，约为5.8亿千瓦，目前仅开发了很少一部分，未来开发潜力巨大。南美洲水电资源主要集中在亚马孙河、奥里诺科河等流域，约为4.63亿千瓦，其中亚马孙河流域水能资源理论总装机容量为2.79亿千瓦，未来开发规模较大。世界主要的大型水电基地理论装机容量如表1-7所示。

表1-7　　世界主要的大型水电基地理论装机容量　　单位：亿千瓦

地区	基地	理论装机容量
亚洲	长江	2.68
	雅鲁藏布江	1.60
	恒河	1.53
	叶尼塞河	1.49
	勒拿河	1.21
	印度河	0.88
	伊洛瓦底江	0.79
	湄公河	0.75
	黄河	0.43
	鄂毕河	0.42
	合计	11.78

续表

地区	基地	理论装机容量
欧洲	多瑙河	0.40
北美洲	哥伦比亚河	0.54
	密西西比河	0.49
	合计	1.03
南美洲	亚马孙河	2.79
	奥里诺科河	0.95
	巴拉那河	0.89
	合计	4.63
非洲	刚果河	3.90
	赞比西河	1.37
	尼罗河	0.50
	合计	5.77

注 表中叶尼塞河、勒拿河、鄂毕河的数据为技术可开发装机容量。
资料来源：世界大河流水力资源统计，水力发电，1957（1）；全国水力资源复查工作领导小组，中华人民共和国水力资源复查成果，2005；阿萨林，俄罗斯水资源及其利用，水工建设，2007（6）；樊新中，赴美国、加拿大水能资源开发利用管理考察报告，中国水能及电气化，2008（4）；美国能源部，美国水电资源评估报告，1998。

中国是世界上水能资源最为丰富的国家。理论蕴藏量在1万千瓦及以上的河流有3800多条，理论年发电量约6.08万亿千瓦·时；技术可开发装机容量达到5.7亿千瓦，年发电量2.47万亿千瓦·时，主要集中在长江、雅鲁藏布江、黄河三大流域，分别占全国技术可开发量的47%、13%和7%。截至2013年底，中国水电装机容量2.8亿千瓦，约为技术可开发装机容量的一半，未来开发潜力巨大。

近年来，世界水电装机容量持续增长，但水电占总装机容量的比重有所下降。1990～2013年，世界水电年装机容量从6.4亿千瓦增加到10.1亿千瓦，增长了57.6%，年均增长2.0%。2013年，全球水电装机容量占发电总装机容量的17.7%，较1990年下降了5.6个百分点，如图1-19所示。

从各大洲来看，2013年水电装机容量最大的是亚洲，达到3.7亿千瓦，占世界水电总装机容量的36.7%；其次是欧洲，为2.5亿千瓦，占24.8%；北美洲水电装机容量2.0亿千瓦，占19.8%；南美洲水电装机容量1.4亿千瓦，占13.7%；非洲水电装机容量0.3亿千瓦，占3.0%；大洋洲水电装机容量0.2亿千瓦，占2.0%。

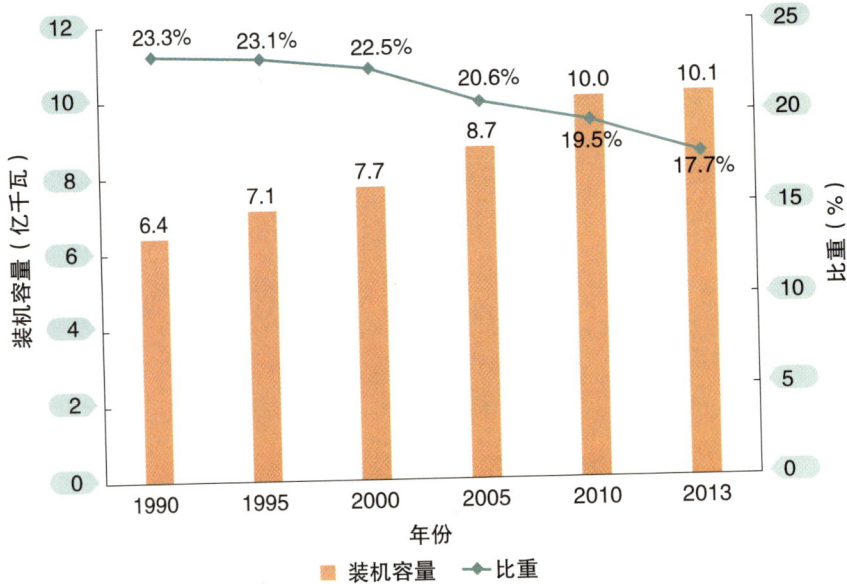

图1-19　1990～2013年全球水电装机容量及其占总装机容量比重

　　1990～2013年，全球水电年发电量从2.21万亿千瓦·时提高到3.19万亿千瓦·时，年均增长1.6%。2013年世界各大洲水电装机容量及发电量情况如表1-8所示。

表1-8　　　　　　　2013年世界各大洲水电装机容量及发电量

地区	装机容量		发电量	
	水电装机容量（亿千瓦）	水电装机容量占全球比重（%）	水电发电量（万亿千瓦·时）	水电发电量占全球比重（%）
世界总计	10.1	100	3.19	100
亚洲	3.7	36.7	1.07	33.5
欧洲	2.5	24.8	0.6	18.8
北美洲	2.0	19.8	0.68	21.3
南美洲	1.4	13.7	0.72	22.6
非洲	0.3	3.0	0.08	2.5
大洋洲	0.2	2.0	0.04	1.3

　　资料来源：世界能源理事会，World Energy Resources：2013 survey；BP，Statistical Review of World Energy 2014。

从国家来看，水电装机容量居前五位的国家分别是中国、美国、巴西、加拿大、俄罗斯，分别为2.80亿、1.01亿、0.81亿、0.76亿、0.49亿千瓦。亚洲前三大水电国家分别是中国、俄罗斯、日本，北美洲分别是美国、加拿大、墨西哥，南美洲分别是巴西、委内瑞拉、哥伦比亚，欧洲分别是挪威、法国、意大利，非洲分别是埃及、民主刚果、莫桑比克，大洋洲分别是澳大利亚、新西兰、巴布亚新几内亚。世界各大洲水电排名前三位的国家如表1-9所示。

表1-9 世界各大洲水电排名前三位的国家

地区	国家	水电装机容量（亿千瓦）	水电发电量（亿千瓦·时）
亚洲	中国	2.80	8921
	俄罗斯	0.49	1812
	日本	0.49	822
欧洲	挪威	0.30	1290
	法国	0.25	684
	意大利	0.22	515
北美洲	美国	1.01	2719
	加拿大	0.76	3916
	墨西哥	0.12	274
南美洲	巴西	0.81	3854
	委内瑞拉	0.15	838
	哥伦比亚	0.15	444
非洲	埃及	0.03	129
	民主刚果	0.02	78
	莫桑比克	0.02	168
大洋洲	澳大利亚	0.09	201
	新西兰	0.05	230
	巴布亚新几内亚	0.0025	10

资料来源：联合国，World Energy Statistics Yearbook 2013；BP，Statistical Review of World Energy 2014。

全球水电总体开发程度不高，未来还有较大发展空间。水电开发率主要取决于各国水能资源禀赋、电力需求及能源发展战略选择。2013年，全球水电开发率约为20%，但各国差异很大。日本、挪威、瑞典、加拿大等国水电开发起步较早，开发率普遍较高，均在40%以上。美国尽管水能资源丰富，但开发程度相对较低，仅为20.3%。中国、巴西、委内瑞拉等国在30%~40%，俄罗斯、印度分别仅为10.9%、20.0%。世界部分国家水电开发率如表1-10所示。

表1-10　　　　　　　2013年世界部分国家水电开发率

序号	国家	水电开发率（%）	序号	国家	水电开发率（%）
1	日本	60.2	6	委内瑞拉	32.2
2	挪威	53.8	7	巴西	30.8
3	瑞典	47.2	8	美国	20.3
4	加拿大	47.2	9	印度	20.0
5	中国	36.1	10	俄罗斯	10.9

注　水电开发率（%）=水电年发电量/年技术可开发量×100%。

（二）风能

风力发电是风能最主要的利用形式。20世纪90年代以来，世界风电技术不断取得突破，开发成本快速下降。近年来，风电开发成本已经逐渐接近传统能源发电成本，开发规模迅猛增长，已经与核电基本相当。尽管当前风电在全球发电量中的比重仅为3%，但越来越多的国家已经将风电纳入国家能源发展战略，并制定了发展规划。未来，随着风电技术经济性和市场竞争力的不断提升，风电将成为全球重要的能源品种之一。

全球风能资源非常丰富。全球风能资源分布如图1-20所示。世界风能资源理论蕴藏量约为2000万亿千瓦·时/年。受大气环流、地形、海陆和水体等因素影响，全球风能资源分布很不均衡。从各大洲风能资源分布来看，非洲、亚洲、北美洲、南美洲、欧洲、大洋洲分别占全球风能理论蕴藏量的32%、25%、20%、10%、8%、5%。世界各大洲风能资源如表1-11所示。

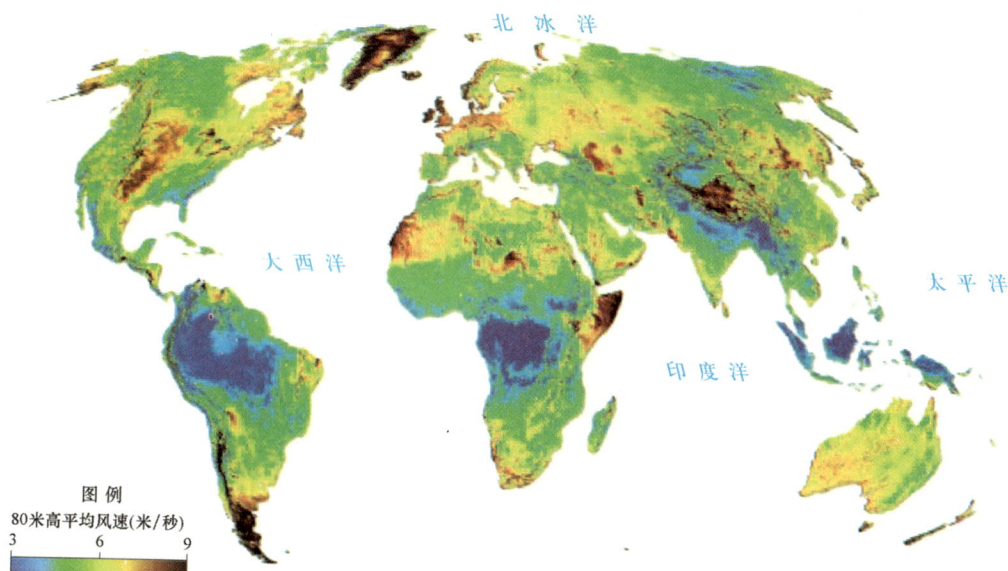

图例
80米高平均风速（米/秒）
3　　　6　　　9

图1-20　全球风能资源分布示意图

资料来源：美国3TIER风能与太阳能资源评估公司。

表1-11　　　　　　　　　　　世界各大洲风能资源

地区	理论蕴藏量（万亿千瓦·时/年）	占全球总量比重（%）
亚洲	500	25
欧洲	150	8
北美洲	400	20
南美洲	200	10
非洲	650	32
大洋洲	100	5

　　亚洲风能资源理论蕴藏量为500万亿千瓦·时/年，主要分布在俄罗斯、中国、哈萨克斯坦等国家。俄罗斯风能资源主要集中在西伯利亚环北冰洋沿岸地区，喀拉海、白令海峡尤为丰富，平均风速达到7～9米/秒。中国风能资源主要集中在"三北"地区（西北、东北、华北）、东南沿海及附近岛屿，其中"三北"地区年平均风速达到6～9米/秒。哈萨克斯坦是中亚地区风能资源最为丰富的国家，50%的地区常年平均风速在4米/秒以上，优质风能资源集中在中部、南部及里海地区。

　　欧洲风能资源理论蕴藏量为150万亿千瓦·时/年，主要分布在丹麦（含格陵兰岛❶）、挪威等北欧国家。这三个国家的沿海地区是风能资源最为丰富的地区，平均风速可达9米/秒。整个欧洲大陆，除了伊比利亚半岛中部、意大利北部、罗马尼亚和保加利亚等部分东南欧地区以及土耳其地区以外，其他大部分地区风速基本在6～7米/秒以上。

　　北美洲风能资源理论蕴藏量为400万亿千瓦·时/年，主要分布在美国、加拿大、墨西哥等国家。美国风能资源主要集中在中西部、东西部沿海以及加勒比海沿岸地区，特别是中部地区地处广袤的北美大草原，地势平坦开阔，其年平均风速均在7米/秒以上，东西部沿海风速达到9米/秒。加拿大优质风能资源主要分布在中部和东北部，仅魁北克北部地区的风能资源就可以满足加拿大全国电力需求的40%。墨西哥风能资源总量丰富，主要集中在尤加坦半岛、坎佩切州和瓦哈卡州。

　　南美洲风能资源理论蕴藏量为200万亿千瓦·时/年，主要分布在巴西、阿根廷、智利等国家。巴西风能资源主要集中在东南部的高原地区，风速在7米/秒以上。阿根廷全境均处于风能资源丰富区，风速均在6米/秒以上，其南部地区的风速甚至达到8～9米/秒，而且地势平坦、海拔不高。智利南部风速达到7～9米/秒。

　　非洲风能资源理论蕴藏量为650万亿千瓦·时/年，主要分布在苏丹、索马里、埃及等国家。苏丹是非洲风能资源最为丰富的国家，全国一半以上的国土面积年平均风速在5米/秒以上，超过5%的国土面积拥有7～9米/秒的优质风能资源。索马里约90%的国土面积年平均风速都在5米/秒以上，约70%的国土面积年平均风速在7～10米/秒。埃及苏伊士湾平均风速可达10.5米/秒，尼罗河两岸沙漠地区以及西奈半岛部分区域风能资源也极为丰富。

　　大洋洲风能资源理论蕴藏量为100万亿千瓦·时/年，主要分布在澳大利亚、新西兰等国家。澳大利亚整个陆地区域的风速均在7米/秒以上，而且环绕整个海岸线的沿海地区风速都在8～9米/秒。另外，新西兰岛的风能资源也很丰富，主要分布于其环岛屿的沿海地区，风速达到8～9米/秒。

　　在现有技术经济条件下，一般认为，平均风速在4.5米/秒以下的地区不适宜大规模开发风电。除去低风速地区及自然保护区等其他不适宜开发的地区面积，根据

---

❶　本书在讨论清洁能源时将格陵兰岛纳入欧洲考虑。

单位面积可安装风电装机容量和满负荷运行小时数，可以测算各洲风电技术可开发量。各大洲陆上风能资源较为丰富的国家如表1-12所示。

表1-12　　　　　各大洲陆上风能资源较为丰富的国家　单位：万亿千瓦·时

地区	国家	风电技术可开发量
亚洲	俄罗斯	68
	中国	20
	哈萨克斯坦	3
欧洲	丹麦（含格陵兰岛）	65
	挪威	2
	西班牙	1
北美洲	美国	33
	加拿大	25
	墨西哥	4
南美洲	巴西	10
	阿根廷	6
	智利	3
非洲	苏丹	46
	索马里	44
	埃及	37
大洋洲	澳大利亚	21
	新西兰	1

风电基地开发除了考虑风能资源条件外，还需要考虑工程地质、场址范围、自然灾害、土地或近海开发利用等多方面因素。目前，风电发展主要受消纳空间以及经济性的制约。基于多种因素，未来亚洲风电开发将主要集中在中国"三北"地区、俄罗斯北部地区和中亚哈萨克斯坦等。北美洲风电开发将主要集中在美国中部及东西部沿海地区，开发潜力很大。南美洲风电开发将主要集中在巴西东南部高原地区，以及阿根廷与智利南部地区。欧洲风电开发将主要集中在北海及大西洋沿岸地区。非洲风电开发将主要集中在苏丹、索马里、埃及等东非、北非国家。大洋洲风电开发将主要集中在澳大利亚沿海及新西兰环岛沿岸地带。世界主要风能富集地区如表1-13所示。

表1-13　　　　　　　世界主要风能富集地区

地区	国家	富集地区	平均风速（米/秒）	技术可开发量（万亿千瓦·时）
亚洲	俄罗斯	西伯利亚	6～9	45
		喀拉海、白令海峡及周边	7～9	10
	中国	"三北"地区	6～9	14
	哈萨克斯坦	中部、南部及里海	>6	2
欧洲	丹麦	格陵兰岛	5～14	95
		北海	5～12	30
北美洲	美国	美国中部地区	7～10	11
南美洲	巴西	巴西	>6，南部8～9	4
	阿根廷	阿根廷	东南部>7	2
非洲	苏丹、埃塞俄比亚、索马里	非洲东部	8～9	60
大洋洲	澳大利亚	西北、东南部	陆地>7	10

目前，风电是全球增长速度最快的清洁能源发电品种之一，已经成为仅次于水电、核电的第三大清洁能源发电品种。2013年，全球累计风电装机容量达到3.2亿千瓦。24个国家风电装机容量超过100万千瓦，其中欧洲有德国、西班牙、英国等16个国家，亚洲有中国、印度、日本等3个国家，北美洲有美国、加拿大、墨西哥等3个国家，此外还有大洋洲的澳大利亚、南美洲的巴西。2012年6月，中国超过美国成为世界第一风电装机大国。从全球来看，已开发的风电主要集中在风能资源优越、接近负荷中心、电网接入条件好的地区，开发规模仅占世界风能资源量的很小一部分，未来随着远距离输电技术的发展应用，一些远离负荷中心的优质风能资源也能够得到有效开发。

（三）太阳能

太阳能来自太阳辐射，是世界上资源量最大、分布最为广泛的清洁能源。太阳能发电是太阳能开发利用的最主要方式。21世纪以来，全球太阳能发电呈现快速发展势头，超过风电成为增长速度最快的清洁能源发电品种。德国、美国、日本等国家和地区太阳能发电起步较早、发展较快、规模较大。中国太阳能发电虽然起步较晚，但发展速度快，规模已经居德国之后，处于世界第二位。由于受到技术和成本制约，当前世界太阳能发电总规模还不大，装机容量不足风电的一半，但从未来发展趋势看，考虑到太阳能资源丰富，如果技术突破带动成本显著下降，太阳能发电发展潜力巨大，将成为未来世界的最主要能源。

太阳能开发潜力巨大。地球上除了核能、潮汐能和地热能等，其他能源都直接或间接来自太阳能。从能量角度来看，太阳一年辐射到地球表面的能量约116万亿吨标准煤，相当于2013年世界一次能源消费总量（181.9亿吨标准煤）的6500倍，超过全球化石能源资源储量。全球太阳能资源分布如图1-21所示。

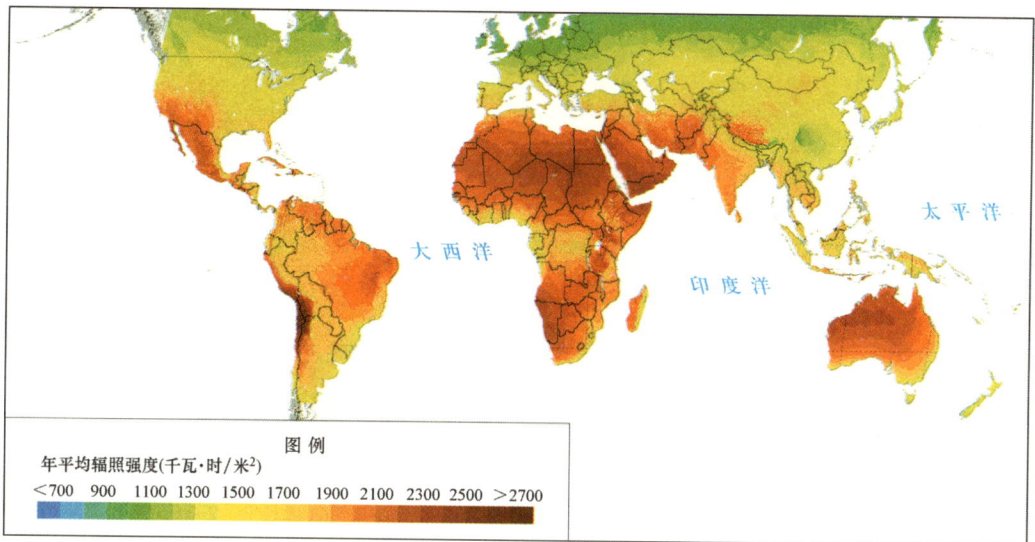

图1-21 全球太阳能资源分布示意图

资料来源：SolarGIS，http://solargis.info。

各地太阳能资源量有两个主要决定因素：**一是阳光照射角度**。阳光直射表面单位面积的能量必然大于斜射表面的能量，因此以赤道为中心、南北回归线之间的地带太阳能资源最为丰富。二是**大气散射**。大气中的颗粒越多，散射越强，达到地面的太阳能就越少。高原地区空气稀薄，大气对太阳光照的散射作用小，因此比同纬度低海拔地区辐射量大，中国青藏高原太阳能资源比很多低纬度地区丰富。赤道附近被热带雨林覆盖的地区，大气中水分含量大，阳光散射多，太阳能辐射量远低于其他赤道附近的干旱、半干旱地带。世界各大洲太阳能理论蕴藏量如表1-14所示。

表1-14 世界各大洲太阳能理论蕴藏量

地区	理论蕴藏量（万亿千瓦·时/年）	占全球总量比重（%）
亚洲	37500	25
欧洲	3000	2
北美洲	16500	11
南美洲	10500	7
非洲	60000	40
大洋洲	22500	15

亚洲太阳能理论蕴藏量每年约37500万亿千瓦·时，主要分布在中国、沙特阿拉伯、哈萨克斯坦等国家。中国太阳能资源主要集中在青藏高原、甘肃北部、宁夏北部和新疆南部等地区，年辐照强度多在1600千瓦·时/米²以上，青藏高原部分地区超过2300千瓦·时/米²；沙特阿拉伯约一半的国土面积是沙漠，年辐照强度超过2200千瓦·时/米²；哈萨克斯坦年辐照强度多在1300~1800千瓦·时/米²。

欧洲太阳能理论蕴藏量每年约3000万亿千瓦·时，主要分布在西班牙、意大利、葡萄牙等南欧国家。西班牙超过60%的国土面积、意大利超过50%的国土面积、葡萄牙超过70%的国土面积年辐照强度在1600~1800千瓦·时/米²，其他地区年辐照强度均在1400~1600千瓦·时/米²。

北美洲太阳能理论蕴藏量每年约16500万亿千瓦·时，主要分布在美国、墨西哥等国家。美国太阳能资源主要集中在西南部地区，年辐照强度在1700~2200千瓦·时/米²的地区约占国土面积的1/3；墨西哥大部分地区辐照强度与美国西南部相当，其北部约20%的区域年辐照强度甚至高于2200千瓦·时/米²。

南美洲太阳能理论蕴藏量每年约10500万亿千瓦·时，主要分布在智利、秘鲁和巴西等国家。秘鲁和智利太阳能资源主要集中在阿塔卡玛沙漠地区，秘鲁南部和智利北部年辐照强度在2100千瓦·时/米²以上。巴西太阳能资源主要集中在巴西高原，年辐照强度在1500千瓦·时/米²以上的区域约占巴西国土总面积的20%。

非洲太阳能理论蕴藏量每年约60000万亿千瓦·时，主要分布在苏丹、南非、坦桑尼亚等国家。苏丹、南非、坦桑尼亚年辐照强度在1500~2000千瓦·时/米²的区域占国土面积的比例分别为20%、25%、18%，年辐照强度在2000~2500千瓦·时/米²的区域占国土面积的比例分别为56%、8%、5%。

　　大洋洲太阳能理论蕴藏量每年约22500万亿千瓦·时，主要分布在澳大利亚、新西兰等国家。澳大利亚太阳能资源较丰富，年辐照强度在2200千瓦·时/米² 以上、1900～2200千瓦·时/米²、1600～1900千瓦·时/米² 的区域分别约占全国国土总面积的54%、35%、8%。新西兰大部分地区的年辐照强度也在2000千瓦·时/米² 左右。

　　太阳能技术可开发量主要取决于太阳辐照强度、转换效率、可利用面积等因素。一般认为，年辐照强度在1500千瓦·时/米² 以上的地区才适宜集中开发。目前，光伏组件转换效率约为16.5%，光热电站转换效率约为14%。可利用面积是指除自然保护区、特殊不利地形等地区外，适宜安装太阳能发电系统的面积。世界各大洲太阳能资源较为丰富的国家如表1-15所示。

表1-15　　　　　世界各大洲太阳能资源较为丰富的国家　单位：万亿千瓦·时

地区	国家	太阳能技术可开发量
亚洲	中国	110
	沙特阿拉伯	98
	哈萨克斯坦	74
	土耳其	13
欧洲	西班牙	5
	意大利	3
北美洲	美国	254
	墨西哥	78
南美洲	智利	35
	秘鲁	25
	巴西	20
非洲	苏丹	66
	南非	43
	坦桑尼亚	40
大洋洲	澳大利亚	251
	新西兰	7

　　未来太阳能发电将呈现出集中式和分布式并举的发展趋势。在北非、东非、中东、澳大利亚、中国西部、美国西南部、智利等辐照强度高、地广人稀、荒漠面积广阔的地区，适宜建设大型集中式太阳能发电基地，通过特高压、超高压输电通道集中输送到负荷中心。在人口和建筑物稠密的城市和乡村，适合因地制宜地发展分布式光伏发电，通过接入本地电网，满足部分当地用电负荷需求。世界主要太阳能富集地区如表1-16所示。

表1-16　　　　　　　　　　　世界主要太阳能富集地区

地区		富集地区	年辐照强度 （千瓦·时/米²）	年技术可开发量 （万亿千瓦·时）
亚洲	中东	以色列、约旦、沙特阿拉伯、阿联酋等	2000～2700	100
	中国西部	西部及西北部五省（自治区）：新疆、内蒙古、西藏、甘肃、青海	1500～2150	14
欧洲	南欧	葡萄牙、西班牙、意大利、希腊、土耳其	1600～2100	3
北美洲	美国西南部	加利福尼亚州、堪萨斯州、科罗拉多州、俄克拉荷马州、得克萨斯州、犹他州、新墨西哥州、内华达州、亚利桑那州	2100～2500	80
南美洲	秘鲁、智利	阿塔卡玛沙漠	2000～2500	15
非洲	北非	撒哈拉沙漠及以北地区	2000～2700	141
	东非	埃塞俄比亚、苏丹、肯尼亚等国家和地区	1900～2800	187
大洋洲	澳大利亚	北部地区	1800～2500	65

　　资料来源：黄湘，国际太阳能资源及太阳能热发电趋势，华电技术，2009（12）；NREL，U.S Renewable Energy Technical Potentials：A GIS-Based Analysis，2012；国际可再生能源署（International Renewable Energy Agency，IRENA），Estimating the Renewable Energy Potential in Africa，2014。

　　太阳能发电是实现太阳能高效利用的最重要形式之一。按照发电原理，太阳能发电主要包括光伏发电和光热发电两种方式。近年来，光伏发电已经进入大规模商业化开发阶段。截至2013年底，世界光伏发电总装机容量达到约1.4亿千瓦，年新增装机容量与水电基本相当，且首次超过风电。德国、中国、意大利、日本、美国等5

个国家光伏发电装机容量均超过1000万千瓦，17个国家超过100万千瓦。从项目类型来看，地面光伏电站装机比重逐步提高，在世界新增装机容量中所占比重已从2009年的23%提高至2013年的45%，建筑光伏（包括居民建筑应用和工商业建筑应用）比重从2009年的77%下降至2013年的55%。

从2008年开始，光热发电进入快速发展期，2008～2013年累计装机容量年均增长47.6%，但与光伏发电相比，光热发电规模尚小。截至2013年底，全球已建成投运的光热电站项目分布在西班牙、美国、印度等9个国家，总装机容量约为363万千瓦。另有在建项目200万千瓦，获得许可项目1000万千瓦。其中，西班牙已建成光热发电项目220.6万千瓦，在建项目5万千瓦，获得许可项目18.5万千瓦；美国已建项目107.3万千瓦，在建项目61.5万千瓦，获得许可项目361.5万千瓦；印度已建项目15.6万千瓦，在建项目42.5万千瓦，获得许可项目55.1万千瓦。根据各国公布的在建及获得许可情况，预计在未来几年内，中国、印度、南非、摩洛哥、阿联酋、智利等国的光热发电规模将实现较大幅度增长。截至2013年底部分国家光热发电发展情况如表1-17所示。

表1-17　　　截至2013年底部分国家光热发电发展情况　　　单位：万千瓦

国家	已建容量	在建容量	获得许可容量
西班牙	220.6	5.0	18.5
美国	107.3	61.5	361.5
印度	15.6	42.5	55.1
阿联酋	10.0	0	0
中国	2.1	17.0	167.0
埃及	2.0	0	35.0
摩洛哥	2.0	16.0	30.0
阿尔及利亚	2.0	0	15.0
澳大利亚	1.0	4.4	3.1
南非	0	30.0	35.0
智利	0	11.0	76.5
其他	3.7	1.8	295.1
合计	366.3	189.2	1091.8

资料来源：全联新能源商会，全球新能源发展报告2014。

（四）核能

世界天然铀资源较为丰富，分布集中。截至2013年，全球已探明开采成本低于260美元/吨的铀资源总量为763.52万吨❶，开采成本低于130美元/吨的总量为590.29万吨，开采成本低于80美元/吨的总量为195.67万吨，开采成本低于40美元/吨的总量为68.29万吨（见表1-18）。据初步估计，全球核燃料资源相当于全部化石能源的10倍，已探明铀资源主要集中在澳大利亚、哈萨克斯坦、俄罗斯、加拿大、尼日尔、纳米比亚、南非、巴西、美国、中国等国家，上述10个国家合计探明铀资源量（开采成本在130美元/吨以下）为519.36万吨，约占世界总量的88.0%。

表1-18   2013年全球铀资源量

项目		资源级别（美元/吨）	资源量（万吨）
已探明资源		< 260	763.52
		< 130	590.29
		< 80	195.67
		< 40	68.29
其中	可靠资源	< 260	458.72
		< 130	369.89
		< 80	121.16
		< 40	50.74
	推断资源	< 260	304.80
		< 130	220.40
		< 80	74.51
		< 40	17.55

资料来源：国际原子能机构，Uranlum 2014：Resources，Production and Demand。

2013年，全球共有21个国家开发铀矿，铀年总产量约5.95万吨。哈萨克斯坦是世界上最大的铀生产国，铀产量约2.25万吨，占世界铀总产量的37.8%；其次是加拿

---

❶ 通常百万千瓦核电站每年消耗铀资源约为25吨。

大，铀产量约0.90万吨，占世界铀总产量的15.1%；澳大利亚居第三位，铀产量约0.67万吨，占世界总产量的11.3%。近几年来，中国铀产量基本保持在0.13万～0.15万吨。

核电占世界总装机容量比重持续下降。20世纪七八十年代连续发生美国三里岛、苏联切尔诺贝利核泄漏事故，导致全球核电进入了缓慢发展的"低谷期"。2011年，日本福岛核泄漏事故发生后，核电安全再次成为全球关注的热点，各国对在运核电站安全性均进行了全面的检查和评估。瑞士、德国、意大利等国先后宣布放弃发展核电。美国、法国、英国、俄罗斯、越南、阿联酋和土耳其等许多国家表示将在高安全标准下继续发展核电。当前核电发展的主要障碍在于安全和核废料处理等问题。截至2013年底，全世界30个国家或地区，共有434台核电机组在运行，总装机容量约为3.7亿千瓦，主要分布在美国、法国、日本等发达国家。1990～2013年世界核电装机容量及其占比如图1-22所示。

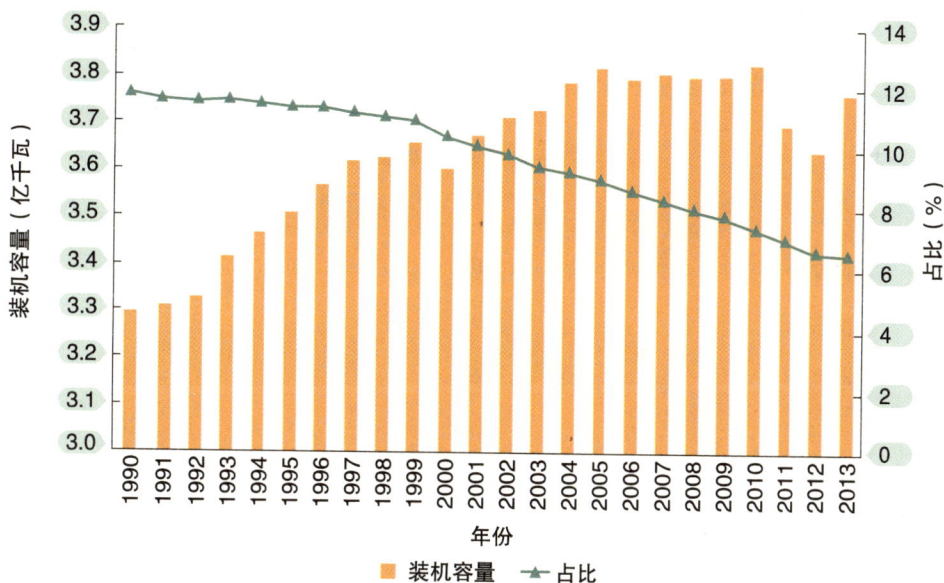

图1-22 1990～2013年世界核电装机容量及其占比

资料来源：联合国，World Energy Statistics Yearbook 2013；
世界核能协会，http://world-nuclear. org/nucleardatabase/advanced. aspx。

目前，核电普遍利用的是核裂变技术，全球核电站采用的堆型都是裂变堆。**核聚变是未来核电的发展方向，但受技术突破制约，前景尚不明朗。**核聚变的优点主要体现在，地球上蕴藏的核聚变能远比核裂变能丰富，可控聚变能电站主要燃料是氚，大量存在于海水中；同时，核聚变具有安全、清洁的特点，不会产生污染环境的放射性物质。但目前聚变能技术远未成熟，未来30年实现商业应用面临巨大挑战。

（五）其他清洁能源

海洋能是指海洋中特有的依附于海水的可再生能源，主要包括潮汐能、波浪能、海流能、温差能、盐差能等。各种海洋能的能量密度一般较低。世界潮汐能的潮差最大值约为17米，中国最大值为9.3米；世界波浪能的最大单站平均波高为2米以上，中国沿岸最大单站平均波高为1.6米；世界海流能的流速最大值约为2.5米/秒，中国最大值为1.5米/秒；世界温差能的表、深层海水温差最大值约为24℃，中国最大值与此相近；盐差能是海洋能中能量密度最大的一种，其渗透压一般为24个大气压，相当于240米水头，中国也接近此值[1]。据统计，以上五种海洋能资源理论可开发量为766亿千瓦，其中技术可开发量为64亿千瓦（见表1-19）。海洋能发电技术中相对成熟的是潮汐发电。截至2013年底，全球海洋能发电装机容量约53万千瓦，世界上最大的海洋能发电站是韩国的25.4万千瓦潮汐能电站。

表1-19　　　　　　　　　　　　　　世界海洋能资源量　　　　　　　　　单位：亿千瓦

类型	理论蕴藏量	技术可开发量
潮汐能	30	1
波浪能	30	10
海流能	6	3
温差能	400	20
盐差能	300	30

资料来源：联合国教科文组织，海洋能开发。

生物质能是一种以生物质为载体的可再生的清洁能源，其来源包括农业废弃物、林业废弃物、生活废弃物和工业废弃物，以及潜在的人工培育生物质能源、各类能源农作物、能源林木等。目前，全球生物质能理论生产潜力每年为376亿～512亿吨标准煤。考虑到环保等制约因素，较为现实的生产潜力可达到68亿～170亿吨标准煤[2]。

---

[1] 资料来源：王传崑、卢苇，海洋能资源分析方法及储量评估，海洋出版社，2009年。

[2] 资料来源：瑞典科学家对全球生物质资源提出新看法，www.most.gov.cn/gnwkjdt/201008/t20100805_78751.htm。

从全球来看，生物质能主要集中在南美洲、南部非洲、东欧、大洋洲、东亚地区。生物质利用方式包括供热、发电及生产生物液体燃料，生物质发电利用规模总体不大。截至2013年底，世界生物质发电装机容量约为7640万千瓦，年发电量2576亿千瓦·时。欧盟地区是生物质发电规模最大的地区。

地热能是地壳中蕴藏的热能的总称。地热能有热水型、蒸汽型、地压型、干热岩型及熔岩型等。据估计，全球地热能可采储量约相当于50亿吨标准煤，主要分布在环太平洋地热带、地中海—喜马拉雅地热带、大西洋中脊地热带和红海—亚丁湾—东非裂谷地热带等。目前地热的利用主要有热利用和地热发电两种方式，地热发电规模较小。截至2013年底，全球地热发电装机容量约1171万千瓦。

四、"一极一道"能源开发

从世界清洁能源资源分布来看，北极圈及其周边地区（"一极"❶）风能资源和赤道及附近地区（"一道"❷）太阳能资源十分丰富，简称"一极一道"。集中开发北极风能和赤道太阳能资源，通过特高压等输电技术送至各大洲负荷中心，与各洲大型能源基地和分布式电源相互支撑，提供更安全、更可靠的清洁能源供应，将是未来世界能源发展的重要方向。

（一）"一极"的能源开发

1. 资源状况

北极地区风能资源丰富且分布广，技术可开发量约1000亿千瓦，约占全球陆上风能资源的20%。环北冰洋的喀拉海、巴伦支海、白令海峡和格陵兰岛等是北极风能资源最丰富的地区。北极地区示意图如图1-23所示。

北冰洋及近海风能资源主要集中在格陵兰岛、挪威海、巴伦支海、喀拉海、白令

---

❶ 北极在地理上是指北纬66度34分以北的广大区域，地处欧洲、亚洲和北美洲的北部。本书中，"一极"主要是指包括北极在内北纬60度以北的广大区域（简称北极地区），包括北冰洋沿岸及近海、北欧、俄罗斯西伯利亚、美国阿拉斯加州、加拿大北部、格陵兰岛等，涉及加拿大、丹麦、芬兰、冰岛、挪威、瑞典、俄罗斯、美国等8个国家的相关地区。

❷ 本书中，"一道"主要是指南纬30度与北纬30度之间的广大区域（简称赤道地区），是连接南北半球的中心地带，涉及的国家和地区主要包括北非、东非、中东、澳大利亚、北美洲西南部、南美洲北部等。

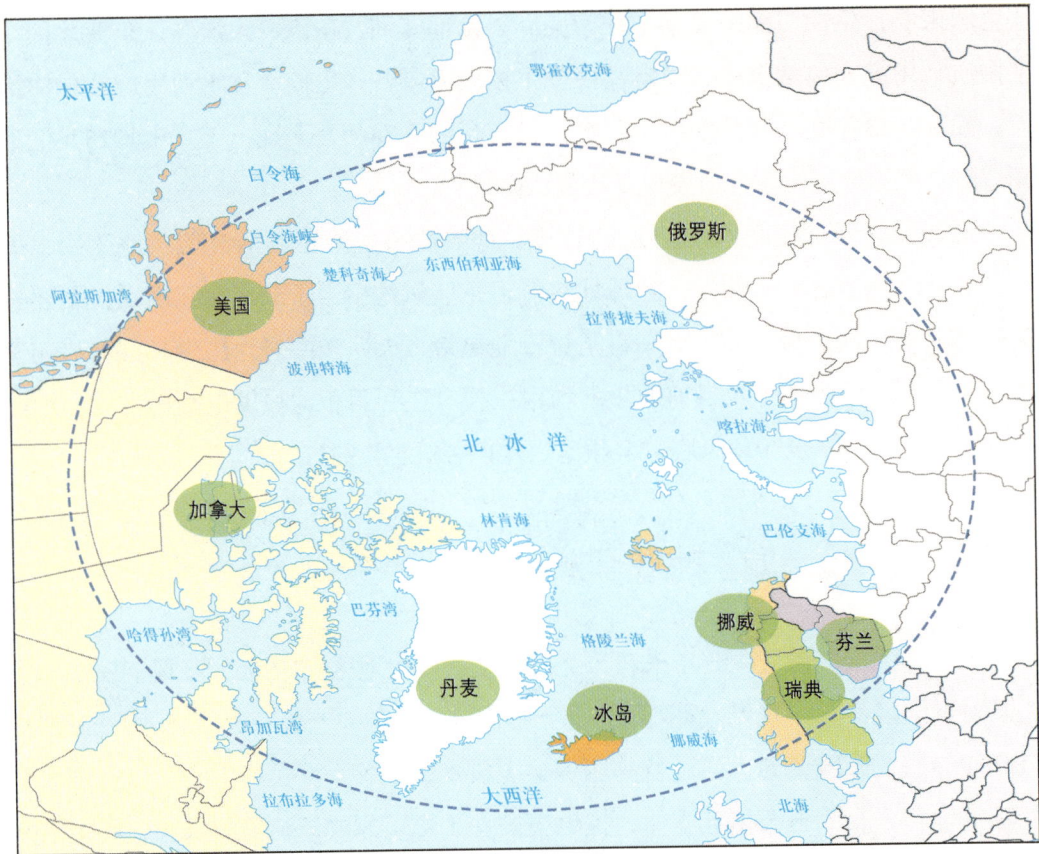

图1-23   北极地区示意图

海峡，上述地区年平均风速较高。北极圈内年平均风速最大达10～11米/秒，位于格陵兰海、冰岛北侧。次强中心风速9～10米/秒，位于挪威海内。大西洋一侧的风力较强，平均在7米/秒以上。格陵兰岛大部分陆地上的风速为5～8米/秒。欧亚大陆北侧新地岛以东（喀拉海）海面风速为6～8米/秒。白令海峡风速为8～9米/秒。北美洲东部诸岛和海面的平均风速大多在5米/秒以下，零星地带达到5～9米/秒。未来北极风电开发重点主要集中在格陵兰岛、挪威海、巴伦支海、喀拉海、白令海峡等区域的风能富集地区。

北欧斯堪的纳维亚半岛及北海地区总面积约200万千米²，沿海风能资源条件优良，年平均风速在8～9米/秒；俄罗斯西伯利亚一半以上的面积位于北纬66度以北，尤其是北冰洋沿岸地区风能资源最为丰富，年平均风速超过8米/秒，风电容量系数超过40%；美国阿拉斯加州风能资源主要集中在西部低海拔地区，以及白令海峡和北冰洋沿岸地区；加拿大北部一半以上地区常年平均风速在7米/秒以上，东北部等部分地区甚至可达10米/秒以上。

2. 开发现状

北极风能资源虽然丰富，但目前开发利用的规模较小。作为环北极的主要国家之一，俄罗斯拥有巨大的风能潜力，但风电发展较为缓慢。截至2013年底，俄罗斯风电总装机容量为10.5万千瓦，且多为30千瓦左右的小型风电机组。俄罗斯最大的风电场为加里宁格勒地区的库利科沃风电场，该风电场历经数十年的扩建，目前装机容量为2万千瓦。俄罗斯已建成并网的风电场还包括巴什科尔托斯坦地区2200千瓦的秋金里风电场、1000千瓦的卡尔梅克风电场、楚瓦什共和国200千瓦的马拉博萨风电场等。此外，楚科奇自治区2500千瓦的阿纳德尔风电场、科米共和国1500千瓦的极地风电场、白令海峡堪察加地区1200千瓦的圣尼古拉斯风电场、罗斯托夫地区300千瓦风电场均已建成但未并网，这些项目大多建成于20世纪90年代末或21世纪初。

除俄罗斯外，丹麦、瑞典、加拿大、美国等其他环北极国家大多已经实现风电的规模化开发，但已建风电项目基本位于北极圈以南的领土范围内，北极地区风能资源尚未开发，将是未来世界风电发展的重点地区。2000～2013年部分环北极国家风电装机容量如表1-20所示。

表1-20　　　　2000～2013年部分环北极国家风电装机容量　　单位：万千瓦

国家	2000年	2005年	2010年	2013年
丹麦	249	313	380	477
瑞典	30	53	216	447
加拿大	20	68	401	780
美国	428	915	4030	6109

资料来源：全球风能理事会，Annual Market Update 2013。

（二）"一道"的能源开发

1. 资源状况

赤道附近地区所处纬度低、太阳直射多，其中一些地区多为干旱、半干旱或沙漠地带，太阳散射少，因此太阳能资源极其丰富，是未来太阳能大规模集中开发和利用的重点区域。此外，赤道附近地区还拥有大量优质的风能和水能资源，如非洲刚果河、南美洲亚马孙河流域拥有丰富的水能资源。

全球太阳能资源主要集中在赤道地区的北非、东非、中东、澳大利亚等地区，太阳能开发潜力占全球总量的30%以上。北非、东非地区太阳能年辐照强度大多在2000~2800千瓦·时/米²，资源量丰富的国家包括阿尔及利亚、摩洛哥、利比亚、苏丹等；中东地区太阳能年辐照强度为2200~2400千瓦·时/米²，资源量丰富的国家包括伊朗、沙特阿拉伯、阿联酋等；澳大利亚的一、二类资源区太阳能年辐照强度在2000千瓦·时/米²以上。除赤道附近地区外，其他太阳能资源丰富的地区主要有：南部欧洲，年辐照强度为1600~2100千瓦·时/米²；美国西南部，年辐照强度为2100~2500千瓦·时/米²；南美洲西海岸，年辐照强度为2000~2500千瓦·时/米²。随着太阳能发电转换效率的提高，太阳能资源开发潜力会更大。赤道地区太阳能资源分布如图1-24所示。

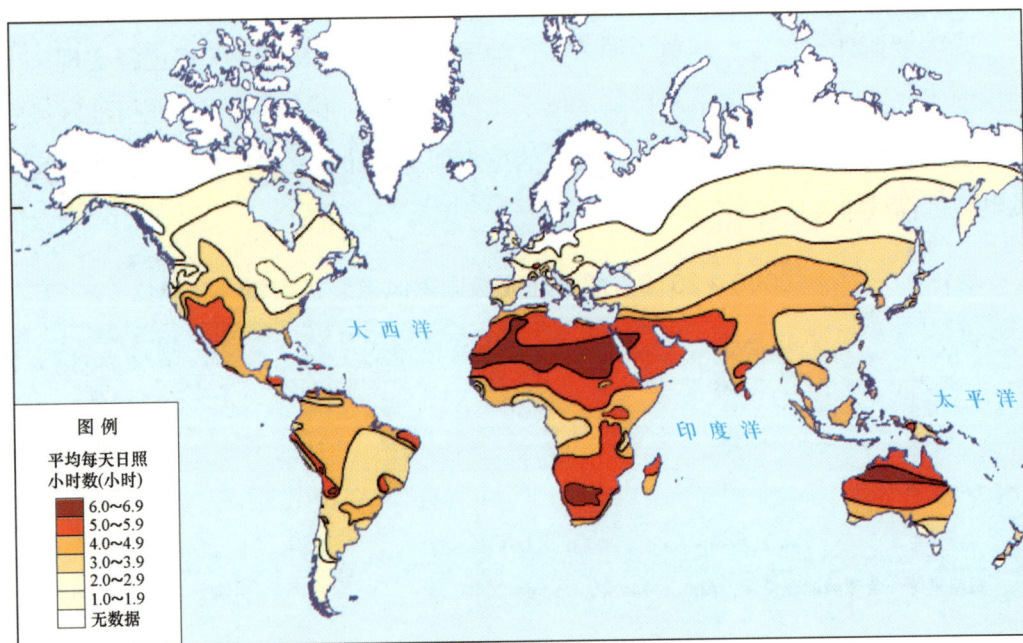

图1-24　赤道地区太阳能资源分布示意图

资料来源：澳大利亚工业部等，Australian Energy Resource Assessment。

2. 开发现状

尽管当前全球太阳能发电主要集中在欧美国家，但近年来赤道地区相关国家和地区日益重视本国（地区）太阳能发电资源的开发利用，根据本国（地区）光照资源特点和项目建设条件选择不同的技术路线和开发模式。北非的摩洛哥、突尼斯、阿尔及利亚，以及中东的沙特阿拉伯、阿联酋等国家已经建设了一批光热电站，单体项目装机容量为5万～10万千瓦；大洋洲的澳大利亚和欧洲的意大利、西班牙、葡萄牙，以及北美洲的美国以光伏发电为主，同时也建设了一批光热电站；南美洲的巴西、智利和秘鲁太阳能发电规模尚小。截至2013年底赤道地区太阳能资源开发情况如表1-21所示。

表1-21　　　　　截至2013年底赤道地区太阳能资源开发情况

地区	国家	光伏发电（万千瓦）	光热发电（万千瓦）	典型太阳能发电项目
北非	摩洛哥	1.5	2.0	瓦尔扎扎特一期NOOR1槽式光热电站，在建（16万千瓦）
	突尼斯	0.7	—	
	阿尔及利亚	0.7	2.5	
中东	沙特阿拉伯	1.9		
	阿联酋	3.3	10.0	"太阳一号"10万千瓦光热电站
大洋洲	澳大利亚	330	—	计划建设2万千瓦塔式光热电站
南欧	意大利	1793	—	
	西班牙	534	—	Gemasolar光热电站
	葡萄牙	28		Serpa光伏电站
北美洲	美国	1351.8		伊万帕光热电站
南美洲	巴西	2	—	
	智利	18		
	秘鲁	10	—	4.4万千瓦阿雷基帕光伏电站

总的来看，"一极一道"清洁能源资源丰富，开发潜力巨大。未来，随着各大洲主要国家自身优质可再生能源资源得到充分开发，以及清洁能源大规模开发技术和电力远距离输电技术的发展和成熟，"一极一道"地区将成为全球能源开发的重要战略基地，为世界经济社会发展提供持续的能源保障。北极风电集中开发，向南可以分别送电至东亚、北美洲、欧洲等用电负荷中心，形成"北电南送"格局。赤

道太阳能资源与当地水能、风能资源联合大规模开发，在解决本地用能需求的基础上，向欧洲、亚洲、北美洲及南美洲南部地区提供更清洁的能源供应。

五、电力发展

电力是清洁、高效的二次能源。电力的发明与利用是人类能源工业的一场革命，使人类迎来了"电气化时代"。世界电力工业始于19世纪80年代，至今已有百余年的历史。自20世纪70年代以来，世界各国的电力工业从电力生产和建设规模到电源和电网技术都发生了深刻变化。电力工业逐步进入了大能源基地与分布式电源、大电网与微电网协调发展的新时期。

（一）电源开发

世界发电装机容量与发电量持续快速增长。 20世纪90年代以来，随着全球经济的快速发展以及各类发电技术的不断突破，世界电力装机和发电量大幅提升。1990～2013年，全球发电装机容量由27.6亿千瓦增加到57.3亿千瓦，年均增长率约为3.2%；年发电量由11.77万亿千瓦·时增长到22.5万亿千瓦·时，年均增长率约为3.1%。1990～2013年世界发电装机容量及发电量如表1-22所示。

表1-22　　　　1990～2013年世界发电装机容量及发电量

项目	1990年	1995年	2000年	2005年	2010年	2013年
装机容量（亿千瓦）	27.6	30.6	34.4	42.1	50.9	57.3
发电量（万亿千瓦·时）	11.8	13.1	15.5	18.4	21.4	22.5

资料来源：联合国，World Energy Statistics Yearbook 2013；全联新能源商会，全球新能源发展报告2014。

电力供应结构仍以煤电、气电等化石能源发电为主，但逐步呈现清洁化趋势。 截至2013年底，世界发电总装机容量达到57.3亿千瓦，其中化石能源发电装机容量占总装机容量的比重为66.1%。近年来，清洁能源发电装机比重快速提升。截至2013年底，核能、水能、风能、太阳能等清洁能源发电装机总容量约为19.4亿千瓦，占世界发电总装机容量的33.9%。1990～2013年世界发电装机结构变化如图1-25所示。

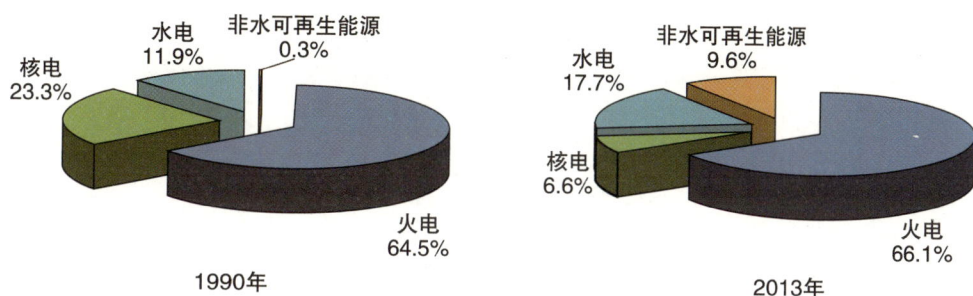

图1-25　1990～2013年世界发电装机结构变化

全球发电装机主要分布在亚洲、北美洲及欧洲等地区。2013年，亚洲、北美洲和欧洲的发电装机容量占世界总装机容量的比重分别为42.5%、24.5%和24.3%。相比1990年，亚洲占比提高了17.2个百分点、北美洲占比降低了12.1个百分点，欧洲占比降低了4.1个百分点。分品种看，全球煤电装机主要分布在煤炭资源较为丰富的亚洲和北美洲，占世界煤电总装机容量的73%；水电装机主要分布在亚洲和欧洲，占世界水电总装机容量的62%；核电装机主要分布在欧洲和北美洲，占世界核电总装机容量的75%；气电装机主要分布在欧洲和北美洲，占世界气电总装机容量的80%左右；风电装机主要分布在亚洲、欧洲，占世界风电总装机容量的75%；太阳能发电装机主要分布在欧洲，占世界太阳能发电总装机容量的60%。1990～2013年世界各大洲发电装机容量比重变化如图1-26所示。

从各大洲发电总装机容量年均增长态势来看，近年来亚洲始终处于领先位置，欧洲和大洋洲增长速度趋缓，如图1-27所示。目前，中国已经成为世界第一大电力生产国。截至2013年底，中国发电装机容量达到12.58亿千瓦，全年发电量5.37万亿千瓦·时。

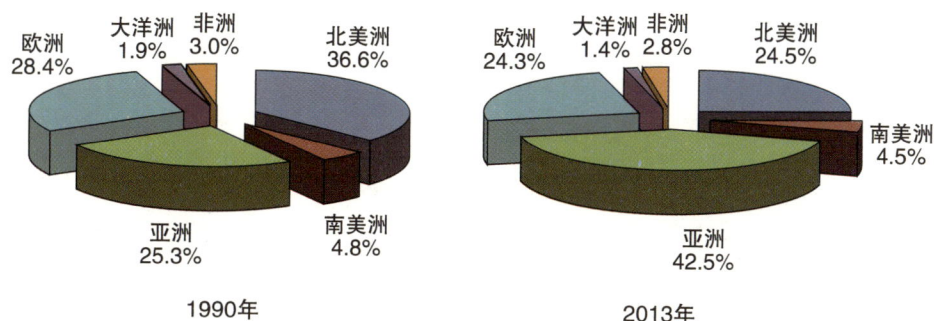

图1-26　1990～2013年世界各大洲发电装机容量比重变化

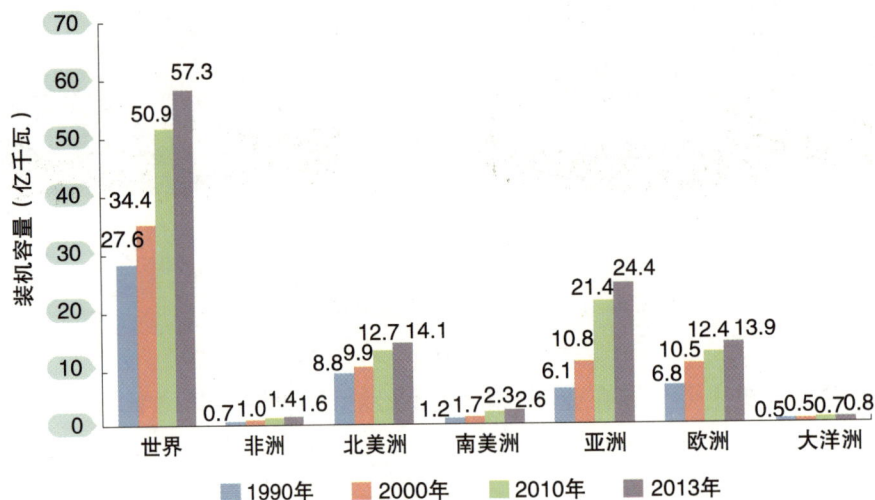

图1-27　1990～2013年世界及各大洲发电装机容量

　　由于经济体量和电力消费水平不同，各大洲内部各国电力发展存在较大差异。从发电装机容量和发电量来看，亚洲排名前三位的国家分别是中国、日本、俄罗斯，欧洲排名前三位的国家分别是德国、法国、意大利，北美洲排名前三位的国家分别是美国、加拿大、墨西哥，南美洲排名前三位的国家分别是巴西、阿根廷、委内瑞拉，非洲排名前三位的国家分别是南非、埃及、阿尔及利亚，大洋洲排名前三位的国家分别是澳大利亚、新西兰、巴布亚新几内亚。截至2013年底，世界各大洲主要国家发电装机容量及年发电量如表1-23所示。

表1-23　　2013年世界各大洲主要国家发电装机容量及年发电量

大洲	国家	装机容量（万千瓦）	年发电量（亿千瓦·时）
亚洲	中国	125768	53721
	日本	29523	10523
	俄罗斯	24310	10499
欧洲	德国	18462	5964
	法国	12806	5508
	意大利	12423	2760

续表

大洲	国家	装机容量（万千瓦）	年发电量（亿千瓦·时）
北美洲	美国	106790	42745
	加拿大	13420	6520
	墨西哥	6214	2982
南美洲	巴西	11713	5525
	阿根廷	3381	1348
	委内瑞拉	2571	1221
非洲	南非	4417	2551
	埃及	3005	1644
	阿尔及利亚	1155	512
大洋洲	澳大利亚	6322	2470
	新西兰	949	425
	巴布亚新几内亚	69	35

　　资料来源：中国电力企业联合会，电力工业统计资料汇编（2013）；IEA，Electricity Information 2014；欧洲输电运营商联盟（ENTSO-E），Statistical Factsheet 2013。

　　全球电源技术快速发展、单机容量大幅提升。近年来，世界火电技术装备水平不断提高，高参数、大容量超（超）临界火电机组技术等得到推广与应用。目前，世界火电单机容量最大为130万千瓦。世界水电在运行控制技术、截流和围堰技术、水轮发电机组设计制造与安装技术等方面均得到重大突破，目前水电最大单机容量可达100万千瓦。核电已经向更经济、更安全、废料产生量少、单机容量大型化的第四代技术发展。世界最大核电站是日本的柏崎·刈羽核电站，装有7台沸水堆机组，总容量约821万千瓦。全球光伏发电技术已经得到商业化发展，多晶硅、非晶硅电池的生产效率逐步提高，用于光伏系统的蓄电池技术正不断取得突破。风电设备技术正在向单机容量更大、定桨距转向变桨距、直接驱动和混合驱动技术等方向发展。2014年1月28日，世界第一台8兆瓦海上风电机组正式投入运行，预计2015年8兆瓦海上风电机组实现量产。2014年10月29日，中国国家风光储输示范工程完成国内陆上单机容量最大的5兆瓦永磁直驱型风机吊装工作。

（二）电网发展

19世纪后期到20世纪中期，电力工业经过数十年的发展，形成了以交流发电和输配电技术为主导的电网，电压等级在220千伏及以下，电网规模以城市电网、孤立电网和小型电网为主。20世纪中期以来，电网规模不断扩大，形成了北美互联电网、欧洲互联电网、俄罗斯—波罗的海电网等跨国互联大电网，建立了330千伏及以上的超高压交直流输电系统。截至2013年底，世界220千伏及以上输电线路总长度约250万千米，变电容量约120亿千伏·安。

适应电网规模的扩大，世界电网的电压等级也不断提高。20世纪60年代起，世界开始研究特高压输电；进入21世纪，中国为了保障能源资源的大范围优化配置，大力推进特高压交直流输电技术研究和工程建设。目前，中国已经建成投运晋东南—南阳—荆门、淮南—浙北—上海、浙北—福州等3项1000千伏特高压交流输变电工程，建成向家坝—上海、锦屏—苏南、哈密南—郑州、溪洛渡—金华、楚雄—增城、普洱—江门等6项±800千伏特高压直流输电工程。

加强跨国互联电网建设、扩大电网覆盖范围、实现更大范围能源资源优化配置是世界电网发展的重要趋势。随着跨国电网建设和大电网互联，国家之间电力交换规模越来越大。2013年，经济合作与发展组织（Organization for Economic Co-operation and Development，OECD）电力进口、出口量分别达到4417亿、4444亿千瓦·时。2000～2013年，OECD国家电力进口、出口呈上升趋势，分别增长26.7%、27.7%。

各大洲电网发展总体情况介绍如下。

1．亚洲电网

亚洲电网包括中国互联电网、俄罗斯—波罗的海互联电网、海湾地区互联电网等多个区域性互联电网，以及日本、韩国、印度和东南亚等国家电网，尚未形成全洲统一的互联电网。亚洲电网覆盖48个国家和地区，总装机容量24亿千瓦，总用电量约10万亿千瓦·时，供电人口约40亿人，最高电压等级为1000千伏，220千伏及以上输电线路长度约150万千米。其中，俄罗斯—波罗的海互联电网装机容量3亿千瓦，覆盖面积2254万千米^2，服务人口2.8亿人；海湾地区互联电网装机容量9481万千瓦，覆盖面积267万千米^2，服务人口4198万人。

亚洲各国电网中，中国、日本、俄罗斯电网规模较大，装机容量分别为12.58

亿、2.95亿、2.43亿千瓦，最大用电负荷分别为8.30亿、1.56亿、1.3亿千瓦，在运最高交流电压等级分别为1000千伏、500千伏、765千伏，220千伏及以上输电线路长度分别为54万、4万、13万千米。

　　近年来，中国电网建设步伐不断加快，资源优化配置能力明显提高。2011年12月，青藏±400千伏直流联网工程竣工投运后，除台湾省外实现全国联网。2012年4月，中俄±500千伏直流背靠背联网工程投入商业运行，是中国从境外购电电压等级最高、容量最大的输变电工程。中国电网还通过3条220千伏和4条110千伏线路向越南送电，通过115千伏联络线向老挝北部供电。截至2013年底，中国电网220千伏及以上输电线路长度、变电容量分别为54.3万千米、27.2亿千伏·安，在装机规模、输电线路长度、电压等级等方面均居世界第一。1995～2013年中国220千伏及以上输电线路长度如表1-24所示。

表1-24　　　1995～2013年中国220千伏及以上输电线路长度　　单位：千米

年份	特高压	750千伏	±660千伏	500千伏	330千伏	220千伏	合计
1995	—	—	—	13052	5609	96913	115574
2000	—	—	—	26837	8669	128114	163620
2005	—	141	—	62866	13059	177617	253683
2010	3972	6685	1400	135180	20338	277988	445563
2011	3973	10005	1400	140263	22267	295978	473886
2012	6105	10088	1400	146250	22701	318217	504761
2013	8840	12666	1400	156818	24065	339075	542864

资料来源：中国电力企业联合会，电力工业统计资料汇编（2013）。

　　日本除冲绳岛外，已实现全国电网互联。日本电网包括50赫兹和60赫兹两个系统。北海道、东北和东京等3个电网使用50赫兹系统，东京电网和东北电网通过500千伏输电线路互联，东北电网和北海道电网通过一条±250千伏海底直流输电线路互联。中部、北陆、关西、中国、四国及九州等区域电网使用60赫兹系统，通过500千伏输电线路互联。两个不同频率的系统之间通过佐久间（30万千瓦）、东清水（10万千瓦）和新信浓（60万千瓦）3个直流背靠背连接。

俄罗斯电网由7个跨区电网组成，包括东方电网、西伯利亚电网、乌拉尔电网、中伏尔加河电网、南方电网、中部电网和西北电网，覆盖俄罗斯79个州，除东方电网独立运行外，其他6个跨区电网已经实现同步联网。

2. 欧洲电网

欧洲电网是全球互联程度最高的洲级电网，包括欧洲大陆、北欧、波罗的海、英国、爱尔兰五个同步电网，此外还有冰岛和塞浦路斯等独立电网。上述国家及地区输电网运营商共同组成欧洲输电网运营商联盟。截至2013年底，欧洲输电网运营商联盟覆盖了34个国家，装机容量10.07亿千瓦，发电量3.35万亿千瓦·时，220千伏及以上输电线路总长度约30万千米，覆盖面积450万千米^2，供电人口约7亿人。

欧洲各国电网中，德国、法国、意大利电网规模较大，装机容量分别达到18462万、12806万、12423万千瓦，最大用电负荷分别为8310万、9290万、5400万千瓦，最高电压等级分别为380、400、400千伏，220千伏及以上输电线路长度分别为3.5万、4.8万、2.2万千米。随着欧洲电网互联进程的推进，各国间电量交换规模持续增加。2013年欧洲主要国家交流电网线路长度如表1-25所示。

表1-25　　　　**2013年欧洲主要国家交流电网线路长度**　　　单位：千米

国家/地区	220/285千伏	330千伏	380/400千伏	750千伏	合计
法国	26640	—	21752	—	48392
德国		35147		—	35147
意大利	11149	—	10746	—	21895
英国	6264	—	11829	—	18093
欧洲	141359	9141	151272	471	302243

资料来源：根据各国电力工业统计；ENTSO-E, Statistical Factsheet 2013。

3. 北美洲电网

北美洲电网包括美国、加拿大、墨西哥等各个国家级电网，以及中美洲互联电网，其中北美东部电网、北美西部电网、美国得克萨斯州电网及加拿大魁北克电网等4个同步电网组成北美互联电网，供电区域覆盖美国全境、加拿大部分地区和墨西哥境内的下加利福尼亚州。北美互联电网中，东部电网是北美4个同步电网中规模最大的电网，供电范围从加拿大中部向东到大西洋沿岸（除魁北克省），南至美国佛罗里达州，西至洛基山脉（除得克萨斯州），为美国中、东部各州及加拿大的5个省供电。北美西部电网规模仅次于东部电网，供电范围从加拿大西部向南延伸至墨西哥的下加利福尼亚半岛，向东跨越洛基山脉直至东部大平原，为美国西部14个州、加拿大2个省，以及墨西哥1个州的一部分供电。

截至2013年底，北美互联电网总装机容量约12亿千瓦，最高电压等级为765千伏，100千伏以上输电线路长度约76万千米，覆盖面积1139万千米²，供电人口约5亿人。2008～2011年北美互联电网100千伏及以上输电线路长度如表1-26所示。

表1-26　　2008～2011年北美互联电网100千伏及以上输电线路长度

单位：千米

国家/地区	2008年	2009年	2010年	2011年
美国	587378	599095	622590	627502
加拿大	126591	127041	128157	130834
墨西哥（下加利福尼亚州）	2113	2256	2293	2346
总计	716082	728393	753039	760682

资料来源：根据北美电力可靠性公司统计。

中美洲互联电网装机容量1148万千瓦，覆盖面积50万千米²，供电人口3900万人，包括巴拿马、哥斯达黎加、洪都拉斯、萨尔瓦多、危地马拉、尼加拉瓜等6个国家电网。

北美洲各国电网中，美国、加拿大、墨西哥电网规模较大，装机容量分别为10.68亿、1.34亿、0.62亿千瓦，最大用电负荷分别为7.82亿、0.92亿、0.50亿千瓦，最高电压等级分别为765、735、400千伏，100千伏及以上输电线路长度分别为63万、13万、5万千米。美国和加拿大之间电量交换较大，与墨西哥之间电量交换较小，美国是电力净进口国，加拿大、墨西哥是电力净出口国。2013年，美国进口电量与出口电量合计749亿千瓦·时。

4. 南美洲电网

南美洲尚未形成全洲统一的互联电网，主要有北部和南部两大跨国互联电网，覆盖14个国家，总装机容量2.4亿千瓦，总用电量约1万亿千瓦·时，供电人口约4亿人，覆盖面积1550万千米²。南美洲电网最高电压等级为750千伏，220千伏及以上输电线路长度约25万千米。

2013年，在南美洲各国电网中，巴西、阿根廷电网规模较大，装机容量分别为11713万、3381万千瓦，最高电压等级分别为750、500千伏，220千伏及以上输电线路长度分别约10万、1万千米。2013年巴西、阿根廷220千伏及以上输电线路长度如表1-27所示。

表1-27　　　2013年巴西、阿根廷220千伏及以上输电线路长度　　　单位：千米

国家	220/230千伏	345千伏	440千伏	500千伏	600千伏	750千伏	合计
巴西	45709	10062	6681	35003	3224	2683	103362
阿根廷	11113	1116	0	1884	0	0	14113

资料来源：日本海外电力调查会，海外电气事业统计2013。

5. 非洲电网

非洲电网覆盖50余个国家和地区，总装机容量1.5亿千瓦，总用电量7000亿千瓦·时，供电人口约10亿人。非洲各国电网之间总体联系较弱，各国电力以自平衡为主，除了南部非洲互联电网外，尚未形成其他区域互联电网。

南部非洲互联电网覆盖博茨瓦纳、莫桑比克、南非、莱索托、纳米比亚、民主刚果、斯威士兰、赞比亚、津巴布韦等9个国家。截至2013年底，南部非洲互联电网总装机容量5718万千瓦，覆盖面积696万千米^2，供电人口1.76亿人，最大负荷5383万千瓦，电力缺口771万千瓦，最高电压等级765千伏，220千伏及以上输电线路长度3万千米。

在非洲各国电网中，南非、埃及电网规模较大，装机容量分别为4417万、3005万千瓦，最高电压等级分别为765、500千伏，220千伏及以上输电线路长度分别为3万、2万千米。2013年南非、埃及220千伏及以上输电线路长度如表1-28所示。

表1-28　　　2013年南非、埃及220千伏及以上输电线路长度　　　单位：千米

国家	220千伏	275千伏	400千伏	500千伏	±533千伏	765千伏	合计
南非	1217	7360	16899		1035	1667	28178
埃及	17001	—	33	2863	—		19897

资料来源：日本海外电力调查会，海外电气事业统计2013。

6. 大洋洲电网

大洋洲电网覆盖14个国家，供电人口3000万人，总装机容量7500万千瓦，总用电量3000亿千瓦·时。除澳大利亚外，新西兰、巴布亚新几内亚等国家都是岛国，国家之间没有电网联系，各国电网独立运行。大洋洲电网最高电压等级是500千伏，220千伏及以上输电线路长度为3万千米。

在大洋洲电网中，澳大利亚、新西兰电网规模较大，装机容量分别为6322万、949万千瓦，最高电压等级均为500千伏，220千伏及以上输电线路长度分别为3万、2万千米。其中，澳大利亚电网基本按照行政区划，由9大区域电网组成，包括维多利亚电网、新南威尔士电网、昆士兰电网、南澳大利亚电网、澳大利亚首都地区、雪山发电公司、塔斯马尼亚岛电网、澳大利亚北部地区电网、澳大利亚西部地区电网。1995～2011年澳大利亚220千伏及以上输电线路长度如表1-29所示。

表1-29　　1995～2011年澳大利亚220千伏及以上输电线路长度　　单位：千米

年份	500千伏	330千伏	275千伏	220千伏	合计
1995	2574	6261	7304	7100	23239
2000	1611	6853	8547	7133	24144
2005	2574	7700	9368	7245	26887
2010	2588	8028	11137	7228	28981
2011	2588	8028	11137	7229	28982

资料来源：日本海外电力调查会，海外电气事业统计2013。

（三）电力消费

全球电力消费持续快速增长，增速超过能源消费增速。1980～2013年，全球电力年消费总量由7.3万亿千瓦·时增长至22.1万亿千瓦·时。21世纪以来，全球电力消费年均增长3.4%，比能源消费年均增长率高出1.2个百分点。1980～2013年全球电力消费量如图1-28所示。

亚洲、中南美等地区的新兴经济体用电增速明显高于欧美等发达地区。2013年，亚洲、中南美和非洲地区的用电规模分别为9.82万亿、1.05万亿和0.71万亿千瓦·时，分别比1980年增加了5.8、2.4、2.3倍。同期，北美洲、欧洲的用电规模分

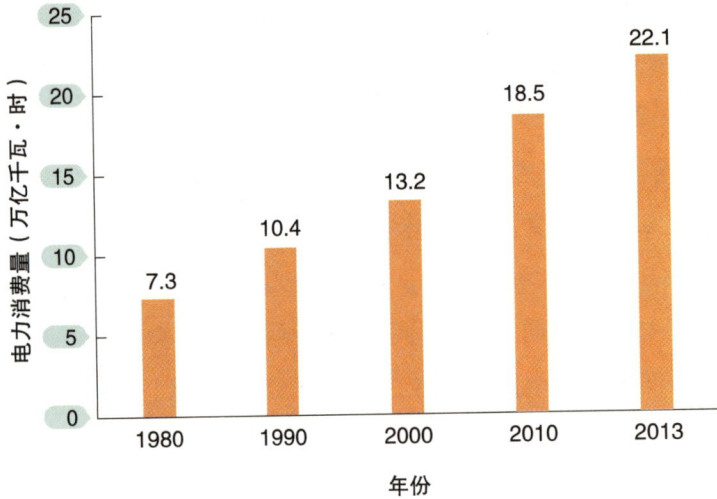

图1-28   1980～2013年全球电力消费量

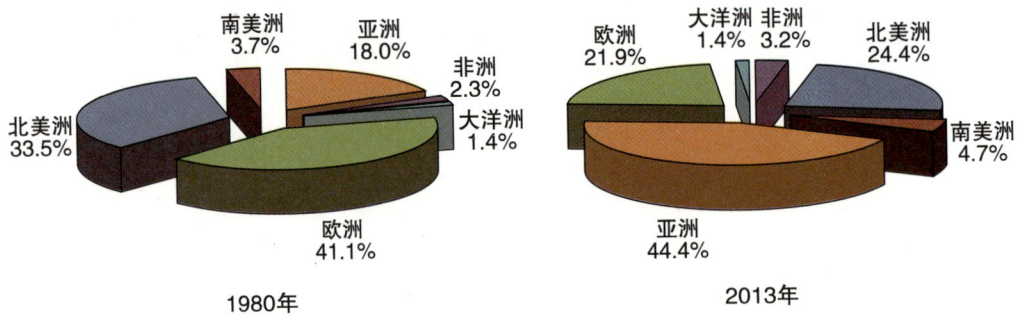

图1-29   1980～2013年各大洲用电量占全世界用电量比重的变化

别增加了87%、148%，增速明显低于新兴经济体和发展中经济体。1980～2013年各大洲用电量占全世界用电量比重的变化如图1-29所示。

年人均用电量是反映一个国家电力发展水平的重要指标之一。一般来说，在工业化高速发展阶段用电增长较快，工业化后期或完成工业化之后用电增速会大幅降低，年人均用电量也呈现类似规律。20世纪50年代至70年代初期是美国经济发展最快时期，年人均用电量从1950年的1990千瓦·时增长到1973年的7870千瓦·时，增长了近3倍，此后由于爆发石油危机和经济危机，经济进入"滞胀"阶段，年人均用电量增长缓慢。日本在20世纪50年代中期到60年代末期处于经济高速增长时期，电力需求大增，人均电力消费水平增长较快。70年代两次石油危机对日本打击较大，经济增长和电力需求增长放缓。英国在第二次世界大战后到20世纪70年代中期，经济较快增长，人均用电量不断升高，七八十年代经济增长放缓，人均用电量增长缓慢，2000年达到6115千瓦·时，近年来人均用电量略有下降。通常，发达国家在工业化完成后，年人均用电量为4500～5000千瓦·时。1960～2013年部分国家年人均用电量变化情况如图1-30所示。

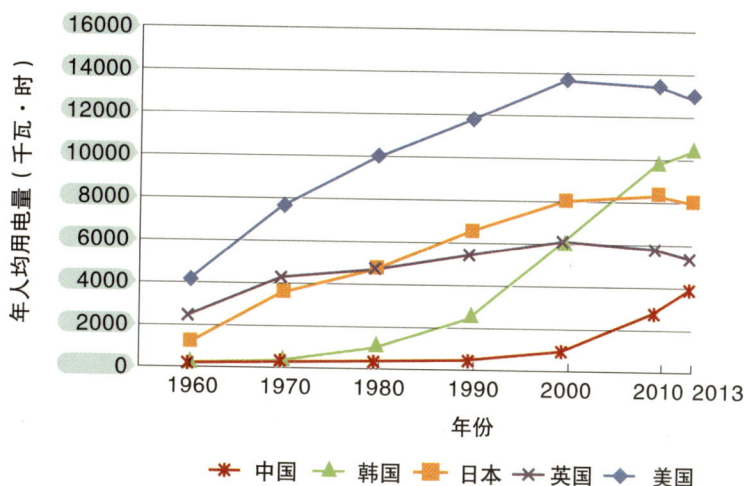

图1-30　1960～2013年部分国家年人均用电量变化

资料来源：IEA，Energy Balances of OECD Countries 2014；中国电力企业联合会，电力工业统计资料汇编（2013）。

　　2013年，全球年人均用电量达到3084千瓦·时，较1990年增长42.3%。从世界各大洲来看，亚洲年人均用电量2355千瓦·时，排名前三位的国家分别是巴林、韩国、阿联酋，均超过1万千瓦·时；欧洲年人均用电量6543千瓦·时，排名前三位的国家分别是冰岛、挪威、芬兰，均在1.5万千瓦·时以上；北美洲年人均用电量10226千瓦·时，其中，加拿大、美国人均用电量分别超过1.6万、1.3万千瓦·时；南美洲年人均用电量2242千瓦·时，排名前三位的国家分别是智利、委内瑞拉、阿根廷，年人均用电量为3000～3800千瓦·时；非洲年人均用电量663千瓦·时，排名前三位的国家（地区）分别是直布罗陀、南非、博茨瓦纳；大洋洲年人均用电量9500千瓦·时，其中澳大利亚人均用电量超过1万千瓦·时。2013年世界各大洲年人均用电量排名前三位国家如表1-30所示。

表1-30　2013年世界各大洲年人均用电量排名前三位国家（地区）

单位：千瓦·时

地区	国家（地区）	年人均用电量
亚洲	巴林	17601
	韩国	10382
	阿联酋	10175
欧洲	冰岛	54414
	挪威	23215
	芬兰	15392
北美洲	加拿大	15765
	美国	12871
	墨西哥	2099
南美洲	智利	3807
	委内瑞拉	3401
	阿根廷	3027
非洲	直布罗陀	5344
	南非	4410
	博茨瓦纳	1568
大洋洲	澳大利亚	10010
	新西兰	8794
	巴布亚新几内亚	500

资料来源：IEA，Energy Balances of OECO Countries 2014；IEA，2014 Key World Energy Statistics。

　　随着经济结构的调整，世界各国电力消费各行业构成也在发生变化。由于工业比重下降，特别是高耗能产业比重的降低，美国、日本、英国等发达国家工业用电比重持续下降，约占总用电量的30%，商业服务业、居民生活用电比重逐年提高。发达国家用电构成呈现出工业、商业服务业、居民生活三足鼎立态势，交通运输和农业用电比重相对较低。2012年世界部分国家用电构成如表1-31所示。

表1-31　　　　　　2012年世界部分国家用电构成　　　　单位：%

国家	工业	交通运输	农业	商业服务业	居民生活	其他
中国	73.7	1.8	2.3	3.1	12.1	7.0
美国	24.9	0.2	0.0	34.2	37.1	3.6
日本	34.3	1.9	0.1	33.4	30.0	0.4
俄罗斯	57.1	9.5	1.7	18.7	13.0	0.0
德国	44.2	3.1	1.7	26.1	25.0	0.0
加拿大	38.9	0.8	1.9	28.9	29.6	0.0
法国	30.8	2.7	0.8	30.6	34.4	0.6
英国	33.6	1.2	1.2	28.9	35.2	0.0
意大利	44.7	3.4	1.8	27.6	22.4	0.0
韩国	51.7	0.5	2.2	32.2	13.4	0.0

资料来源：IEA, Electricity Information 2014；IEA, Energy Statistics of Non-OECD Countries 2014。

第二节　全球能源发展面临的挑战

长期以来，化石能源支撑了工业文明发展，同时也带来了环境污染、气候变化等影响人类生存发展的现实难题，建立在化石能源基础上的能源生产和消费方式亟待转变。同时，世界风能、太阳能等清洁能源发电总体处于加快发展阶段，在技术创新、设备研制、工程应用及系统安全性、经济性上仍面临较大挑战。

一、能源供应面临的挑战

（一）总量增长

世界能源消费总量在今后较长时期保持较快增长。在全球经济发展的带动下，世界能源消费总量从1965年的53.8亿吨标准煤增加到2013年的181.9亿吨标准煤[1]，增长2.4倍。发达国家长期形成的能源资源高消耗模式难以改变，能源消费居高不下。随着重化工业从发达国家向发展中国家逐步转移[2]，发展中国家正接过能源消费高速增长的接力棒。1990～2013年，中国能源消费量年均增长6.0%，新增能源消费量约占同期世界新增能源消费总量的47.4%。特别是2000年以来，中国能源消费总量每年增加约1.8亿吨标准煤，相当于每年增加一个西班牙的能源消费量。

未来，世界能源消费量仍将保持增长态势。根据国际能源署（International Energy Agency，IEA）预测，从2000年到2030年，世界一次能源需求增长的60%以上将来自发展中国家，发展中国家在能源需求中的比重将从2000年的30%增加到2030年的43%，预计到2050年年均增长率仍在1%以上。满足如此大规模的能源需求，对能源开发、配置、利用方式将是全方位的巨大挑战。2012～2040年世界及主要地区能源消费年均增长率预测如表1-32所示。

表1-32　2012～2040年世界及主要地区能源消费年均增长率预测　　单位：%

国家/地区	2012～2040年年均增长率
世界	1.5
OECD国家	0.4
非OECD国家	2.0
中国	3.3

资料来源：IEA，World Energy Outlook 2014。

（二）资源制约

资源制约主要体现在总量和布局上。从总量看，化石能源储量有限，具有不可再生性，大规模开发利用必将导致资源加速枯竭。目前，容易开采的石油正迅速减少并逐渐集中到极少数国家，容易挖掘的煤炭也只剩下几十年的开采期。在可预见的未来，资源紧张问题将成为能源可持续供应的重要瓶颈。未来如何解决能源资源紧张将成为人类经济社会发展不得不面对的问题，最根本的途径就是减少对化石能

---

[1]　资料来源：BP, Statistical Review of World Energy 2014。
[2]　重化工业泛指生产资料的生产，包括能源、机械制造、电子、化学、冶金及建筑材料等工业。

源的过度依赖，加快发展可再生的清洁能源。

从布局看，世界能源资源与能源消费呈逆向分布，能源开发越来越向少数国家和地区集中。部分资源匮乏国家能源对外依存度不断提高，能源供应链脆弱，安全问题突出。中国石油对外依存度已超过60%，天然气对外依存度超过30%。这种资源禀赋特征，增加了资源供应的难度和成本，必须建立更大范围的能源优化配置平台，打破能源资源配置瓶颈。

（三）供应成本

能源供应成本是影响能源发展的重要经济因素，目前化石能源与清洁能源供应成本总体呈现出"一升一降"的趋势。

化石能源开采成本逐渐增长。随着煤炭、石油、天然气勘探开发程度的不断提高，未来化石能源的边际开发成本将逐步增加，直接推动能源资源供给成本上涨。根据国际能源署统计分析，世界石油的平均边际开采成本已由2003年的30美元/桶，上升到2011年的80美元/桶。随着油气开采程度的加深和动用资源规模的扩大，未来油气勘探开发逐步向深海、极地等复杂地质地理条件地区转移，开采成本将继续走高。煤炭成本也由于开采难度的增加而不断提高。此外，因化石能源资源本身的稀缺性及化石能源利用对环境造成的影响，一些国家和地区已经或即将征收资源税、碳税、污染税，进而导致化石能源资源供应价格进一步上涨。

清洁能源开发成本逐步下降，但仍处于高位。随着清洁能源技术的快速发展，其开发成本不断降低。2009～2013年，全球光伏系统的价格降低了60%，平均度电成本已经从35美分/（千瓦·时）降至23美分/（千瓦·时）。国际市场风机价格降低了10%，陆上风电平均度电成本从13美分/（千瓦·时）降至10美分/（千瓦·时），海上风电从28美分/（千瓦·时）降至20美分/（千瓦·时）。由于总规模有限，全球光热发电平均度电成本降幅不大，远高于光伏发电和风电，接近30美分/（千瓦·时）。2009～2013年风电及太阳能发电成本变化如图1-31所示。总体来看，全球风电、太阳能等可再生能源发电度电成本仍高于火电6～10美分/（千瓦·时）的平均度电成本。未来需要进一步提高清洁能源的经济性，使其具备市场竞争能力，才能真正实现清洁能源对化石能源的大规模替代。化石能源和清洁能源价格"一升一降"也决定了清洁能源是未来能源发展方向，具有广阔发展前景。

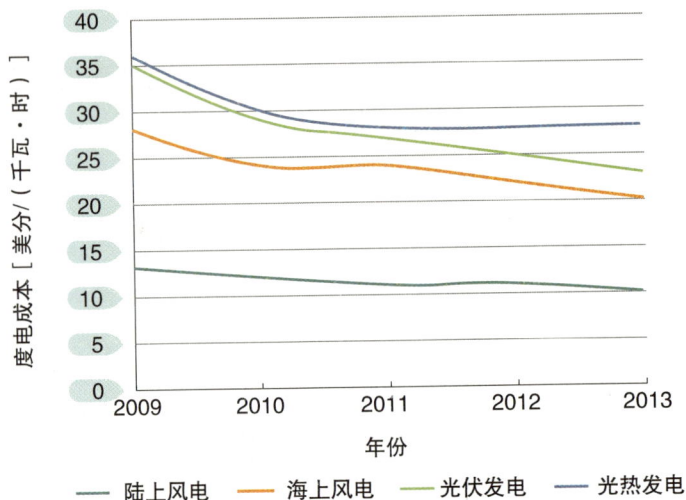

图1-31   2009～2013年风电及太阳能发电成本变化

二、能源环境面临的挑战

（一）全球气候变暖

化石能源燃烧是全球温室气体排放的主要来源[1]。全球化石能源燃烧产生的二氧化碳占全球人类活动温室气体排放的56.6%[2]。人类大量使用化石燃料使得大气中二氧化碳的浓度在过去160多年里由约280ppm[3]上升到约400ppm（见图1-32）。能源活动在当前及今后较长时期依然是影响温室气体排放的决定性因素。根据联合国政府间气候变化委员会第五次评估报告，由于人类大量使用化石能源，全球气候日益变暖。1880～2012年，全球温度升高了约0.85℃。

温室气体排放带来的温室效应，对人类生存发展构成以下四大威胁。

陆地面积缩减。全球气候变暖导致冰川和冻土消融，海平面上升。美国宇航局研究表明，如果格陵兰岛冰雪全部融化，海平面将上升7米，纽约、上海、伦敦等沿

---

[1]   原煤二氧化碳排放系数约为1.902吨/吨，原油二氧化碳排放系数约为3.094吨/吨，天然气二氧化碳排放系数约为2.173千克/米³。

[2]   资料来源：联合国政府间气候变化专门委员会，Climate Change 2007:Synthesis Report。

[3]   ppm为百万分比浓度。

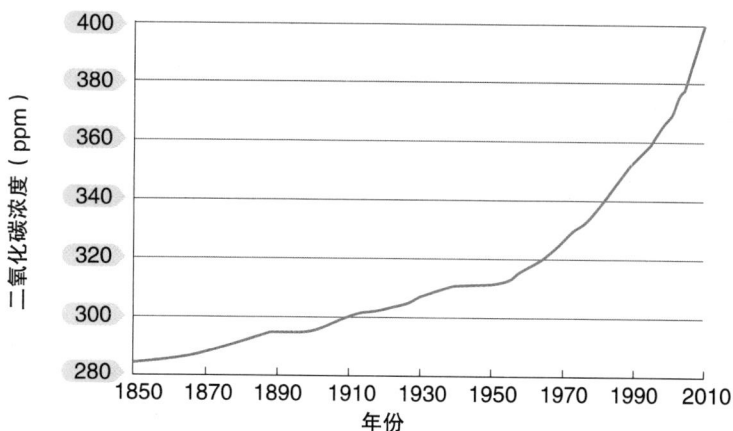

图1-32　1850~2010年大气中二氧化碳浓度变化

资料来源：http://www.globalcarbonproject.org/activities/AcceleratingAtmosphericCO2.htm。

海大都市将会被淹没；如果南极洲全部融化，海平面将会上升57米，英国、法国、荷兰等一些低海拔国家将会从地球消失，其影响是灾难性的。

大量物种灭绝。 根据联合国政府间气候变化专门委员会第四次评估报告，全球温度上升1.5~2.5℃，20%~30%的物种可能面临灭绝；全球温度上升超过3.5℃，40%~70%的物种可能面临灭绝。如果延续当前的化石能源消费模式，到2100年全球平均气温将上升3~6℃。

威胁食物供应。 根据中国气象局研究，如果按照目前的传统能源发展模式，到2030年因全球气候变暖，中国种植业产量将会减少5%~10%；50年以后粮食将减产20%~30%。届时粮食问题将成为最大威胁❶。

危害人类健康。 全球变暖将导致洪涝、干旱、热浪、台风等极端气候频繁发生，使某些疾病的死亡率、伤残率、传染病发病率明显上升，严重威胁人类的健康。根据联合国政府间气候变化专门委员会第四次评估报告，全球平均气温上升2℃，受疟疾影响的人口比例可能会从现在的45%增至60%，每年将新增病例500万~800万例。全球气候变化还会破坏森林、农田、自然湿地等生态系统，进一步加

---

❶　资料来源：董崇山，困局与突破——人类能源总危机及其出路，人民出版社，2006年。

重对人类健康的威胁。

（二）生态环境破坏

化石能源燃烧排放大量的烟尘等污染物，导致灰霾频发，严重危害人类的身体健康。自工业革命以来，以氮氧化物、碳氢化合物及二次污染物形成的细粒子污染为特征的复合型污染在大多数发达国家和部分发展中国家已经出现，导致大气能见度日趋下降，灰霾天数增加，人类健康受到威胁。1930年比利时马斯河谷雾霾事件使得上千人发生呼吸道疾病，死亡人数是同期正常死亡人数的十多倍。1952年，伦敦发生了历史上最严重的烟雾事件，死亡人数达4000人。由于煤炭等化石能源的大量燃烧，近年来中国连续出现污染范围广、持续时间长、污染程度严重、污染浓度累积迅速的区域性灰霾天气。2013年，中国华北中南部至江南北部的大部分地区雾和霾日数范围为50～100天，部分地区超过100天，如图1-33所示。其中，1月份的灰霾污染过程接连出现17天，造成74个城市发生677天次的重度及以上污染

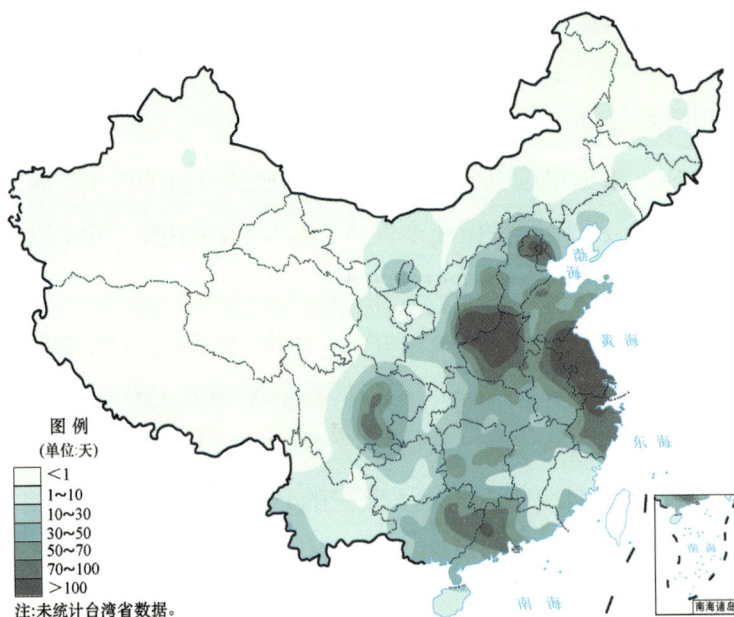

图1-33　2013年中国霾日数分布示意图

资料来源：中华人民共和国环境保护部，2013年中国环境状况公报。

天气，其中重度污染477天次，严重污染200天次，成为严重影响公众健康的"心肺之患"。

化石能源燃烧产生大量的二氧化硫等污染物，导致酸雨等环境污染，严重影响人类的生产生活。目前，全球每年向大气中排放的二氧化硫约2.9亿吨，其中80%为化石能源燃烧所致。2013年，中国酸雨发生面积超过100万千米^2，集中分布在长江沿线及中下游以南，主要包括江西、福建、湖南、重庆的大部分地区，以及长三角、珠三角和四川东南部地区，重酸雨发生面积约6万千米^2，出现酸雨的城市比重达44.4%，如图1-34所示。煤炭燃烧带来的汞排放问题近年来也引起了越来越多的关注，全球45%的人为汞排放来自煤炭燃烧。

大量化石能源在开采、运输、使用的各环节对水质、土壤、大气等自然生态环境造成严重的污染和破坏。煤炭开采引发地面塌陷，使得土地变得贫瘠，植被破坏，矿区生态系统受损严重，同时引起地下水水位下降，大量污染物进入水体破坏水资源。中国煤炭开采造成的地面塌陷面积已达到7000千米^2，每年因开采煤炭破坏地下水约为

图1-34　2013年中国降水pH年均值等值线分布示意图

资料来源：中华人民共和国环境保护部，2013年中国环境状况公报。

22亿米³，煤炭每年产生的各种废污水约占全国总废污水量的25%❶。

煤炭的储存和运输也会影响环境。 煤矸石的堆放不仅压占土地，而且煤矸石中所含的有毒有害物质和盐分进入土壤和水体，会对河流和地下水造成污染。煤炭的自燃会释放大量有害气体，造成空气污染。煤炭在铁路运输过程中也会给铁路沿线带来严重的煤尘污染。运煤列车经过地区沿线100米范围内，受煤尘扬起的影响，总悬浮微粒浓度显著增加，铁路两侧50米则会出现瞬时浓度超标现象。

此外，油气的开采与利用也会带来废水、废气、含油污泥等污染，影响水体、大气和土壤环境。输油管线的腐蚀渗透将严重污染土壤和地下水源，不仅造成土壤盐碱化、毒化，导致土壤破坏和废毁，而且其有毒物质通过农作物或地下水进入食物链系统，最终危害人类健康。近来美国发起的页岩气革命，也不得不面对由此可能带来的生态破坏、地下水污染、甲烷排放等环境问题。

三、能源配置面临的挑战

（一）化石能源配置

全球化石能源配置具有总量大、环节多、输送距离远等特征。现有海运、铁路、公路等传统化石能源运输方式通常链条长、效率低，需要几种运输方式相互衔接才能完成整个能源运输过程，在能源输送过程中易受外界因素影响。特别是在国际运输过程中，地缘政治等因素对能源供应安全、能源价格等会产生较大的影响。

以石油运输为例，目前全球石油贸易高度依赖马六甲海峡、霍尔木兹海峡等潜在风险较大的海上石油运输通道。一旦相关国家政局动荡、发生战争，海上石油运输的生命线将可能中断，威胁世界石油供给和运输链。为了确保海上石油的运输安全，相关国家不得不实施军事保护，产生庞大的军费支出。随着全球天然气贸易量的持续增长，全球天然气的安全配置问题也日益突出，管道天然气受地缘政治的影响较大。

近年来，国际地缘政治矛盾错综复杂，且多集中于油气资源丰富的中东及北非地区，局部冲突加剧，对包括中国、日本在内的世界主要能源消费国的石油进口安全构成了严峻挑战。自20世纪70年代以来，中东及北非地区面临着人口、就业、宗

---

❶　资料来源：刘振亚，中国电力与能源，中国电力出版社，2012年。

教、种族等诸多问题。自2010年以来，中东及北非一些国家政局动荡，甚至发生武装冲突。这些复杂的地缘政治局势决定了全球油气能源供应具有高度脆弱性。

（二）清洁能源配置

世界能源向清洁化发展，电能远距离、大范围配置的重要性将越来越凸显，但现有电力配置能力明显不足。为应对全球能源总量供应及能源环境的挑战，大力发展清洁能源势在必行，世界能源结构正在经历从化石能源为主向清洁能源为主转变。随之而来的，世界能源配置需求也将从目前的化石能源为主逐步转变为清洁能源为主。水能、风能、太阳能等清洁能源需要转化为电力才能够高效开发利用，决定了电力在未来全球能源配置中处于十分重要的位置。现阶段，世界电力配置规模有限，不能适应未来能源清洁化发展要求。与化石能源相比，目前全球电力贸易规模很小，折合成标准煤约8000万吨，不足化石能源贸易量的2%。

世界现有电力配置范围有限，不能适应未来清洁能源全球大范围配置的需要。从全球清洁能源资源分布来看，优质风能和太阳能资源主要集中在"一极一道"以及各洲大型清洁能源基地，远离负荷中心数百到数千千米。现有超高压电网的经济输送距离一般在500~1000千米，无法满足未来清洁能源在大范围内的开发配置需求。

适应清洁能源大规模开发的需要，应加快构建全球电力高效配置平台。随着清洁能源的大规模开发，必将形成以电力为主导的能源配置格局，亟待建立以清洁能源为主导、以电为中心、更高电压等级、更大输电容量、更远距离的全球能源配置网络平台，以满足清洁能源的大规模、远距离配置的需要。因此，如何提高全球电力配置能力，适应世界各地区的电力供需要求，将成为未来能源发展的关键与重点。

四、能源效率面临的挑战

当前，无论是化石能源，还是清洁能源，其开发、配置、利用效率仍不够高，有很大的提升空间。

（一）开发环节

资源开发利用率低。目前，世界石油平均采收率仅为34%；煤炭回采率为

65%～70%；定容消耗式气田天然气采收率为80%～90%；凝析气田天然气采收率为65%～80%。一些发展中国家在煤炭、石油等矿产资源开发利用中，存在大型矿床零星开采、乱采滥挖、采富弃贫等问题。据统计，中国煤矿回采率平均仅有35%，石油采收率平均仅为28%，远低于世界平均水平。

能源转换效率低。目前，世界火电煤耗平均水平约为330克标准煤/（千瓦·时），德国平均火电煤耗290克标准煤/（千瓦·时），效率较高，而一些国家火电煤耗高达370克标准煤/（千瓦·时），还有很大提升空间。受开发利用技术的制约，目前风能、太阳能等开发利用的效率不高。根据研究，世界风力发电综合效率在38%左右、光伏发电效率一般为12%～18%，提升的空间很大。

（二）配置环节

化石能源配置环节多，配置效率不高。化石能源除了部分直接作为终端能源使用外，还有相当部分煤炭、天然气，甚至燃油用于发电。这部分化石能源要经过多个环节输送至电厂，中间环节多，由此造成的能源损耗大。在中国，能源发展过度依赖输煤，电力发展以就地平衡为主，带来煤电运紧张、燃煤发电成本高企、煤价上升等一系列问题。特别是公路运输，每吨煤每千米能耗是铁路的10倍，导致高速公路严重拥堵，又造成汽车油耗进一步加大。输煤、输电流程比较如图1-35所示。

解决电煤运输过程环节多、损耗大等问题，关键是转变电力就地平衡发展方式，以输电替代输煤，特别是利用特高压输电具有容量大、距离远、效率高、低损耗、占地少等优势，实现能源配置一步到位。1000千伏特高压交流输电线路的输送能力、输送距离分别是500千伏交流线路的4～5倍、3倍，而单位输电损耗仅是500千伏交流线路的1/4～1/3。±800千伏特高压直流输电线路的输送能力、输送距离分别达到1000万千瓦、2500千米，分别是±500千伏直流线路的3倍、2.5倍，单位输电损耗仅为500千伏交流线路的73%。电压等级与输电能力、输电距离的关系如表1-33所示。与输煤相比，特高压输电一步到位，实现大规模水电、核电、风电和太阳能发电一站式送达距离很远的负荷中心。但目前，世界电网仍是以超高压为主，特高压电网应用规模仍然较小，技术优势没有得到充分发挥。

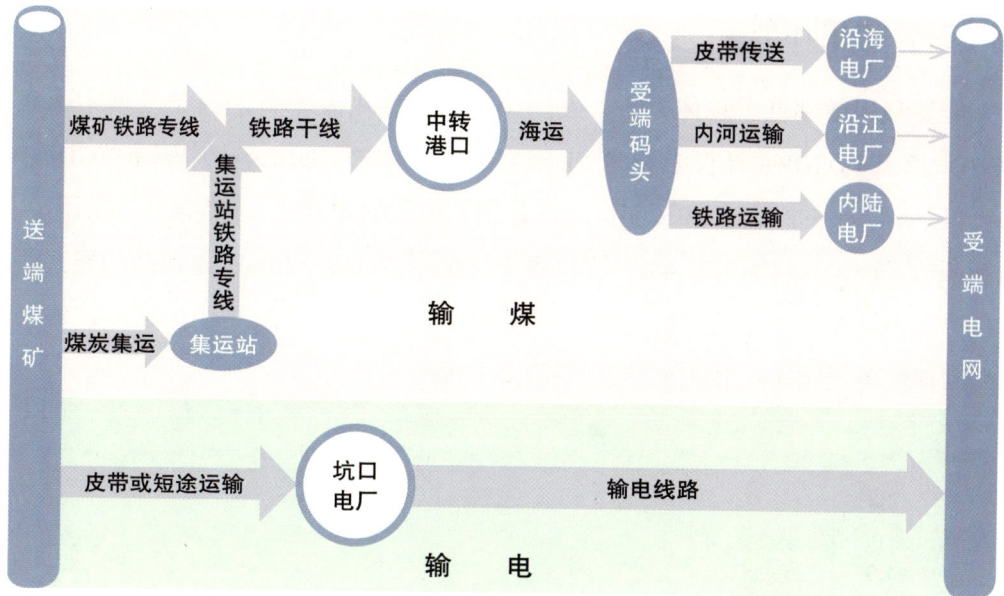

图1-35　输煤、输电流程图

表1-33　　　　　　　　电压等级与输电能力、输电距离的关系

项目	电压（千伏）	输电能力（万千瓦）	输电距离（千米）
交流	10	0.02 ~ 0.2	6 ~ 20
	35	0.2 ~ 1	20 ~ 50
	110	1 ~ 5	50 ~ 150
	220	10 ~ 30	100 ~ 300
	330	20 ~ 80	200 ~ 600
	500	100 ~ 150	150 ~ 850
	750	200 ~ 250	500以上
	1000	200 ~ 600	1000 ~ 2000
直流	±500	300	1000
	±800	800	2500
	±1100	1200	5000

（三）使用环节

能源利用效率低。 总体来看，发达国家能源利用效率普遍高于发展中国家，OECD国家单位GDP能耗仅为非OECD国家的25%左右[1]。2012年，中国单位GDP能耗是世界平均水平的2.7倍。2012年世界部分国家单位GDP能耗水平如图1-36所示。中国能源加工转化总效率为72.4%，比世界平均水平低10%～20%；主要高耗能行业的单位产品能耗平均水平比国际先进水平高10%～15%。部分发展中国家单位建筑面积采暖能耗是气候条件相近的发达国家的2～3倍。

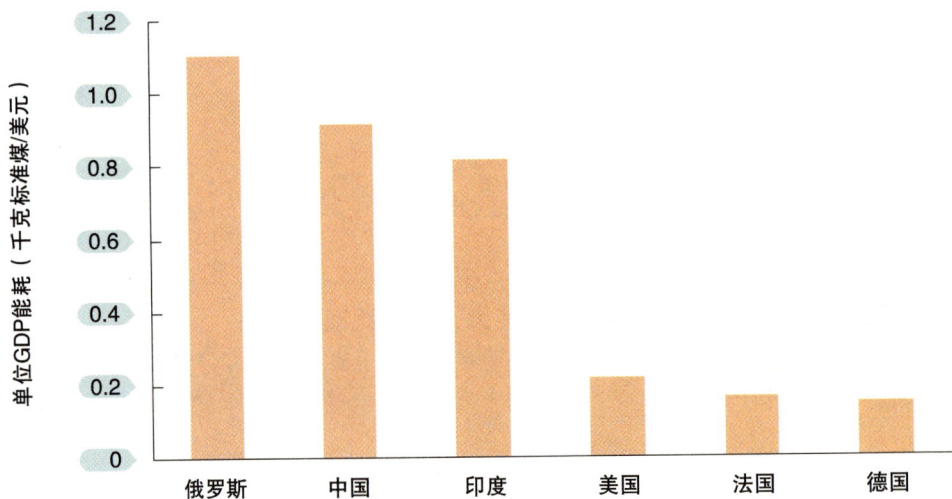

图1-36   2012年世界部分国家单位GDP能耗水平

注 本图数据按照2005年美元不变价计算。

资料来源：IEA，Energy Balances of OECD Countries 2014；
IEA，Energy Balances of Non-OECD Countries 2014。

电能占终端能源消费比重低。 电能的终端利用效率比其他能源都高。在中国，有研究表明电能占终端能源消费比重每提高1个百分点，能源强度下降3.7个百分点[2]。能源的终端利用环节节能具有倍数放大效应，终端设备每提高1%的相对效率，

---

[1] 资料来源：IEA，Energy Balances of Non-OECD Countries 2014。
[2] 资料来源：国网能源研究院，能源消费总量控制对电力需求影响研究，2011年。

相当于能源生产环节提高4%~5%的相对效率。提高电能在终端能源消费中的比重，可以增加经济产出，提高全社会整体能效。2012年，电能占世界终端能源消费中的比重仅为18.1%，未来亟待进一步提高全球的电气化水平，实现节能增效。

总的来看，世界能源发展在资源、环境、配置和效率等方面都面临重大挑战，特别是化石能源大规模的开发利用，带来大气污染、气候变化、资源枯竭等一系列问题，同时清洁能源发展依然面临成本高、效率低和远距离配置困难等现实难题。应对挑战，需要大力推进能源革命，推动世界能源安全、高效、清洁、可持续发展。

小结

（1）世界能源发展经历了从薪柴转向煤炭、石油、天然气等化石能源的发展历程，为第一次、第二次工业革命提供了动力保障。当前清洁能源加快发展，将推动工业革命和人类文明迈上新的高度。

（2）煤炭、石油、天然气是当今世界最重要的一次能源。但过度依赖化石能源的发展方式不可持续，带来资源枯竭、成本增加、环境污染、气候变化等紧迫问题。

（3）世界水能、太阳能、风能等清洁能源资源丰富，是未来能源发展的战略方向，但目前开发规模较小、经济性不够，需要通过技术创新，推动解决制约清洁能源发展的能源转换、资源配置和高效利用等问题。

（4）"一极一道"是清洁能源资源富集地区，是全球清洁能源开发的重要战略基地，需要依托特高压输电技术实现安全、经济、高效的开发利用。

（5）面对世界能源供应、能源环境、能源配置和能源效率等各方面问题，必须加快能源革命，大力发展清洁能源，开辟安全、清洁、高效的能源可持续发展之路。

第二章
清洁替代与电能替代

　　世界能源发展是一个不断变革创新的过程。第一次工业革命以来，世界能源发展经历了以煤炭替代薪柴和以石油替代煤炭的两次重大变革，总体保障了全球不断增长的用能需求，有力支撑了经济社会快速发展。应对气候变化，新一轮能源变革势在必行，基本方向是以实施清洁替代和电能替代为重点，加快能源结构从化石能源为主向清洁能源为主的根本转变。这是实现未来世界可持续发展的必由之路。

第一节　世界风电和太阳能发电发展概况

世界风能、太阳能资源丰富，只有转化为电能才能实现高效利用。自19世纪以来，世界风电、太阳能发电技术经历了一个缓慢发展历程。进入21世纪，随着世界各国对清洁能源发展的重视和新能源技术的快速发展，风电和太阳能发电已经进入大规模开发利用的新阶段。

一、风电发展概况

1887年，苏格兰特拉斯克莱德大学安德森学院教授詹姆斯在自家别墅里安装了世界上第一台用于发电的风车，标志着人类对风能的利用进入高级阶段。此后，美国、德国、丹麦、苏联、法国等国家均开展了风电研发和应用，但总体进展缓慢。自20世纪七八十年代，全球发生两次严重的石油危机以来，在常规化石能源供应紧缺和全球生态环境恶化的双重压力下，风电利用逐步受到世界各国重视，发展十分迅猛。

（一）风电装机容量快速增长

21世纪初，欧洲和北美洲是全球风电发展最快的地区，近年来亚洲风电快速崛起，逐渐成为全球风电的主要市场。2013年，世界风电装机容量为3.2亿千瓦，约占发电总装机容量的5.6%；风电发电量约6400亿千瓦·时，约占总发电量的2.9%。2000～2013年，世界风电装机容量和发电量均增长了17倍，年均增长25.0%。2000～2013年世界风电装机容量及增长率如图2-1所示。

截至2013年底，全球风电累计装机容量居前十位的国家中，欧洲有6个，北美洲和亚洲分别有2个。全球风电装机容量居前十位的国家累计装机容量约占全球风电总装机容量的85%。2013年全球风电装机容量居前十位的国家的基本情况如表2-1所示。

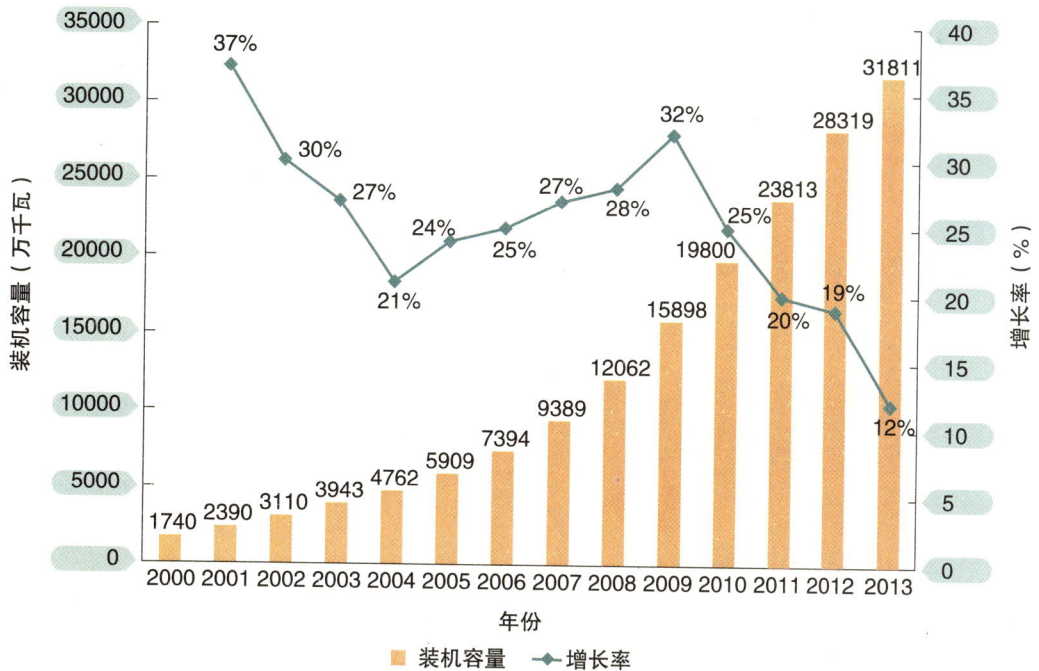

图2-1　2000～2013年世界风电装机容量及增长率

资料来源：全球风能理事会，Annual Market Update 2013。

表2-1　　2013年全球风电装机容量居前十位的国家基本情况

序号	国家	装机容量（万千瓦）	占本国总装机比重（％）
1	中国	7716	6.2
2	美国	6109	5.7
3	德国	3425	19.3
4	西班牙	2296	21.8
5	印度	2015	8.1
6	英国	1053	11.1
7	意大利	855	6.9
8	法国	825	6.4
9	加拿大	780	5.8
10	丹麦	477	33.9

资料来源：全球风能理事会，Annual Market Update 2013；IEA，Electricity Information 2014。

　　全球已有103个国家和地区在开发和利用风电，特别是一些欧美国家风电已经占到较高比例。风电已成为丹麦和西班牙的最大电源，风电占用电量的比重分别达到34%、21%，在葡萄牙、爱尔兰、德国，风电占总用电量的比重也分别达到20%、16%、9%。

（二）风电技术快速进步

　　风力发电技术主要包括风能资源评估与预测、风电装备制造技术、风电机组测试、并网技术等，其中风电装备制造技术最为核心，其发展与突破是实现风电大规模商业化开发的关键。近20年来，世界主要风机制造商加大了技术攻关力度，风电装备制造技术日趋成熟，风能利用效率、技术水平、系统友好性等持续提升。

　　一是风电机组单机容量持续增大，提高了风能利用效率，降低了单位成本，扩大了风电场规模效应，减少了风电场占地面积。20世纪80年代生产的风电机组单机容量仅为20～60千瓦。近年来，世界风电市场中风电机组的单机容量持续增大，世界上主流机型已经从2000年的500千瓦～1兆瓦增加到2～3兆瓦。2013年全球新安装风电机组平均单机容量为1923千瓦。中国新安装风电机组平均单机容量达到1720千瓦，1.5兆瓦和2兆瓦风电机组为主流机型。根据IEA报告，世界风电机组单机容量和轮毂高度变化情况如图2-2所示[1]。

　　二是变桨距功率调节技术取得重大进展，进一步提升了风电机组的平稳性、安全性和高效性。风速、风向的随机变化会引起叶片攻角不断改变，导致风电机组输出功率波动，影响电能质量和电网稳定性。采用变桨距功率调节技术后，叶片的安装角可以根据风速的随机变化而改变，气流的攻角在风速变化时可以保持在一个合理范围内，特别是在风速大于额定风速条件下，仍可保持输出功率平稳。变桨距功率调节方式近年来在风电机组特别是大型风电机组上得到了广泛应用。结合变桨距功率调节技术的应用以及电力电子技术的发展，大多数风机制造商开始使用变速恒频技术，并开发出了变桨变速风电机组，使风电机组的转速可以随风速的变化而变化，进一步提高了风电机组的效率。目前，全球所安装的风电机组90%以上采用了变速恒频技术，而且比例还在逐渐上升。

---

[1]　近年来，世界风电机组技术快速进步，2014年已投运陆上风电机组最大单机容量已达到5兆瓦，已投运海上风电机组最大单机容量已达到8兆瓦，风电机组大型化趋势有望加快。

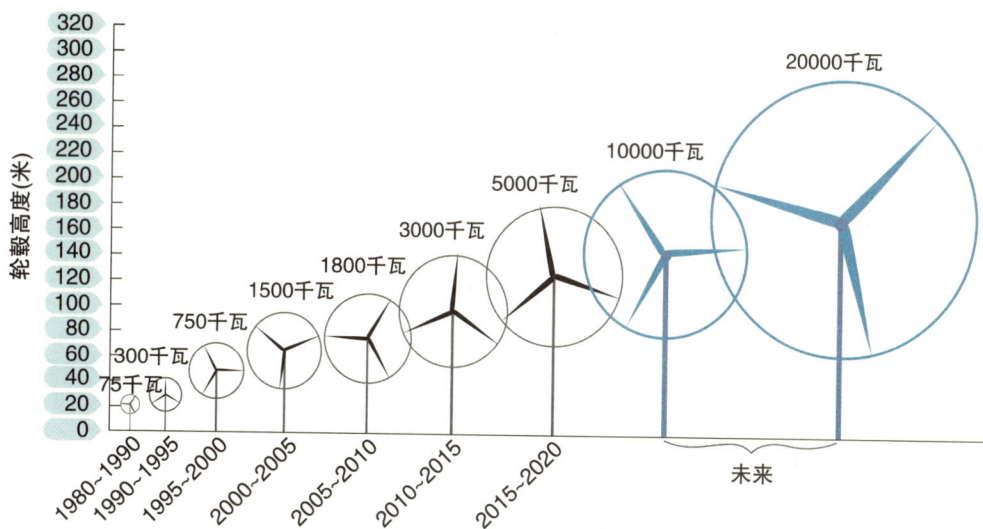

图2-2　世界风电机组单机容量和轮毂高度变化情况

资料来源：IEA，Technology Roadmap Wind Energy 2013 Edition。

三是"系统友好型"风电场技术快速发展，风电的可控性、可调节性日益增强，与常规电源、电网的协调性逐步提升。风能资源具有高度的随机波动性和间歇性，大规模风电接入会对电力平衡、电网安全、电能质量等带来诸多严峻挑战。传统风电场更多关注风电机组的发电功能，忽视了风电机组和风电场内其他电气设备的协调以及风电机组和风电场满足电网安全稳定运行所要求的并网特性，严重影响了资源的充分利用和电网的安全运行。现代风电场的设计和控制技术能够使风电场具备与常规发电厂类似的特性，最大限度地满足发电性能和电网安全稳定运行两方面的要求。"系统友好型"风电场一般具备三个特征：风电场拥有风功率预测系统，具备短期和超短期功率预测能力，满足调度运行需要；风机具有有功无功调节和低电压穿越能力，确保电网发生波动时风机不解列；集中优化配置有功功率和无功功率控制系统，实现风机的远程调节控制。

（三）风电装备产业迅猛发展

随着风电市场需求的不断增长，风电装备制造业快速发展。截至2013年底，全球风机整机制造年产能约5500万千瓦，风机制造商主要集中在中国、美国、德国、丹麦、西班牙等国家，中国风机整机年产能约占全球总产能的50%。2013年全球排名前十位的风机制造商中，中国和德国各占3个，美国占1个，丹麦占1个，西班牙占1个，印度占1个。2013年全球排名前十位的风机制造商基本情况如表2-2所示。

表2-2   2013年全球排名前十位的风机制造商基本情况

排名	制造商	国家	安装容量（万千瓦）	市场份额（%）
1	维斯塔斯	丹麦	489.3	13.1
2	金风科技	中国	411.2	11.0
3	安耐康	德国	368.7	9.8
4	西门子	德国	277.6	7.4
5	通用电气	美国	245.8	6.6
6	歌美飒	西班牙	206.8	5.5
7	苏斯兰	印度	199.5	5.3
8	国电联合动力	中国	148.8	4.0
9	明阳电力	中国	129.7	3.5
10	恩德	德国	125.4	3.3
	其他		1144.8	30.5
	合计		3747.8	100

资料来源：BTM Consult-a part of Navigant Consulting，World Market Update 2013。

（四）风电经济性大幅提升

经济性取决于风力发电成本，主要影响因素包括：投资成本、运行维护成本、风能资源条件、电网消纳能力等。风电机组是风电系统中最主要的部分，成本约占风电场建设投资的70%。风机成本下降一方面依赖于规模化程度，另一方面依赖于技术进步。过去10年，风电成本下降主要得益于规模化发展，未来则更多地要依靠技术创新和突破。

近年来，风电装备市场竞争激烈，风机价格总体呈下降趋势。随着风电市场需求的快速增长和风电装备制造产能的大幅扩张，特别是2008年国际金融危机之后，风机市场价格大幅下降。2008~2010年中国风机价格累计下降37%。近两三年以来，全球风电市场经过重组整合，产能无序扩张势头得到遏制，市场竞争回归理性，风机价格下降趋势放缓。2008~2013年全球及中国风机价格如表2-3所示。

表2-3　　　　　　　　　2008～2013年全球及中国风机价格　　　　单位：元/千瓦

年份	全球风机价格	中国风机价格
2008	11109	6300
2009	10064	5000
2010	8500	4000
2011	7800	3800
2012	7371	3600
2013	7130	3500

资料来源：全联新能源商会，全球新能源发展报告2014；中国循环经济协会可再生能源专业委员会，中国风电发展报告2014。

总体来看，世界风电成本呈逐年下降趋势。1980～2005年，世界风力发电的成本降幅超过90%。目前，陆上风电的投资成本在970～1400美元/千瓦，发电成本在10美分/（千瓦·时）左右。中国风电成本已经降至0.45～0.55元/（千瓦·时）。预计到2020年，陆上风机的总体造价还可以下降20%～25%，海上风电的造价可以降低40%以上，发电成本也会同步下降。随着风电技术进步和开发规模扩大，风电成本有望接近甚至低于传统化石能源发电成本，具备较强的市场竞争力。

（五）世界各国大力支持和发展风电

为应对气候变化、优化能源结构、培育战略性新兴产业，各国纷纷出台推动风电发展的激励政策，逐步扩大风电市场规模。世界风电已经进入大规模发展阶段，一些国家和地区发布了风电规划目标，风电将呈加速发展趋势。

美国主要通过生产税抵免政策和可再生能源配额制等政策鼓励风电发展。生产税抵免政策相当于为风电项目提供度电补贴，而各联邦州实行的可再生能源配额制则以法律形式规定了可再生能源占电力消费量必须达到一定比重。2008年，美国能源部开展了"20%风能目标可行性研究"，认为2030年美国风电占总消费电量20%是切实可行的。

欧洲各国主要通过提供度电补贴的方式鼓励风电发展。其中一种形式是直接制定固定上网电价，电网企业按照政府规定的上网电价收购风电电量；另一种形式是风电项目参与市场竞价，政府在市场电价基础上给予一定补贴。根据2010年欧盟各成员国提交的"可再生能源国家行动计划"，2020年欧盟各国风电装机容量将超过2亿千瓦，风电发电量将达到5000亿千瓦·时，占当年电力消费总量的12.7%。土耳其政府规划到2020年风电装机容量达到2000万千瓦。

印度成立了国家清洁能源基金会，为清洁能源领域的技术研究和项目提供资金支持。25个联邦电力监管委员会的17个成员共同颁布了可再生能源采购义务法，18个邦已经发布了风电上网电价机制。此外，印度还将风力发电设备部分零部件的进口关税从10%下调至5%，对有关原材料的采购免征4%的特别附加税。截至2013年底，印度陆上风电装机容量已经超过2000万千瓦，海上风电也将加速发展。

中国出台了《中华人民共和国可再生能源法》，建立了包含优先上网、标杆电价、成本分摊等相关内容的可再生能源政策体系；自2009年起将全国分为四类风能资源区，分别制定了0.51、0.54、0.58、0.61元/（千瓦·时）的标杆上网电价，2014年底将Ⅰ、Ⅱ、Ⅲ类资源区标杆上网电价分别下调0.02元/（千瓦·时），Ⅳ类资源区电价保持不变；通过随终端销售电价征收可再生能源电价附加方式，为风电等可再生能源发展筹集补贴资金。2020年，中国陆上风电装机容量将在现有基础上翻一番，达到2亿千瓦。

二、太阳能发电发展概况

1839年法国科学家贝克勒耳发现了"光生伏特效应"，1954年美国贝尔实验室首次制成了实用的单晶硅太阳能电池，诞生了将太阳光能转换为电能的实用光伏发电技术。20世纪70年代以来，太阳能发电日益受到各国政策推动和重视。1973年，美国制定了政府级阳光发电计划，大幅度增加太阳能研究经费，并且成立太阳能开发银行，促进太阳能产品的商业化。日本在1974年公布了政府制定的"阳光计划"，其中太阳能的研究开发项目包括太阳房、工业太阳能系统、太阳热发电、太阳能电池生产系统、分散型和大型光伏发电系统等。德国在1990年提出"2000个光伏屋顶计划"。荷兰在1998年提出"百万个太阳能屋顶计划"。2009～2013年，中国实施了"金太阳工程"，为屋顶分布式光伏发电项目提供财政补贴，启动了国内光伏发电市场。

（一）太阳能发电规模迅速增长

近年来，随着技术进步，光伏发电和光热发电成本快速下降，太阳能已成为增长最快的清洁能源。2013年，世界太阳能发电总装机容量为1.42亿千瓦，占总装机容量的2.5%；总发电量约1600亿千瓦·时，约占总发电量的0.7%。2000～2013年，世界太阳能发电装机容量和发电量均增长了约86倍，年均增长40.9%。2000～2013年世界太阳能发电装机容量及增长率如图2-3所示。

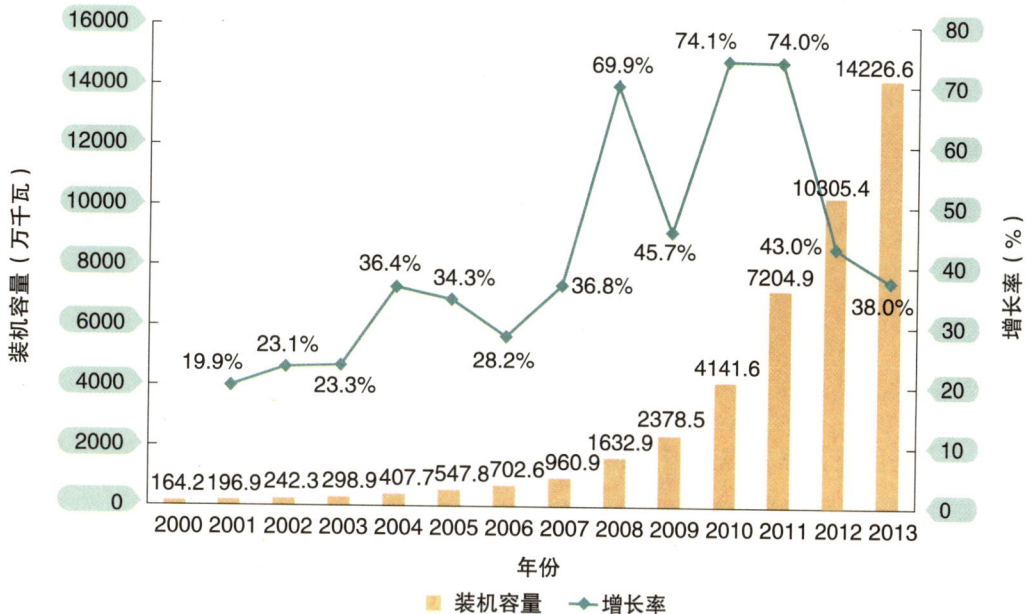

图2-3　2000～2013年世界太阳能发电装机容量及增长率

资料来源：欧洲光伏工业协会（European Photovoltaic Industry Association，EPIA），
Global Market Outlook for Photovoltaic 2014～2018。

2013年全球光伏发电装机容量居前十位的国家中，欧洲有6个，亚洲2个，北美洲1个，大洋洲1个。十国光伏发电装机容量之和约占世界光伏发电总装机容量的86%。近年来，中国太阳能发电发展迅速，已建成青海百万千瓦级光伏发电基地。2013年全球光伏发电装机容量居前十位国家基本情况如表2-4所示。

表2-4　　2013年全球光伏发电装机容量居前十位国家基本情况

序号	国家	光伏装机容量（万千瓦）	光伏装机容量占本国总装机容量比重（%）
1	德国	3571	20.1
2	中国	1942	1.6

续表

序号	国家	光伏装机容量（万千瓦）	光伏装机容量占本国总装机容量比重（%）
3	意大利	1793	14.4
4	日本	1381	4.7
5	美国	1373	1.3
6	西班牙	534	5.1
7	法国	467	3.6
8	英国	338	3.6
9	澳大利亚	330	5.2
10	比利时	298	14.3

资料来源：全联新能源商会，全球新能源发展报告2014；中国循环经济协会可再生能源专业委员会，中国风电发展报告2014。

欧洲是目前光伏发电发展规模最大的地区。2013年，欧洲光伏发电连续第三年成为仅次于风电的第二大新增电源，提供了欧洲总用电量的3%。在部分欧洲国家，光伏发电对最大负荷的贡献度更高。2013年德国光伏发电瞬时出力占当时系统负荷比重的最大值已经到49%，意大利、西班牙等国家这一比例也在20%~25%，希腊甚至高达77%。2013年部分欧洲国家光伏最大出力情况如表2-5所示。

表2-5　　　　　　2013年部分欧洲国家光伏最大出力情况

国家	光伏最大出力（万千瓦）	系统最小负荷（万千瓦）	光伏最大出力占系统最小负荷比重（%）
德国	2349	3480	67.5
法国	304	3372	9.0
意大利	1322	2506	52.8
西班牙	388	2128	18.2
比利时	210	688	30.5
捷克	137	493	27.8
希腊	198	222	89.2

续表

国家	光伏最大出力（万千瓦）	系统最小负荷（万千瓦）	光伏最大出力占系统最小负荷比重（％）
保加利亚	67	273	24.5

注　本表统计时间范围是2013年5～9月，是欧洲光伏发电出力最大的时间段。
资料来源： EPIA，Global Market Outlook for Photovoltaic 2014～2018。

越来越多的国家积极探索发展光热发电，已先后建成投运了一批典型工程和项目。2011年西班牙南部塞维利亚光热电站建成投运，该电站装机容量2万千瓦，利用熔融盐储热，成为世界上首个可以24小时全天候运行的光热电站。2014年2月，美国加利福尼亚州伊万帕光热电站实现并网运行，该电站总装机容量39.2万千瓦，由三座装机容量分别为13.3万、13.3万、12.6万千瓦的塔式光热电站构成，占当时美国总投运光热电站装机容量的30%左右，是全球最大的光热电站。2013年7月，中国青海中控德令哈5万千瓦塔式光热电站一期1万千瓦项目顺利并网发电，标志着中国自主研发的光热发电技术向商业化运行迈出了坚实步伐。

（二）太阳能发电技术日新月异

太阳能发电技术，包括光伏、光热发电技术、材料和工艺等，都在不断创新。从不同技术路线市场份额看，晶体硅电池市场份额超过85%，技术向着高效率和薄片化发展，未来10～20年仍将是市场主流；薄膜电池技术水平不断提高，市场份额约占15%。从电池转换效率看，近10年来晶体硅电池转换效率保持平均每年0.5%的提升速度。常规晶体硅电池转换效率达到16%～18%，带本征薄层异质结晶体硅电池达到20%～23%，背接触晶体硅电池达到20%～21%。在薄膜电池中，碲化镉电池效率达到9%～11%，铜铟镓硒薄膜电池效率达到13%～15%，效率基本保持每年1.0%～1.5%的提升速度。全球各类主要太阳能电池效率如表2-6所示。

表2-6　　　　　　　**全球各类主要太阳能电池效率**　　　　单位：%

太阳能电池类型			转换效率
晶体硅电池	常规电池		16～18
	特殊结构电池	带本征薄层异质结	20～23
		背接触	20～21

续表

太阳能电池类型			转换效率
薄膜电池	化合物电池	碲化镉	9～11
		铜铟镓硒	13～15
	微晶/非晶		9～10
	非晶硅	单结	5～6
		双结	6～8
		多结	8～12
聚光电池	低倍		30～40
	高倍		

资料来源：王斯成，光伏发电最新进展和光伏新政。

（三）太阳能发电产业快速增长

从多晶硅产业看，2013年全球多晶硅产能约39.3万吨，产量达到22.7万吨，平均产能利用率为57.8%。产能方面，中国多晶硅产能约15.1万吨，约占全球总产能的38.4%，居全球第一；美国产能近7.6万吨，约占全球总产能的19.3%，居全球第二；韩国、德国和日本分别为5.7万、5.2万和2.6万吨，分别居全球第三、四、五位。产量方面，中国多晶硅产量8.2万吨，占全球总产量的36.1%，居全球首位；美国产量5.9万吨，占全球总产量的26.0%，居全球第二；德国、韩国、日本产量分别为4.6万、4.1万、1.3万吨，分别占全球总产量的20.3%、18.1%、5.7%。

从电池产业看，2013年全球太阳能电池产能约7800万千瓦，产量约3950万千瓦，产能利用率约50.6%。全球晶体硅电池产能约6960万千瓦，其中中国约4930万千瓦，占全球总产能的70.8%，居世界首位。全球晶体硅太阳能电池产量约3550万千瓦，多晶硅电池和单晶硅电池的比例约为3∶1。中国内地晶硅电池产量2150万千瓦，产量约占全球总产量的60.6%，位居全球第一；中国台湾省产量达到850万千瓦，约占全球总产量的23.9%，位居全球第二；东南亚、日本、韩国产量约240万、170万、150万千瓦，分别占全球总产量的6.8%、4.8%、4.2%。全球薄膜电池产能约841万千瓦，较2010年翻了一番，按技术划分，硅基、铜铟镓硒、碲化镉薄膜电池产能分别占50%、22%、28%。全球薄膜电池产量约395万千瓦，较2010年增长了9.1%。

在组件产业方面，2013年全球太阳能组件产能达到7600万千瓦以上，产量达到4300万千瓦。产能方面，晶体硅电池组件产能达6840万千瓦，薄膜电池组件产能约800万千瓦，聚光电池组件产能约23万千瓦。产量方面，中国是最大组件生产国，产量达到2740万千瓦，其中99%为晶体硅电池组件；欧洲组件产量为380万千瓦，位居第二，其中薄膜电池组件约占20%；日本组件产量约350万千瓦，其中晶体硅和薄膜电池组件产量分别占71.4%和28.6%；东南亚、韩国、美国产量也分别达到280万、170万、100万千瓦。

（四）太阳能发电经济性稳步提升

随着光伏电池及组件价格大幅下降，世界光伏电站造价已降到1500美元/千瓦。在中国，一些骨干企业已掌握万吨级多晶硅及晶硅电池全套工艺，光伏设备成本不断降低。2010年至今，每千吨多晶硅投资下降47%，每兆瓦晶体硅电池投资下降超过55%，每瓦电池耗硅量下降25%。光伏发电系统投资由2010年的2.5万元/千瓦降至2013年的0.9万元/千瓦。分布式光伏的投资成本在0.9万～1.1万元/千瓦。2013年部分国家光伏发电投资成本如表2-7所示。

表2-7　　　　　2013年部分国家光伏发电投资成本　　单位：美元/瓦

分类	澳大利亚	中国	法国	德国	意大利	日本	英国	美国
居民	1.8	1.5	4.1	2.4	2.8	4.2	2.8	4.9
商业	1.7	1.4	2.7	1.8	1.9	3.6	2.4	4.5
地面	2.0	1.4	2.2	1.4	1.5	2.9	1.9	3.3

资料来源：IEA，Technology Roadmap Solar Photovoltaic Energy 2014 Edition。

光伏发电度电成本快速下降。随着光伏发电技术的不断成熟、设备利用小时数的不断提高以及系统造价的降低，光伏发电度电成本显著下降。美国加利福尼亚州、德国、意大利等一些太阳能资源条件好的地区度电成本已经低于终端用电电价，并且越来越接近按照最严格环保标准建设的传统常规电源度电成本。2013年，德国光伏度电成本为0.11～0.19美元/（千瓦·时），如果太阳年辐照强度超过2000千瓦·时/米²，光伏度电成本可降至0.08美元/（千瓦·时）❶。中国西部大型地面光伏电站的发电成本为0.7～0.9元/（千瓦·时），东部地区光伏发电成本为0.9～1.2元/（千瓦·时）。

世界光热发电的投资成本比较高，为4000～9000美元/千瓦。不同的光照资源条件、是否配备以及配备多大规模储能对光热发电单位投资影响很大。中国青海德令哈塔式光热电站未配备储热系统造价约为1.85万元/千瓦，配备2小时储热系统造价约为2.78万元/千瓦。

世界光热发电成本总体上仍然高于光伏发电成本。从已运行项目看，40%的西班牙光热电站都配备了4小时储能系统，其上网电价为0.4美元/（千瓦·时）。摩洛哥瓦尔扎扎特光热电站装机容量16万千瓦，配备了3小时储能系统，上网电价为0.19美元/（千瓦·时）。美国内华达州配置10小时储热系统的11万千瓦"新月沙丘"塔式光热电站，上网电价为0.135美元/（千瓦·时），但如果考虑其享受的其他优惠政策，实际电价水平约为0.19美元/（千瓦·时）。根据不同技术方案和机组组合，中国塔式光热发电成本可控制在1.2～1.5元/（千瓦·时）。

（五）太阳能发电得到各国支持

在各国政策激励下，世界光伏发电已经从最初少数国家开发进入大规模发展阶段，而光热发电尚处于技术研发和试验示范阶段。从各国政策走势和规划来看，太阳能发电将继续保持快速发展，远期发展规模将超过风电。

美国在技术研发和退税政策上给予光伏产业政策支持。政府施行投资抵扣（ITC）计划即投资总额的30%一次性或分年度抵扣税收，相当于给予光伏项目初始投资补贴。2010年，美国参议院能源委员会投票通过了"千万太阳能屋顶计划"，2013～2021年每年将投入不少于2.5亿美元补贴屋顶光伏项目。此外，许多联邦州政府也出台了太阳能发电激励政策，如加利福尼亚州于2007年正式启动"太阳能先导项目"，计划在10年内投资约22亿美元，为近200万千瓦太阳能发电项目提供初投资补贴或电价补贴。预计到2021年，美国光伏发电装机容量将超过1亿千瓦。

欧洲对光伏发电主要采取电价激励政策，要求电网企业优先接纳光伏发电量，并按照政府规定的固定上网电价支付电费，或者在市场电价基础上给予一定补贴，

---

❶ 资料来源：IEA，Technology Roadmap Solar Photovoltaic Energy 2014 Edition。

与风电政策类似。同时，德国等一些欧洲国家鼓励用户侧光伏发电项目采用自发自用、余电上网模式。随着光伏发电成本的大幅下跌，各国逐步降低激励力度，有序下调补贴幅度。德国预计将从2017年开始全面停止对新建光伏发电项目的补贴政策。根据2010年欧盟各成员国提交的"可再生能源国家行动计划"，预计到2020年，欧盟范围内太阳能发电总装机容量将超过9000万千瓦，其中光伏发电8400万千瓦。土耳其政府规划到2020年光伏发电装机容量达到500万千瓦。

印度于2009年推出"尼赫鲁国家太阳能计划"，提出把印度打造为全球的太阳能利用大国的具体方针和路线，并为其建立了完善的政策和管理框架，设定的目标是到2022年经过三个阶段使并网光伏发电装机容量达到2000万千瓦，离网光伏及光热发电装机容量达到200万千瓦。2014年，印度总理莫迪又提出到2020年光伏发电装机容量达到1亿千瓦的目标，是"尼赫鲁国家太阳能计划"的5倍。

中国自2009年开始实施"金太阳工程"，为工业园区等用户侧分布式光伏发电提供约50%的初始投资补贴，从此开启了光伏发电规模化发展时代。截至2012年底，通过该工程建设的分布式光伏发电总规模超过600万千瓦。2013年，中国光伏发电电价政策正式出台，根据各地太阳能资源条件和建设成本，将全国分为三类太阳能资源区，确定了三类资源区标杆上网电价，分别为0.9、0.95、1元/（千瓦·时）。同时对分布式光伏发电按照发电量进行补贴，标准为0.42元/（千瓦·时）。根据规划，到2020年中国光伏发电总装机容量将达到1亿千瓦，其中地面光伏电站约6500万千瓦。

总的来看，全球风电和太阳能发电规模增长迅猛，技术日益成熟，经济性不断提高，得到了各国政府支持，发展前景广阔，为解决日益严峻的能源和环境问题奠定了基础。

第二节　清洁替代

清洁替代，是指在能源开发上，以清洁能源替代化石能源，走低碳绿色发展道路，逐步实现从化石能源为主、清洁能源为辅向清洁能源为主、化石能源为辅转变。清洁替代将从根本上解决人类能源供应面临的资源约束和环境约束问题，是实现能源可持续利用的战略举措，也是未来全球能源发展的必然趋势。

一、清洁替代的必然性

（一）保障能源供应

全球清洁能源资源丰富，实施清洁替代，能够从源头上有效化解化石能源资源紧缺矛盾，保障人类日益增长的能源需求。随着人口增长和城镇化、工业化的快速发展，未来全球能源需求还将保持较快增长。全球化石能源资源有限，开发成本将随着开发难度的加大而不断增长，保障全球能源供应面临巨大压力，必须转变过度依赖化石能源的发展方式。全球清洁能源资源丰富，水能、风能、太阳能等清洁能源属于可再生能源，取之不尽，用之不竭，年理论可开发量超过150000万亿千瓦·时，远超出人类社会全部能源需求规模。通过技术创新，实现清洁能源的大规模开发，将从根本上解决全球能源总量供应问题，保障全球能源安全，满足经济社会发展需要。

清洁能源已成为增长最快的能源品种，将逐步成为世界主导能源。2000~2013年，全球风电、太阳能发电装机容量年均增长率分别达到24.8%、43.7%，非水可再生能源发电量占比已从1.8%提高至4.8%。在部分欧美国家，清洁能源发电已经成为支柱性电源。2013年，丹麦风电发电量占其总发电量的32.1%，德国可再生能源发电量占其总发电量的比重也已达到25.0%。如果全球风电、太阳能发电保持年均12.4%的增长率，到2050年清洁能源将能够满足世界能源需求总量的80%，形成以清洁能源为主的能源发展新格局，从根本上解决人类面临的各种能源问题。未来能源结构将明显呈现清洁化特征。

（二）保护生态环境

实施清洁替代，可减少碳排放，缓解化石能源开发利用引发的全球气候变化，实现人类社会可持续发展。在联合国政府间气候变化专门委员会公布的6种温室气体排放中，化石燃料燃烧所产生的二氧化碳所占比重最大，是最主要的人为温室气体。燃烧1吨标准煤的原煤、原油、天然气将分别产生二氧化碳约2.77、2.15、1.64

吨。如不尽快采取实质行动，大气中二氧化碳浓度将会超过450ppm的警戒值，到21世纪末全球温升将超过4℃，对人类生存将构成重大威胁。煤炭、石油、天然气中含有大量碳，这些能源资源的开发利用，不可避免地产生大量二氧化碳排放，增大气候变化风险。未来全球能源再也不能走高能耗、高碳排放的发展道路，必须探索出一条新型的低碳发展道路，将经济发展与二氧化碳排放脱钩，实现经济、资源、环境的协调、可持续发展。2014年11月12日，中美两国共同发布《中美气候变化联合声明》，中国政府提出2030年左右碳排放达到峰值，将非化石能源在一次能源中的比重提升到20%左右。美国政府提出到2025年温室气体排放较2005年整体下降26%～28%；如果2050年全球水能、风能、太阳能等清洁能源占一次能源消费比重提高至80%，届时化石燃料燃烧产生的二氧化碳排放量将降至120亿吨以下，地球温室气体浓度将得到有效控制。

实施清洁替代，可以解决化石能源开发利用导致的大气、土壤、水质等环境污染问题。化石能源在生产、运输、使用的各环节会向大气排放大量二氧化硫、氮氧化物、粉尘、汞和其他有毒金属，造成严重的环境污染。从全寿命周期看，清洁能源开发利用过程产生的污染物排放远远低于化石能源。在现有技术经济条件下，每千瓦时风电或光伏发电替代煤电可以减排二氧化硫2.2克，减排氮氧化物2.0克，减排粉尘0.38克。2013年，中国风电发电量约1400亿千瓦·时，实现减排二氧化硫30.8万吨，减排氮氧化物28.0万吨，减排粉尘5.3万吨。以清洁能源替代化石能源，能够避免能源开发利用导致的环境污染，大幅改善人类生存环境，减少相关的医疗保健支出，从整体上增进社会福祉。

（三）推动经济发展

清洁能源作为战略性新兴产业，投资拉动效应明显，发展空间广阔。作为资金密集和技术密集型行业，清洁能源产业链长、涉及产业多，具有显著的技术扩散效应和经济乘数效应，已经成为各国拉动投资和就业的重要产业。根据联合国环境规划署《可再生能源投资全球趋势（2014）》报告统计，2006～2013年全球可再生能源投资额已达1.6万亿美元。清洁能源行业从开发建设到运营维护，都需要大量劳动力，为社会提供更多就业岗位。

发展清洁能源产业是各国增强经济发展动力、创造新的经济增长点的共同选择。2008年以来，国际金融危机对全球经济造成重创，世界各国都在寻找新的经济增长点。为摆脱金融危机影响，恢复经济活力，发展新能源产业已经成为美国、欧洲等国家经济走出衰退的共同选择。2001年，美国在清洁技术产业上的投资仅为2.86亿美元，2010年增加到了46亿美元，增长了15倍以上。2012年，美国风险资金的14%都投向了清洁能源技术领域[1]。根据美国白宫发布的《全方位能源战略——实现可持续经济增长的途径》[2]，2000～2013年，能源行业对美国GDP增长的贡献度不断增加，能源进口量下降也减少了美国的贸易赤字。目前，投资建设清洁能源项目或者升级改造现有电网等能源基础设施，已经成为世界各国拉动经济增长的重要手段。据国际能源署预测[3]，2012～2035年世界能源基础设施累计投资将高达37万亿美元（按2011年美元汇率计算），每年平均投资1.6万亿美元，约占全球生产总值的1.5%。发展中国家能源投资规模将明显扩大，非OECD国家能源累计投资总额将达到世界总量的61%。

发展清洁能源具有重大战略意义。 近年来，世界能源发展的国际形势发生深刻变化。随着能源资源约束的不断加大和环境问题的日益突出，应对全球气候变化成为国际共识，世界上许多国家都将发展清洁能源作为本国能源发展的战略目标。特别是金融危机后，世界经济发展进入新一轮调整期，为在新一轮国际竞争中抢占科技制高点，美国、欧盟等主要经济体纷纷提出"绿色能源计划"和"绿色能源新政"等，给予清洁能源前所未有的重视。**欧盟2007年**制定"20-20-20"战略，提出到2020年将温室气体排放量在1990年基础上减少20%，可再生能源占一次能源消费的比例在2006年8.2%的基础上提高到20%，能源利用效率提高20%。2014年1月，欧盟委员会发布《2030年气候和能源框架》，进一步提出到2030年温室气体减排40%，可再生能源比重至少达到27%。**美国2009年**通过《清洁能源与安全法案》，首次提出国家减排方案，同时也正式提出了国家层面的可再生能源目标，即在2020年以可再生能源和能效改进的方式满足电力需求的20%，其中15%由风能、太阳能和生物质能等可再生能源来实现。2014年6月，美国环保署公布了到2030年全国发电厂减少碳排

---

❶ 资料来源：丹尼尔·耶金，能源重塑世界，石油工业出版社，2012年。

❷ 报告英文名为"The all-of-the-above Energy Strategy as a path to Sustainable Economic Growth"。

❸ 资料来源：IEA，World Energy Outlook 2013。

放量30%的计划。日本在福岛核泄漏事故后，重新权衡核电在电力供应中的地位，可再生能源将成为日本能源发展的重点。除发达国家外，发展中国家也对可再生能源给予了极大重视。从全球看，目前已经有120多个国家制定了相关的法律、法规或行动计划，通过立法的强制性手段保障可再生能源战略目标的实现。开发利用可再生能源已成为国际上大多数国家的战略选择。

二、清洁替代的关键

实施清洁替代，将改变长期以来世界对化石能源的过度依赖，在推进过程中，特别要在技术、经济、安全和政策机制等方面取得重大突破。

（一）关键技术

清洁能源高效转换技术。受开发利用技术的制约，目前风能、太阳能等开发利用的经济性较差、利用效率不高。根据研究，世界风力发电综合效率已达38%左右。光伏发电效率一般为12%～18%，仍远低于煤炭、石油等传统化石能源开发利用效率。目前，风力发电关键技术的突破主要集中在风电机组关键部件的设计等方面；太阳能利用技术的重点是提高光伏和光热的转换效率。

清洁能源大范围配置技术。全球风能资源主要分布在北极等高纬度地区以及各洲近海地区；太阳能资源主要分布在北非、东非、中东、澳大利亚、智利等赤道附近地区；水能资源主要分布在南美洲、亚洲、北美洲和非洲中部主要流域。这些清洁能源富集地区大部分地广人稀，远离负荷中心。各洲的主要清洁能源基地也与能源消费逆向分布。因此，如何构建适应清洁能源集中开发、远距离外送的洲内、洲际乃至全球互联的能源配置体系将成为清洁能源高效利用的关键。

清洁能源并网消纳技术。从发展趋势看，全球风电、太阳能发电呈现出大基地式开发、大范围消纳与分布式开发、就地利用并行发展的态势。坚强智能电网具有坚强的网架结构，能够实现各区域电源特性的优势互补，提高系统对大型可再生能源基地发电量的消纳能力，实现电力大容量、远距离输送，保障系统安全稳定。通过建设坚强智能电网，能够允许随机性、间歇性电源的集中接入和分布式电源的高效应用，支撑风能、太阳能的大规模开发利用。

极端条件下风电和太阳能发电技术。"一极一道"作为全球清洁能源的重要战略基地，尽管资源丰富、分布集中，但处于极寒或极热地区，不仅施工建设条件恶劣，一系列适应极端条件的新能源开发技术也亟待突破。北极高寒高湿，风机需要在塔架、叶片材料等方面实施重大技术创新，克服冰冻严寒对风能利用效率的影响，提高风机对北极极端气候的耐受力。海上风电需要克服强风载荷、腐蚀和波浪冲击等特殊环境的影响，持续改进运行维护技术手段。在北非、中东等赤道太阳能资源丰富带建设大型光伏或光热发电基地，必须实现技术和工艺的重大突破，克服气温高、温差大、风沙多等恶劣条件。

（二）经济性问题

清洁能源开发成本。从不同能源品种未来开发利用的经济性来看，化石能源的不可再生性和人类对其的巨大消耗，使得化石能源的开发成本将不断提高。页岩气作为非常规化石能源，也同样面临成本问题。虽然目前清洁能源发电成本较高，但随着清洁能源发电技术的不断突破和日益走向成熟，其开发成本将逐渐降低。风力发电技术逐步实现突破，机组单机容量不断增大，海上风电技术逐步走向成熟，风电开发成本不断下降。太阳能发电方式的多样化和能量转化效率的大幅提高，使得太阳能发电的成本也将大幅下降。

清洁能源市场竞争力。随着清洁能源发电技术自身成本的下降和传统化石能源发电成本的逐年攀升，两者之间的成本差异将逐步缩小，当两者基本相当时，就意味着清洁能源可以实现平价上网，具有了市场竞争力。平价上网又分为上网侧平价上网和用户侧平价上网，前者是指清洁能源发电与化石能源发电上网电价相同，后者指用户侧清洁能源发电成本与用户用电电价相同。根据IEA等国际机构预测，全球风电、太阳能发电将分别在2020年、2025年左右实现上网侧平价，用户侧平价实现时间还要更早。

（三）安全性问题

清洁能源大规模接入的电网安全问题。风能、太阳能等清洁能源发电大规模并网将对电网安全稳定运行、电力系统规划、系统经济运行和运行管理等方面带来新的挑战，主要体现在：清洁能源发电出力的波动性对本地系统的电能质量、电压稳定性，以及区域电网的稳定性、传输效率和系统旋转备用需求等产生较大影响；系统发电出力变动性增大，加大了实现系统经济调度的难度，系统对辅助服务的需求会增加；由于大规模风电等清洁能源并网对电力系统运行的影响已接近秒级尺度，因此对电力系统调度及时应对风电出力波动、调整系统运行方式的能力提出了更高要求。这就要求未来电网必须通过技术和管理创新，提高大规模接入和消纳全球清洁能源的运行技术和管理能力。

分布式电源接入配电网的安全问题。大量分布式电源的接入使配电网成为有源电网，将对电压稳定、继电保护、短路电流、电能质量等带来一系列技术问题。当分布式电源达到较高比例之后，配电网在个别时段将反向向输电网送电，改变电网潮流流向及分布，从而显著增加电网调度运行管理的复杂性。

（四）发展机制

清洁能源技术创新机制。技术成熟是实现清洁能源大规模商业化开发的基本条件，但清洁能源技术创新周期长、资金投入大、风险高，短期内难以获得直接经济回报，在清洁能源发展初期特别需要得到政府政策的支持。重点要确立清洁能源技术创新在国家能源科技创新和装备制造体系中的重要地位，制定中长期清洁能源技术创新路线图，开展重大技术攻关；要充分发挥企业在清洁能源技术创新中的主体作用，通过税收优惠、国家提供配套资金等政策，鼓励企业建立研发中心，开展新技术示范应用；要加强清洁能源技术的全球合作、交流与共享，使清洁能源技术研发成果更多、更好、更快地惠及全世界。

清洁能源完全成本核算机制。传统化石能源开发利用所排放的二氧化碳等温室气体引起气候变化，大量污染物排放对大气、水、土壤也造成严重生态破坏，并且危害人类健康。如果将这些隐性的环境成本反映在化石能源开发利用的真实成本中，就能够充分体现清洁能源的生态和环境效益，显著提高清洁能源在能源市场上的竞争力。为此，政府需要运用价格、财税等经济手段，以向化石能源征收资源税、排污税、碳税等形式，充分考虑化石能源的环境成本，既能加快化石能源的洁净化利用，也为清洁能源发展创造公平公正的市场竞争环境。

清洁能源市场培育机制。在清洁能源开发方面，重点是要培育竞争性清洁能源开发市场，发挥市场对投资领域和方向的引导作用，要引入多元市场主体，通过竞争促进技术进步和成本的进一步下降；在清洁能源利用方面，重点是要建立电价随市场供需形势波动的电力市场，从根本上解决清洁能源发电与用电不匹配的问题。清洁能源发电受自然气象条件制约，与负荷特性不一致。风电通常在后半夜用电低谷时段发电更多，多余风电无法得到有效利用，甚至弃风。通过建立用户侧资源参与市场竞争的机制，鼓励用户在清洁能源大发时段多用电，在清洁能源出力不足时少用电，激励工业用户合理安排生产，将用电负荷转移至低谷时段。同时，在市场机制的调节下，用户配置储能设施，在夜间低谷时段将清洁电力储存起来，在白天高峰时段释放电力，既能够获得经济收益，也实现了清洁能源的高效利用。

第三节　电能替代

电能替代，是指在能源消费上，以电能替代煤炭、石油、天然气等化石能源的直接消费，提高电能在终端能源消费中的比重。随着电气化进程加快，电能将在终端能源消费中扮演日益重要的角色，并最终成为最主要的终端能源品种，实现更加清洁、便捷、安全的能源利用。

一、电能替代的必然性

（一）提高能源效率

电能是清洁、高效、便捷的二次能源，终端利用效率高，使用过程清洁、零排放。 和其他能源品种相比，电能的终端利用效率最高，可以达到90%以上。随着清洁能源发电比例的提高，清洁能源发电将逐步取代化石能源发电，大部分一次能源将转化为二次能源使用，大幅降低能源转化损失，电能清洁高效的特点将会进一步凸显。从用电设备的能源利用效率来看，电气设备的能源利用效率远远高于直接燃煤和燃油的效率。例如，电锅炉的热效率达到90%以上，而燃煤锅炉仅为70%左右；

电力机车的能耗水平仅为内燃机车能耗的60%左右❶。德国工业用电80%用于加热，电直接用于工艺过程的加热利用效率很高，而直接用燃料加热，通常只有20%的热能用于工艺过程❷。

电能替代对能源利用效率的提升是全方位的。从使用上看，电能使用便捷，可精密控制。从能源转换上看，电能可以实现各种形式能源的相互转换，所有一次能源都能转换成电能。从配置上看，电能可以大规模生产、远距离输送，并通过分配系统瞬时送至每个终端用户。在工业化、城市化、信息化、农业和农村电气化以及新技术应用的驱动下，电能的这些特性使它在各国经济社会发展中获得广泛应用。电能的出现使得工业和农业实现规模化、自动化生产，大幅度提高了劳动生产率和产品质量。电子工业、信息产业等也都是建立在电能广泛应用的基础上。因此，提高电能在终端能源消费中的比重，推进工业、交通、商业和城乡居民生活等各领域的电能替代，不仅能够提高能源利用效率，还能增加经济产出，提高社会整体能效。中国的数据表明，电能的经济效率是石油的3.2倍、煤炭的17.3倍，即1吨标准煤当量电能创造的经济价值与3.2吨标准煤当量的石油、17.3吨标准煤当量的煤炭创造的经济价值相当。

（二）促进清洁发展

清洁能源大多需要转化为电能的形式才能够高效利用，实施电能替代是清洁能源发展的必然要求，是实施清洁替代的必然结果，也是构建以电为中心新型能源体系的需要。随着新一轮能源技术革命的推进，清洁能源将得到更大规模利用，更多的一次能源将转化为电能，输送到负荷中心，为电动交通、电锅炉、电窑炉、电采暖、电炊具的大规模应用提供充足的清洁电力供应，有效地替代石油、煤炭等化石能源消费，并为太阳能、风能、水能等可再生能源的开发利用拓展市场空间。

（三）提高电气化水平

电气化是现代社会的重要标志。1999年12月，美国国家工程院评选委员会遴选

---

❶　以电力机车能量转换效率80%、燃煤发电效率40%、内燃机车能量转换效率20%计算。

❷　资料来源：王庆一，国民经济电气化初探，电力技术经济，2008(20)：12-18。

20世纪对社会产生最重大影响的工程成就，列为第一项的就是电气化。电气化奠定了工业机械化和自动化的生产基础，极大地促进了人类社会工业化进程，带来了农村人口向城市集中，加快了城市化发展；改变了农业生产方式，通过农业电气化促进了农业的机械化和产业化；极大地改善了人类社会的生活方式和家庭生活质量。当前，世界范围内的电气化水平仍在稳步提高。

实施电能替代是提升电气化水平的重要内容。衡量电气化水平通常有两个指标：一是发电用能占一次能源消费的比重，二是电能占终端能源消费的比重。发达国家的发展历程充分表明，经济越发达、人民生活越富足，整个社会的电气化水平也就越高。从电力发展趋势看，无论是发达国家还是发展中国家，电能在终端能源消费中的比重都呈现明显的上升趋势。多数发达国家电能占终端能源消费的比重都在20%以上。预计到2050年，在清洁能源快速发展的情况下，全球电能占终端能源消费的比重有望超过50%。1990年全球发电用能占一次能源消费的比重为34.0%，2012年达到38.1%，预计2050年全球发电用能占一次能源消费的比重将接近80%。

二、电能替代的重点

实施电能替代将全方位调整能源消费格局，重点任务是推进"以电代煤、以电代油、电从远方来、来的是清洁电"的电能替代战略。

（一）以电代煤

以电代煤，是指在能源消费终端用电能替代直接燃烧的煤炭，显著减轻环境污染。煤炭燃烧带来大量的二氧化硫、氮氧化物以及烟尘等污染物排放，形成以煤烟型为主的大气污染。2012年，中国约有52%的煤炭用于发电，直燃煤和用作原料的煤炭各占24%左右。由此带来电力行业排放二氧化硫883万吨，氮氧化物948万吨，烟尘和粉尘合计151万吨；而非发电燃煤排放二氧化硫949万吨，氮氧化物390万吨，烟尘和粉尘合计715万吨。由于煤炭散烧相对煤炭发电排放的污染物更多，因此大多数发达国家都优先将煤炭转换成电能使用，通过电厂的污染治理大幅减少排放，直接在终端使用的煤炭量极其有限，例如美国90%以上的煤炭用于发电。

目前，电采暖、热泵、电窑炉、电炊具等用电技术已经具备了较为成熟的基础，具备以电代煤的实施条件。以电锅炉为例，20世纪初，由于社会化生产和人们生活水平提高，供热技术得到迅猛发展和广泛使用。以充沛的电力作为基础，电锅炉具有其他热能设备无法比拟的节能、清洁、安全的优点，推动电锅炉的发展成为一种必然趋势。1926年在欧洲开始生产和应用电锅炉，1930年美国及欧洲开始推广电采暖，20世纪五六十年代，电锅炉已经得到普遍应用。目前，挪威电采暖比重达到90%，日本和韩国为80%，法国为70%，美国、加拿大、丹麦和瑞典电采暖比重达到50%。

作为全球最大的煤炭消费国，中国以电代煤有很大发展空间。目前，中国在用锅炉数量约62万台，燃煤工业锅炉约37万台。燃煤锅炉数量众多，不仅每年消耗大量的煤炭资源，而且大多数锅炉仍处于能耗高、浪费大、环境污染严重的状态。如果在工商业和居民生活领域积极推广蓄热式电锅炉（电采暖）、热泵、电窑炉、分散电采暖等电能替代项目，预计到2020年，中国通过实施以电代煤，每年可减少二氧化硫排放约32万吨，减少氮氧化物排放约26万吨，减少$PM_{2.5}$约1.3万吨；若新增用电量完全以清洁能源供应，可减少直燃煤1.6亿吨，减少二氧化碳排放约3.2亿吨。随着电能替代技术发展，预计到2030年，中国可减少60%的直燃煤消费，2040年前基本取消直燃煤消费。

实施以电代煤还有利于改善民生。在中国和其他一些欠发达国家和地区，仍然有很多农村人口在冬季燃煤采暖，由此带来严重的空气污染和安全隐患。目前，在中国北方农村，每年还有人因煤气中毒而死亡。通过推广分散式电采暖、炊事、洗浴，可以防止煤气中毒事件的发生，保障居民安全用能。

（二）以电代油

以电代油，主要是指在电动汽车、轨道交通、港口岸电等领域用电能替代燃油。一方面可以减少燃油带来的污染，另一方面可以减少对石油的依赖。交通系统消耗了全球约1/3的能源，并且以石油资源为主，在形成对石油高度依赖的同时，也释放了大量的机动车尾气，成为空气污染的主要来源之一。通过电动汽车、电气化铁路、港口岸电替代等以电代油技术，在节能的基础上寻找石油的替代能源，已经成为世界交通运输业能源使用的共同方向。

电动汽车是指以电能为动力的汽车，一般采用高效率充电电池或燃料电池为动力源。电动汽车清洁无污染，是以电代油潜力最大的领域。尽管传统的内燃机汽车目前仍占据主导地位，但发展清洁无污染的电动汽车已是大势所趋，并将改变21世纪汽车业的面貌。从能源利用效率来讲，燃油为交通工具提供动力的能源转换效率为15%～20%，很难再大幅度提升。而电能转换为动能的效率可达90%，加之蓄电池充电效率为90%，所以从电到动力的效率超过80%。天然气全部转换为电能的效率为55%～58%，石油转换为电能的效率为50%～55%，煤炭转换为电能的效率为40%～50%。所以，电动汽车的能源利用效率是燃油汽车的1.5～2倍。除了能源利用效率上的显著提升，电动汽车还具有零排放的优势。根据预测，2020年中国汽车保有量将超过2亿辆；假设电动汽车保有量达到500万辆，按照每辆汽车每年行驶2万千米、平均每百千米10升油耗计算，500万辆电动汽车每年可以减少汽油消耗约710万吨，减少二氧化碳排放约1500万吨。

港口岸电技术是指在船舶停靠码头时停止使用船上的燃油发电机，而采用由码头提供的供电系统为船舶供电。相比使用船舶柴油机发电，使用岸电满足停泊船只照明、通信、空调、水泵的用电需求，不仅可以消除靠港船舶柴油机发电产生的废气排放以及靠港船舶自备发电机组运行的噪声污染，而且从经济性上来看，船舶的自备发电机发电效率低，发电成本高昂，使用岸电能够大幅度减少能源成本。

（三）电从远方来

能源资源与负荷中心逆向分布，决定了"电从远方来"的基本格局。从中国的情况来看，约80%的煤炭资源和70%以上的清洁能源都集中在西部和北部地区，而作为用电负荷中心的东中部地区能源资源稀缺。由于西部和北部大型能源基地的电力在本地消纳空间有限，因此电力开发以外送为主。将西部和北部地区的煤电和水电、风电、太阳能发电等清洁能源打捆外送至东中部地区，不仅可以保障东中部的电力供应，在全国范围内实现能源资源的优化配置，而且可以避免远距离输煤到负荷中心带来的煤电运紧张、环境污染等一系列问题。

"电从远方来"对于解决负荷中心地区的环境问题至关重要。中国的负荷中心位于人口密度高、经济相对发达的东中部地区，其中东部12省（直辖市）人口约占全国总人口的45%，GDP约占全国的58%，而面积仅占全部国土面积的13.5%。长期以来，我国在用电负荷中心大量建设燃煤电厂，东中部地区集中了全国75%左右的煤电装机，沿长江平均每30千米就建有一座发电厂，不仅严重超出了当地的环境承载能力，而且环境污染造成的健康损害也由于人口聚集增加了风险和损失。中国东部的长三角地区，每年每平方千米二氧化硫排放量达到45吨，是全国平均水平的20倍，不仅成为酸雨重灾区，而且雾霾天气频发。每年从西北部向东中部地区输煤还在运、储环节造成多重大气污染。为解决能源资源供应和环境容量之间的矛盾，2013年中国国务院发布了《大气污染防治行动计划》，提出严控东中部地区新建燃煤电厂，用输电替代输煤，满足用能需求增长。这意味着相当数量的煤炭不再需要远距离运输，避免了运输过程中的扬尘，也不会在存放和燃烧环节对东中部造成土壤、大气和水的污染。

（四）来的是清洁电

电力供应低碳化是解决全球气候变化的根本出路。电从远方来，可以解决局部地区的电力供需不平衡和污染排放问题；但如果来的不是清洁电，仍然依赖远方的煤电等化石能源发电，则不能从根本上解决全球二氧化碳和污染物排放问题。因此，站在全球能源可持续发展的角度，必须做到来电清洁，这是应对全球气候变化的基本要求。

"来的是清洁电"是清洁替代的必然结果。从化石能源为主向清洁能源为主的能源转型，需要在能源开发环节向清洁能源转型、在终端用能环节向电力消费转型，同样，在能源配置环节也应实现从化石能源输送向清洁电力输送的转型。大规模发展清洁能源将必然带来清洁电力远距离输送和消纳规模的大幅增加，使清洁电力输送成为未来能源运输的主要形式。

"来的是清洁电"将是循序渐进的过程。中国目前通过特高压输电技术把西部和北部的火电、风电、太阳能发电和西南水电远距离、大规模输送到东中部，以满足东中部地区的电力需求并缓解当地环境压力。未来，随着西部和北部清洁能源的大规模开发，火电比重将逐步降低，以风电、太阳能发电和水电为主的清洁电力输送将成为主体，源源不断地供给东中部地区。根据中国国家电网公司规划，到2022年将全面建成特高压交直流电网，具备4.5亿千瓦电力大范围配置能力，满足输送5.5亿千瓦清洁能源的需求，每年可消纳清洁能源1.7万亿千瓦·时，替代原煤7亿吨，减排二氧化碳14亿吨、二氧化硫390万吨。

展望未来，随着北极风能、赤道附近地区太阳能和各大洲清洁能源基地的开发，通过特高压、超高压电网向各大洲负荷中心输送充足的清洁电力，将全面实现"电从远方来、来的是清洁电"。

第四节 "两个替代"与能源革命

"两个替代"是能源发展方式的重大转变，在能源消费、能源供给、能源技术和能源体制方面，都将带来巨大变革，成为推动世界能源可持续发展的重要驱动力。未来世界能源发展需要把握能源革命的新机遇，加快推进"两个替代"。

一、清洁替代与能源革命

清洁替代是能源转型的必然规律。纵观世界能源发展史，能源转型呈现出两大趋势：一是能源密度由低密度向高密度转型，从薪柴、煤炭到石油、天然气、电力，能源密度逐步提高。尽管水能、风能、太阳能等清洁能源本身属于低密度能源，但是转化为电能之后便成为高密度能源，并且高品位、利用便捷高效，尤其是储能技术突破后，其高密度性将更加显现。二是能源载体由高碳向低碳转型，是一个能源载体逐步去碳的过程。从煤炭取代薪柴开始，石油替代煤炭，乃至天然气的快速发展，能源转型在逐步朝着越来越清洁的方向发展[1]。水能、风能、太阳能等清洁能源的开发利用是零碳排放，必然成为新一轮能源转型的目标。

清洁替代是新一轮能源革命的重要方向。新一轮能源革命的首要任务是在保障能源供给基础上实现能源的低碳发展。在初期，将实行"传统能源的清洁高效利用"和"清洁能源开发利用"双轮驱动、协同推进。但随着气候变化、资源枯竭问题的日益严峻，加上化石能源清洁利用潜力减小和成本上涨，能源革命将主要依靠清洁替代来驱动，最终是要建立一个清洁能源主导的新的能源供应体系。

实施清洁替代是实现能源可持续发展的关键。在人类历史上经历了从薪柴到煤

---

[1]　资料来源：罗伯特·海夫纳三世，能源大转型，中信出版社，2013年。

炭、油气的能源发展历程。在这一过程中，新的能源品种以其固有优势自然替代原有能源品种。新一轮能源革命则是在破解能源供应、气候变化、环境污染困局等形势下，顺应能源发展大势、实现人类社会永续发展而做出的选择。随着风能、太阳能、海洋能等清洁能源开发效率不断提高，技术经济性和市场竞争力逐步增强，未来以清洁能源替代化石能源将成为能源革命的必然趋势。清洁能源发展正在提速，已经成为全球能源领域的一大潮流，将根本解决制约人类生存发展的能源环境问题，这不仅是能源自身变革的需要，更是人类文明进步的必然要求。

二、电能替代与能源革命

电能替代是实现终端能源消费高效化、低碳化的必然要求。从能源消费来看，能源革命的实质是实现能源的高效利用和绿色低碳。电能的终端利用效率最高，可以达到90%以上；燃气的终端利用效率为50%～90%，燃煤的终端利用效率相对更低。现阶段来看，部分发达国家终端能源消费结构较为合理，煤炭消费比重低，而天然气、油品、电力等能源消费比重较高，相应的能源利用效率也较高。随着清洁替代的程度提高，电能在终端能源消费中的比重大幅提升，将极大减少化石能源消费量。

电能替代是解决能源环境问题的有效途径。电能是清洁、零污染的能源。如果燃煤或燃油产生与1千瓦·时电能相同的热量，原煤会排放约330克二氧化碳、5.3克二氧化硫和1.6克氮氧化物；柴油会排放260克左右二氧化碳、0.4克二氧化硫和0.6克氮氧化物。从电力生产利用全过程来看，火力发电也会排放二氧化硫和氮氧化物，但电力行业可以采取脱硫脱硝等办法集中处理污染物。目前火电厂脱硫率可达到90%以上，脱硝率可达80%以上，经脱硫脱硝处理后，电能的硫化物排放量远低于原煤、焦炭和柴油，氮化物排放量远低于原煤、焦炭、汽油、柴油和天然气。未来，随着清洁能源的发展，大量清洁能源发电不排放污染，电能替代的环保优势将进一步显现。

电能替代前景广阔。1971～2012年，电能在世界终端能源消费中的比重从8.8%增长到18.1%，仅次于石油位居第二位；预计到2030年，电能占世界终端能源消费的比重将达25%；到2050年，这一比重将超过50%。随着清洁能源供应的大幅度增加，未来终端能源需求大部分将通过电能得到满足。

小结

（1）世界风电和太阳能发电已经进入加速发展的快车道，为推进清洁替代和电能替代，实现世界能源可持续发展奠定了实践基础。

（2）清洁替代、电能替代是能源革命的重要方向，是解决全球能源和环境问题的必由之路。清洁替代能够从根本上解决人类能源供应问题，实现能源开发利用与生态环境的和谐发展。电能替代是实施清洁替代的必然结果，对提高能源利用效率和电气化水平都十分关键。

（3）实施清洁替代，需要在技术、经济、安全和政策层面实现突破，重点要建立科学可行的发展机制，加快突破清洁能源开发、配置和协调控制等技术，着力解决好清洁能源发展经济性和安全性等问题。

（4）实施电能替代，重点是"以电代煤、以电代油、电从远方来、来的是清洁电"，在终端能源消费环节，用电能替代煤炭、石油等化石能源的直接消费，实现能源的清洁利用，全面提高经济社会发展的电气化水平。

（5）"两个替代"对全球能源发展具有革命性影响，将推动能源结构从化石能源为主向清洁能源为主转变，实现能源消费高效化、低碳化和清洁化目标。

第三章
全球能源观

　　"两个替代"是世界能源发展的必然趋势。推动世界能源可持续发展，必须正确认识和把握能源发展内在规律，树立全球能源观，以全球性、历史性、差异性、开放性的立场研究和解决全球能源问题，推动建设全球能源互联网，形成以清洁能源为主导、以电为中心、全球配置资源的能源发展新格局。

第一节 能源发展规律

能源是推动人类文明发展的重要动力。世界能源自身也在不断发展进步，经历了从高碳到低碳、从低效到高效、从局部平衡到大范围配置的深刻变革。认识和把握这一发展规律，对于推动能源科学发展，实施"两个替代"具有重要作用。

一、能源结构从高碳向低碳方向发展

能源发展过程中，人类不断寻找更多种类的能源，保障能源供应，满足经济社会发展对能源的需求，但不同发展阶段的主导能源不同。随着需求的变化和技术的发展，主导能源不断升级，总体是朝着更加低碳的方向发展。从薪柴到煤炭、石油、天然气，到水能、核能、风能、太阳能以及其他清洁能源的发展过程，就是逐步减少碳排放的过程。各类能源的碳排放强度如表3-1所示。

表3-1		**各类能源的碳排放强度**		单位：吨二氧化碳/吨标准煤		
煤	石油	天然气	水能	核能	风能	太阳能
2.77	2.15	1.65	0	0	0	0

资料来源：BP，Statistical Review of World Energy 2014。

化石能源碳排放强度高，持续上百年的开发利用已经排放了大量二氧化碳，对全球气候的影响也开始显现，最近100年全球气温上升了0.74℃。1979年以来，北极海冰面积每年减少超过7万千米² ❶。要减缓气候变化、实现人类可持续发展，必须降低能源结构中化石能源比重、提高清洁能源比重。全球拥有丰富的太阳能和风能资源，大规模开发利用的潜力巨大，将成为未来最重要的清洁能源。在现有和未来可预期的技术条件下，太阳能、风能转换为电能是最便捷的利用方式。在能源资源开

---

❶ 资料来源：美国科罗拉多冰雪数据中心。

发环节提高太阳能、风能的比重，不仅是清洁替代的具体体现，而且为电能替代提供充足的清洁电力。能源结构演进及发展趋势如图3-1所示。

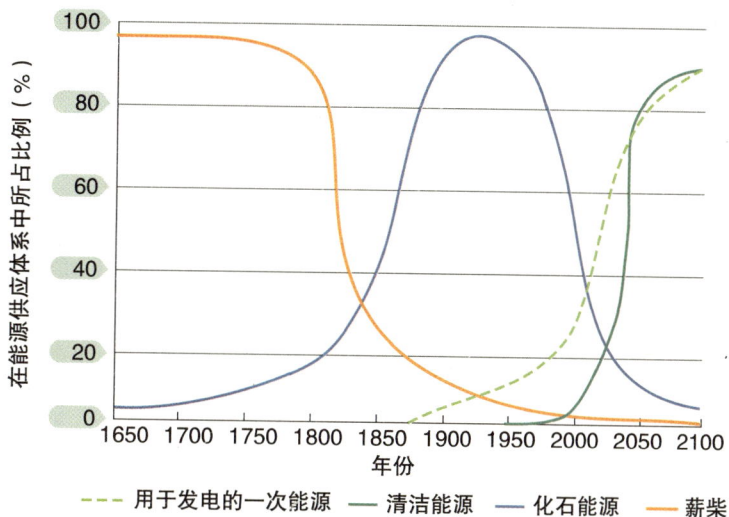

图3-1 能源结构演进及发展趋势示意图

二、能源利用从低效向高效方向发展

提高能源开发利用效率关键在于技术创新。18世纪后期，蒸汽机技术创新对能源发展产生了划时代的意义，推动了煤炭的大规模高效开发和利用，促使社会生产从手工劳动转向大机器生产，极大地提升了劳动效率和社会生产力。19世纪后期，蒸汽机技术的提升潜力越来越小，对煤炭主导的能源发展的推动作用开始逐渐减缓。随着内燃机、电动机的出现和广泛应用，以石油和电力为代表的新的能源形式登上历史舞台，推动能源效率和劳动生产力进一步提升。发展到今天，化石能源效率的提升空间越来越小。目前，汽油内燃机直接燃油效率在30%左右，燃煤发电机组效率最高在50%左右。

与传统的化石能源利用相比，水能、太阳能、风能等清洁能源不可储存，如果不开发利用，只能白白浪费；因此世界上很多机构（如IEA、BP等）将经过开发转化后的风电、太阳能发电、水电等作为一次能源进行统计。考虑到未来清洁能源将在能源结构中占主导地位，能源利用效率将主要取决于作为一次能源的风电、太阳能发电、水电的开发转化效率；而电能的终端利用效率远高于化石能源直接利用的效率，电动机效率可以超过90%，远高于蒸汽机、汽油内燃机、煤炭直接燃烧等，如图3-2所示。因此，大规模开发清洁能源并转化为电力，全球能源利用效率将获得极大的提升。这是清洁能源的固有属性，是化石能源所不具备的。

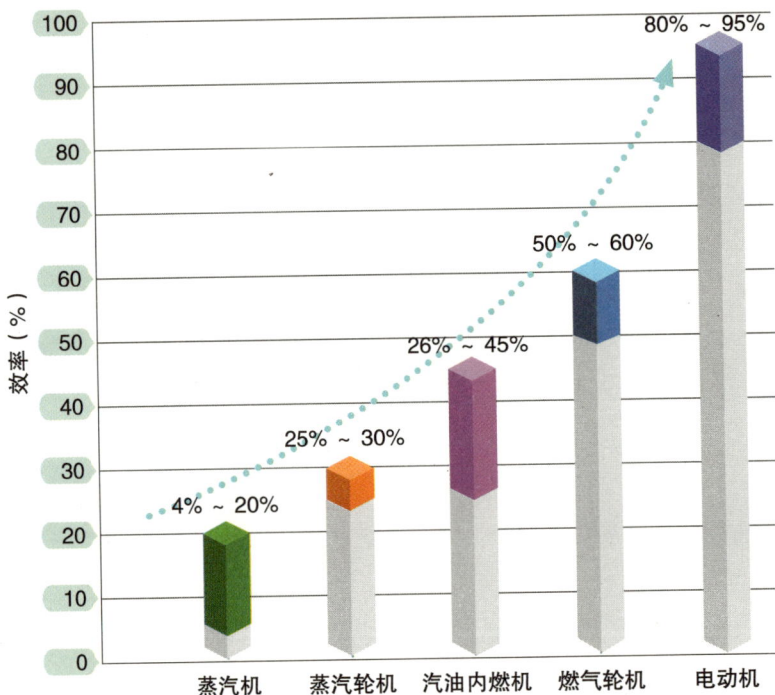

图3-2　能源利用从低效向高效发展示意图

三、能源配置从局部平衡向大范围优化方向发展

网络是现代社会发展的产物，也是人类有史以来最重要的技术创新，极大地提高了人类社会发展水平。通过网络可以把各个点、面、体联系到一起，实现资源的传输、接收和共享。如果一种产品的原料开发、生产和需求的地理位置距离较远，通过建立网络就会最大限度地优化配置、提高效率、降低成本，物流网、电力网、铁路网等都是应此而生。从能源发展看，全球化石能源生产与消费具有明显的逆向

分布特征，南美、中东的石油、天然气送到亚洲，远东西伯利亚的石油、天然气送到欧洲，距离长达数千千米，能源配置逐步从点对点输送向物流网、管网方向发展，呈现强烈的网络化趋势。未来，在以清洁能源为主导、以电为中心的能源发展格局下，电网将成为能源配置的主要载体，如图3-3所示。全球清洁能源的分布同样很不均衡，除分布式开发的清洁能源就地利用外，北极、赤道附近地区和各洲内大型的水电、风电、太阳能发电基地，大多距离负荷中心数百甚至数千千米，需要构建电网从能源基地向负荷中心输电，这是最经济便捷的能源配置方式。随着全球清洁能源大规模开发，电网覆盖范围将进一步扩大至全球，形成全球广泛互联的能源网络。

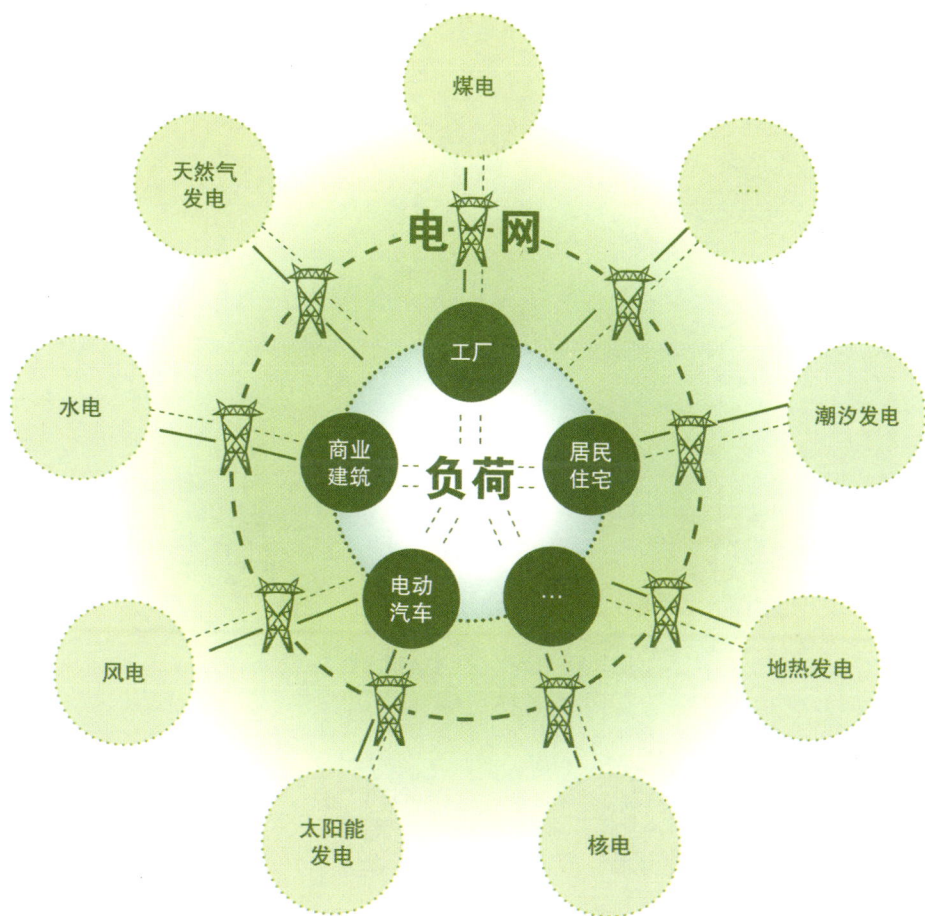

图3-3 电网配置各类能源资源示意图

第二节   全球能源观

　　全球能源观坚持以全球性、历史性、差异性、开放性的观点和立场来研究和解决世界能源发展问题，更加注重能源与政治、经济、社会、环境的协调发展，更加注重各种集中式（基地式）与分布式清洁能源的统筹开发，要求以"两个替代"为方向，以全球能源互联网为载体，统筹全球能源资源开发、配置和利用，保障世界能源安全、清洁、高效、可持续供应。全球能源观是遵循能源发展规律，适应"两个替代"发展新趋势，总结提炼形成的关于全球能源可持续发展的基本观点和理论，提出了未来世界能源发展的总体目标、战略方向、基本原则、发展趋势和战略重点，理论体系如图3-4所示。

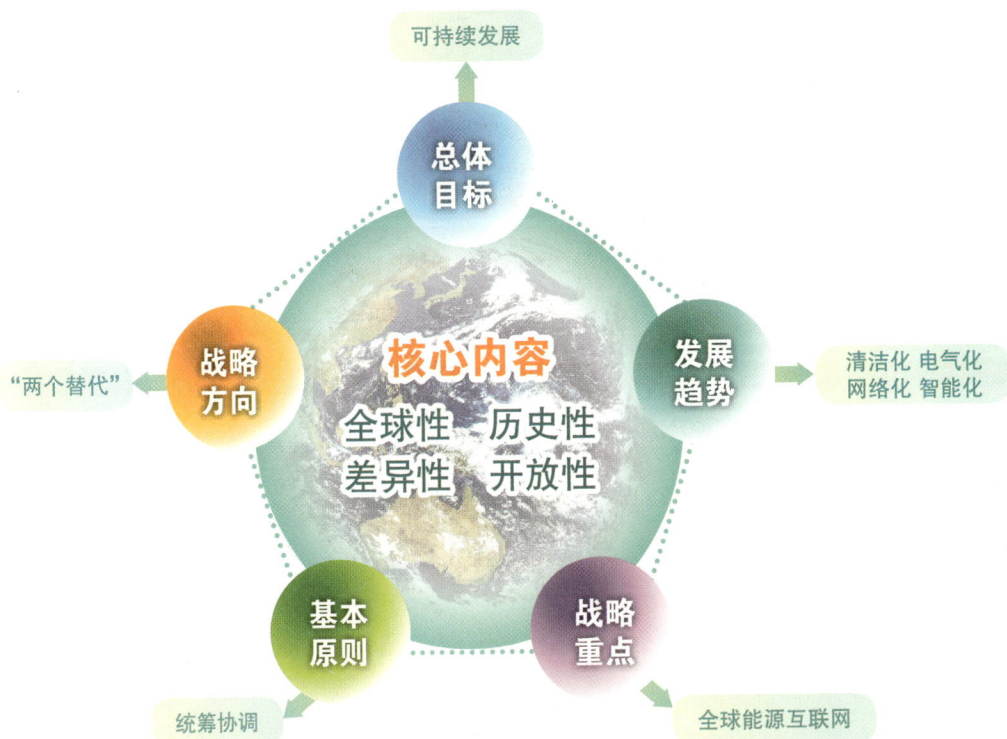

图3-4   全球能源观理论体系示意图

一、基本内涵

总体目标是可持续发展。全球能源观的首要任务就是要转变过度依赖化石能源的发展方式，消除大量碳排放对人类生存的长期威胁，保障人类社会可持续发展。清洁能源取之不尽，零排放、无污染，在全球范围开发清洁能源、提高电能在终端能源消费中的比重，既可以减缓化石能源日益枯竭带来的能源供应安全压力，保障能源的可持续供应，也可以减少化石能源在终端的直接利用，降低二氧化碳和污染物排放，保障生态环境的可持续发展。

战略方向是"两个替代"。能源开发从高碳向低碳发展的规律性，决定了以清洁能源为主导的能源生产趋势，这是全球范围开发清洁能源、推进清洁替代的理论基础。清洁替代从能源开发的源头实现能源的清洁低碳供应，清洁替代的程度越高，清洁能源的开发规模越大，需要开发的范围越广阔。随着清洁能源逐步取代化石能源占主导地位，开发范围将进一步拓展到全球。**能源利用从低效向高效发展的规律性，决定了以电为中心的终端能源消费趋势，这是实施电能替代、提高能源利用效率的理论基础。**电能是目前利用效率最高的终端能源形式，电能替代从能源利用的终端实现能源绿色高效利用。清洁能源转化为电能最经济、最便捷，清洁能源大规模发展，将提高电能在终端用能中的比重，推动形成以电为中心的能源格局。**能源配置从局部平衡向大范围互联发展的规律性，决定了以电网为平台的能源输送趋势，这是实施"两个替代"的重要基础。**传统化石能源发电可以选择输电或输能两种方式，既可以在一次能源产地发电向负荷中心送电，也可以把一次能源输送到负荷中心发电。清洁能源只能就地转化为电能输送到负荷中心，能源传输距离远、规模大。全球范围开发清洁能源需要全球范围广泛互联、覆盖各清洁能源基地和负荷中心的电力网络，并以此为平台形成全球开发、配置、利用清洁能源和电能的能源发展新格局。

基本原则是统筹协调。能源问题具有全局性，涉及经济社会发展的方方面面，这要求把能源发展与全球政治、经济、社会、环境统筹考虑、协调推进，要通过技术创新、政策引导等措施减少经济社会发展对化石能源的依赖，提高清洁能源比重，缓解甚至消除因争夺有限的化石能源引发的政治对抗和激烈冲突，在清洁能源充足供应的基础上，形成政治和谐、经济合作、环境优美、社会共赢的世界发展新局面。同时，能源发展方式与资源禀赋紧密相关，这要求在能源开发上，充分考虑世界能源资源特别是清洁能源资源的禀赋特征，高效、统筹发展各种集中式和分布式能源，全方位保障能源供给。

发展趋势是清洁化、电气化、网络化和智能化。在能源开发环节，以清洁能源替代传统化石能源，实现能源开发清洁化；在能源消费环节，以电为中心，用电能替代其他终端能源，作为能源利用的主要形式，实现能源消费电气化；在能源配置环节，形成覆盖全球、广泛互联的电力网络，实现能源配置网络化；加快能源电力技术创新，广泛应用信息通信、互联网等先进技术，使清洁能源发电及并网、电网运行、用电更加安全智能，实现能源系统智能化。

战略重点是构建全球能源互联网。电力是清洁能源最主要的开发利用形式，全球开发利用清洁能源，需要构建全球能源互联网，把清洁能源开发和利用环节紧密连接，使全球范围开发的清洁能源通过能源互联网在全球范围配置，把清洁电力输送到世界各地。**全球能源互联网是以互联网理念构建的能源、市场、信息和服务高度融合的新型能源体系架构，具有平等、互动、开放、共享等互联网典型特征**。全球能源互联网平台向集中式与分布式等各类电源、各种规模企业与居民等各类用户、各国电网公平开放，不同主体都可以平等接入网络、进入市场，在市场中平等选择交易对象，实现能源、信息和服务的公平交换和网络的开放共享。能源生产者和消费者可以实现双向互动，消费者可以按需选择生产者，生产者也可以根据海量消费信息分析结果，向消费者提供有针对性、差别化、个性化的产品和服务。同时，能源生产者和消费者之间不再有严格的界限区分，可以根据需要灵活转换角色或者具有双重角色，既是生产者又是消费者，既提供产品和服务，也消费产品和服务，还可以与其他生产者和消费者共享产品和服务，依托全球能源互联网平台，实现共同发展。

二、核心内容

以全球性、历史性、差异性和开放性的观点和立场研究和解决能源问题，是全球能源观的核心内容。

（一）全球性

全球能源观立足全球，认识和把握能源问题。**一是能源开发的全球性**。未来能源结构以太阳能、风能等可再生能源为主，由于能量密度相对较低，对于经济较为发达、能源需求较大的地区而言，本地可再生能源供应远远不能满足能源需求，必须在更大范围甚至全球开发能源资源。这是保障能源供应、实现能源可持续发展的关键，也是满足现代社会发展和人口增长的客观需要。由于能源集中式开发规模大、效率高、经济性好，是能源供应的重要基础；而分布式开发因地取能、分散灵活、靠近负荷中心，是能源供应的重要补充。因此，全球开发能源资源，需要集中式与分布式并重，既重视全球范围的大型清洁能源基地开发，也关注清洁能源分布式开发利用。**二是能源配置的全球性**。全球能源分布不均衡，不同地区的能源种类、资源量、品质、开发难易程度等差异很大。工业社会发展初期，能源需求规模小，局部就地平衡也能满足需要，能源不均衡问题并不突出。随着经济社会发展，能源开发利用规模越来越大，能源消费中心通过就地开发获取能源的方式已经难以保障供应，需要越来越多的外部能源输入，能源富集地区与能源消费中心逆向分布的特征越来越显著，客观上需要在全球范围大规模配置能源资源，形成不同地区、不同能源、不同特性互补互济的能源配置格局，实现能源配置最优化。**三是能源安全的全球性**。经济全球化不断深化，各国能源发展相互依存、紧密联系。能源安全不是一个国家、一个地区的局部问题，而是全球性问题。局部能源形势的重大变化，将引发全球能源价格波动、供应紧张等。所谓的能源独立也是相对的，即使是能源自给自足的国家也难以实现绝对的能源独立。**四是环境影响的全球性**。生态环境是受多种因素影响的动态系统，局部改变会带来全局影响。现代能源发展是影响全球生态环境的最重要因素，造成地质破坏、环境污染、气候变化等问题，威胁人类生存和发展。改善生态环境必须着眼全球，统筹各国能源发展，综合协调能源开发、配置、利用各环节，共同保护全球环境。

（二）历史性

全球能源观是从能源发展的历史进程中总结形成的，具有历史继承性。**一是能源发展与社会发展历史进程紧密关联**。社会发展史也是一部能源进步史。从原始社会到农业社会，社会发展慢、水平低，对能源的需求小、利用效率低，畜力、薪柴等是主要能源。进入工业社会，生产力极大提升、社会发展显著进步，能源从煤炭、石油向电能、核能、可再生能源等更高层次迈进，社会从工业文明向生态文明发展。**二是能源发展与技术创新历史进程紧密相联。**随着从手工制造技术向机械化、自动化、电气化、信息化、网络化等现代技术发展进步，能源开发利用规模、效率和经济性不断提升，推动能源发展方式从低效、粗放、高污染、高排放向高效、节能、清洁、低碳转变。**三是能源发展各环节不断从低层次向高层次演进。**能源品种从低品质的薪柴、畜力等向高品质的煤炭、石油等化石能源和清洁电力发展。**能源开发**从开采不可再生的化石能源，转向清洁的可再生能源。**能源配置**从运输周期长、效率低的铁路、公路、管道等配置方式，向瞬时、高效的电网输电发展。**能源利用**从低效的直接燃烧向高效的终端电能利用发展。

（三）差异性

全球能源观统筹考虑各个国家和地区在能源资源禀赋、社会发展水平、政治经济环境等方面的差异性，注重合作共赢、协调发展。**一是能源资源禀赋的差异性。**这是能源资源的自然属性。各洲各国能源资源分布很不均衡，化石能源、清洁能源分布特点也不相同。受政治、经济、环境以及发展阶段等因素影响，主导能源将逐步实现从化石能源向清洁能源转变，能源开发利用的重心和配置格局也将从一些国家和局部地区主导，向全球互联互通、按需配置转变，逐步消除资源禀赋差异对能源发展的影响。**二是能源发展水平的差异性。**其本质是国家综合国力的差异。从关系上来看，综合国力决定能源发展水平，能源发展促进综合国力增强。一般来说，综合国力越强，能源发展水平越高，能源技术越先进，能源控制能力越强，从而能源结构更加合理，能源生产和利用效率更高、配置能力更强。全球能源观主张各国加强能源合作、共同开发，推动全球能源均衡化发展。**三是能源地缘政治的差异性。**这是化石能源稀缺性在政治上的集中表现。化石能源主导下的国际能源地缘政治错综复杂，能源控制力越强，国际政治话语权越大。因此，全球对能源资源和运输要道的争夺异常激烈，部分能源富裕国家和地区形势长期紧张。随着清洁能源大规模发展、占据主导地位、最终实现能源充足供应，国际能源形势将日趋缓和，能源地缘政治将逐步从冲突对立转向互利、合作、共赢。

（四）开放性

全球能源发展是一个动态过程，能源品种、结构、特性、市场等不断向前发展。**一是能源资源的开放性**。化石能源具有稀缺性、地域性，与领土主权、国家安全和政治外交等紧密关联。而清洁能源取之不尽、用之不竭，相对化石能源具有开放性，全球共同开发、共享资源是必然趋势。**二是能源系统的开放性**。开放的能源系统更安全、更有发展活力。随着能源种类增多、覆盖范围扩大，能源系统从实现能源开发、供应向信息、服务、互联等更多功能拓展，能源技术与信息、材料、互联网等技术融合成为必然趋势。未来能源系统将是全面开放、全球覆盖、互联互通的全球能源互联网。**三是能源市场的开放性**。保障充足的能源供应，是实现能源回归一般商品属性、构建公平开放的能源市场的重要基础和前提。未来能源市场将依托全球能源互联网基础平台，向各国能源供应方和消费方全面开放，按照通行市场规则实现全球范围电力交易。

小结

（1）世界能源发展经历了从高碳向低碳、从低效向高效、从局部平衡向大范围配置的发展历程，"两个替代"是这一进化过程的必然趋势。

（2）全球能源观是关于全球能源发展的基本观点和理论，其核心是要坚持以全球性、历史性、差异性和开放性的立场和观点，分析和解决全球能源问题。

（3）全球能源观明确了未来能源发展的理论体系。总体目标是可持续发展，战略方向是"两个替代"，基本原则是统筹协调，发展趋势是清洁化、电气化、网络化和智能化，战略重点是构建全球能源互联网。

第四章
全球能源电力供需

　　实施清洁替代和电能替代，全球能源供需格局将发生重大改变，总的方向是生产清洁化、配置全球化、消费电气化。适应能源发展这一新趋势，以保障总量供应、调整能源结构、保护生态环境为目标，从影响能源供需的基本因素入手，准确研判全球能源需求，统筹研究全球能源开发格局和全球能源电力流，是科学构建全球能源互联网的重要基础。

第一节　影响能源供需的主要因素

当今世界，能源发展与经济社会发展紧密联系、高度耦合，决定了能源供需与经济、社会、环境、资源等密切相关。综合来看，经济社会发展、能源资源禀赋、能源环境约束、能源技术进步和能源政策调控是能源供需最主要的五大影响因素（见图4-1）。其中，经济和人口增长、工业化、城镇化等经济社会发展情况决定了能源需求总量的增长趋势和地区布局；能源资源的储量和分布，决定了能源的供应潜力、结构和布局；能源环境约束限制了人类利用能源资源满足需求的总量规模、结构和方式，随着地球生态环境日益恶化，其在能源消费、供应结构、布局调整等方面的影响力日益凸显；能源技术进步和能源政策调控则反映了科学技术和政府调

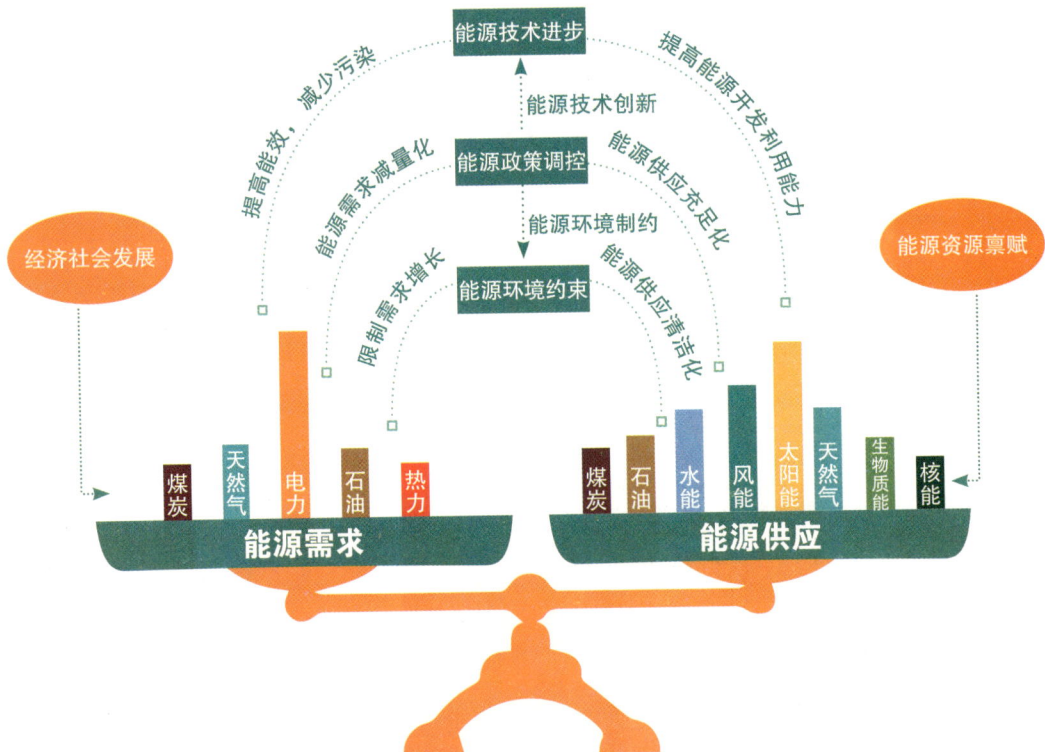

图4-1　能源供需影响因素示意图

控对经济、能源和环境的综合影响。能源技术进步在很大程度上直接决定了能源生产、消费的效率及环境排放，能源政策法规则对经济社会发展、能源资源供应、能源消费行为等起到引导和调控作用。

深入分析、综合评价以上因素，对于人们把握世界能源的发展方向、科学研判世界能源发展格局、正确制定能源发展的路线图具有重要意义。

一、经济社会发展

能源需求是经济发展的晴雨表。展望未来，虽然世界经济经受了金融危机的重大影响，但发展仍是主题，世界能源需求还将持续增长。同时，发展中国家（地区）人口的快速增长和经济加快发展，将带来发展中国家（地区）的能源需求追赶式增长，地区能源消费差距将缩小。

经济社会仍处于较快发展阶段，能源需求将持续增长。能源需求源自于满足人们的生产和生活需要。随着经济发展水平的提高和生活质量的改善，人们对于能源的需求将在一段时期内持续增长，尤其是欠发达国家和地区，大量处于能源贫困中的人们将逐步进入商品能源供应带来的现代生活。我们认为至21世纪中叶，世界经济总量将延续第二次世界大战结束以来的增长趋势，但随着经济总量规模的不断扩大，增速总体放缓。预计在2030年前，世界经济总体增长较快，但钢铁、有色金属、建材、化工等高耗能产业增速放缓，主要产品产量在2030年左右进入饱和，能源需求保持1.6%的平均增长速度；2030年之后，高耗能行业随着大部分地区的工业化、城镇化进程接近尾声沦为"夕阳"产业，其他工业、交通、商业等部门在经济结构中的比重进一步上升，能源需求增速总体放缓。

全球经济发展趋向均衡，各地区人均能源需求差距将缩小。经济落后、贫困加剧是亚洲、非洲、南美洲局部地区陷入常年战乱和社会动荡的重要原因。随着全球一体化进程的推进，未来亚洲、非洲、南美洲等欠发达地区与欧洲、美洲、大洋洲等发达地区的差距将明显缩小，南北发展不平衡将得到改善。到2030年，亚洲作为全球经济增长引擎的角色将进一步巩固，中国将超过美国成为世界最大的经济体；非洲、南美洲在世界经济格局中的地位均有所提高；欧洲、北美洲和大洋洲主要发达国家的科技、金融、教育等继续领先全球，但受人口老龄化、政府债务沉重、虚拟经济过度繁荣等因素影响，经济增速相对较低。到2050年，目前发展中国家（地区）的工业化基本完成，陆续成为发达国家；新兴经济体经济总量占全球一半以上。经济发展差距缩小带动地区人均能源需求的差距也逐步缩小，目前欠发达的亚洲、非洲、南美洲人均用能将大幅提高。

人口增长差异化显现，对能源需求影响加大。根据联合国预测，在中等生育率情景下，世界人口将持续增长，增速稳步放缓，预计2050年全球人口将达到95.5亿人。各地区人口增速分化日趋明显。其中，非洲人口增长最快；其次是大洋洲；亚洲和南美洲人口增速从高位快速回落；北美洲地区人口保持低速平稳增长；欧洲地区出现人口负增长。到21世纪中叶，发达国家随着经济和人口增速放缓，能源需求将长期保持微弱增长；发展中国家和新兴市场国家随着经济快速增长、人口持续增加、城市化进程不断推进，将继续成为世界能源消费增长的引擎。

全球经济政策向全球化、均衡化和低碳化发展。过去20年来全球经济呈现"向东发展"的趋势，中国、印度、俄罗斯等新兴经济体成为带动全球经济增长的新动力。未来这种趋势仍将继续，并且将向欠发达国家和地区进一步转移。在全球共同发展和可持续发展的基本发展观推动下，各国为建立全球化、多极化和互相协调的国际经济新秩序而努力；也共同行动起来，把应对全球气候变化、消灭战乱和贫穷等作为共同目标。此外，低碳经济作为新的发展模式，已经成为未来世界经济增长的重要推力。由于碳排放影响具有全球化特征，世界各国围绕低碳发展既有竞争也有合作，共同推动全球低碳能源产业的发展。

二、能源资源禀赋

从全球能源资源供应来看，化石能源经过长期开发利用，已经对人类能源需求的大幅增长形成了硬约束，而可再生能源则显示出取之不尽、用之不竭的巨大开发潜力。能源资源的开发利用，一方面受到地区资源禀赋的限制，另一方面受到技术经济性的影响。

化石能源供应存在资源硬约束，未来开发利用空间有限。煤炭、石油、天然气等化石能源支撑了19～20世纪近200年来人类文明的进步和经济社会发展。尽管随着勘探技术的快速发展，全球化石能源已有探明储量呈逐年增加趋势，但全球化石能源的储量是有限的，如果人类不能摆脱对化石能源的依赖，化石能源终将走向枯竭，这是不可回避的现实和硬约束。

全球可再生能源资源丰富，将成为未来主导能源。全球水能、风能、太阳能资源十分丰富，开发利用技术日趋成熟，能够满足能源发展的需要。只需要开发世界风能和太阳能的万分之五，就可以满足2050年全球能源消费需求。此外地球还有丰富的海洋能、生物质能、地热能等能源资源。如果这些可再生能源能够得到大规模开发，将从根本上解决人类面临的能源问题。

能源资源分布不均衡，需要全球统筹能源资源配置。从地区分布来看，全球煤炭剩余可采储量主要集中在欧洲及欧亚大陆、亚太、北美等地区，常规石油剩余可采储量主要集中在中东、中南美和北美地区，天然气剩余可采储量主要集中在中东、欧洲及欧亚大陆地区。亚洲、非洲和南美洲水能资源丰富，开发利用程度低，是未来水电发展的重点地区。北极地区和赤道地区附近是全球风能、太阳能分布最为丰富的地区，适宜集中开发和建设大型能源基地。从历史上看，传统能源分布不均带动了全球化石能源贸易和传统能源市场的建立；未来全球以电为中心的清洁能源发展，将带动全球电力贸易和电力市场的形成，并对电力全球化配置带来新的要求。

三、能源环境约束

随着人类能源消费量的大幅增长，能源开发利用带来的环境问题日益突出并且受到关注。全球能源环境问题主要体现在化石能源燃烧带来的温室气体排放、环境污染及生态系统破坏等方面。

全球应对气候变化的行动加速能源结构低碳化发展。全球气候变化对节能减排提出更加紧迫的要求，推动了相关能源技术、能源政策和全球能源治理体系的发展和完善。化石能源燃烧产生的二氧化碳大量排放和累积，使大气中二氧化碳的浓度上升，温室效应加剧，带来一系列气候异常事件和全球生态系统失衡。为了避免严重灾难，实现在本世纪内全球气温升高较工业化之前不超过2℃的目标，预计未来主要发达国家和新兴市场国家都将进入强制性减排行列。应对气候变化的全球共同行动，将促进全球能源技术、能源政策和全球能源治理体系向更加全面、深入、协同的方向完善。

能源利用带来的污染排放问题越来越受到关注。在产业革命以前的漫长岁月中，能源消费以薪柴为主，一方面消费量不大，植物砍伐利用量能够通过再生得到补充；另一方面，植物生长过程固碳与燃烧碳排放相互抵消，燃烧过程中排放的烟尘污染等也处于环境可容纳范围，因此能源开发利用带来的环境影响基本不成为问题。产业革命促使能源消费快速增长并使化石能源成为主体，对环境产生了巨大的影响，例如中国目前正面临着煤烟和汽车尾气复合型空气污染的严峻挑战。随着能源环境问题的日益显现，以及人们对环境质量的要求日益提高，能源燃烧带来的污染排放越来越受到重视，成为能源发展的重要约束。

能源资源开发利用所引发的生态环境问题难以为继。以化石能源为主的能源开发利用模式，带来了日益凸显的生态环境破坏。例如，煤炭开采带来土地塌陷和水资源污染；煤炭燃烧带来大量的颗粒物、二氧化硫和氮氧化物排放，引起严重的酸雨问题，导致土壤酸化、森林破坏等生态系统损害。当前过度依赖化石能源的能源开发利用模式是一种不可持续的模式，需要尽快实现转型，减少破坏性开发、增加清洁开发。

四、能源技术进步

能源技术进步，从需求侧提高能源利用效率，可以实现能源供应的减量化；从供给侧提高能源供应能力，同时降低能源供应成本，可以大幅减少能源开发利用造成的环境影响，缓解能源环境约束。

技术进步促进能源利用效率提高，实现能源需求减量化。从世界范围看，由于工艺改进、能效技术发展、能源管理提升等因素影响，能源终端利用和中间转换效率均得到不同程度的提高。例如，世界先进水平的电解铝交流电耗从1990年的14400千瓦·时/吨下降至2012年的12900千瓦·时/吨；乙烯综合能耗从897千克标准煤/吨降至629千克标准煤/吨。建筑和交通能耗水平随着电机技术、电子信息技术、材料技术、能源梯级利用等技术的发展，也取得了长足进步。先进的燃气轮机和燃煤发电技术，例如超（超）临界燃煤发电、整体煤气化联合循环发电、循环流化床等，充分提高了化石能源的发电效率。能源开发、转换和利用效率的提高，使得满足同样需求所消耗的一次能源量减少，也为调整能源结构、减少能源环境问题提供了条件。

　　技术进步促进能源供应能力提高，降低能源供应成本。20世纪70年代的石油危机，引发了世界能源市场长远的结构性变化，促使各国积极开发节能技术，寻找替代能源，以保证能源安全供应。例如，随着勘探技术的快速发展，全球化石能源资源已有探明储量呈逐年增加趋势；水平井技术、多层压裂技术、清水压裂技术、重复压裂技术及同步压裂技术等的发展，使页岩气在北美洲实现了商业化量产；核能利用技术和可再生能源发电技术的进步，带来了清洁能源利用水平不断提高、成本持续下降、规模快速增长的发展局面。从技术发展角度来看，2016～2017年欧美基本可以实现光伏发电侧的平价上网；中国由于基准用电价格较低，预计在2020年实现光伏上网电价与居民销售电价相当。随着技术进步，同一类型的发电成本呈不断下降趋势，电力工业也将以更经济的系统成本满足日益增长的电力需求。

　　技术进步促进污染排放减少，缓解能源环境影响。电力作为一种独特的高品质能源形式，不仅利用效率高（一般可以达到90%以上），而且使用过程无污染、易于实现精密控制，可以在终端广泛地替代化石能源。随着化石能源的资源供应逐渐稀缺，以及化石能源开发利用带来的环境污染和气候变化问题日益受到关注，风电、太阳能发电等可再生能源利用技术成为全球一次能源开发技术竞争的焦点，也成为未来全球能源技术发展的方向。技术进步可以推动终端能源消费和一次能源消费中电力的比重提升，优化能源需求结构，进而减少能源开发利用带来的环境影响，缓解能源环境约束。

五、能源政策调控

　　能源政策调控可以说是能源发展的调节器、控制阀，是社会和公共管理部门调节能源系统与经济社会系统和环境系统关系的宏观引导及微观管理工具。

　　能源政策推动能源技术创新。能源技术进步和创新是能源发展的重要支撑。在全球可持续发展共识的推动下，各国政府都非常重视能源科技的发展，从资金、政策、税收等方面大力支持节能技术和清洁能源技术的发展。例如，美国奥巴马政府在《美国复苏与再投资法案》中提出了2009～2014年间1507亿美元的投资计划，用于对清洁能源技术的直接投资、税收优惠和贷款或贷款担保。这些扶持资金有74%用于清洁技术的推广和使用，18%用于清洁技术的研发和演示，8%

用于向清洁技术制造商提供财政补贴。中国政府近年来则大力组织先进能源技术的研发和推广应用，通过完善市场机制、技术标准和政策环境，为能源技术发展创造条件。

能源政策引导能源生产和利用。能源是经济社会发展的重要物质基础，随着近几十年来能源需求的快速增长和能源稀缺性的日益体现，满足经济社会发展对能源的需求，成为能源政策调控的首要目标。为了实现这一目标，能源政策通过技术进步、市场调节、制度引导等措施，一方面大力促进能源资源开发，保障更加充足的能源供应；另一方面鼓励能源节约和高效利用，控制能源需求的快速增长。例如，中国政府为了强化能源节约，遏制不合理的能源需求，一方面提出到2020年一次能源消费总量48亿吨标准煤左右、煤炭消费总量42亿吨左右的控制目标，加大对以煤为主能源消费结构的调整力度；另一方面提出大力发展可再生能源和核电、天然气等清洁能源，设定了非化石能源占一次能源消费比重2020年达到15%、2030年达到20%左右的目标，以提高清洁能源替代化石能源的比重。

能源政策促进能源环境改善。长期以来，化石能源消费的持续增长，引发了生态破坏、环境污染和全球气候变化等环境问题。为此，一些国家能源政策日益把解决能源环境问题放在突出重要的位置。例如，建立能源利用的相关环境标准，包括火电厂煤耗和污染物排放标准、环境标准与能效标准、汽车排放标准与燃料经济性标准等；大力促进能源清洁利用技术、高效发电技术以及高效脱硫脱氮等环境治理技术在能源领域的推广应用。

第二节　全球能源需求

经济社会发展及能源资源供应、环境约束、技术进步和政策调控是影响能源供需的主要因素，未来发展变化具有很大不确定性。在全球能源电力需求增长的众多可能情景中，本书尤其关注全球实现共同繁荣和积极应对气候变化对未来能源和电力需求的影响。对于未来的全球经济社会发展，预计2010～2050年，全球经济将保持较平稳增长，年均增长率在3%左右❶；世界人口持续上升，将由69.2亿人增至95.5亿人❷。对于未来的全球气候变化约束，考虑全球共识和积极行动能够实现气温上升不超过2℃的目标，全球能源消费产生的二氧化碳排放量减少40%～70%，到2050年控制在120亿吨以内❸，较1990年下降约50%，这对未来全球能源发展方式提出了革命性的挑战。

为此，综合考虑能源需求和环境约束等因素，采用"终端能源需求—能源加工转换——次能源需求"的能源系统分析模型，对全球能源电力需求进行情景分析。总的思路是，依据各用能部门的经济活动水平和历史用能，结合化石能源消费趋势、电能替代以及碳排放约束等因素，预测煤炭、石油、天然气、电力、热力等分品种终端能源需求；再根据终端能源需求，综合考虑原煤发电、供热、炼焦，原油炼油、发电、供热，天然气发电、供热、液化，非化石能源发电、供热等环节的转换效率，以及各种发电能源的资源量及技术经济性，预测煤炭、石油、天然气及非化石能源等一次能源需求。全球能源电力模型思路如图4-2所示。

按照上述思路，对2020、2030、2040、2050年等水平年全球能源电力需求进行

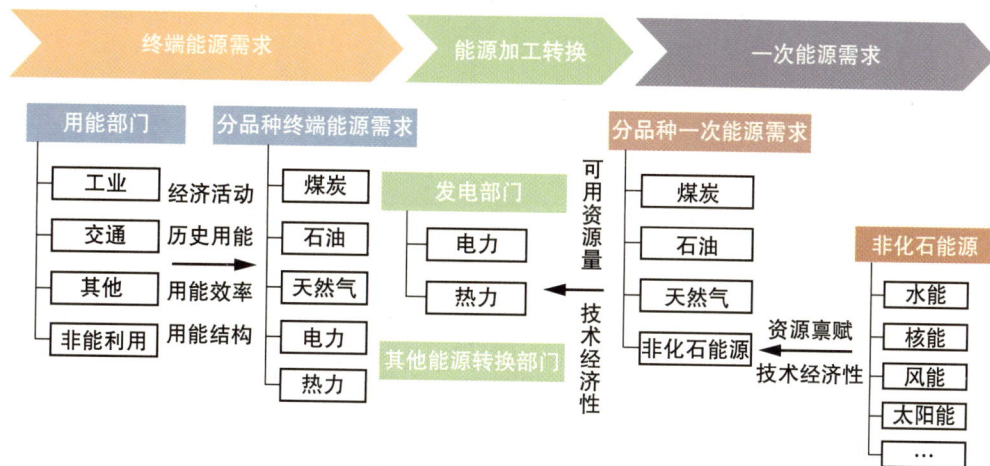

图4-2 全球能源电力模型思路

---

❶ 参考联合国、世界银行、渣打银行和WEC等机构研究结果。

❷ 采用联合国预测结果（中等生育率情景）。

❸ 根据IPCC第五次评估报告中全球气温上升不超过2℃的450ppm情景测算。

情景分析，预测未来全球一次能源需求的总量、结构和布局，以及电力需求的总量和分布，为全球能源开发布局和全球能源互联网构建提供基础支撑。

一、能源需求总量

未来全球一次能源需求持续增长，增速逐步放缓。2013年，全球GDP总量74万亿美元，人口约72亿人，一次能源需求总量约195亿吨标准煤❶。随着全球经济和人口稳步增长、能源利用效率持续提高，预计2050年，全球GDP总量将达到220万亿美元左右，人口增至约95.5亿人。基于对世界经济社会发展、能源资源供应、能源环境约束、能源技术进步和能源政策调控的综合考虑，采用"终端能源需求—能源加工转换—一次能源需求"模型思路，考虑清洁能源加快发展情景，预测到2050年全球一次能源需求总量将增至300亿吨标准煤（见图4-3），总量与世界能源理事会在《世界能源情景：谱写2050年能源未来》一书中提出的一种情景结果一致。在此情景下，2010～2050年，全球能源消费年均增长1.2%，增量达112亿吨标准煤，相当于2010年中国、美国和欧盟能源消费的总和。世界年人均能源消费量将由2.7吨标准煤提高到3.1吨标准煤，增长15%左右，相当于2000年OECD国家人均能源消费6.7吨标

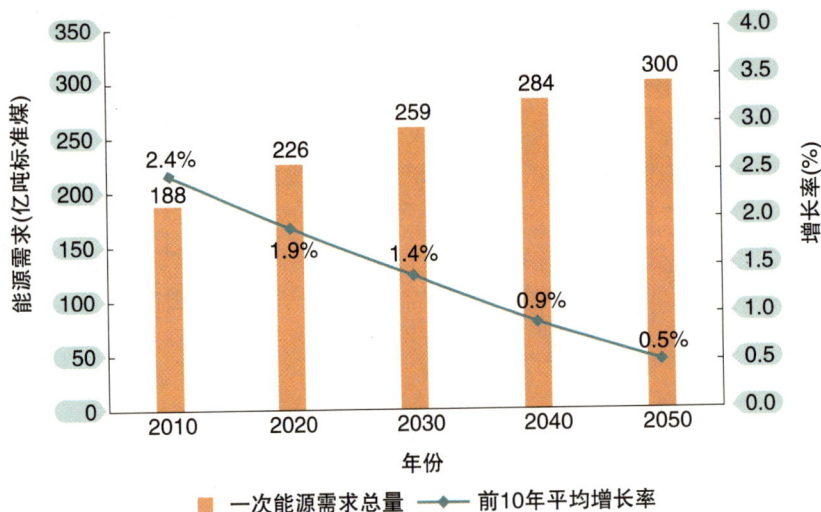

图4-3 全球一次能源需求总量和增长率

---

❶ 本章能源需求包含非商品能。

准煤水平的46%。从发展中国家经济增长看，这一人均消费水平是需要的。同时由于能源技术进步，单位GDP能源消耗下降一半，从2.7吨标准煤/万美元降至1.4吨标准煤/万美元，能源利用效率显著提升。

　　能源消费弹性系数未来稳步下滑，以较低的能源增速支撑较快的经济增长。 1990～2000年，全球经济平均增长率为2.8%，能源消费平均增长率为1.4%，能源消费弹性系数约为0.5。2000～2010年，全球经济平均增长率为2.7%，能源消费平均增长率为2.4%，受非OECD国家能源消费拉动影响，全球能源消费弹性系数升至0.9。对于未来能源发展，**总体看**，2010～2050年，世界经济年均增长率约为3.0%；能源需求维持近1.2%的增长率，能源消费弹性系数在0.4左右。**分阶段看**，预计2010～2020年，世界经济年均增长率约为3.0%，能源需求维持近2.0%的增长率，能源消费弹性系数在0.6左右；2020～2030年，由于新兴经济体的增长拉动，世界经济年均增长率回升至3.2%，工业互联网、智能楼宇、电动交通工具等绿色用能技术在工业、建筑、交通等主要用能领域的推广应用速度加快，促使全球能源需求增长率降至1.4%，能源消费弹性系数下降至0.4；随着全球经济增长放缓，2030～2040年世界经济年均增长率降至3.0%，能源需求年均增长率降至0.9%，能源消费弹性系数约为0.3；随着全球范围内能源节约和温室气体减排力度进一步加大，2040～2050年，世界经济年均增长率降至2.8%，能源需求年均增长率降至0.5%，能源消费弹性系数约为0.2。

　　以上是基于全球能源发展历史和未来清洁能源加快发展情景，对世界能源消费增长做出的预测。但一次能源需求总量与全球经济增长、产业结构变化、城市化进程、人口增长和能源政策等密切相关，客观上存在不确定性。如果全球经济和人口增长放缓，或者能效技术出现重大突破，则全球一次能源需求到2030年可能达到230亿吨标准煤左右，2050年达到250亿～270亿吨标准煤。

二、能源需求结构

　　一次能源需求结构持续优化，将实现从化石能源为主、清洁能源为辅，向清洁能源为主、化石能源为辅的根本性转变。2013年，全球能源消费结构中，煤炭、石油和天然气分别占30.1%、32.9%和23.7%，核电、水电和非水可再生能源分别占

4.4%、6.7%和2.2%；化石能源占比仍然达到86.7%。随着全球各国在能源生产上持续加大清洁能源的开发力度，2030年之前，条件较好的水能资源将基本开发完毕，各种非水可再生能源持续快速发展，全球新增能源需求的2/3来自于可再生能源，其中超过50%的新增需求由风能、太阳能等非水可再生能源满足。尽管如此，到2030年，煤炭、石油和天然气等化石能源仍占一次能源需求总量的2/3左右。2030年之后，全球风能、太阳能等可再生能源开发利用技术将更加成熟，转化效率和经济性持续上升，加速对传统化石能源特别是煤炭和石油的替代，煤炭、石油和天然气消费将出现负增长，新增能源需求全部来自可再生能源。基于清洁能源加快发展情景，预计到2050年，清洁能源比重将达到80%，取代化石能源成为能源需求的主体，化石能源比重将降至20%左右。2010～2050年全球一次能源分品种需求如图4-4所示。

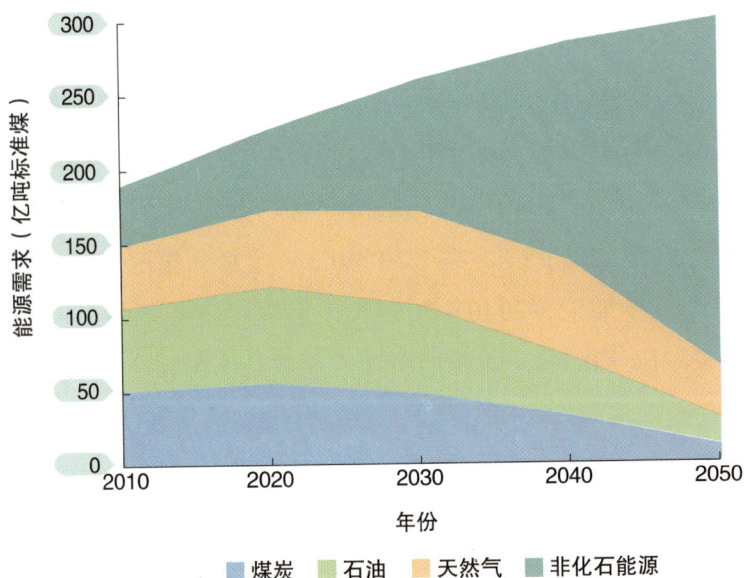

图4-4　2010～2050年全球一次能源分品种需求

　　终端能源需求结构中，电力逐步取代化石能源，电气化水平提高成为终端能源结构变化的主要趋势。随着人口增长和生活水平提高，人类对有效能❶的需求将保持持续增长。由于越来越多的清洁能源将转化为电力，并逐步替代化石能源在终端利用，能源利用效率将大幅提升。因此，在满足相同有效能需求的情况下，提高电力在终端

❶　有效能是指在终端能源消费环节，扣除能量损失后实际发挥作用的能量。

能源的比重，终端能源需求将会减少。有效能需求的增长和终端用能效率的提高，将促使全球终端能源需求总量在2030年左右达到顶峰。1980～2010年期间，全球终端能源消费年均增长1.6%，其中，1980～1990年、1990～2000年和2000～2010年的年均增长率分别为1.6%、1.1%和2.1%。预计2010～2050年期间，全球终端能源需求年均增长0.4%。2010～2050年全球终端能源需求和有效能需求如图4-5所示。

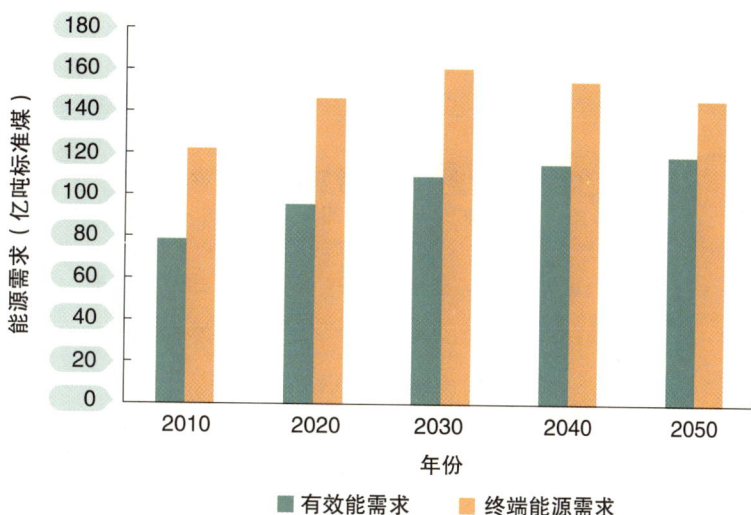

图4-5　2010～2050年全球终端能源需求和有效能需求

从终端能源利用趋势来看，能源始终从直接、低效使用向间接、高效使用转变，电能需求持续增加。2010年电能占全球终端能源消费量的17.7%，比2000年提高2.2个百分点；其中，OECD国家电能占全球终端能源消费的比重为21.9%，非OECD国家为15.7%。预计2010～2030年，全球工业和建筑领域"以电代煤"进程快速推进，交通领域电动汽车将逐渐实现商业化应用，铁路电气化里程较快增长，煤炭和石油占终端能源消费的比重将逐渐下降，电能比重将不断上升。到2030年，电能占终端能源消费的比重将达25.0%，较2010年提高7个百分点。2010～2050年全球终端能源消费结构如图4-6所示。

2030年之后，随着亚洲、南美洲、非洲主要新兴经济体和发展中国家陆续完成工业化，工业领域电炉将逐步取代传统的转炉、高炉成为钢铁主要冶炼设备，其他工业行业和建筑领域将更多地使用可再生能源提供的电力及其产生的热力。交通领域电动汽车对传统燃油汽车的替代将进一步提速，促使石油逐渐让出交通主要能源

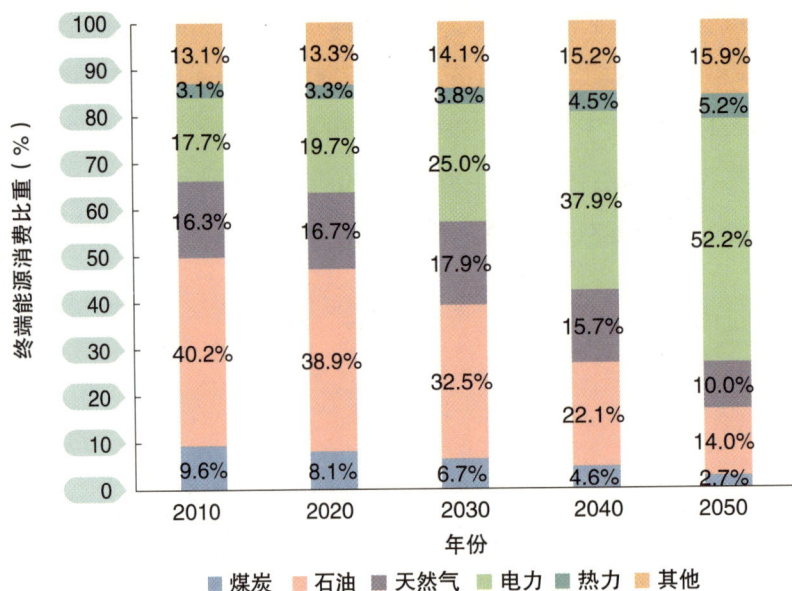

图4-6   2010～2050年全球终端能源消费结构

的地位。在"两个替代"较快发展情景下，到2050年，电能将占据终端能源需求的"半壁江山"，比重达到52.2%，较2030年的水平翻一番。

基于对碳排放的严格限制，到2050年，化石能源消费控制在总消费量的20%左右，其中超过一半的煤炭和45%左右的天然气用于发电；其余的煤炭主要用于部分工业行业和非能源利用；届时，燃油发电基本消失，石油主要用于航运和水运等交通部门，以及非能源利用。非化石能源中，约88%以电力形式使用，其余以热力形式使用。

能源需求结构的不确定性，主要取决于能源供应领域的清洁替代和终端用能领域的电能替代。如果受技术、成本和政策等因素影响，"两个替代"推进低于预期，则到2050年，一次能源需求结构中化石能源比重仍将达到1/4～1/3，电力占终端能源消费的比例也将低于50%。

三、能源需求分布

随着亚洲、南美洲和非洲陆续进入和完成工业化、城镇化进程，以及人口规模较快增长，其能源消费占全球比重将较快上升；欧美所占的比重下降，但仍是人均消费最高、能源消费最密集的地区。长期以来，欧美发达国家占据了全球能源消费的主体，随着近年来中国和印度能源消费的快速增长，亚洲也成为全球最主要的能源消费区域。2013年，亚洲、北美洲和欧洲一次能源消费占全球的比重分别为39.4%、21.9%和23.0%，南美洲、非洲和大洋洲合计占全球一次能源消费的15.7%。未来，随着全球经济一体化和平衡化发展，亚洲、非洲、南美洲的经济将加快增长，到2030年占全球经济的比重由2010年的34%上升至45%左右，到2050年占全球一半以上。南北差距缩小，带动欠发达地区人均生活水平和用能水平提高。2010~2050年，亚洲年人均能源消费量将由1.9吨标准煤增至3.1吨标准煤，达到世界平均水平；非洲和南美洲年人均能源消费量分别由0.6吨标准煤和1.8吨标准煤，增长到1.7吨标准煤和3.0吨标准煤。北美洲、欧洲和大洋洲人均能源消费量显著高于世界平均水平，在温室气体绝对量减排等压力下，将陆续于2030年前后出现下降。1990~2050年世界及各大洲年人均能源消费量如图4-7所示。

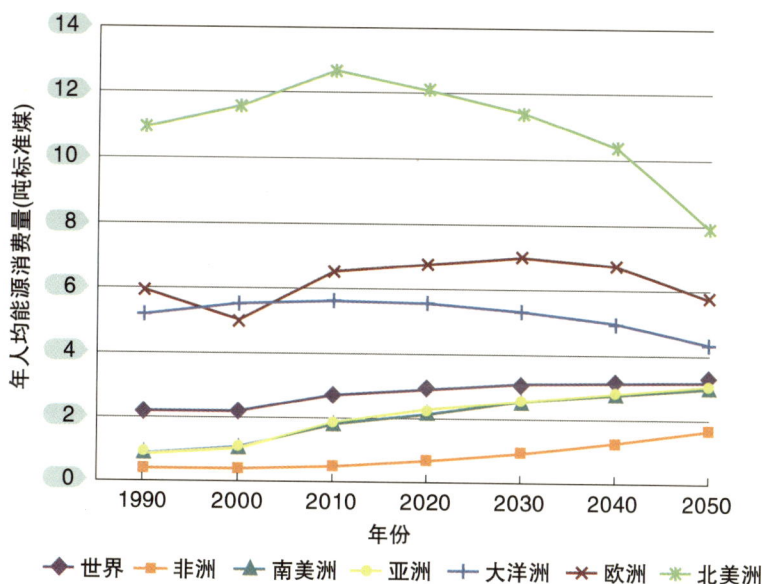

图4-7　1990~2050年世界及各大洲人均能源消费量

　　人均能源消费水平和人口规模的快速增长，使非洲成为2050年以前全球能源消费总量增长最快的地区。2010~2050年，非洲人口将从2010年的10.3亿人增至2050年的23.9亿人，占全球人口的比重从14.9%升至25.1%；非洲能源消费占全球能源消费总量的比重将由2010年的3.0%增加到2050年的13.7%。2010~2050年，全球能源需求预计增长112亿吨标准煤，全部由亚洲、非洲和南美洲贡献；上述三个地区由于人口基数巨大，作为全球最大能源消费区域的地位将进一步巩固，预计2050年占世界能源需求总量的比重将达到74.1%。非洲和南美洲在全球能源消费格局中的地位明显提升。2010～2050年各大洲一次能源消费占全球比重如图4-8所示。

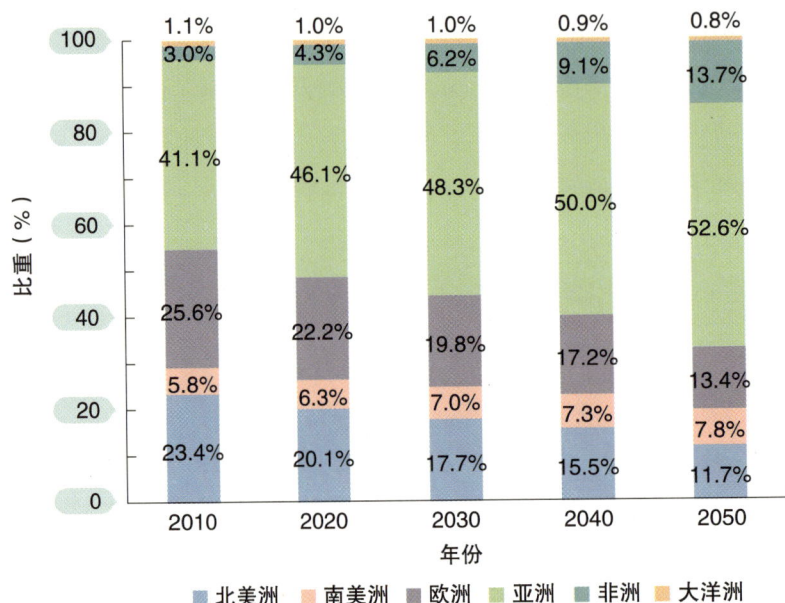

图4-8　2010～2050年各大洲一次能源消费占全球比重

传统的能源高消费地区——北美洲、欧洲和大洋洲，受经济和人口增长相对缓慢、能源利用效率提高等因素影响，能源消费增长较慢，消费量占全球比重持续下降，到2050年分别下降到11.7%、13.4%和0.8%。尽管如此，其年人均能源需求量仍高出世界平均水平1.5、0.8、0.4倍左右。各大洲能源需求情景分析如表4-1所示。

表4-1　　　　　　　　　各大洲能源需求情景分析

地区	能源需求（亿吨标准煤）					占比（%）		增长率（%）
	2010年	2020年	2030年	2040年	2050年	2010年	2050年	2010～2050年
亚洲	77	104	125	142	158	41.1	52.6	1.8
欧洲	48	50	51	49	40	25.6	13.4	-0.4
北美洲	44	46	46	44	35	23.4	11.7	-0.6

地区	能源需求（亿吨标准煤）					占比（％）		增长率（％）
	2010年	2020年	2030年	2040年	2050年	2010年	2050年	2010～2050年
南美洲	11	14	18	21	23	5.8	7.8	1.9
非洲	6	10	16	26	41	3.0	13.7	5.0
大洋洲	2	2	3	3	3	1.1	0.8	0.0
世界	188	226	259	285	300	100	100	1.2

　　全球能源需求布局受全球经济一体化进程的影响最大。如果亚洲、非洲和南美洲的经济增长低于预期，则其能源消费份额可能低于上述情景中描述的水平。尤其是非洲地区，如果经济发展水平不能得到显著改善，战乱和动荡依然存在，则其工业化和城市化进程将仍然处于较低水平，拉低这一地区能源消费总量的增长及其在全球能源需求格局中的地位。在这种情景下，相对于前述情景，2050年非洲的一次能源消费总量有可能降至15亿～20亿吨标准煤，使全球能源需求总量降至270亿吨标准煤左右。届时非洲能源需求占全球的比重将维持在5%左右，年人均能源消费量保持0.6吨标准煤，与2010年水平相当。

　　目前非洲人均能源消费水平不足世界平均水平的1/4，尚有6亿多无电人口。欧美发达国家和中国改革开放以来都经历过能源和电力消费的高速增长期，可以预想，非洲地区在进入现代化以后将同样面临能源和电力需求的快速增长。促进非洲现代能源供给的普及，提高非洲人均用能水平，是全球消除能源贫困、实现共同发展的重要目标之一，也是推动全球电力需求增长的重要驱动力。

第三节　全球电力需求

　　电力需求是能源需求的重要组成。未来全球经济持续发展和人口增长，以及电气化水平的提高，将带来电力需求的持续较快增长。在"两个替代"的大格局下，电力在终端能源消费和一次能源供应中所占的比重将持续上升，电力需求占能源需求的比重也将大幅提高。电力将对经济社会发展发挥更大的支撑作用，促进实现以较低的能源需求增速支持较高的经济增速。

一、电力需求总量

全球电力需求继续保持较快增长。全球的电力需求在过去几十年内保持了稳定较快增长，1990～2000年全球电力需求年均增长2.6%，2000～2010年平均增长率达到3.3%。根据全球能源消费增长情况，在"两个替代"加快推进情景下，预计2010～2050年，全球电力需求将由21.4万亿千瓦·时增加至73万亿千瓦·时，年均增长3.1%；年人均用电量将由3096千瓦·时增加至7654千瓦·时，增长1.5倍，年均增长2.3%。分阶段看，2020年以前，由于主要发达国家电力增长进入饱和阶段，且可再生能源发展和电能替代仍处于起步阶段，电力需求增速有所放缓。随着新兴经济体和欠发达国家的电力需求快速增长，以及发达国家的电能替代进入快速推广阶段，2020～2040年电力需求增速加快。随着电力需求基数增大和电能替代空间减小，2050年前电力需求增速回落。2010～2050年世界电力需求总量和增长率如图4-9所示。

电力需求增速与经济增速相当。过去二十多年来，全球电力消费弹性系数在1左右波动，其中1990～2000年电力消费弹性系数为0.9，2000～2010年上升至1.3。预计

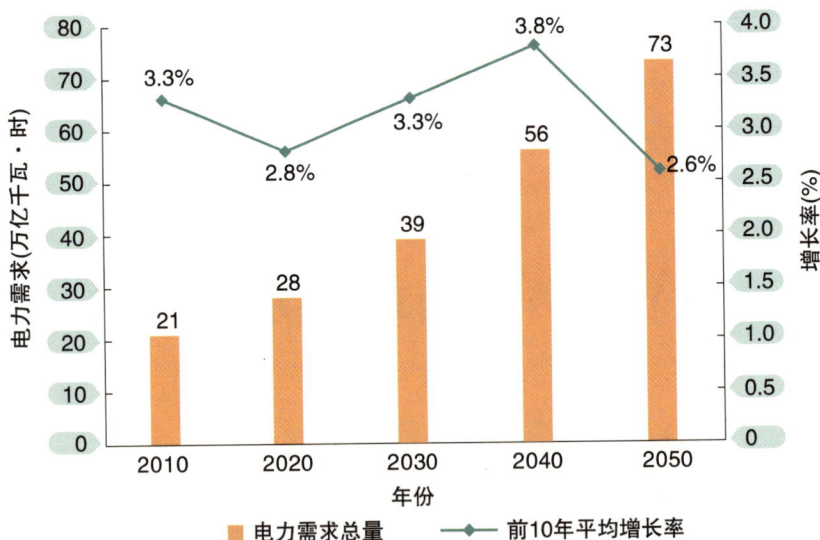

图4-9　2010～2050年世界电力需求总量和增长率

2010～2050年，电力消费弹性系数为1.0。其中，2020年之前，工业、建筑、交通等领域电气化水平稳步上升，电力需求持续增长。但受国际金融危机影响，主要高耗能产业用电增长乏力，2010～2020年全球电力需求年均增长2.8%，较21世纪头十年回落0.5个百分点，电力消费弹性系数为0.9。2020年之后，终端各领域电能对传统化石能源特别是煤炭和石油的替代进程明显加快，风能、太阳能等可再生能源发电规模大幅攀升，全球电力需求增长逐渐加速，预计2020～2030年、2030～2040年电力需求年均增长率分别为3.3%和3.8%，电力消费弹性系数分别为1.0和1.3。2040年之后，受基数显著增大影响，2040～2050年电力需求增长率回落至2.6%，电力消费弹性系数回落至0.9。

电力需求增速高于能源需求增速，电力在能源结构中的优势地位日益凸显。根据测算，2010～2050年，全球电力需求年均增长3.1%，是能源需求增长率的2.6倍，略高于经济平均增长率。从能源需求来看，平均增长率为1.2%，体现出饱和特征，并且实现了与经济总量的"脱钩"增长。电力需求增速明显高于能源需求增速，不仅体现出了电力在能源体系中核心地位逐步加强，而且体现了电力优先发展的必要性。2010～2050年世界经济总量及电力、能源需求增长如图4-10所示。

目前发达国家和地区的电力需求自然增长已经进入平稳期，未来其增长的潜力主要集中在电能替代领域；而全球电力需求增长点主要出现在亚洲、非洲和南美洲，这些地区的电力需求在一定时期内仍将保持较快增长。如果亚洲、非洲和南美

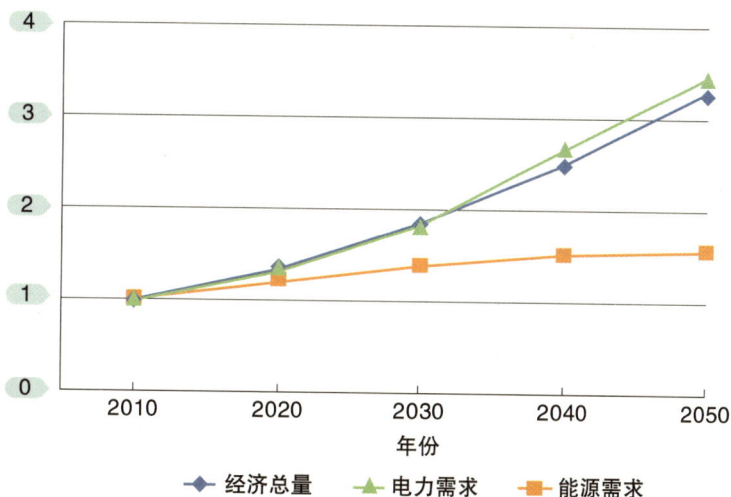

图4-10 2010～2050年世界经济总量及电力、能源需求增长

注 为消除量纲影响，将经济总量、电力需求和能源需求的初始值均设为1。

洲的电力需求饱和点提前出现，或者欧洲、美洲和大洋洲的电能替代程度推进缓慢，则相对于前述情景，全球电力需求总量有可能降至50万亿～60万亿千瓦·时。

二、电力需求分布

随着经济布局调整，世界电力需求格局将发生重大变化，欧美发达经济体占全球电力需求总量的比重大幅下降，亚洲、非洲、南美洲电力需求所占比重大幅提升。长期以来，欧美发达国家占据了全球电力消费的主体，1990年OECD国家电力消费占全球比重约65%，非OECD国家仅占35%左右。近年来，随着新兴经济体电力消费快速增长，2010年非OECD国家电力消费占全球比重升至51%，2013年达到53%。考虑人口和经济增长等因素，预计2010～2050年，全球电力需求增量的80%以上来自亚洲、非洲和南美洲，这三个地区对全球增量的贡献分别为56.7%、17.1%和7.8%。其中，亚洲在工业、建筑和交通等领域的电气化水平将持续上升，年人均电力需求将由2088千瓦·时增加至7361千瓦·时（相当于欧洲2010年的人均消费水平），电力需求占全球的比重由41%升至52%。非洲和南美洲电气化水平低、上升快，年人均电力需求分别升至3971、6547千瓦·时，占全球的比重分别提高到13%和7%。2010～2050年世界及各大洲电力需求情景分析如表4-2所示。

表4-2　　　2010～2050年世界及各大洲电力需求情景分析

地区	电力需求（万亿千瓦·时）					占比（%）		增长率（%）
	2010年	2020年	2030年	2040年	2050年	2010年	2050年	2010～2050年
亚洲	8.7	12.8	18.8	28.9	38.0	40.7	52.0	3.8
欧洲	5.4	6.2	7.8	9.4	9.5	25.0	13.0	1.4
北美洲	5.3	6.2	7.6	9.3	10.2	24.9	14.0	1.6
南美洲	1.1	1.6	2.3	3.7	5.1	5.0	7.0	4.0
非洲	0.6	1.0	2.0	4.5	9.5	3.0	13.0	6.9
大洋洲	0.3	0.4	0.5	0.6	0.7	1.4	1.0	2.2
世界	21.4	28.2	39.0	56.4	73.0	100	100	3.1

北美洲、欧洲和大洋洲人均电力需求基数高，由于电能替代传统化石能源，电

力需求仍将增长，2050年人均电力需求分别增至22927、13398、12835千瓦·时。预计2010～2050年，北美洲、欧洲和大洋洲电力需求总量年均增速低于世界平均水平，占全球比重也明显下降。

从各大洲增速来看，完成工业化的欧洲、北美洲和大洋洲，电力需求增速相对较低，2010～2050年年均增长率为1%～2%。人口众多、仍处于工业化过程中的亚洲、南美洲和非洲，电力需求较快增长，2010～2050年年均增长率在3%以上。其中，工业化程度最低的非洲，由于工业化和人口同时快速扩张，电力需求年均增速接近亚洲的2倍。2010～2050年各大洲电力需求年均增长率如图4-11所示。

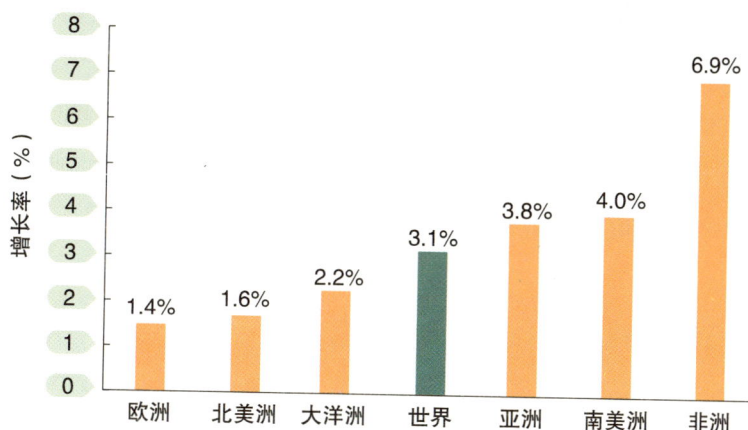

图4-11 2010～2050年各大洲电力需求年均增长率

从人均电力需求来看，2050年，世界人均电力需求达到7650千瓦·时左右，略高于欧洲2010年的人均电力消费水平，相当于美国2010年人均电力消费水平的一半。此时，亚洲和南美洲经过几十年的电力需求较快增长，人均电力消费水平基本达到或接近世界平均水平；而非洲尽管电力需求增速高，但由于基数太低，至2050年人均电力消费水平仍然仅有世界平均水平的52%。

欧洲、大洋洲和北美洲，由于人均电力消费水平基础高，再加之未来电能替代的潜力发挥，人均电力消费水平仍然保持增长态势，但是高出世界平均水平的幅度明显缩小。2010年，欧洲、大洋洲和北美洲的人均电力消费水平分别为世界平均水平的2.3、2.7、5.0倍；2050年，这一倍数缩小为1.8、1.7、3.0倍。未来全球人均电力消费水平向差距缩小的方向发展。2010年和2050年世界和各大洲年人均电力消费水平如图4-12所示。

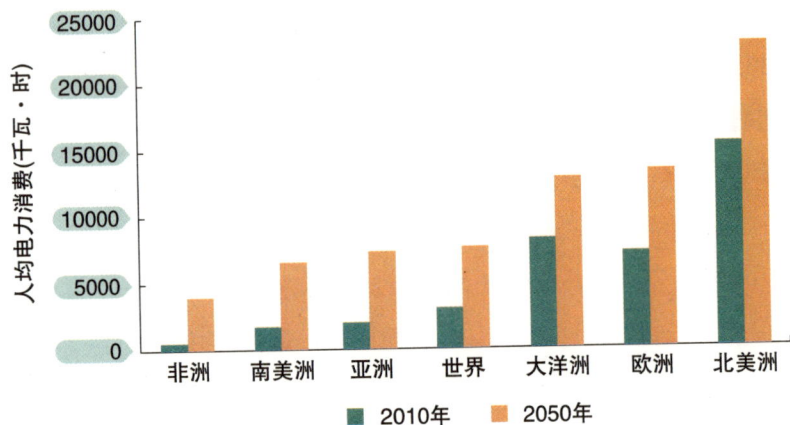

图4-12　2010年和2050年世界和各大洲年人均电力消费水平

　　各大洲电力需求水平差距缩小，从整体趋势上来看是符合全球一体化发展的。这种收敛的快慢取决于地区电力需求自然增长的速度和电能替代其他能源的速度，但整体上发达国家和地区电力需求占全球比重下降的趋势不会改变。

　　影响各区域电力需求的因素复杂多变，对于部分区域的未来电力需求预期也存在差异。例如，IEA对于非洲的电气化改善程度持较为保守的态度，认为到2040年非洲仍将有5亿多人口处于无电状态[1]。2012年，撒哈拉以南非洲无电人口超过6.2亿，接近全球无电人口的一半；并且由于人口增长较快抵消了普及电力供应带来的效果，成为全球唯一的无电人口增加的区域。非洲各国无电人口情况如图4-13所示。

　　伴随经济快速发展，电力基础设施缺乏已经成为非洲发展的重大制约。根据IEA估计，撒哈拉以南非洲需要投资3000亿美元以上，才能在2030年前彻底告别缺电。近年来，中国、美国、欧洲等国家和地区纷纷加大了对非洲电力基础设施的投资。例如，中国在2013年3月提出将向非洲提供200亿美元贷款，其中相当部分投资通过电力建设为非洲经济助力。美国总统奥巴马在2013年7月访非时提出了"电力非洲"计划，将通过70亿美元投资帮助非洲大陆解决电力短缺难题。未来几十年中，随着全球经济和治理结构的改善，非洲通过电力基础设施建设，将推动电力普及程度大幅提高，无电人口显著减少。

---

❶　资料来源：IEA，World Energy Outlook 2014。

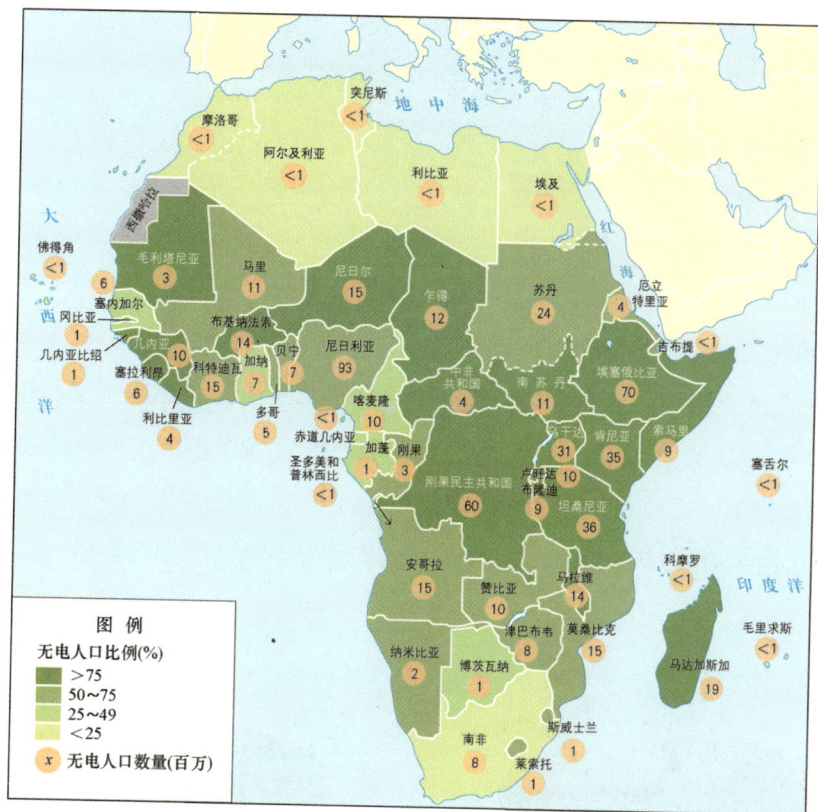

图4-13　2012年非洲各国无电人口情况示意图

资料来源：IEA，World Energy Outlook 2014。

第四节　未来全球能源开发格局

　　从能源需求看，2050年全球一次能源需求将达到300亿吨标准煤，其中电力需求量达到73万亿千瓦·时。要满足如此大规模的能源与电力需求，世界能源开发格局将发生重大转变。特别在应对气候变化的低碳发展大环境下，清洁替代加快推进，可再生能源开发利用规模大幅增长，在能源结构中的比重不断提高，将逐步替代化石能源成为未来的主导能源，化石能源开发利用规模逐渐下降。预计2050年，全球化石能源供应量下降到63亿吨标准煤，比2010年下降57%；同时非化石能源供应量增长到237亿吨标准煤，比2010年增长480%。作为主导能源，可再生能源开发将形成以基地式为主、分布式为辅，加快开发"一极一道"及各大洲大型水能、风能、太阳能等可再生能源基地的全球能源开发新格局。

一、能源供应总体情况

清洁能源将成为未来主导能源。 在清洁能源加快发展情景下，预计到2050年，全球清洁能源发电量将达到66万亿千瓦·时，占总电量的90%。其中太阳能和风能发电量将占总电量的66%；水电占14%，生物质发电及其他、海洋能发电和核电比重占10%左右。从各大洲清洁能源❶发展情况看，到2050年，亚洲清洁能源电量约占全球清洁能源总电量的49%；非洲约占16%，成为最重要的太阳能开发地区。2050年全球电力供应结构如图4-14所示。2050年各大洲清洁能源发电量占比如图4-15所示。

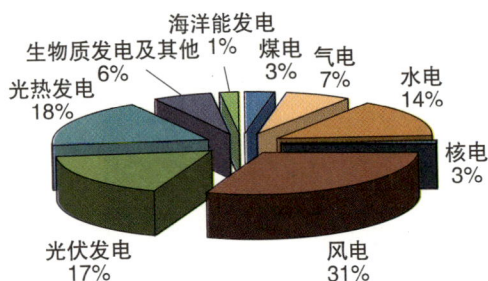

图4-14　2050年全球电力供应结构　　　　图4-15　2050年各大洲清洁能源发电量占比

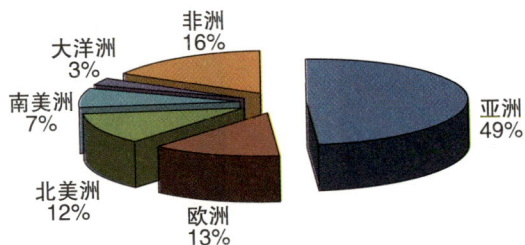

化石能源发电比重大幅下降。 预计2050年化石能源发电量占全球总电量的10%左右，主要为天然气发电和燃煤发电。考虑到未来适应大规模风电、太阳能等可再生能源发电并网后的系统运行需要，在建设抽水蓄能等储能电源之外还将保留一定规模的天然气发电。从各大洲分布看，亚洲受发展阶段和可再生能源开发量大等因素决定，在2050年将保留较大规模的天然气和燃煤发电量，北美洲由于页岩气等非常规天然气开发技术成熟、成本较低，将保留较大规模的天然气发电量。2010～2050年化石能源发电量占比变化趋势如图4-16所示。2050年各大洲化石能源

---

❶　含核电，不含气电。

发电量情况如图4-17所示。

　　分布式发电成为能源供应的重要组成部分。预计2050年，全球分布式发电量达到11万亿千瓦·时，占总发电量的15%。就各大洲分布式发电的发展来看，综合考虑各大洲的可再生能源资源、人口等因素，预计2050年，亚洲分布

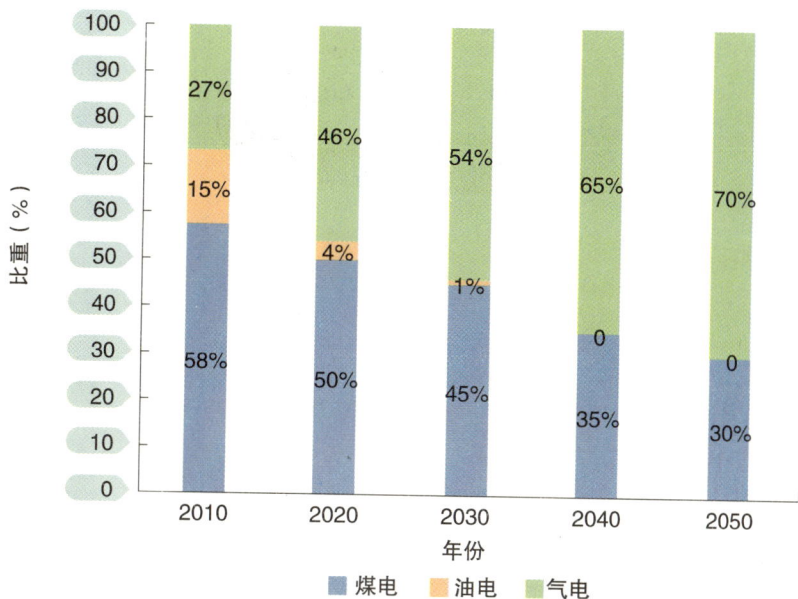

图4-16　2010~2050年化石能源发电量占比变化趋势

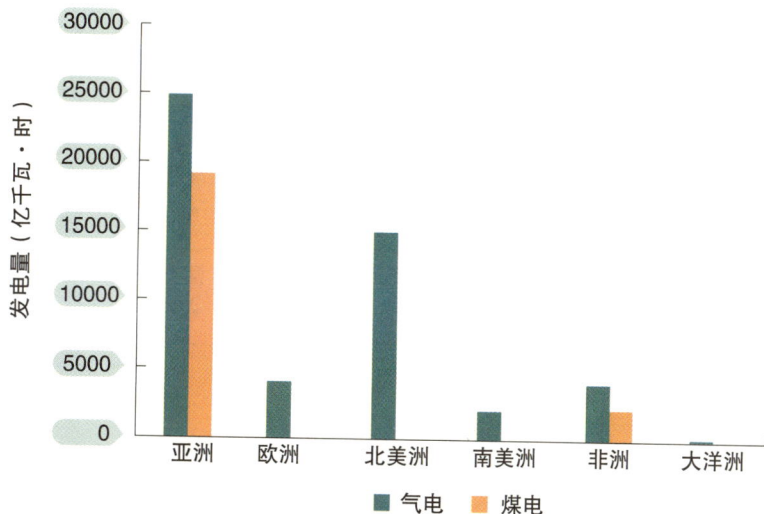

图4-17　2050年各大洲化石能源发电量

式发电量占全球的41%，非洲拥有良好的太阳能、水能、生物质能等分布式能源发展条件，预计占比将达到27%，居各大洲第二位。2050年各大洲分布式发电占比如图4-18所示。

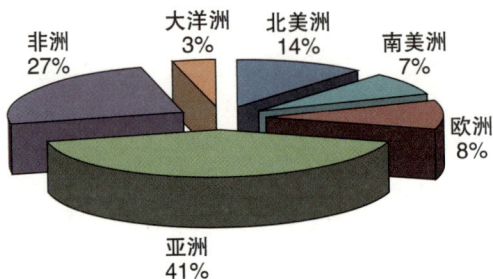

图4-18　2050年各大洲分布式发电占比

二、世界各大洲大型清洁能源基地

世界各大洲基本都拥有丰富的水能、风能、太阳能和海洋能等清洁能源资源，在资源条件较好的地区建设大型发电基地，可有力支撑洲内或跨洲的能源可持续发展需求。

（一）亚洲

亚洲面积4400多万千米²，占全球陆地面积的30%，是世界第一大洲。亚洲拥有丰富的水能、风能、太阳能等清洁能源资源。资源条件较好的水能资源主要分布在中国的长江上游、雅鲁藏布江等流域，俄罗斯远东和西伯利亚地区的叶尼塞河、鄂毕河和勒拿河流域。风能资源主要分布在蒙古国、中亚、中国"三北"地区及北极地区的喀拉海、白令海峡和堪察加半岛等。太阳能资源主要分布在蒙古国、中亚、中东及中国西北部地区。

1．中国可再生能源发电基地

（1）中国西南水电基地。中国水电资源技术可开发量约5.7亿千瓦，主要集中在西南部地区，占全国的82%。截至2013年底，中国已建常规水电站总装机容量为2.8亿千瓦，剩余技术可开发量2.9亿千瓦，主要集中在四川、云南和西藏等地。未来中国待开发的大型水电基地主要集中在金沙江、雅砻江、大渡河、澜沧江、雅鲁藏布江和怒江等流域，总装机容量在2.6亿千瓦以上。中国水电基地分布如图4-19所示。

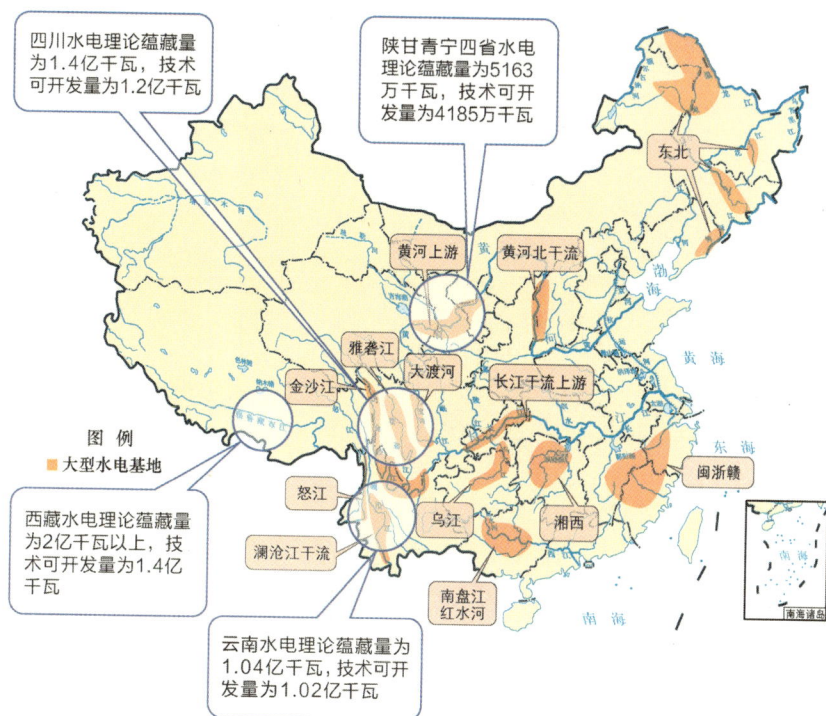

图4-19 中国水电基地分布示意图

（2）**中国"三北"风电基地。**中国陆上80米高度、风功率密度超过150瓦/米²的风能资源潜力约102亿千瓦。近海5~25米水深区50米高度3级（风功率密度≥300瓦/米²）以上的风能资源开发潜力约2亿千瓦。"三北"地区风能资源约占全国陆上风能资源总量的80%左右。中国风能资源分布见图4-20。

（3）**中国西北太阳能发电基地。**中国陆地表面每年接受的太阳辐射能相当于4.9万亿吨标准煤。其中，西部青藏高原、甘肃北部、宁夏北部和新疆南部等戈壁和荒漠地区的太阳能资源最丰富，开发潜力超过85万亿千瓦·时/年，约占全国的75%，开发条件好，可建设大型太阳能发电基地，向中国东中部负荷中心送电。中国太阳能资源分布如图4-21所示。

2. 俄罗斯北部风电和远东西伯利亚水电基地

（1）**俄罗斯北部风电基地。**俄罗斯拥有丰富的风能资源，主要集中在北极地区北冰洋沿岸。堪察加半岛至白令海峡一带，风能资源技术可开发量超过7万亿

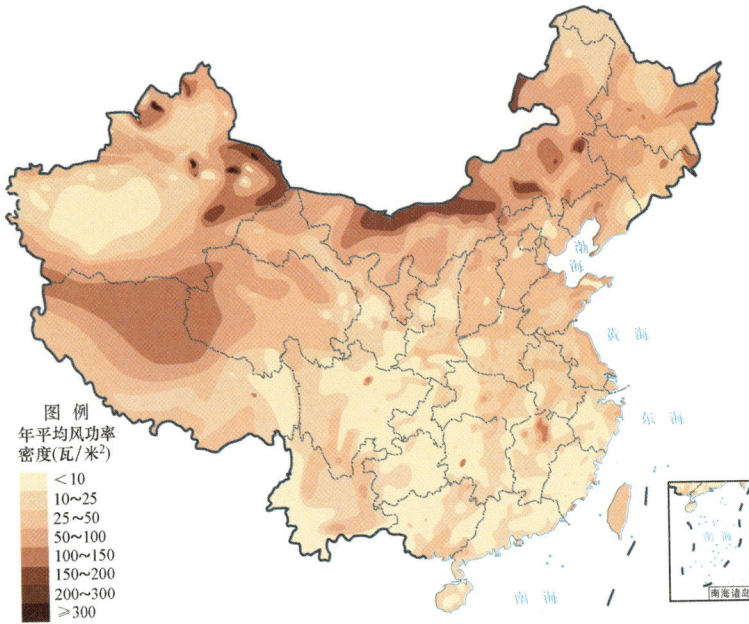

图 4-20　中国风能资源分布示意图

资料来源：国家电网公司，国家电网公司促进风电发展白皮书，2011。

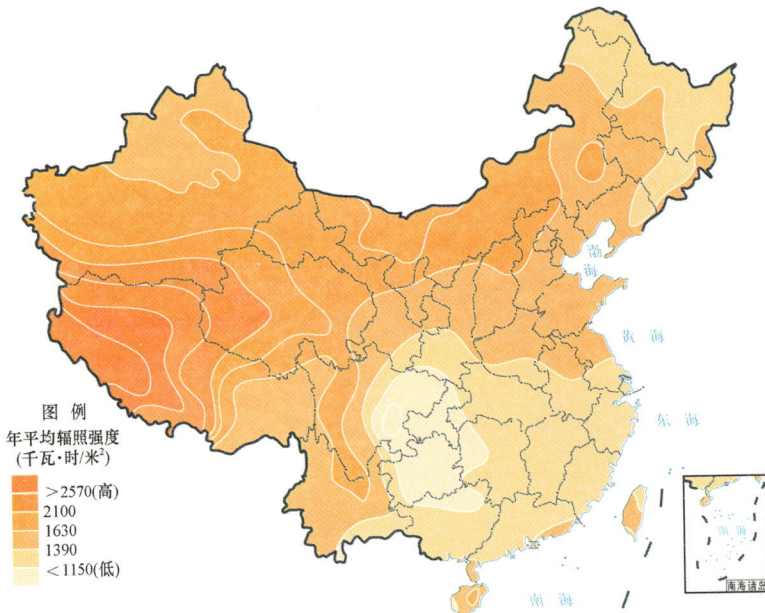

图4-21　中国太阳能资源分布示意图

资料来源：中国气象局风能太阳能资源评估中心。

千瓦·时/年❶。喀拉海及其沿岸地区风电技术可开发量为3.4万亿千瓦·时/年❷，利用小时数在4000小时左右。俄罗斯北极地区风电开发潜力大，未来将成为亚洲地区重要的风电基地。俄罗斯各地区风速情况（卫星观测结果）如图4-22所示。

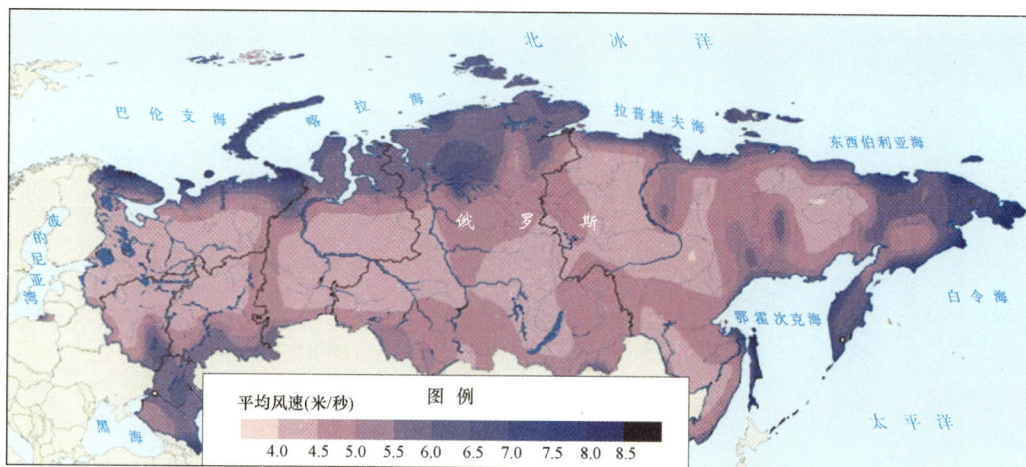

图4-22　俄罗斯各地区风速情况示意图（卫星观测结果）

资料来源：Карты ветровых ресурсов России с комментариями。

（2）**俄罗斯远东及西伯利亚水电基地**。俄罗斯未来可大规模开发的水能资源主要集中在远东及西伯利亚地区的勒拿河、叶尼塞河、鄂毕河和阿穆尔河（我国境内称黑龙江）等流域，经济可开发量超过7000亿千瓦·时/年，其中尚未开发的水电资源量超过5000亿千瓦·时/年。俄罗斯大型流域分布图如图4-23所示。

3. 中亚风电、太阳能发电和水电基地

（1）**中亚风电基地**。中亚风能资源主要分布在哈萨克斯坦，技术可开发量约1.8万亿千瓦·时。风能资源最丰富的地区位于里海地区的阿特雷和曼吉斯套州、中部地区的阿斯塔纳州、卡拉干达州及南部地区，未来可建设大型风电基地。哈萨克斯坦风能资源分布如图4-24所示。

（2）**中亚太阳能发电基地**。中亚地区年辐照强度为1300～1800千瓦·时/米²。其中，土库曼斯坦地势平坦，东部和东南部地区年辐照强度多在1800千瓦·时/米²以

---

❶❷　资料来源：国家电网公司，赴俄罗斯开展北极风电合作研究考察报告。

鄂毕河流域经济可开发量
650亿千瓦·时

叶尼塞河流域经济可开发量
2880亿千瓦·时

勒拿河流域经济可开发量
2350亿千瓦·时

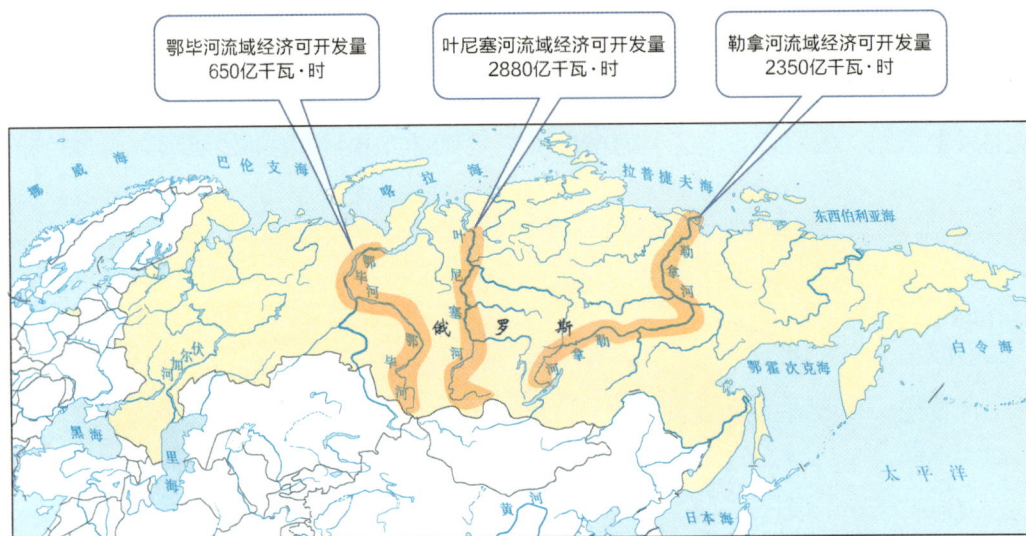

图4-23　俄罗斯大型流域分布示意图

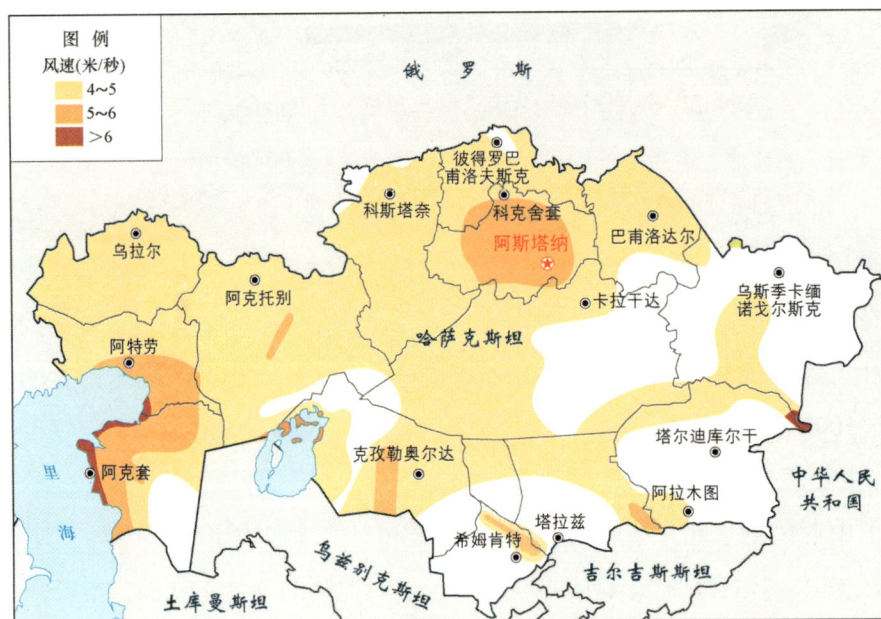

图4-24　哈萨克斯坦风能资源分布示意图

资料来源：http://www.geni.org/globalenergy/library/renewable-energy-resources/asia/Wind/wind-kazakhstan.jpg。

上，相当于非洲撒哈拉沙漠地区辐照强度的70%～80%。哈萨克斯坦的南哈萨克斯坦州、克孜勒奥尔达州和里海沿岸地区，乌兹别克斯坦东南部地区太阳能资源也较为丰富，比较适合建造太阳能发电站。土库曼斯坦、哈萨克斯坦、乌兹别克斯坦太阳能资源分布如图4-25～图4-27所示。

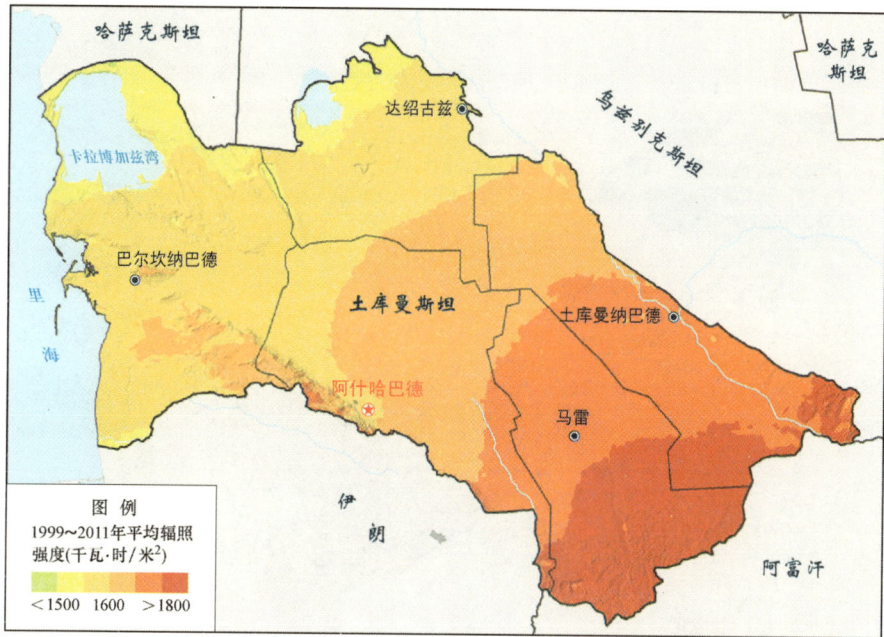

图4-25　土库曼斯坦太阳能资源分布示意图❶

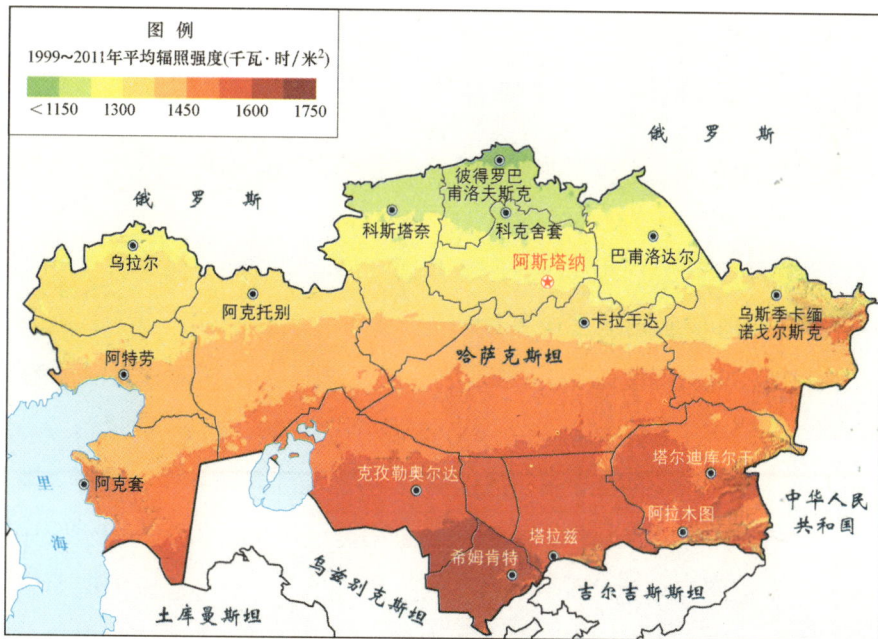

图4-26　哈萨克斯坦太阳能资源分布示意图

---

❶　图4-25、4-26、4-27、4-30、4-31、4-34、4-37、4-38、4-40、4-41、4-42、4-45、4-46、4-47、4-48、4-51资料来源：http://solargis.info/doc/free-solar-radiation-maps-GHI。

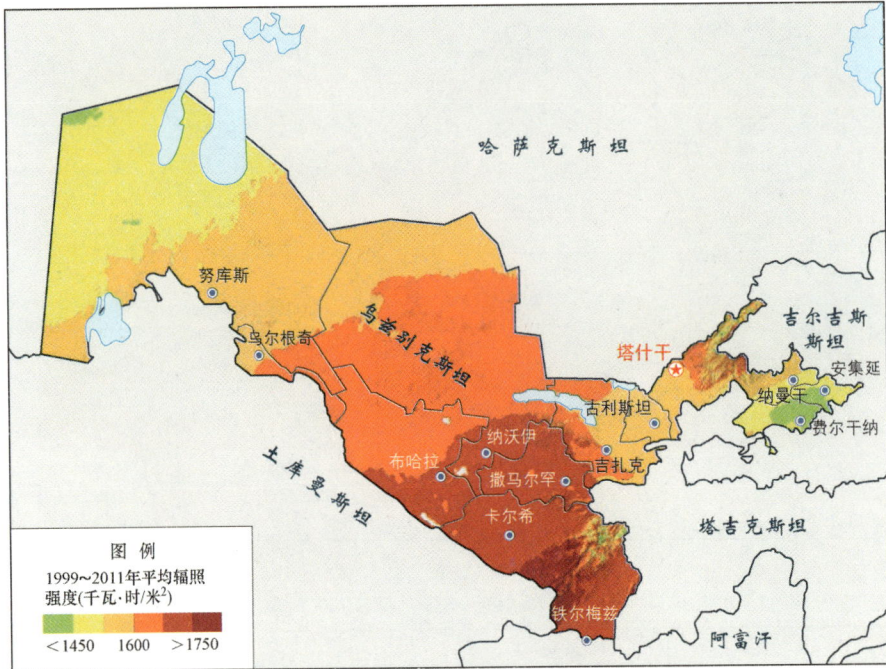

图4-27　乌兹别克斯坦太阳能资源分布示意图

（3）**中亚水电基地。**中亚水能资源主要分布在吉尔吉斯斯坦和塔吉克斯坦。其中，吉尔吉斯斯坦水电技术可开发量约为1500亿千瓦·时/年，塔吉克斯坦水电技术可开发量约为2600亿千瓦·时/年，未来可建设大型水电基地，向周边国家送电。

4. 蒙古国风电和太阳能发电基地

蒙古国风电技术可开发潜力达2.5万亿千瓦·时/年，太阳能开发潜力约3.4万亿千瓦·时/年，主要集中在东南部地区。蒙古国超过10%的国土面积风资源等级达到优良级别以上，超过40%的国土面积风能资源等级达到中级至良好级别。风能发电潜力主要集中在蒙古国的南部和东部地区。太阳能资源主要集中在蒙古国中部与南部戈壁地区，年辐照强度达1200～1600千瓦·时/米²，未来可建设大型太阳能发电基地。由于蒙古国用电负荷较低，风电和太阳能发电待开发量几乎全部可外送。蒙古国可再生能源主要外送方向为东北亚地区，输电距离在2500千米以内。蒙古国风能资源、太阳能资源分布如图4-28和图4-29所示。

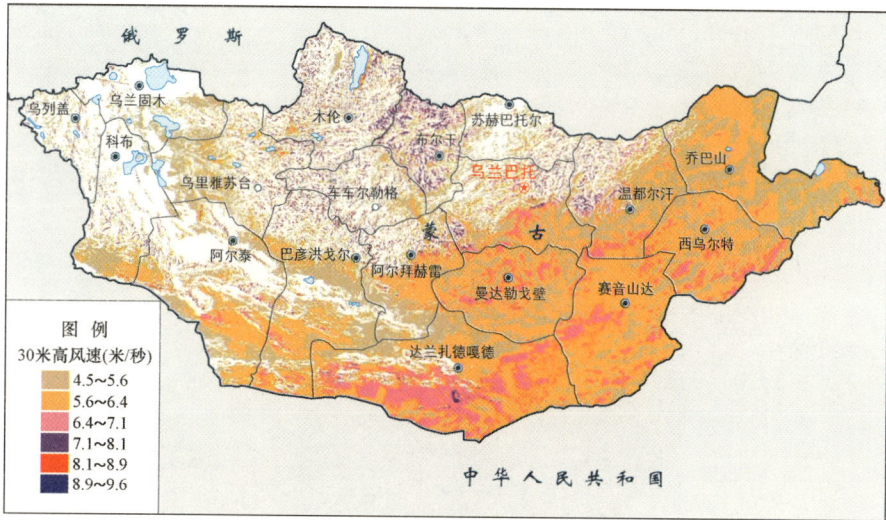

图4-28　蒙古国风能资源分布示意图

资料来源：风能资源地图由美国国家可再生能源实验室生成，数据来自AWS TruePower。

图4-29　蒙古国太阳能资源分布示意图

资料来源：美国3TIER风能与太阳能资源评估公司。

5. 中东太阳能发电基地

中东地区太阳能资源非常丰富，其中，沙特阿拉伯和也门的太阳能资源最为丰富，年辐照强度超过2500千瓦·时/米²，伊朗、阿曼、阿联酋、约旦等国太阳能年辐照强度超过2100千瓦·时/米²。初步估计，中东地区太阳能年技术可开发量超过100万亿千瓦·时/年。中东地区太阳能资源分布如图4-30所示。

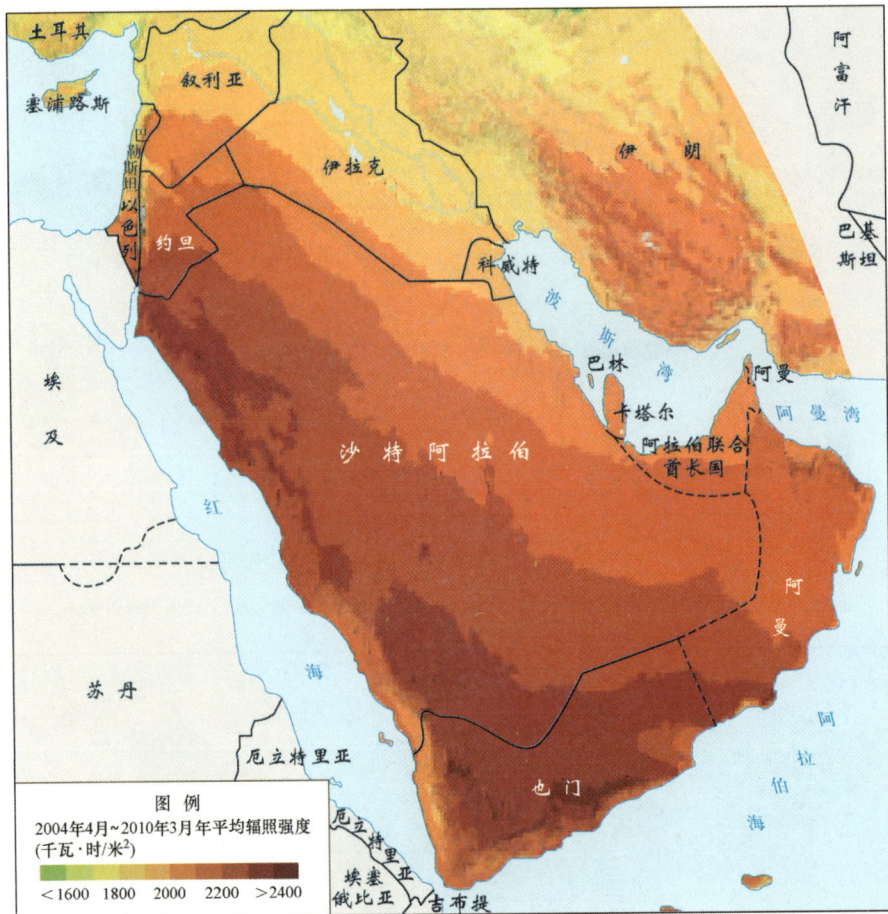

图4-30　中东地区太阳能资源分布示意图

6. 印度可再生能源基地

印度地处南亚，光照条件好，非常适合发展太阳能发电。印度太阳能资源最丰富的地区是西部的古吉拉特邦和拉贾斯坦邦，年辐照强度超过2100千瓦·时/米²；其次为中部和南部地区，日照强度在1850~2100千瓦·时/米²之间，未来可在这些地区建设大型太阳能发电基地。印度太阳能资源分布如图4-31所示。

印度风能资源总量在1亿千瓦左右。优质资源主要集中在印度西部的古吉拉特邦和拉贾斯坦邦、南部和东部沿海地区，风功率密度一般为250瓦/米²；风能资源最

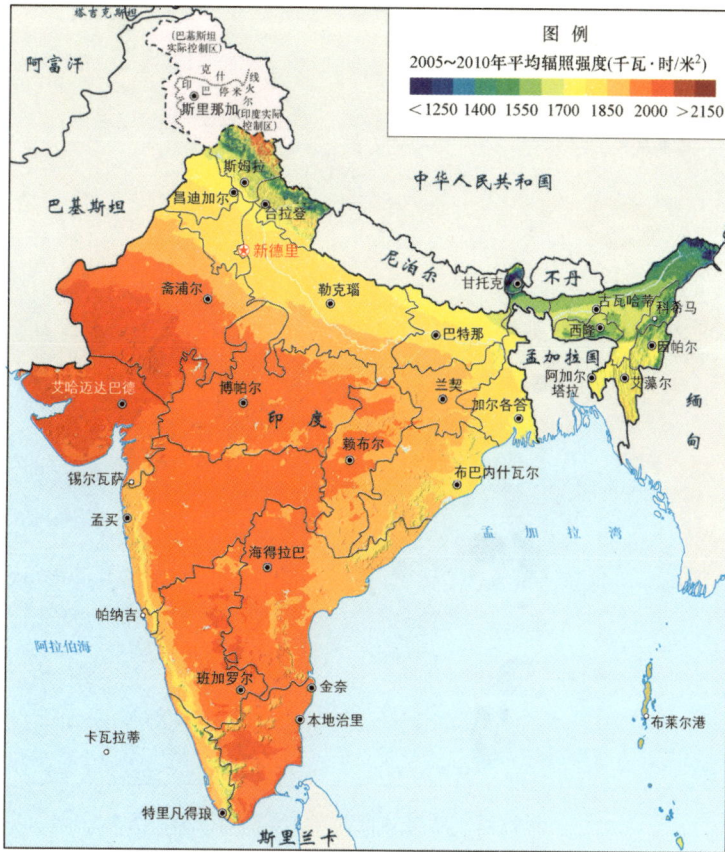

图4-31 印度太阳能资源分布示意图

好的地区在南部的喀拉拉邦附近，风功率超过350瓦/米^2。印度风能资源分布如图4-32所示。

（二）欧洲

欧洲面积1000多万千米^2，有较为丰富的风能和太阳能资源，风能资源主要集中在北海及更北部的格陵兰岛及周边海域、挪威海和巴伦支海地区，太阳能资源主要集中在南部的地中海沿岸。

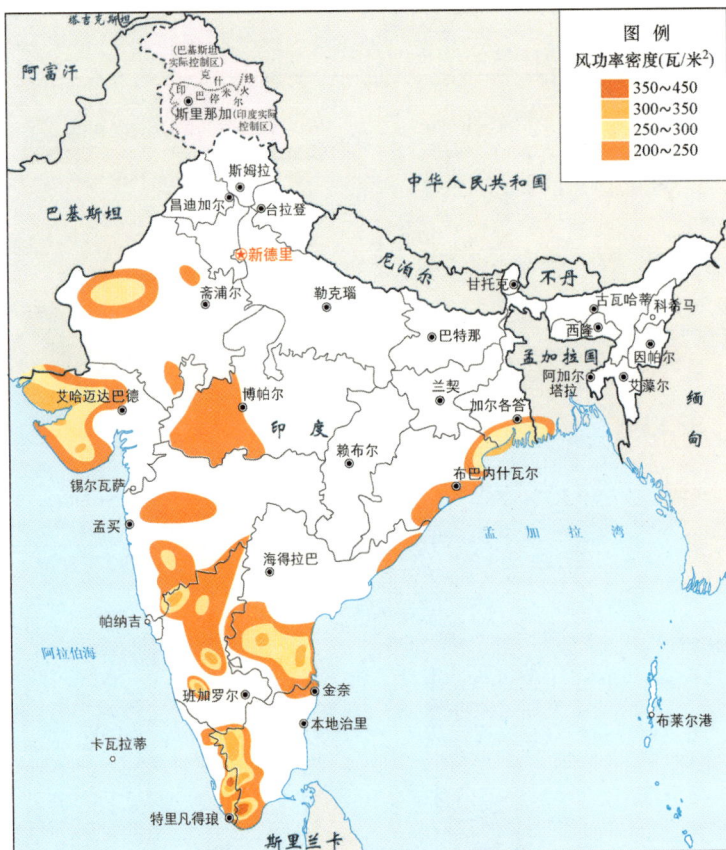

图4-32　印度风能资源分布示意图

资料来源：http://www.mapsofindia.com/maps/nonconventional/windresources.htm。

1. 格陵兰岛风电基地

格陵兰岛及周边海域总面积263万千米^2，70米❶高风功率密度大于300瓦/米^2，风能资源技术可开发量约325亿千瓦❷。格陵兰岛南部的格陵兰海面风速最大，年均12～14米/秒；北部风速较小，年均7～10米/秒；岛西北海域风速年均5～7米/秒；近海处风速相对较低。格陵兰岛西部、东部、南部风功率密度高，海岸线一带风功率密度较低。冬季岛内约50%面积风功率密度大于400瓦/米^2。春季岛内西部风能较高，秋季东部较高。从季节分布看，平均风速和风功率密度冬季＞秋季＞春季＞夏季。

---

❶　测风高度一般以50～80米较为常见。

❷　资料来源：国家电网公司，北极地区环境特点及风电资源评估研究报告，2014年7月。

2. 挪威海和巴伦支海风电基地

挪威海和巴伦支海属于北冰洋地区，位于格陵兰岛东侧，年平均风速仅次于格陵兰海，可达9～10米/秒，是北极地区的次强风速中心。

3. 欧洲北海风电基地

欧洲北海地区60米高年平均风速达到8米/秒，整个北海地区的风能资源总量可达30万亿千瓦·时/年。其中，英国、丹麦、德国、荷兰的沿岸风能资源最为丰富，若按照每平方千米装机6000千瓦计算，则英国海域的最大海上风电开发潜力为9860亿千瓦·时/年，比利时为240亿千瓦·时/年，荷兰为1360亿千瓦·时/年，德国为2370亿千瓦·时/年，丹麦为5500亿千瓦·时/年[1]。未来可建设大型海上风电基地，向本国和欧洲中南部国家供电。北海风电开发如图4-33所示。

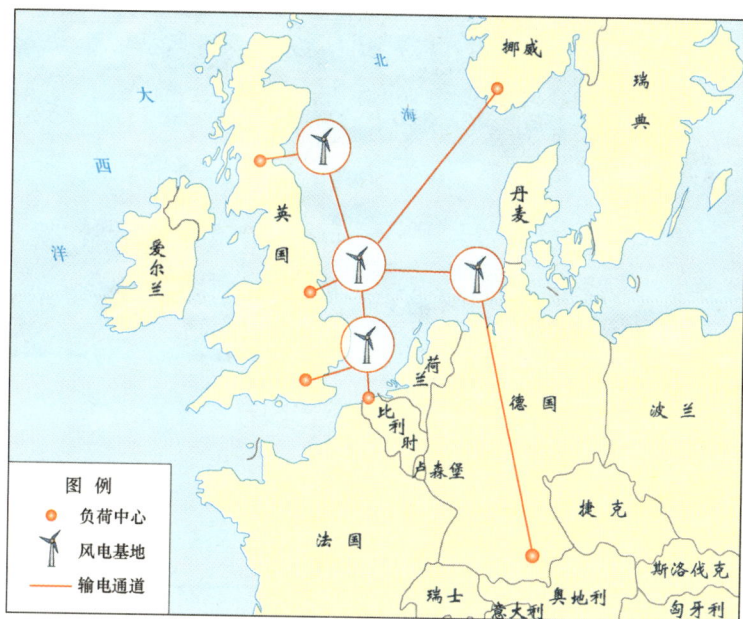

图4-33　北海风电开发示意图

资料来源：Friends of the supergrid, The first phase of the European supergrid.

---

[1] 资料来源：Offshore Wind Energy in the North Sea, Technical Possibilities and Ecological Considerations-A Study For Greenpeace, October 2000。

4. 南欧地区太阳能发电基地

南欧包括伊比利亚半岛、亚平宁半岛及巴尔干半岛南部，共17个国家，因靠近地中海，也称为地中海欧洲，面积约为166万千米^2。南欧地区的太阳年辐照强度平均可达2000千瓦·时/米^2，技术可开发量约为2.6万亿千瓦·时/年。葡萄牙、西班牙、意大利、希腊、土耳其是太阳能资源丰富的国家，适合建设大型太阳能发电基地。欧洲南部地区太阳能资源分布如图4-34所示。

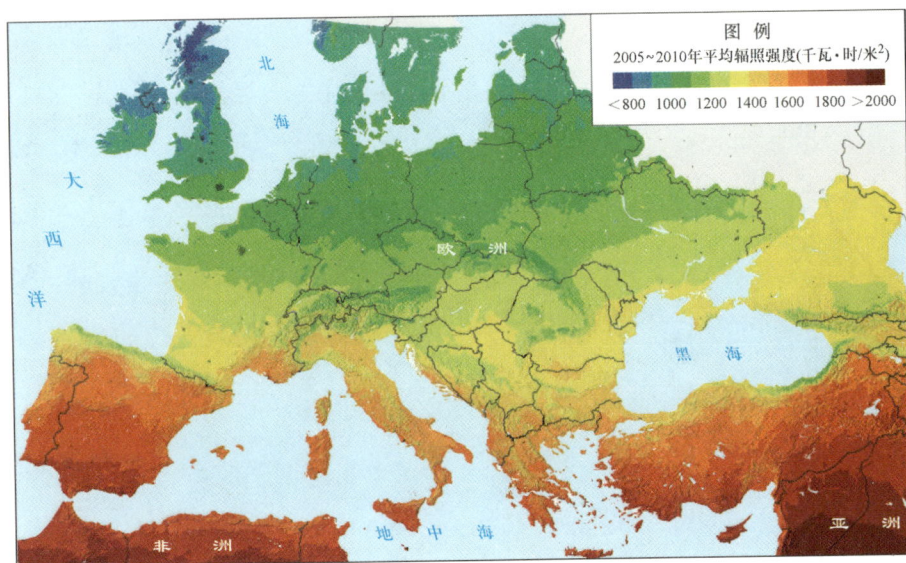

图4-34 欧洲南部地区太阳能资源分布示意图

（三）北美洲

北美洲面积2400多万千米^2，约占世界陆地总面积的16.2%，是世界第三大洲。大陆地形的基本特征是南北走向的山脉分布于东西两侧与海岸平行，大平原分布于中部。北美洲风能资源主要集中在美国中西部，太阳能资源主要集中在美国的西南部和墨西哥北部。

1. 美国中西部地区风电基地

北美洲风能资源主要集中在美国中西部地区的北达科他州、南达科他州、蒙大拿州、怀俄明州等。按照陆上80米高、容量系数大于30%的条件下，美国风电技术可开发量约33万亿千瓦·时/年❶。美国海上风能资源主要分布在东部和西部沿海。考虑海上90米高、海岸线50海里以内、风速大于7.0米/秒的区域面积达到83万千米²，风电技术可开发量约17万亿千瓦·时/年。美国中部地区地势平坦开阔，年平均风速在7米/秒以上，风能资源丰富，非常适合建设大型风电基地。美国陆上年平均风功率密度和平均风速分布如图4-35和图4-36所示。

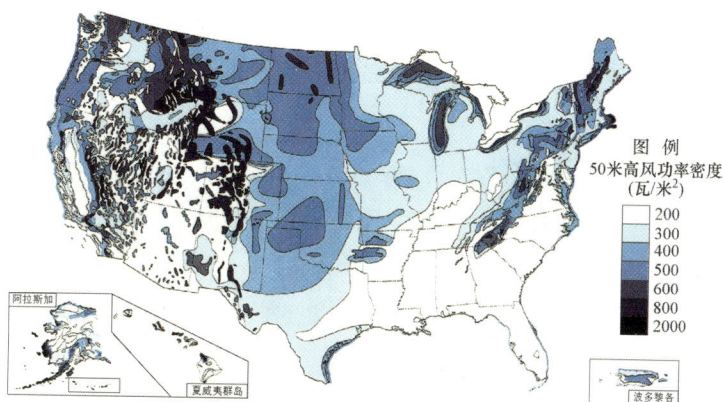

图4-35　美国陆上年平均风功率密度分布示意图

资料来源：风能数据和地图由西北太平洋国家实验室生成，美国国家可再生能源实验室提供。

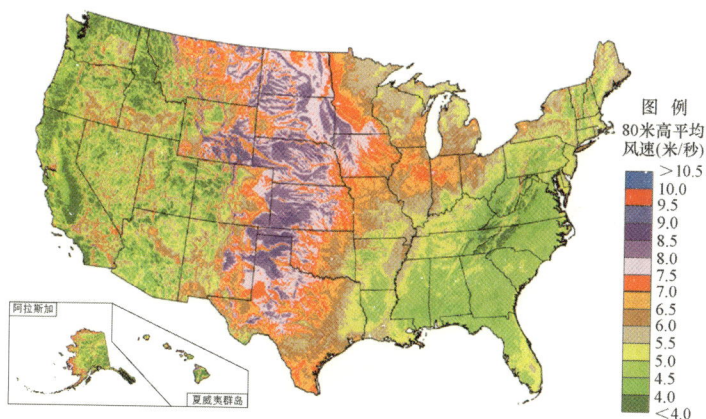

图4-36　美国陆上年平均风速分布示意图

资料来源：风能资源地图由美国国家可再生能源实验室生成，数据来自AWS TruePower。

❶ 2010年美国国家可再生能源实验室公布的风能资源开发潜力数据。

2. 美国西南部地区太阳能发电基地

美国太阳能资源丰富，主要分布在美国西南部地区，主要有亚利桑那州、新墨西哥州、加利福尼亚州、内华达州南部等。考虑适合开发的面积比例和发电效率，预计技术可开发量约254万亿千瓦·时/年。美国本土太阳能资源分布如图4-37所示。

3. 墨西哥太阳能发电基地

墨西哥国土面积80%以上地区年辐照强度超过2000千瓦·时/米^2，技术可开发量约78万亿千瓦·时，适合开发大型太阳能发电基地。其中，加利福尼亚湾西侧的下加利福尼亚半岛的年辐照强度最高，在2300千瓦·时/米^{2}以上。墨西哥太阳能资源分布如图4-38所示。

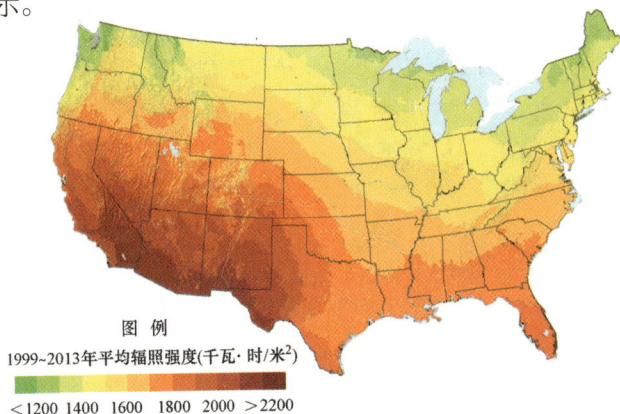

图例

1999~2013年平均辐照强度(千瓦·时/米^2)

<1200 1400 1600 1800 2000 >2200

图4-37 美国本土太阳能资源分布示意图

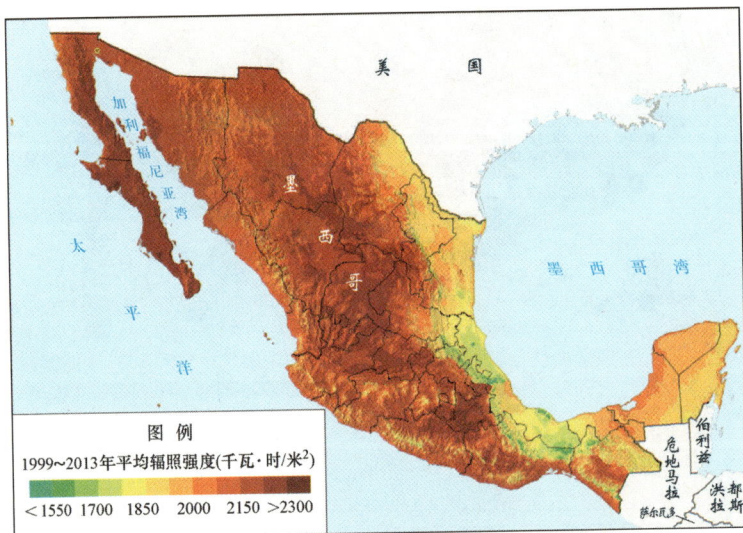

图例

1999~2013年平均辐照强度(千瓦·时/米^2)

<1550 1700 1850 2000 2150 >2300

图4-38 墨西哥太阳能资源分布示意图

4. 加拿大水电基地

加拿大水电技术可开发量约2.62亿千瓦[1]，待开发量约1.6亿千瓦，主要分布在东部的魁北克（4400万千瓦）、安大略省（1000万千瓦）、不列颠哥伦比亚（3300万千瓦）、阿尔伯塔省（1200万千瓦）及育空地区（1800万千瓦）和西北地区（1600万千瓦）。主要河流有圣劳伦斯河、纳尔逊河、哥伦比亚河等。加拿大水电开发和基地主要集中在靠近美国边境的各省区。加拿大主要河流分布如图4-39所示。

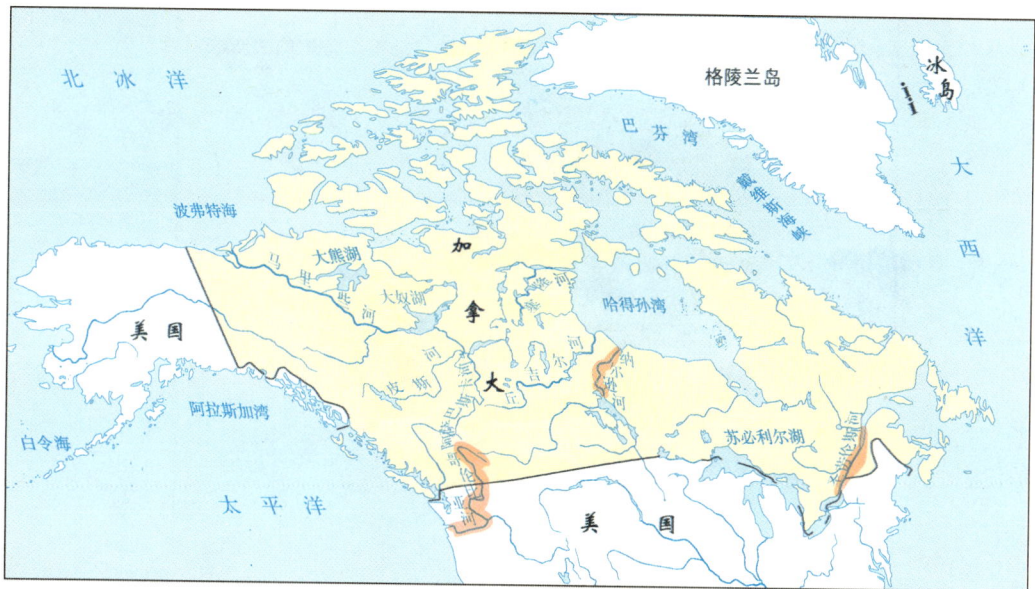

图4-39 加拿大主要河流分布示意图

（四）南美洲

南美洲面积1700多万千米²，大部分地区位于西半球的南部，一般以巴拿马运河为界同北美洲相分。南美洲西面有海拔数千米的安第斯山脉，东向则主要是平原，包括亚马孙河森林。南美洲太阳能资源富集地区主要集中在安第斯山脉的西部，主要国家有秘鲁、智利、玻利维亚等；水能资源主要集中在巴西的亚马孙河等流域。

---

[1] 加拿大水电资源数据来自Canada Hydropower Association，Report of Activities 2013-2014。

1. 东西海岸太阳能发电基地

南美洲太阳能资源主要分布在东、西海岸，尤其是西海岸中部的阿塔卡玛沙漠❶，是世界上太阳能资源最丰富的地区之一，年辐照强度达到2300千瓦·时/米²以上，技术可开发量约15万亿千瓦·时/年。智利、秘鲁太阳能资源丰富，未来可建设大型太阳能发电基地。南美洲太阳能资源分布如图4-40所示。

秘鲁与智利太阳能资源分布如图4-41和图4-42所示。

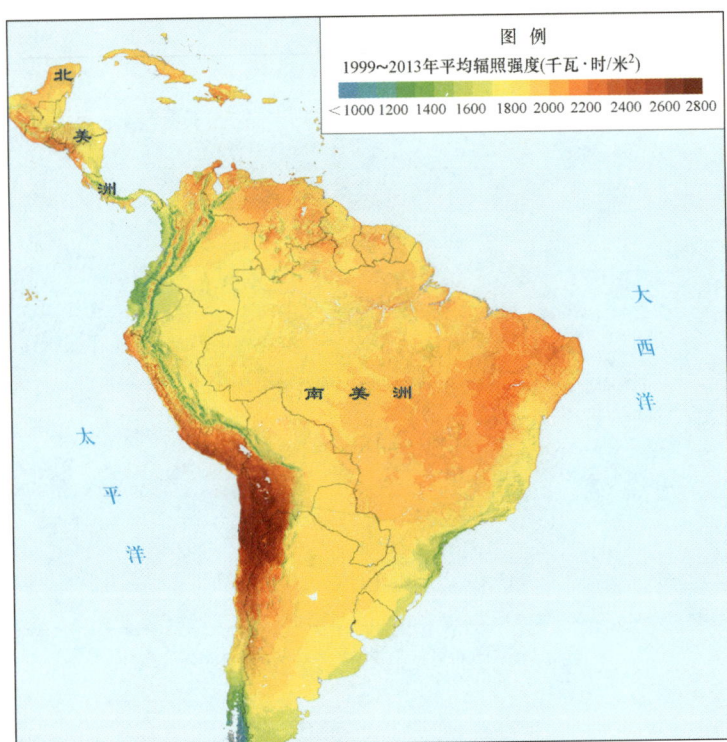

图4-40　南美洲太阳能资源分布示意图

2. 亚马孙河和巴拉那河流域水电基地

南美洲水电资源主要集中在巴西境内，大型河流有亚马孙河和巴拉那河等。巴西水能资源技术可开发量为2.45亿千瓦❷。2012年巴西水电装机8300万千瓦，占技术

---

❶　在安第斯山脉和太平洋之间南北绵延约1000千米，总面积约为18万千米²，主体位于智利境内，也有部分位于秘鲁、玻利维亚和阿根廷。

❷　资料来源：IEA, World Energy Outlook 2013。

图4-41　秘鲁太阳能资源分布示意图

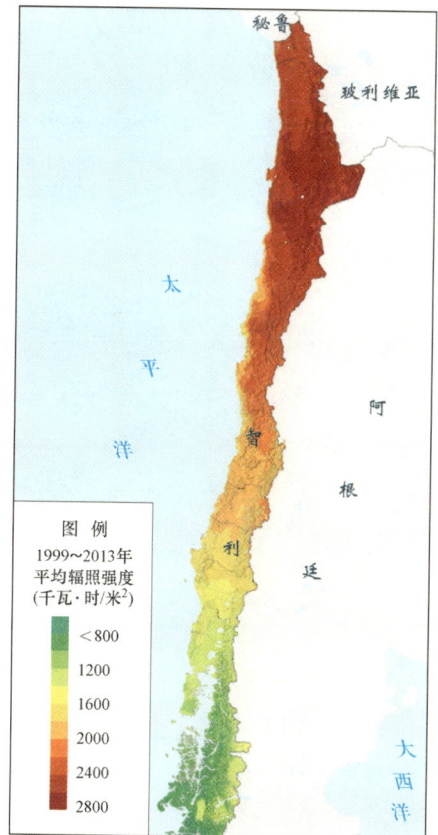

图4-42　智利太阳能资源分布示意图

可开发量的1/3，剩余技术可开发量约1.62亿千瓦。亚马孙和巴拉那河流域的水电技术可开发潜力约1.2亿千瓦以上，可开发大型水电基地，输送到东部负荷中心地区，满足洲内电能消费需求。此外，可与南美洲的太阳能、海洋能等可再生能源基地进行联合开发，促进可再生能源开发利用规模。巴西水能资源分布如图4-43所示。

3. 南美北部和南部风电基地

南美北部加勒比地区的委内瑞拉以及古巴、多米尼加等多个岛屿国家，阿根廷、智利靠近南极的南部地区风能资源较为丰富，80米高平均风速为8～9.5米/秒。南美洲风能资源分布如图4-44所示。

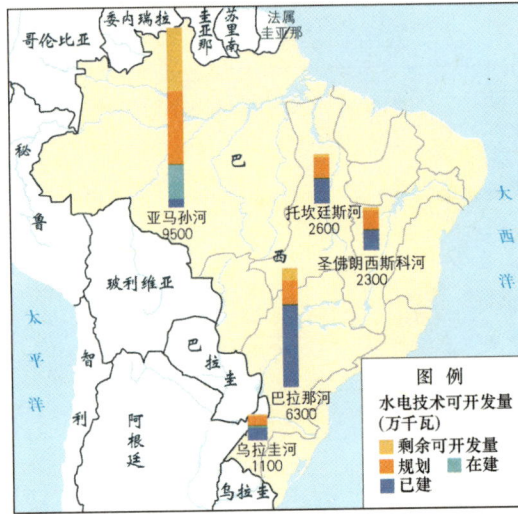

图4-43　巴西水能资源分布示意图

资料来源：IEA，World Energy Outlook 2013。

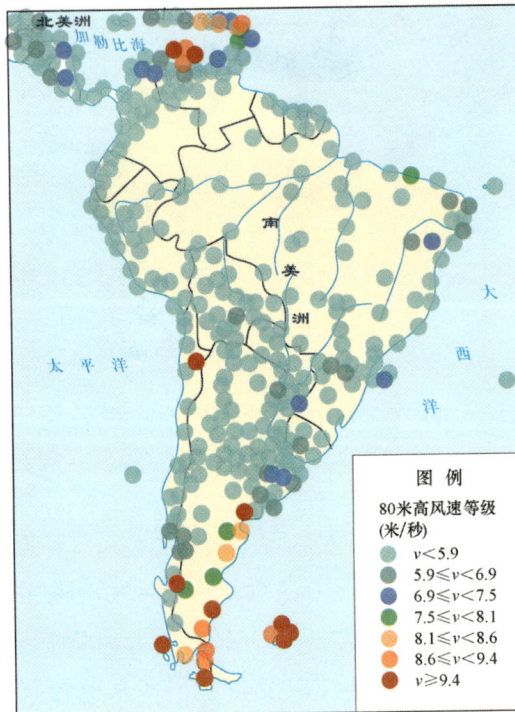

图4-44　南美洲风能资源分布示意图❶

---

❶　图4-44、4-50、4-52资料来源：http://www.geni.org/globalenergy/library/renewable-energy-resources/index.shtml。

（五）非洲

非洲面积3000多万千米^2，南北长约8000千米，东西长约7403千米，约占世界陆地总面积的20%，是世界第二大洲。非洲太阳能资源非常丰富，主要集中在北非、东非和南部非洲地区；水能资源量居世界前列，主要集中在刚果河、尼罗河、赞比西河等流域；风能资源主要集中在东部和西北部沿海地区。

1. 非洲太阳能发电基地

非洲[1]是全球太阳辐照强度最大的地区之一。北非地区的摩洛哥、阿尔及利亚、突尼斯、利比亚和埃及太阳能发电潜能很大。阿尔及利亚、摩洛哥、埃及的太阳辐照强度分别为2700、2600、2800千瓦·时/米^2，突尼斯和利比亚的年辐照强度也大于2500千瓦·时/米^2。预计北非地区太阳能技术可开发量可达141万亿千瓦·时/年。东非地区太阳能技术可开发量约187万亿千瓦·时/年，苏丹、埃塞俄比亚、肯尼亚、索马里等国家太阳能资源非常丰富，年辐照强度大于2200千瓦·时/米^2。南部非洲地区的纳米比亚、南非、博茨瓦纳、安哥拉、津巴布韦等国太阳能资源非常丰富，年辐照强度大于2400千瓦·时/米^2。

北非、东非、南部非洲地区均具有建设大型太阳能发电基地的潜力。非洲太阳能资源分布如图4-45所示。

东非地区的埃塞俄比亚、肯尼亚、苏丹、坦桑尼亚等国太阳能资源分布如图4-46和图4-47所示。

南部非洲地区的纳米比亚、南非等国太阳能资源分布情况如图4-48所示。

2. 刚果河等流域水电基地

非洲水电资源丰富，技术可开发量约1.84万亿千瓦·时/年，占世界总量的12%左右，仅次于亚洲、南美洲和北美洲。从非洲各地区水能资源开发水平来看，北非、南部非洲地区的开发利用程度较高，而水能资源丰富的中部地区，开发利用程度非常低，刚果河的开发利用程度不足2%。2011年非洲已建水电装机容量约2700

---

[1]　根据IRENA报告，北非主要包括摩洛哥、阿尔及利亚、突尼斯、利比亚、埃及、毛里塔尼亚等国；东非主要包括苏丹、吉布提、埃塞俄比亚、坦桑尼亚、肯尼亚、乌干达、卢旺达、布隆迪、厄立特里亚、索马里等国；南部非洲地区主要包括安哥拉、博茨瓦纳、莱索托、马达加斯加、马拉维、毛里求斯、莫桑比克、纳米比亚、留尼旺岛、塞舌尔、南非、斯威士兰、赞比亚、津巴布韦。

万千瓦❶，仅占技术可开发量的6%左右。未来水电开发潜力巨大，主要集中在刚果河、尼罗河、赞比西河等流域。刚果河全流域水能理论蕴藏量3.9亿千瓦，居世界大河之首❷。近中期水电开发集中在刚果河流域，重点项目是大英加水电站，正在规划的第四期工程拟装机52台，单机容量75万千瓦，总装机容量高达3900万千瓦。非洲水电开发主要定位于洲内消纳，与北非和东非的太阳能和风能、南部非洲地区太阳能和海洋能等进行联合开发、联合消纳。大英加水电站的地理位置如图4-49所示。

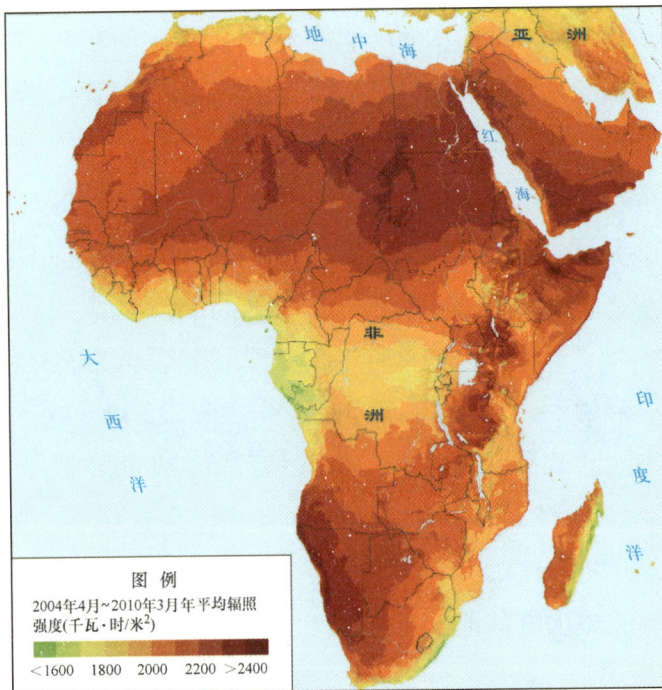

图4-45　非洲太阳能资源分布示意图

---

❶　资料来源：IEA，World Energy Outlook 2013。

❷　资料来源：姜忠尽，非洲水能资源居全球第二位，http://www.geo-show.com/ChannelHY/SN/Content/20146/13430.shtml。

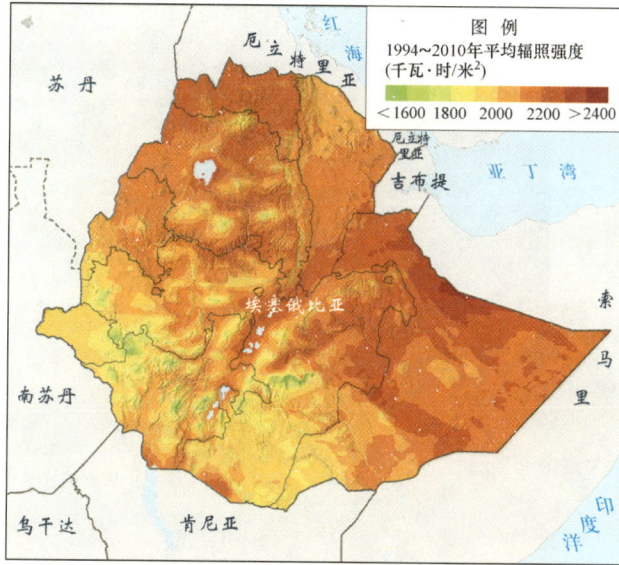

埃塞俄比亚

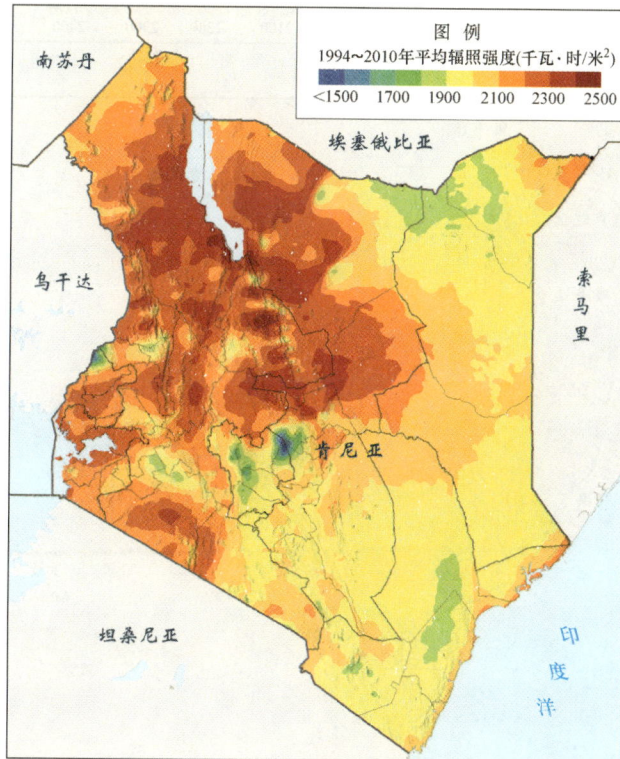

肯尼亚

图4-46　埃塞俄比亚和肯尼亚太阳能资源分布示意图

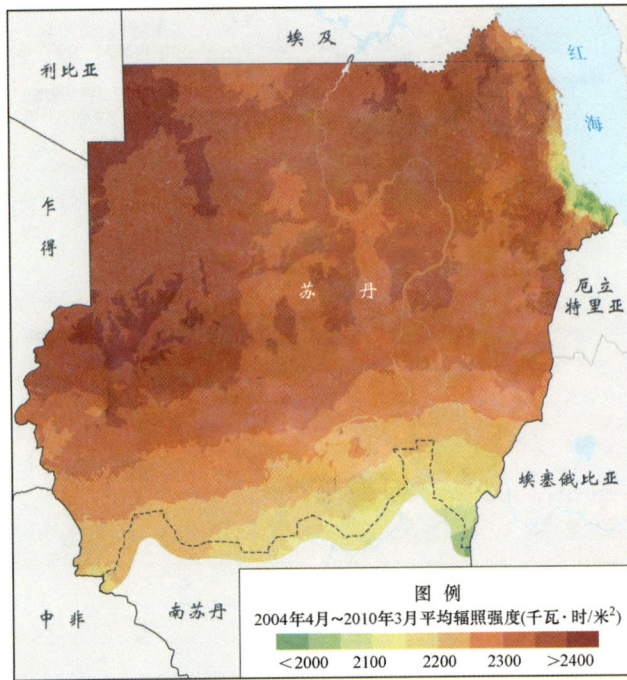

苏 丹

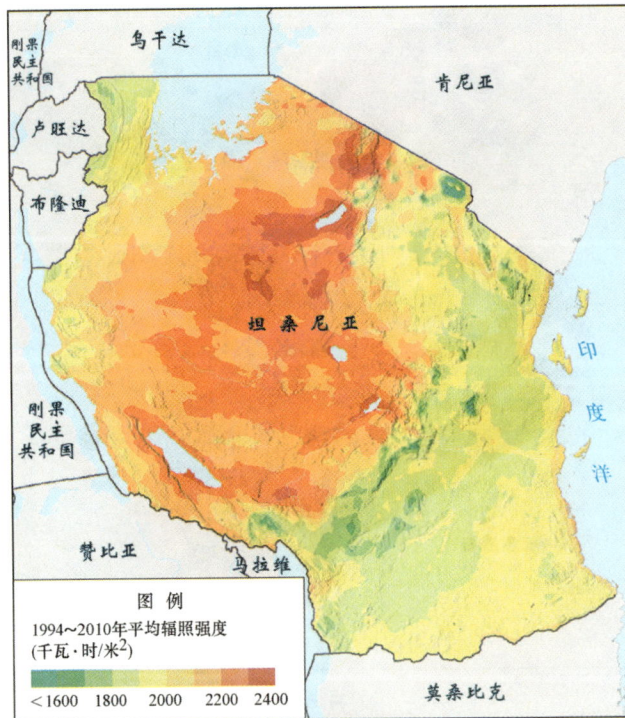

坦桑尼亚

图4-47 苏丹和坦桑尼亚太阳能资源分布示意图

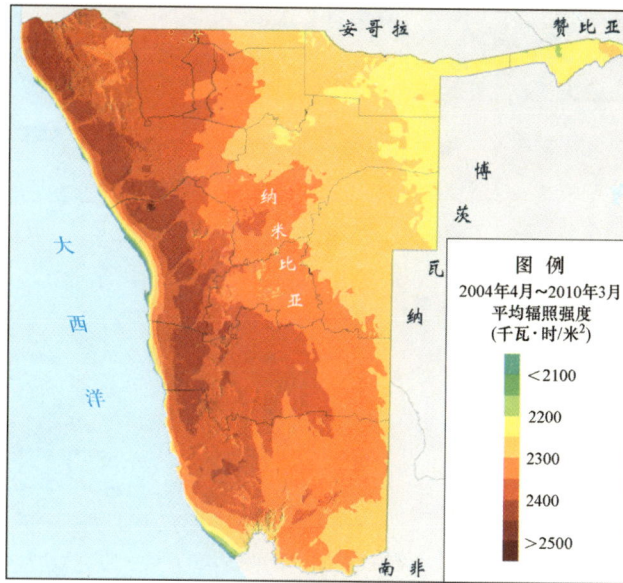

纳米比亚

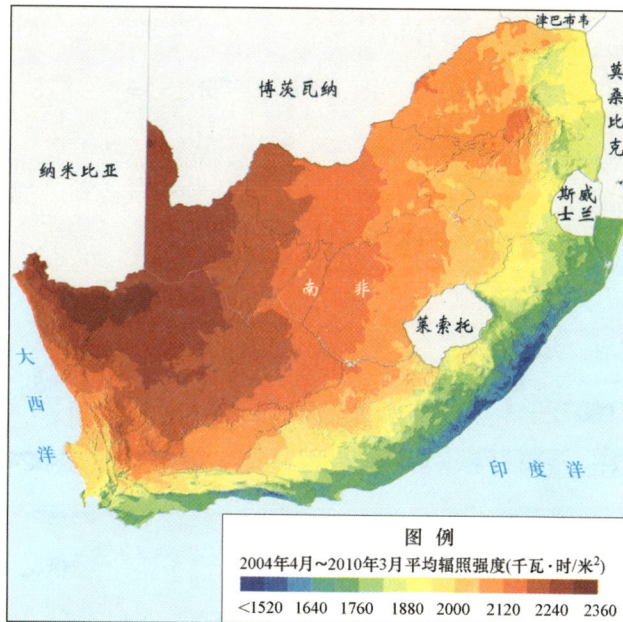

南 非

图4-48 纳米比亚和南非太阳能资源分布示意图

图4-49　大英加水电站的地理位置示意图

3. 非洲东部和西北部风电基地

非洲风能资源主要集中在东部和西北部。东部的索马里及其沿海地区，以及埃塞俄比亚、肯尼亚等国家和西北部的西撒哈拉、毛里塔尼亚等地区，年平均风速超过7米/秒，近海地区最高可达到10米/秒以上，适合建设大型陆上或海上风电基地。非洲风能资源分布如图4-50所示。

（六）大洋洲

大洋洲面积近900万千米^2，是全球最小的洲。澳大利亚总面积770万千米^2，占大洋洲的85%以上，太阳能资源非常丰富，且分布均衡，风能资源主要集中在沿海地区。

澳大利亚太阳能资源技术可开发量超过250万亿千瓦·时/年。中部洼地及西部高原地广人稀，均为气候干燥的沙漠，约占整个大陆面积的20%，非常适合于大规模开发利用太阳能。太阳能资源一类地区主要分布在北部地区，约占全国总面积的54%；二类地区主要分布在中部地区，约占全国总面积的35%。一、二类地区合计占全国面积的90%。澳大利亚太阳能资源分布如图4-51所示。澳大利亚太阳能资源区及年辐照强度如表4-3所示。

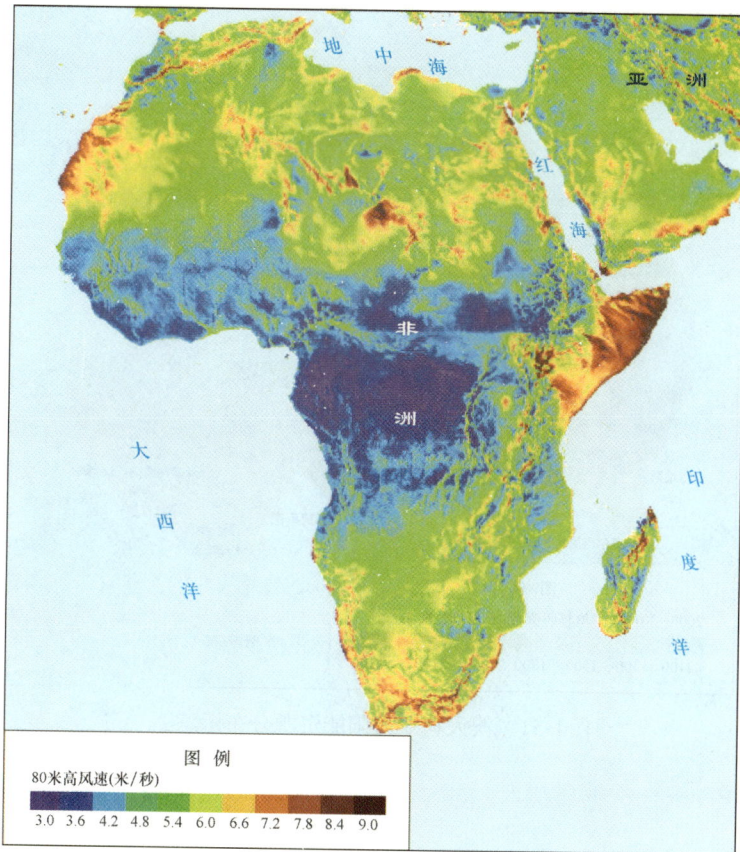

图4-50　非洲风能资源分布示意图

资料来源：美国3TIER风能与太阳能资源评估公司。

表4-3　　　　　　　　　　澳大利亚太阳能资源区及年辐照强度

资源区类别	覆盖地区	年辐照强度（千瓦·时／米²）
一类地区	北部地区，占总面积的54%	2100～2400
二类地区	中部地区，占总面积的35%	1800～2100
三类地区	南部地区，占总面积的8%	1500～1800
四类地区	其他地区，占总面积的3%	＜1500

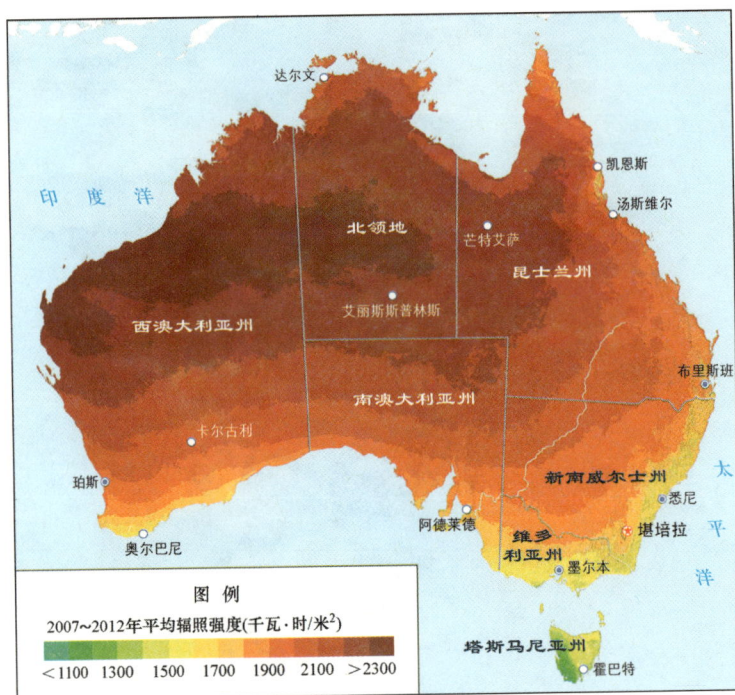

图4-51 澳大利亚太阳能资源分布示意图

澳大利亚风能资源主要集中在东北部、东南部和西南部沿海地区。近海许多地区80米高年平均风速超过8~9米/秒,适合开发大型海上或近海陆上风电基地。澳大利亚海上风资源分布如图4-52所示。

三、分布式能源开发

分布式能源是指既可以生产或存储电能,也可以产生和利用热能,同时还可以对能源进行综合利用和控制的系统。分布式能源一般位于用户侧,优先满足用户自身需求,一般接入配电网或独立运行或与配电网连接,包含能量产生、储存和控制的能源综合利用系统。当前,欧美等主要发达国家的分布式能源发展较快。美国能源资源在各地区分布相对均匀,有利于分布式发电的发展。近年来,美国分布式发电快速发展。2012年,1兆瓦以下的小水电、风电、光伏等分布式发电装机容量分别达到12万千瓦、26万千瓦、55万千瓦,同比均出现较大比例增长。欧盟分布式能源

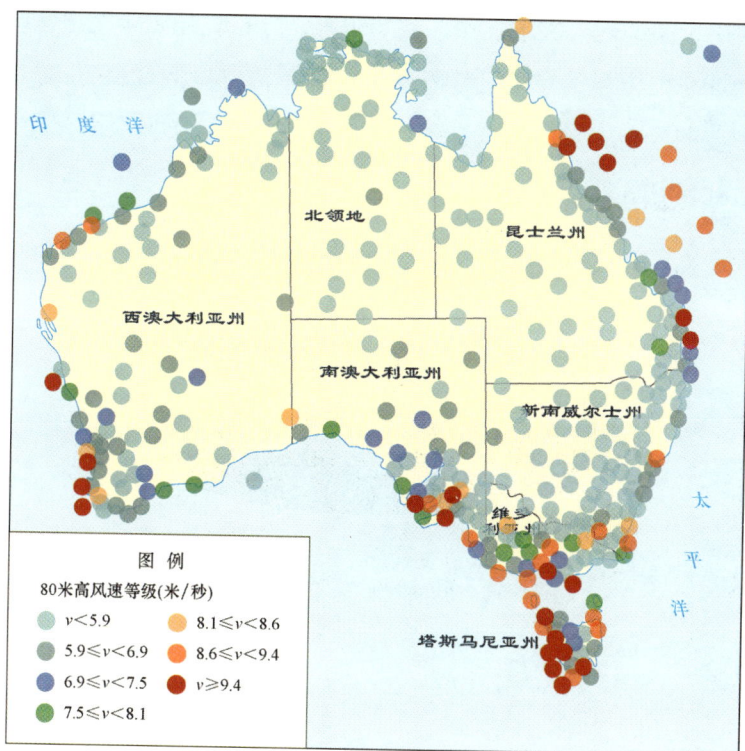

图4-52　澳大利亚风能资源分布示意图

目前平均占电力市场比例达10%。欧洲陆上风电开发受征地、环保等因素影响，发展空间有限，现已逐步转向集中开发海上风电。就光伏发电来看，欧洲发达国家建筑以中低层的独立住宅为主，非常适宜发展屋顶光伏。

分布式能源系统具有能源梯级利用、效率高的特点，受到各国重视。由于规模较小，分布式能源系统的供电对象主要为居民用户。未来，在用户中心地区结合资源可得性、经济性等因素，**发展分布式能源可以作为大电网供电的有益补充。**未来分布式能源形式主要有小水电、分布式风电和太阳能发电系统、生物质发电系统、储能系统等。就生物质能开发来看，欧洲、亚洲、北美洲、南美洲等人口密度大、城市垃圾和农林废弃物产量较大，比较适合发展基于生物质能的分布式能源系统。就太阳能开发来看，各大洲太阳能资源都有广泛分布，在智能电网高度发达和储能技术取得重要突破，以及城镇化高度发展的情况下，城市分布式太阳能系统将是发展重点。考虑到占地、资源条件等因素，分布式风电将与太阳能、储能、其他发电系统一起组成分布式能源系统，多用于偏远地区供电。预计到2050年，分布式能源年发电量折合标准煤约35亿吨，占全球总发电量的15%左右和一次能源消费总量的11.5%左右。其中，太阳能发电是最主要的分布式发电形式，预计占54%左右，其次为水电，约占21%。2050年分布式发电量结构如图4-53所示。

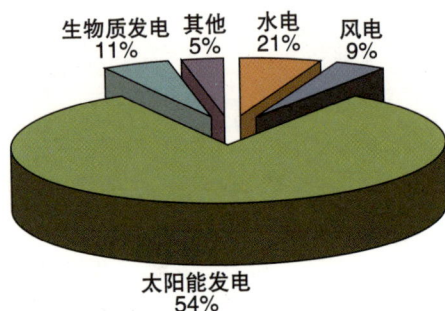

图4-53　2050年分布式发电量结构

四、化石能源开发与利用

为应对气候变化、减少碳排放，化石能源开发将受到严格控制。预计石油和煤炭产量在2020年前后达到峰值，天然气在2030年前后达到峰值，2050年前后的石油、天然气、煤炭产量分别为峰值的1/3、1/2和1/5左右，同时化石能源的跨洲贸易规模将呈现先增后减的变化趋势。

（一）石油

石油生产重心向西半球集中，北美洲对中东和非洲的原油进口需求大幅降低。从资源方面看，西半球非常规石油资源储量的增加为西半球石油产量的增加提供了坚实的支撑。长期以来，位于东半球❶的俄罗斯、中亚、中东和北非等资源国自北向南构成了一条以常规资源为主的油气供应带，是当今世界油气主要供应区。与此对应，西半球的常规油气储量和产量比东半球相去甚远。截至2011年底，西半球石油剩余探明储量占全球的32.7%、天然气占9.3%；石油产量占全球的25.5%、天然气占

---

❶　东半球的陆地有亚洲绝大部分、南极洲的东部、欧洲的绝大部分、非洲的绝大部分、北美洲西北部的一小部分和大洋洲的绝大部分以及许多其他岛屿；西半球的陆地是主要包括北美洲和中南美洲的绝大部分，以及亚洲最东侧的一小部分。

31.6%。近年来，随着技术的不断发展，以加拿大油砂油、美国页岩油、委内瑞拉超重油、墨西哥湾和巴西深水石油，以及北美洲地区的页岩气和煤层气等非常规油气资源开始突破经济、技术界限，将成为重要的油气资源补充。预计2012~2030年间，得益于非常规石油的生产，北美洲地区石油产量年均增长率为0.9%，略高于全球0.8%的年均增长率。由于加拿大的油砂油、页岩油的产量大幅增加，带动加拿大石油产量增长率达到2.1%，远高于世界平均水平（0.3%）；得益于巴西深水石油和委内瑞拉超重油的生产，南美洲石油产量年均增长率为2.5%，其中巴西石油年均增长率高达4.5%；委内瑞拉超重油年均增长率为7.5%。中东地区仍是全球最主要的石油供应区，2030年供应全球约1/3的石油，且2012~2030年石油供应增量占到全球的60%左右。

石油消费重心向亚洲和中东地区转移。 2030年前石油需求增长重心继续向亚洲转移，亚洲区石油需求增量占到全球增量的2/3，这之中最为重要的是中国。中国石油消费增长的速度随着时间的推移而减慢，在2020年之前，年均增长率达到3.7%，而在2020~2030年间，年均增长率降至1.3%。中东地区是世界上汽油和柴油价格最低的地区之一，对石油产品价格的补贴支撑了石油需求的快速增长，石油需求增长率可以达到1.6%。中南美洲、非洲地区仍有大量的发展中国家，2030年之前石油消费仍快速增长，2030年之后增速放缓，并于2050年左右达到石油消费的峰值，其后石油消费规模开始下降。与上述区域相反，在欧洲和北美洲，机动车效率的提高、对燃油征收的高税收以及缓慢的人口增长，都抑制了交通运输领域的能源需求，2030年欧洲、北美洲的石油需求较2012年大幅下降。

2030年中东减少对北美洲和欧洲地区的出口比重，增加向亚太地区的出口份额。2030年，石油输入国主要包括中国、印度等新兴市场国家和欧洲地区；石油输出地主要包括中东、俄罗斯和中南美洲等地区，全球跨洲贸易规模在3亿吨标准煤左右。到2050年，由于清洁能源的大规模开发利用，全球石油需求大幅降低到2030年的1/3左右。由于非常规石油资源的开发利用，各地供应基本能满足自身需求，届时全球石油贸易规模进一步缩减。全球石油流如图4-54所示。

（二）煤炭

亚太地区煤炭消费增长带动全球煤炭消费增长，并于2020年前后达到峰值，此后逐步降低。 亚太地区经济快速增长驱动了对能源的巨大需求，与油气资源相比，

图4-54   全球石油流示意图

亚太地区的煤炭资源相对丰富，中国、印度、澳大利亚煤炭储量均居世界前列。随着洁净煤利用技术的不断进步，提高本区域的煤炭开采规模来满足能源需求增长成为亚太地区国家的现实选择。中国和印度仍旧是煤炭消耗的中心，二者占全球煤炭总需求的比重由2011年的58%提升至2030年的64%。由于经济结构调整过程的影响，中国的煤炭生产增量基本上在2020年之前发生。与中国相比，印度煤炭消费峰值到来的时间要晚一些，且本国的煤炭生产也无法满足自身煤炭消费需求，需要大量进口。预计2020年之后，印度将超过中国成为世界上最大的煤炭进口国，2030年进口量将是目前的三倍以上。得益于中国、印度等发展中国家煤炭消费和进口的增长，亚太地区的澳大利亚、越南、蒙古国、印度尼西亚等国家煤炭生产也大幅增长，预计到2030年澳大利亚的煤炭产量还将增长50%左右。总体看，亚太地区煤炭生产占全球的比重将一直维持在70%以上。

根据各地区煤炭需求预测以及未来清洁能源发展规模与速度推测，**预计2020年左右全球煤炭贸易量将达到峰值**，煤炭输入地主要包括亚洲的新兴市场国家和欧洲等地区，其中亚洲新兴地区进口规模约达7亿吨标准煤，欧洲地区进口约1亿吨标准煤；煤炭输出国主要包括印度尼西亚、澳大利亚、美国、俄罗斯、南非等。2020年之后贸易规模将逐渐缩小。全球煤炭流如图4-55所示。

图4-55 全球煤炭流示意图

（三）天然气

北美洲总体上将从天然气净进口地区变为净出口地区，而原先出口至美国的LNG将转向亚太和欧洲地区。由于北美洲在页岩气开发方面已取得技术和管理上的领先地位，2020年前非常规天然气产量主要来自美国和加拿大，占全球的80%左右。然而，美国公众已开始表现出对水力压裂法开采页岩气带来的环境污染的担心。总体来看，美国的非常规天然气开发由于受到环保方面的影响而将逐渐降低产量增速，预计美国2020年之后非常规天然气产量将保持稳定，大约在6000亿米³/年。随着非常规天然气开发技术的成熟和应用，在2020年后，越来越多的国家开始生产非常规天然气，中国、阿根廷、澳大利亚等国家非常规天然气产量开始大幅提升。当前的美国天然气市场处于供过于求和高库存状态，在美国逐步转变为LNG出口国的同时，也使传统的LNG出口商将出口目标从美国转移到欧洲和亚太市场。

亚太贸易区逐渐成为最重要的天然气市场，消费集中在中国、日本、印度等国，天然气出口主要集中在澳大利亚、印度尼西亚及中东、俄罗斯等地区。未来几十年内，全球天然气市场最深刻的变化发生在亚太地区。除日本和韩国外，出于能源供应多元化和环境保护的需要，亚太地区其他国家的天然气消费具有很大的上涨潜力，2050年前年均消费增长率在4%左右，中国和印度天然气增长率高达5%左右。由于亚太地区天然气资源不够丰富，迫切需要大量进口，来源主要有亚太地区内的澳大利亚、印度尼西亚，以及亚太地区之外的中东、俄罗斯、南非、南美洲和北美洲等地区。

　　预计2030年前后，全球天然气贸易量将达到峰值，跨洲贸易规模达到5亿吨标准煤左右。之后，天然气跨洲贸易量将随着消费需求的下降而降低，2050年天然气供需大致实现洲内平衡，全球贸易规模较小。全球天然气流如图4-56所示。

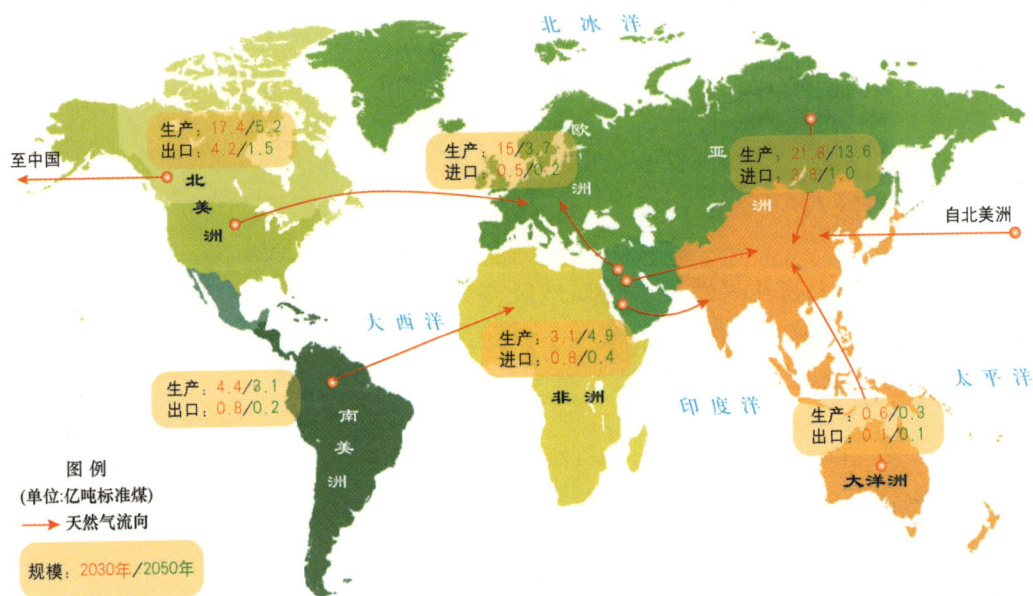

图4-56　全球天然气流示意图

第五节　全球电力流

随着"两个替代"的深入推进，特别是"一极一道"和各大洲大型能源基地开发，以电为中心、全球配置的清洁能源发展格局逐步形成，全球电力流规模和输送距离大幅提升。

一、全球电力流布局思路和原则

全球电力流涉及技术、经济、资源、环境，涉及能源生产、消费、地域分布等多方面因素。在研究全球电力流布局时要坚持"四个原则"、做到"三个统筹"。

四个原则：一是低碳发展原则。目前世界各国政府就气候变化对人类可持续发展的潜在威胁已基本达成共识，主要国家纷纷设定以可再生能源为主导的低碳发展目标，低碳清洁已成为世界能源发展的必然趋势，研究各大洲电力发展和全球电力流时需要把低碳发展作为硬约束。**二是本地优先原则。**各大洲都拥有丰富的水能、风能、太阳能、生物质能、海洋能等可再生能源。各大洲内可再生能源资源开发利用方式有集中式和分布式，以满足本地或附近区域的电力需求，在可靠性、经济性方面与跨国/跨洲送入的电力相比通常具有优越性，应予以优先开发利用。**三是经济高效原则。**北极地区、赤道地区及全球其他主要可再生能源基地开发与远距离输送，要同时考虑可再生能源基地的开发成本和输送成本，采用到达电力受入地区的供应成本与当地可再生能源发电成本进行比较，根据比较结果优化确定跨洲输送规模和方向。**四是技术可行原则。**全球电网互联设计中，跨国/跨洲联络和输电通道应避开跨越高山、远距离跨海等路径，一般跨洲采用特高压直流联网、洲内/国内采用特高压交流或直流联网等。

三个统筹：一是统筹考虑集中式和分布式清洁能源开发。根据资源条件，全球清洁能源资源通常可分为两大类：一类是优质资源，单位面积资源量大、利用小时数高、开发经济性好，这些地区通常日照强烈或者年均风速高，人口相对稀少，远

离负荷中心，主要采取集中式开发，通过电网大规模输送、大范围配置；另一类是一般性资源，多分布在负荷中心附近，阳光和风速温和，人口集中、气候适宜，主要采取分布式开发，就地消纳。未来，开发城市屋顶光伏、生物质能、小水电等分布式能源，可满足一部分用电需求，但更多的清洁电力主要来自于资源条件好、远离负荷中心的大型清洁能源基地，也是全球电力流的重要组成部分。**二是统筹考虑本地和远方清洁能源开发**。研究未来全球电力流的发展规模和输送方向，需要充分考虑各大洲与主要国家的电力需求、可再生能源资源禀赋与发展目标、能源通道可行性和输电技术经济性。当前，太阳能、海洋能等可再生能源发电在经济性、效率等方面与化石能源相比还不具优势，风能发电经济性刚与常规化石能源发电持平，为降低全社会用电成本，将优先开发条件较好、传输距离近的可再生能源资源。未来随着技术进步，以及环境、低碳等约束，化石能源开发利用成本和环境成本提高，清洁能源发电优势逐渐凸显，清洁能源开发范围将逐步扩大，一些较远的可再生能源资源将进入开发范围，全球电力流优化范围也逐步从跨国发展到跨洲，进而发展到全球范围。**三是统筹考虑大洲内电力平衡与洲际能源互补**。首先根据各大洲主要国家的电力发展现状及未来需求、清洁能源发展目标，分析各大洲可再生能源发展空间和需求，明确全球主要的电力受入地区及其受入的市场空间。其次分析"一极一道"及全球其他大型可再生能源基地的开发潜力，及其输电到不同受端地区、考虑了输电成本的供电经济性，明确未来全球清洁能源基地的供应能力和供应成本。在此基础上，以低碳发展和供电经济性为优化多目标，在清洁能源开发供应选择中，优先开发和利用本地条件较好的可再生能源资源，再考虑路径通道和供电经济性的大型可再生能源基地的清洁电力受入，进而确定多送多受格局下的全球电力流规模，得出各大洲电力供需平衡及送/受规模。

全球电力流分析思路框架如图4-57所示。

二、全球电力供应总体情况

未来，随着开发利用成本、低碳清洁和安全性等方面要求的提升，传统化石能源利用的内外部费用将呈上升趋势。而风能、太阳能等可再生能源随着利用规模的增大，其发电成本呈快速下降趋势。化石能源和可再生能源发电成本曲线在未来某

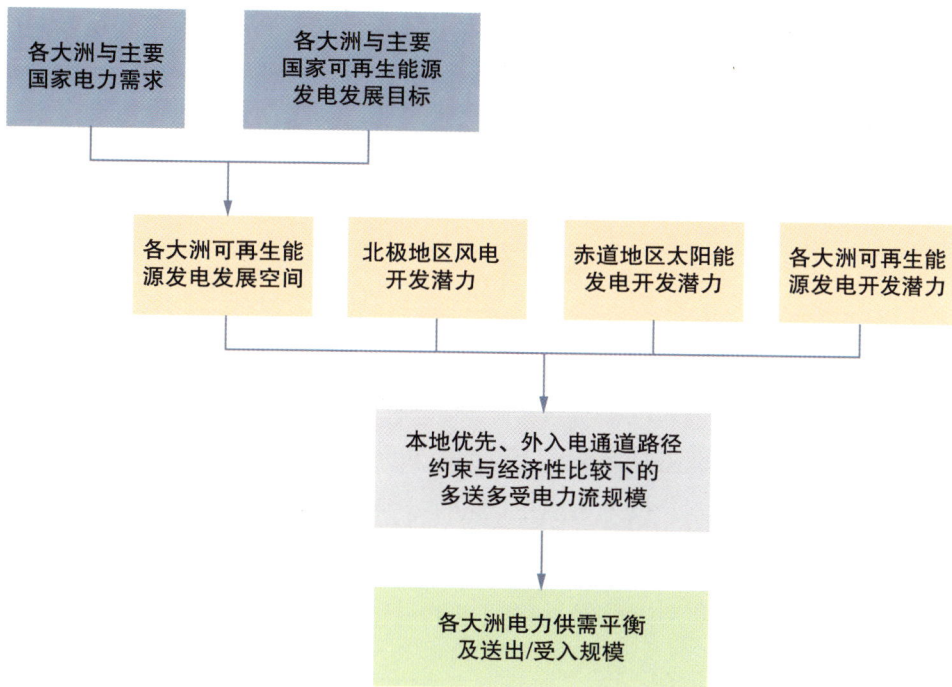

图4-57　全球电力流分析思路框架图

个时间段相交后，可再生能源发电利用成本将低于化石能源。规模效益带来的成本下降，成本下降带来更大的规模，规模增长与成本下降间形成正反馈关系，将使得可再生能源具有广阔发展空间。可以预见，可再生能源将成为发电装机主力，不仅要满足全球新增电力消费需求，还将满足传统化石能源发电机组退役后的装机空间。

从各类能源发电成本变化趋势来看，**陆上风电**在资源较好地区的发电成本可与化石能源发电进行竞争，未来随着规模效应作用，发电成本还将继续下降，具有更大竞争力。虽然**海上风电**的资源条件通常好于陆上风电，但建设和维护成本将高于陆上风电。未来，随着**太阳能发电**技术的发展，材料和制造成本不断下降、发电转化效率不断提升，太阳能发电成本将保持下降趋势，成为未来最重要的可再生能源发电形式。目前**水电**发电成本低于其他能源发电成本，但随着开发条件较好地区的优质资源被开发利用，水电开发不断向偏远地区拓展延伸，受基础设施、开发条件等因素决定，水电资源的开发和输送成本将不断上升。此外，水电流域的生态环保问题也将长期困扰水电开发利用。预计2030年前，水电将一直占据可再生能源发电的主力位置，并将获得快速发展；2030年后，水电开发将进入缓慢增长阶段。当前**煤电**成本低于大多数可再生能源发电。未来随着煤电排放标准的提高、外部费用的内部化及一般资源条件的煤炭资源进入开采利用范围，煤炭发电的内部成本和外部环境成本将不断增大，煤电供应成本将呈稳步增长态势。**海洋能**发电成本较高，目前成本高的可达6元/（千瓦·时）左右。受发电条件和技术突破空间等限制，海洋能发电成本或将一直高于非水可再生能源发电和传统化石能源发电成本，未来发展规模有限。**核电**作为一种重要的清洁能源，在实现能源低碳发展方面可发挥重要作用。但核电具有事故发生小概率、大损失的特点，未来在安全方面的投入将不断加大，使得核电发电成本呈上升趋势。**生物质发电**主要存在燃料收集与供应、燃料利用方式竞争等方面的问题，技术进步空间较小，未来成本下降的可能性不大，预计发电成本将保持相对较高水平。未来随着高寒地区风电技术、材料技术和输电技术的突破提升，预计2035年后，**北极地区风电**的供电成本（发电和输电成本）将在电力受入地区开始逐步具有经济竞争力。

远期来看，随着供电成本的快速下降，太阳能、风能将在电力供应结构中占据主导地位。基于以上供电成本变化趋势，随着"两个替代"的推进，预计到2050年，全球发电结构中的太阳能发电（光伏和光热）比重将达到35%，风能发电比重将达到31%，成为电源结构中的主力。受资源总量约束，预计2050年水电发电量占总电量的比重达到14%左右。生物质发电及其他（主要为地热能等）约占6%。考虑到电力系统运行需要及亚洲、非洲、南美洲部分落后地区的经济承受能力，预计还有10%左右的天然气发电和煤电发电量。

未来水平年各类能源发电量与2050年发电量结构如图4-58、图4-59所示。

预计到2050年，本地集中式开发的水能、风能、太阳能等可再生能源发电量占总发电量的55%左右，分布式发电量约占总发电量的15%，北极地区风电、赤道地区太阳能发电量合计占总发电量的16%左右。2010～2050年全球电力供应结构变化情况如图4-60所示。

三、世界各大洲电力供需平衡

从世界各大洲电力供需平衡情况来看，亚洲、欧洲、北美洲是电力受入地区，

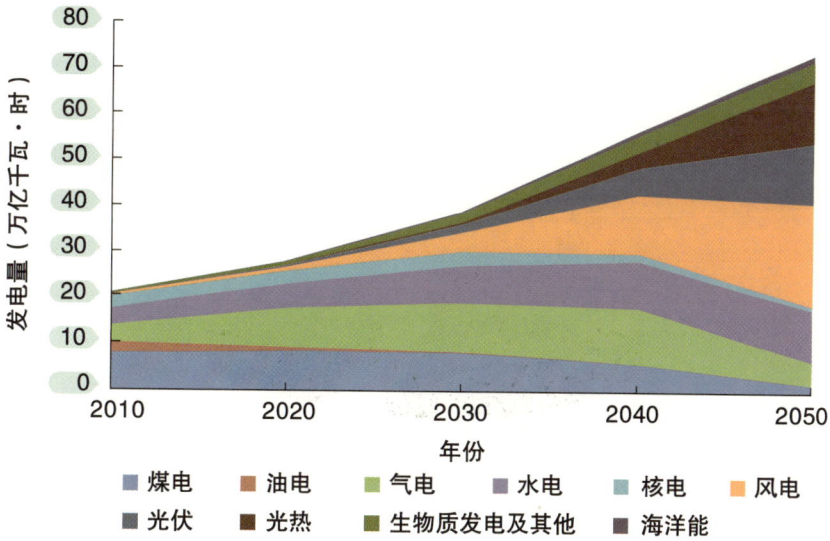

图4-58　2010～2050年世界各类能源发电量变化情况

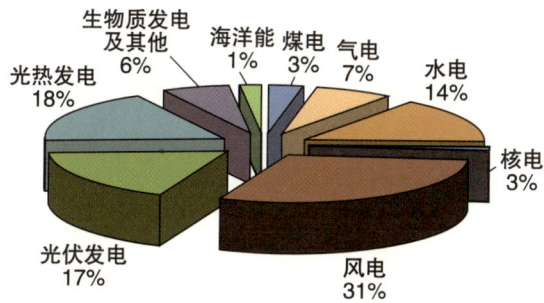

图4-59　2050年世界发电量结构

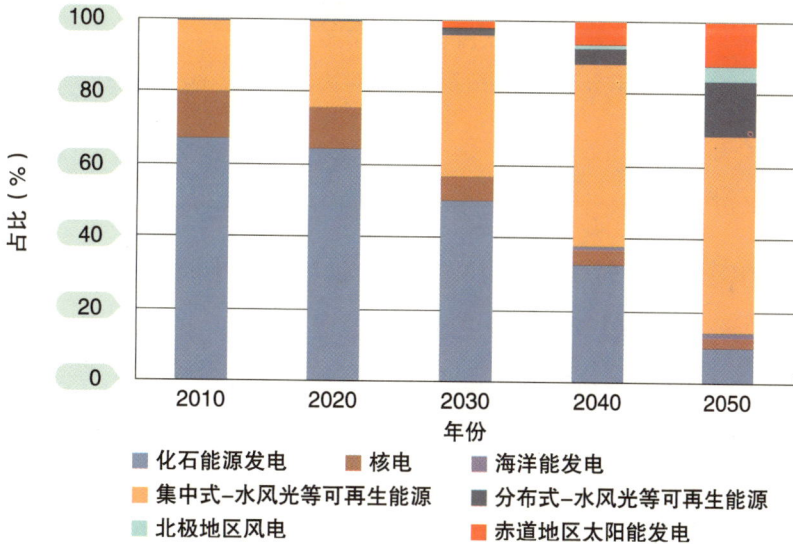

图4-60　2010～2050年全球电力供应结构变化情况

非洲、大洋洲是电力输出地区，南美洲以自我平衡为主。2050年全球电力供应及各大洲供需情况如图4-61所示。

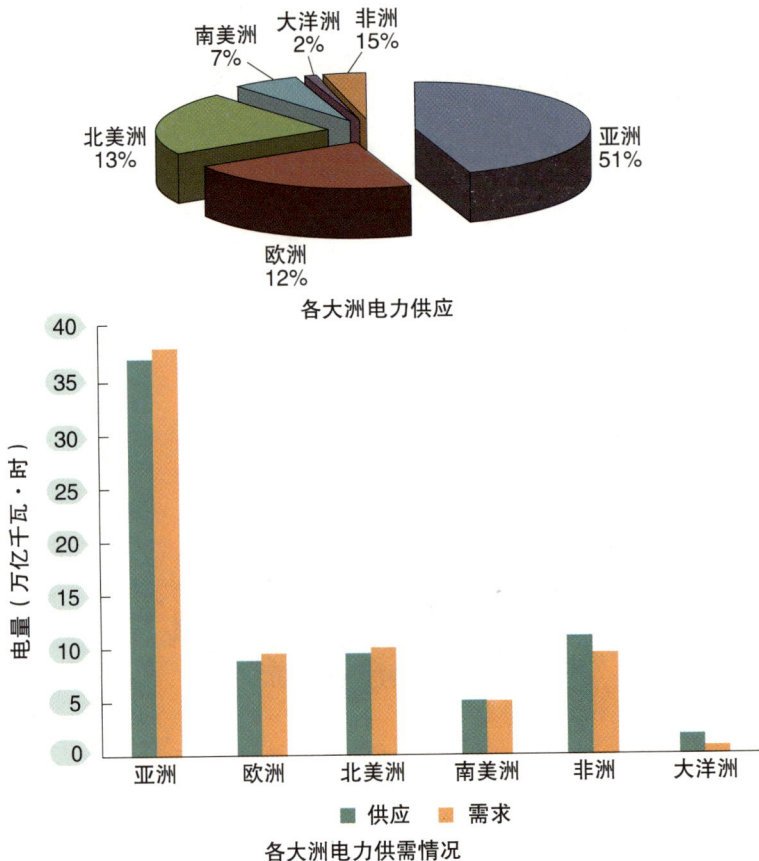

各大洲电力供应

各大洲电力供需情况

图4-61　2050年全球电力供应及各大洲电力供需情况（含"一极一道"）

（一）亚洲

亚洲电力需求保持较快增长，未来电力供应缺口不断增大，是电力受入型地区。亚洲是世界上人口最多的洲，也是电力消费需求最大的洲。未来随着中国、印度、东南亚等人口密集地区经济社会发展，亚洲电力需求将持续增长，居世界各大洲之首。预计2050年，全亚洲电力需求将达到38万亿千瓦·时，占全球的52%，人均用电量上升到7360千瓦·时/年，比2010年增长2.5倍。

亚洲具有丰富的太阳能、风能、水能等可再生能源资源。未来各类电源发展规模主要受资源储量、技术经济性、跨洲输电经济性等方面因素的影响。目前来看，亚洲条件较好的水电资源开发较为充分，未来将进入大型流域中上游开发阶段，预计2050年开发规模达到4.9万亿千瓦·时左右，比2010年增长300%，中等及偏下条件的水电资源基本开发已尽。目前亚洲风电、太阳能发电尚处于大发展的起步阶段，未来在政府支持、技术经济性不断提升的条件下，风电、太阳能发电将迎来大发展期，预计2050年，不含北极部分的风电发电量达到10.4万亿千瓦·时，不含中东的太阳能发电量达到10.1万亿千瓦·时（其中光伏发电约4.6万亿千瓦·时，光热发电约5.5万亿千瓦·时）。亚洲部分发展中国家在未来20年间还将继续发展核电以满足当地电力需求增长和低碳清洁发展需要，预计2040年亚洲核电发电量达到峰值，约1.3万亿千瓦·时。考虑现有核电机组在未来30多年间的逐步退役，预计2050年核电发电量下降到1.25万亿千瓦·时。考虑到中国、印度、中亚、东南亚等发展中国家的经济承受能力和技术发展程度，预计到2050年，亚洲电力供应结构中还将保留一定的燃气、燃煤等化石能源发电量，约占洲内供电量的12%左右。亚洲拥有丰富的海洋能资源，目前也处于世界海洋能利用的前沿。综合考虑技术经济性，预计2050年海洋能发电量可达3000亿千瓦·时，居各大洲之首。考虑亚洲地区的北极地区风电和中东太阳能发电的情况下，预计2050年亚洲的**洲内电力供应能力**[1]将达到37万亿千瓦·时，占全球的51%。其中光伏发电和光热发电占34%，风电占31%，水电占13%，核电占3%。亚洲地域广阔，人口众多，小水电、风能和太阳能、生物质能及其他等分布式发电能源资源丰富，未来分布式发电在满足偏远地区、城市中心地区等需求方面出现较快增长。预计2050年，亚洲分布式发电量约4.5万亿千瓦·时，占电力需求的12%左右。

综合考虑各类电源开发潜力和供电经济性，预计2050年，洲内"一极一道"大型可再生能源基地供电量约3.7万亿千瓦·时/年，约占亚洲电力总需求的10%。其中，白令海峡、喀拉海等北极地区风电及库页岛等周边地区风电送东北亚地区约1.2万亿千瓦·时/年，赤道地区的中东太阳能送南亚地区2.5万亿千瓦·时/年。此外需要从澳大利亚受入1万亿千瓦·时电量，占亚洲电力总需求的2.6%。亚洲电力供应如图4-62所示。亚洲电力供应结构如表4-4所示。

---

[1]　本节中的洲内电力供应能力指本洲内"一极一道"可再生能源基地与洲内其他能源发电量的合计，不考虑洲外受入电力，下同。

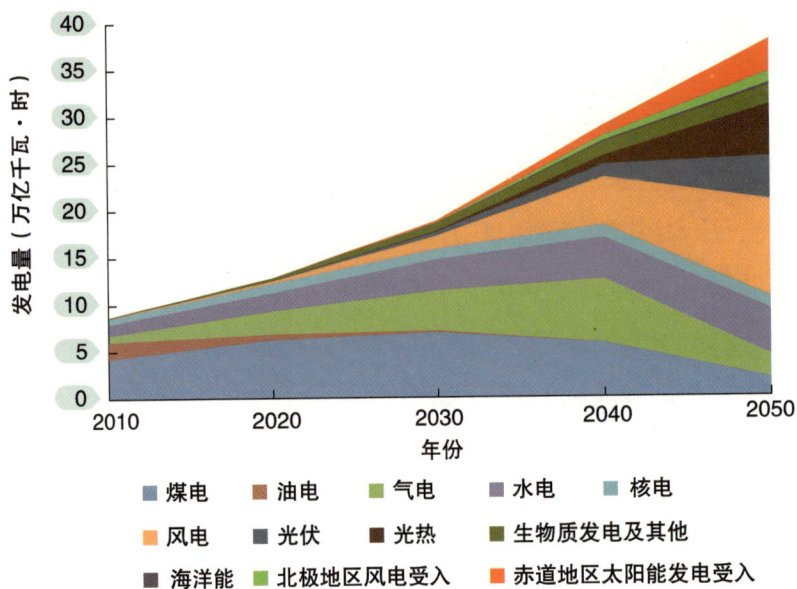

图4-62　亚洲电力供应

表4-4　　　　　　　　　　　　　　亚洲电力供应结构　　　　　　　　　　单位：亿千瓦·时

分类		2010年	2020年	2030年	2040年	2050年
	合计	86941	128170	188500	289000	380200
	煤电	42097	62300	69600	57800	19200
	油电	18358	6190	1700	0	0
	气电	6976	24530	42800	67600	24800
	水电	12097	19520	33300	44200	48900
	核电	5845	9850	10700	13100	12500
发电结构	风电	726	2680	14200	51200	103700
	光伏发电	49	500	4100	13700	46000
	光热发电	3	120	1100	9100	55400
	生物质发电及其他	790	2460	8000	14500	19700
	海洋能发电	0	20	500	1700	3000
	北极地区风电受入	0	0	500	5100	12000
	赤道地区太阳能发电受入	0	0	2000	11000	35000

续表

分类		2010年	2020年	2030年	2040年	2050年
	合计	86941	128170	188500	289000	380200
	分布式	87	2750	9500	22100	44700
开发方式	集中式	86854	125420	176500	250800	288500
	"一极一道"（洲内）	0	0	2500	13100	37000
	"一极一道"（洲外）	0	0	0	3000	10000

（二）欧洲

欧洲电力需求趋于饱和，电能替代带来巨大可再生能源受入需求，是传统的电力受入型地区。欧洲人口已进入平稳下降期。根据联合国的预测，2050年人口为7.1亿人，比2010年下降4%。考虑欧洲部分相对落后国家的用电发展及电能替代等因素，预计2050年欧洲电力需求达到9.5万亿千瓦·时。人均用电量上升到1.3万千瓦·时/年，比2010年增长90%。

未来在低碳清洁发展目标下，预计欧洲燃煤和燃油发电机组在2040年左右全部退役，为满足系统调峰需求，将保留少量的天然气发电装机。欧洲未来清洁电力供应主要来自风电、太阳能发电、水电、生物质能和海洋能发电等。欧洲水电开发前景有限，预计2030年左右水电资源基本开发完毕，年发电量达到1.2万亿千瓦·时左右。受德国等国家弃核政策的影响及核电安全性方面的考虑，以及已有核电机组的逐步退役，预计2020年后欧洲核电装机将保持下降趋势，2050年发电量约6500亿千瓦·时，比目前下降50%左右。未来，欧洲将在积极开发分布式风电和太阳能发电的同时，在资源富集地区集中开发北海风电和南欧太阳能发电，2050年风电发电量达到2.6万亿千瓦·时（不含格陵兰岛、挪威海和风电）左右。2040年前后，挪威海和巴伦支海风电进入开发阶段，在特高压海底电缆技术取得突破后，格陵兰岛风电开发起步，2050年开发规模预计达到1.8万亿千瓦·时。2050年，欧洲太阳能发电量达到1.2万亿千瓦·时（其中光伏发电量0.6万亿千瓦·时，光热发电量0.6万亿千瓦·时）。其中，分布式风电和太阳能发电量达到8600亿千瓦·时，占总电力需求的9%。预计2050年，欧洲电力供应能力约9.0万亿千瓦·时，含格陵兰岛、挪威海和巴伦支海风电的风能发电量占供应能力的49%，太阳能发电占13%，水电占13%。

预计2050年，欧洲需要从洲外（主要是北非）受入电量1.5万亿千瓦·时以满足电量平衡需求。综合考虑各类电源开发潜力和供电经济性，预计2050年，北极地区的格陵兰岛、挪威海和巴伦支海风电基地年发电量约1.8万亿千瓦·时，考虑输电距离和路径、经济性等方面的因素，供电欧洲0.8万亿千瓦·时，约占欧洲总需求的8%；送电北美洲约1万亿千瓦·时。欧洲电力供应如图4-63所示。欧洲电力供应结构如表4-5所示。

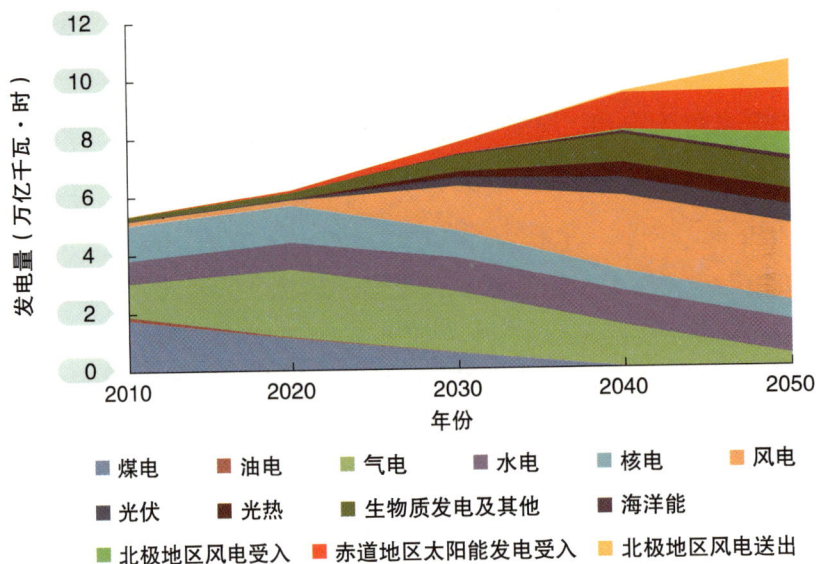

图4-63   欧洲电力供应

表4-5 欧洲电力供应结构 单位：亿千瓦·时

分类		2010年	2020年	2030年	2040年	2050年
供电结构	合计	53304	61930	77900	94900	105000
	煤电	17558	10880	5300	0	0
	油电	1227	360	100	0	0
	气电	11450	23360	21000	14400	4000
	水电	7897	9320	11700	11800	11800
	核电	12025	12700	9300	7000	6500

续表

分类		2010年	2020年	2030年	2040年	2050年
供电结构	风电	1524	1950	15500	26000	26400
	光伏发电	218	290	3000	6100	6400
	光热发电	14	70	1900	5200	5500
	生物质发电及其他	1391	2280	5700	9700	9800
	海洋能发电	0	10	300	1000	1500
	北极地区风电受入	0	0	0	500	8000
	赤道地区太阳能发电受入	0	710	4100	12700	15100
	北极地区风电送出	0	0	0	500	10000
开发方式	合计	53304	61930	77900	94900	105000
	分布式	17	530	1800	4200	8600
	集中式	53287	60690	72000	77000	63300
	"一极一道"受入（洲内）	0	0	0	500	8000
	"一极一道"受入（洲外）	0	700	4100	12700	15100
	"一极一道"送出（洲内）	0	10	0	500	10000

（三）北美洲

北美洲电力供需以自我平衡为主，并适度接受北极地区风电。根据联合国的预测，未来北美洲人口将稳步上升，预计2050年达到4.5亿人，比2010年增长29%。考虑未来电能替代的发展，预计2050年北美洲电力需求达到10.2万亿千瓦·时。人均用电量上升到2.3万千瓦·时/年，比2010年增长50%。

北美洲拥有丰富的风能、太阳能、天然气等能源资源，随着页岩气的大规模开发，天然气供应有望继续保持低价，预计北美洲天然气发电在2030年左右达到峰值，约2.7万亿千瓦·时，之后随着低碳清洁替代的深入，2050年天然气发电量下降到1.5万亿千瓦·时左右。北美洲水电资源丰富，同样面临优质资源开发度较高的问题，未来开发成本将有较大上升。预计2050年，水电发电量将达到1.7万亿千瓦·时左右；核电发电量约1700亿千瓦·时，比2010年下降80%。北美洲风能和太阳能资源非常丰富，美国中西部风电和太阳能资源适合集中式大规模开发，民居中分散式、小高层住宅较多，非常适合发展分布式太阳能和风力发电系统，预计2050年北美洲风电发电量可达2.3万亿千瓦·时，太阳能发电量达2.5万亿千瓦·时（其中光伏发电量1.3万亿千瓦·时，光热发电量1.2万亿千瓦·时）。分布式光伏和风力发电量预计可达1.6万亿千瓦·时，占总需求的15%。预计2050年北美洲的洲内电力供应能力达9.2万亿千瓦·时，电力供应以风电、太阳能发电为主，约占52%，天然气发电占16%，水电占19%。

北美洲太阳能资源主要集中在西南部地区，风电资源也以西部为多，而东部地区负荷比重较高。综合考虑北美洲西部地区风电、太阳能开发并输送到东部地区，及其与格陵兰岛风电送北美洲东部地区的经济性比较，预计2050年，北美洲地区将受入格陵兰岛风电约1万亿千瓦·时/年以满足电量平衡。北美洲电力供应如图4-64所示。北美洲电力供应结构如表4-6所示。

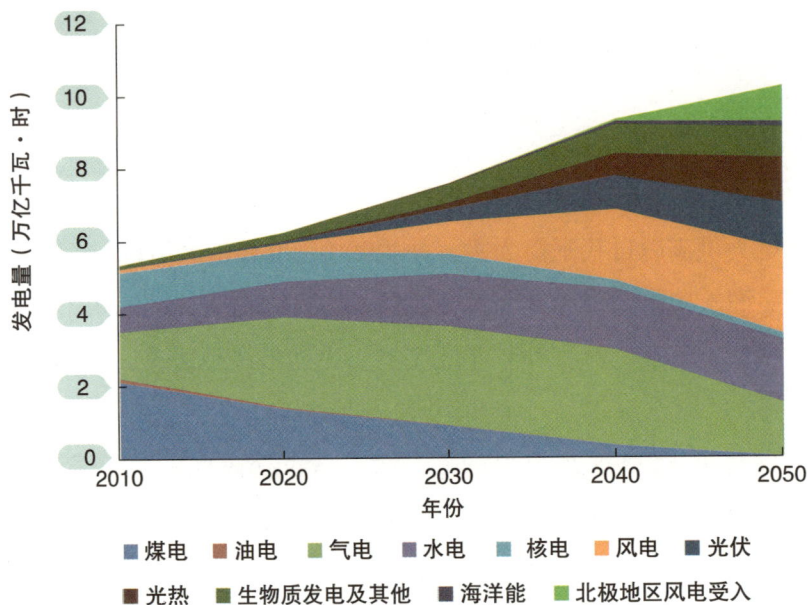

图4-64　北美洲电力供应

表4-6 　　　　　　　北美洲电力供应结构 　　　　　单位：亿千瓦·时

	分类	2010年	2020年	2030年	2040年	2050年
	合计	53337	62390	75800	93100	102400
	煤电	21160	13600	8800	3200	0
	油电	1020	330	100	0	0
	气电	12770	25030	27300	26300	14900
	水电	6980	9840	14500	16900	17400
发电结构	核电	9355	8370	5600	2200	1700
	风电	1055	2220	9000	19700	23400
	光伏发电	55	500	3600	9200	12800
	光热发电	6	120	1500	6100	12300
	生物质发电及其他	936	2370	5100	8000	8400
	海洋能发电	0	10	300	1000	1500
	北极地区风电受入	0	0	0	500	10000
	合计	53337	62390	75800	93100	102400
	分布式	31	970	3400	7800	15700
开发方式	集中式	53306	61420	72400	84800	76700
	"一极一道"（洲内）	0	0	0	0	0
	"一极一道"（洲外）	0	0	0	500	10000

（四）南美洲

南美洲电力需求增长较快，考虑赤道地区太阳能发电后总体是自我平衡型地区。根据联合国预测，未来南美洲人口将稳步上升，预计2050年达到7.8亿人，比2010年增长31%。考虑未来用电需求发展和电能替代，预计2050年南美洲电力需求达到5.1万亿千瓦·时。人均用电量上升到6550千瓦·时/年，比2010年增长2.6倍。

南美洲拥有丰富的水能资源，未来将加大亚马孙河流域水电资源开发，预计

2050年水电发电量将达到1.5万亿千瓦·时。目前南美洲风电、太阳能发电处于发展
的起步阶段，未来将加快开发以满足电力需求增长，预计2050年南美洲风电发电量
达到9500亿千瓦·时，太阳能发电量达到1.9万亿千瓦·时（其中光伏发电1.1万亿千
瓦·时，光热发电0.8万亿千瓦·时）。南美洲拥有丰富的农林作物等生物质能资源
及地热能资源，未来发电将保持稳定增长，预计2050年发电量达到4000亿千瓦·时
左右。预计2050年，南美洲的洲内电力供应能力约5.1万亿千瓦·时，可再生能源供
应比重占96%，其中水电占29%，风电和太阳能占55%。

预计2050年南美洲电量供需实现自我平衡，但电力供应中来自秘鲁、智利等赤
道地区太阳能发电基地的电量约1万亿千瓦·时，主要向巴西等东部电力负荷中心送
电。南美洲电力供应如图4-65所示。南美洲电力供应结构如表4-7所示。

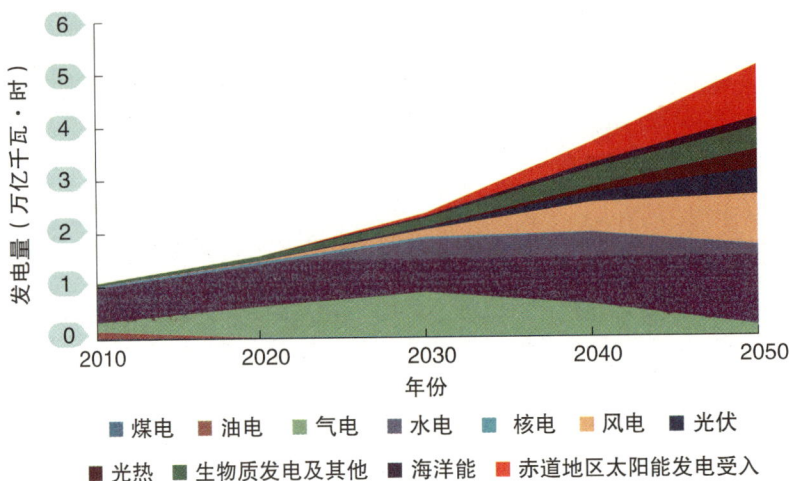

图4-65   南美洲电力供应

表4-7   南美洲电力供应结构   单位：亿千瓦·时

分类		2010年	2020年	2030年	2040年	2050年
发电结构	合计	10623	15630	23400	36700	51300
	煤电	220	200	200	100	0
	油电	1370	10	0	0	0
	气电	1620	5840	8400	6000	2000

续表

分类		2010年	2020年	2030年	2040年	2050年
发电结构	水电	6711	8070	10000	13500	15100
	核电	217	370	400	100	100
	风电	35	240	1400	5600	9500
	光伏发电	0	60	400	1800	4800
	光热发电	0	10	100	1100	3800
	生物质发电及其他	450	820	1600	3500	4300
	海洋能发电	0	10	300	1000	1700
	赤道地区太阳能发电受入	0	0	600	4000	10000
	合计	10623	15630	23400	36700	51300
开发方式	分布式	16	499	1700	4000	8100
	集中式	10607	15131	21100	28700	33200
	"一极一道"（洲内）	0	0	600	4000	10000
	"一极一道"（洲外）	0	0	0	0	0

（五）非洲

非洲地区的可再生能源资源非常丰富，是电力输出型地区。根据联合国的预测，未来非洲人口将保持快速增长，预计2050年达到23.9亿人，比2010年增长132%。考虑未来用电需求发展和电能替代，预计2050年非洲电力需求达到9.5万亿千瓦·时。人均用电量接近4000千瓦·时/年，比2010年增长5.3倍。

非洲拥有全球最丰富的太阳能资源和风能资源，以及非常丰富的水能资源。当前非洲经济发展落后，电力需求规模和人均用电量都较小，电能供应以传统化石能源和水电为主，风能和太阳能等可再生能源比重非常低。未来，随着非洲人口增长和经济社会发展，非洲风电和太阳能发电将得到快速发展。预计2050年风电发电量达2.9万亿千瓦·时，太阳能发电量（不含北非和东非外送规模）约2.1万亿千瓦·时（其中光伏发电量0.6万亿千瓦·时，光热发电量1.5万亿千瓦·时）。

未来非洲将加快刚果河、赞比西河、尼罗河流域的大型水电开发，预计2050年水电发电量达到6500亿千瓦·时左右。考虑到非洲经济发展落后于其他大洲，预计未来非洲还将保留一定的煤电和天然气发电量，预计2050年合计约6100亿千瓦·时左右。预计2050年非洲电力供应规模在11万亿千瓦·时左右，燃气和燃煤发电量比重占6%，太阳能发电、风电和水电发电量比重达到92%。

北非和东非地区的太阳能发电基地将是全球能源互联网的重要送端基地。考虑世界各大洲电力供需情况，预计2050年赤道地区的北非和东非太阳能发电基地电力输出规模将达到4.5万亿千瓦·时，占全球电力总需求的6%。其中向欧洲送电规模约1.5万亿千瓦·时，向非洲南部、西部和中部送电规模约3万亿千瓦·时。非洲电力供应如图4-66所示。非洲电力供应结构如表4-8所示。

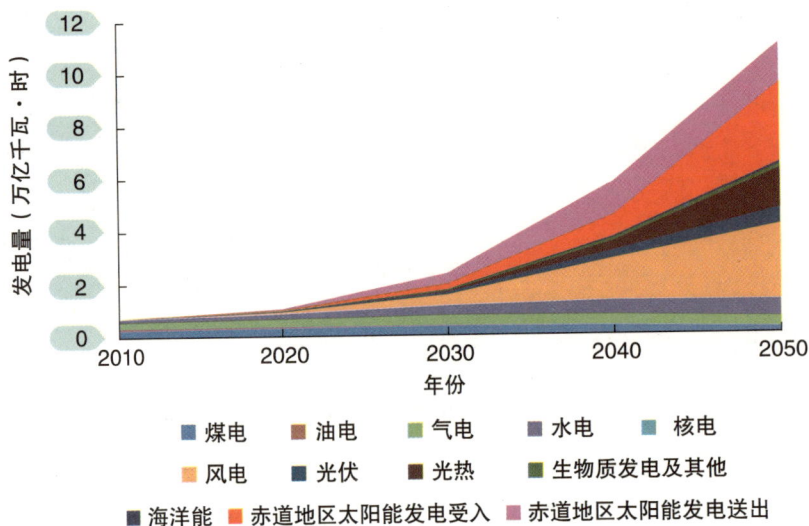

图4-66　非洲电力供应

表4-8　　　　　　　　　　　非洲电力供应结构　　　　　　　单位：亿千瓦·时

分类		2010年	2020年	2030年	2040年	2050年
供电结构	合计	6882	10570	23700	58000	110100
	煤电	2630	3170	3500	3200	2100
	油电	710	360	200	0	0
	气电	2280	2920	4000	4200	4000

续表

分类		2010年	2020年	2030年	2040年	2050年
供电结构	水电	1085	2120	3600	5400	6500
	核电	121	140	200	200	200
	风电	22	750	4100	16000	28600
	光伏发电	1	140	800	2800	6000
	光热发电	0	50	500	3600	15000
	生物质发电及其他	33	200	500	1200	1500
	海洋能发电	0	10	200	700	1100
	赤道地区太阳能发电受入	0	0	2000	8000	30000
	赤道地区太阳能发电送出	0	710	4100	12700	15100
	合计	6882	10570	23700	58000	110100
开发方式	分布式	58	1840	6400	14800	29900
	集中式	6824	8020	11200	22500	35100
	"一极一道"（洲内）	0	700	6100	21000	45000
	"一极一道"（洲外）	0	0	0	0	0

（六）大洋洲

大洋洲资源富集，电力需求规模相对较小，是电力输出型地区。根据联合国的预测，未来大洋洲人口将保持平稳增长，预计2050年达到0.6亿人，比2010年增长55%。考虑未来用电需求发展和电能替代，预计2050年大洋洲电力需求达到0.7万亿千瓦·时。人均用电量接近1.3万千瓦·时/年，比2010年增长57%。

大洋洲拥有丰富的太阳能和风能资源，未来电力供应主要来自水电、风电和太阳能发电。预计2050年电力供应规模1.7万亿千瓦·时，其中风电占12%，太阳能发电占71%，水电占6%。

考虑世界各大洲电力供需形势与经济性，预计2050年澳大利亚电量输出规模在1万亿千瓦·时左右，送东南亚地区。

大洋洲电力供应如图4-67所示。大洋洲电力供应结构如表4-9所示。

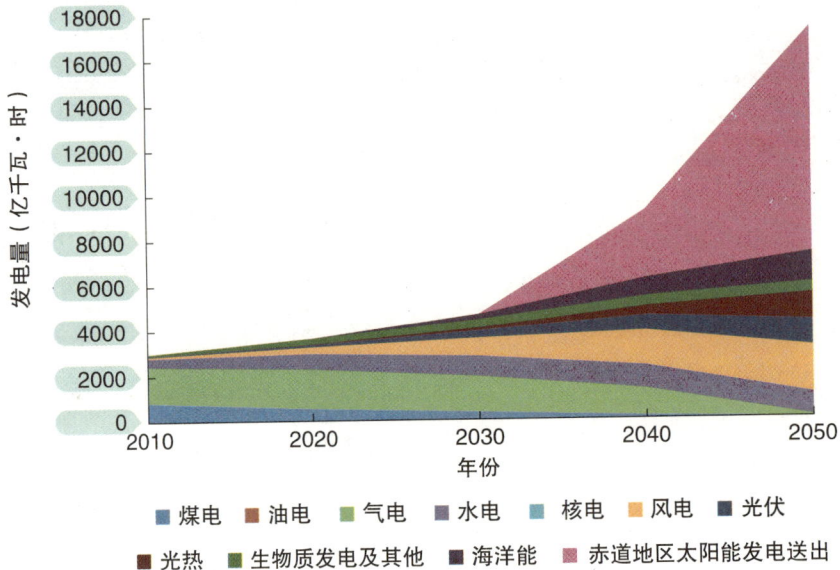

图4-67　大洋洲电力供应

表4-9　　　　　　　　　　大洋洲电力供应结构　　　　单位：亿千瓦·时

分类		2010年	2020年	2030年	2040年	2050年
	合计	3005	3660	4690	9260	17450
发电结构	煤电	848	540	350	130	0
	油电	0	0	0	0	0
	气电	1600	1750	1580	1200	100
	水电	391	700	910	1030	1100
	核电	0	0	0	0	0
	风电	71	300	810	1550	2090
	光伏发电	5	80	310	670	1130
	光热发电	1	20	130	410	1200
	生物质发电及其他	89	260	360	460	490
	海洋能发电	0	10	240	810	1340
	赤道地区太阳能发电送出	0	0	0	3000	10000
开发方式	合计	3005	3660	4690	9260	17450

续表

分类		2010年	2020年	2030年	2040年	2050年
开发方式	分布式	5	160	600	1300	2800
	集中式	3000	3500	4090	4960	4650
	"一极一道"（洲内）	0	0	0	3000	10000
	"一极一道"（洲外）	0	0	0	0	0

四、全球电力流发展趋势

"一极一道"能源基地电力外送、相邻洲之间的电力交换以及洲内大型能源基地在洲内平衡消纳，形成全球电力流总体布局，对未来全球能源可持续发展非常关键。

（一）"一极一道"电力外送

综合考虑各大洲电力需求、可再生能源资源及其开发潜力、送电路径与经济竞争力等因素，"一极一道"电力开发外送优先开发北非太阳能。初步考虑2030年"一极一道"电力外送规模约9200亿千瓦·时，其中赤道地区太阳能电力外送规模约8700亿千瓦·时，北极地区风电外送规模约500亿千瓦·时；2040年"一极一道"电力外送规模约4.2万亿千瓦·时，其中赤道地区太阳能外送规模约3.6万亿千瓦·时，北极地区风电外送规模约0.6万亿千瓦·时；2050年"一极一道"电力外送规模约12万亿千瓦·时，约占全球电力需求的16%，其中北极地区风电外送规模3万亿千瓦·时，赤道地区太阳能外送规模9万亿千瓦·时。"一极一道"开发时序及外送规模如表4-10所示。

表4-10　　　　　"一极一道"开发时序及外送规模　单位：万亿千瓦·时

类型	2030年	2040年	2050年
北极地区风电	0.05	0.6	3
赤道地区太阳能发电	0.87	3.6	9
合计	0.92	4.2	12

　　未来"一极一道"可再生能源基地送出电力流，总体呈现"北极地区向南辐射，赤道地区向南北辐射"特征。亚洲电力需求总量大、增长快，欧洲电力需求总量大且资源贫乏，发展可再生能源的需求迫切。从地理位置看，亚洲和欧洲开发利用北极地区风电资源明显具有地理优势，欧洲开发利用赤道地区太阳能的优势更加明显。到2050年，亚洲受入"一极一道"可再生能源电量占本洲电量总需求的12%，欧洲受入电量约占本洲电量总需求的24%。非洲和南美洲横跨赤道，太阳能资源丰富，但洲内太阳能资源分布并不均衡，具备洲内跨国送电的条件和潜力，预计2050年非洲内赤道地区太阳能电量的跨国输送规模占本洲总用电量的32%，南美洲约占20%。

　　北美洲风能、太阳能、水能资源都非常丰富，基本能够满足本洲未来的电力需求，跨洲输电兼顾东西时差互济和北极外送风电，北极地区风电受入比重在10%左右。"一极一道"电力送出及各洲电力受入规模如图4-68所示。"一极一道"电力流外送规模与方向如图4-69、表4-11所示。

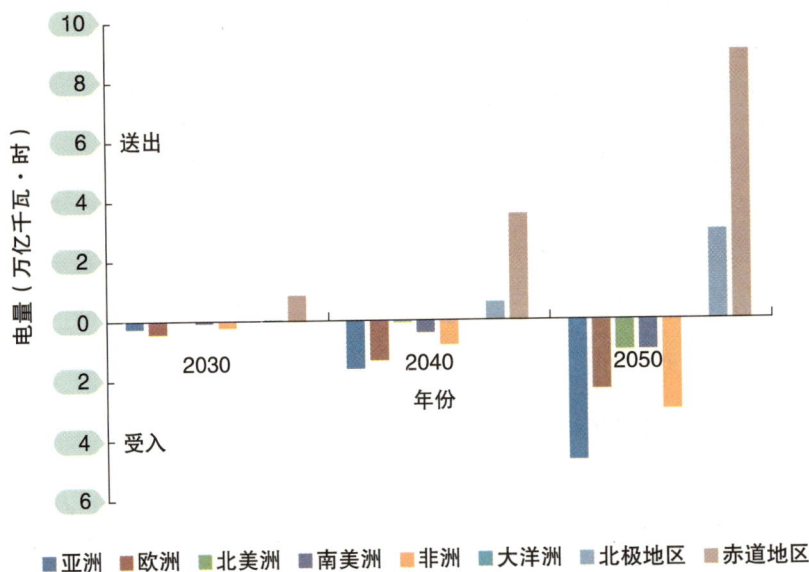

图4-68　"一极一道"电力送出及各洲电力受入规模

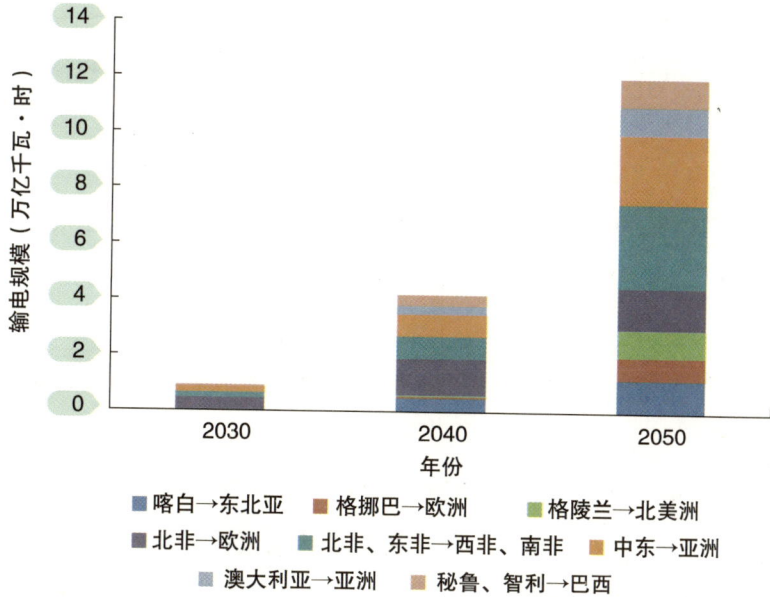

图4-69　"一极一道"电力流外送规模与方向

注　喀拉海和白令海峡风电简称喀白；格陵兰岛、挪威海和巴伦支海风电简称格挪巴。

表4-11	"一极一道"电力流外送规模与方向		单位：亿千瓦·时
	2030年	2040年	2050年
北极地区	500	6000	30000
喀白→东北亚	500	5000	12000
格挪巴→欧洲	0	500	8000
格陵兰→北美洲	0	500	10000
赤道地区	8700	36000	90000
北非→欧洲	4100	13000	15000
北非、东非→西非、南非	2000	8000	30000
中东→亚洲	2000	8000	25000
澳大利亚→亚洲	0	3000	10000
秘鲁、智利→巴西	600	4000	10000

（二）跨洲电力流向和规模

2030年前，全球电力流以各大洲内跨国及距离较近的北非—欧洲优先开展跨洲联网，但跨洲电力流规模不大，处于起步发展阶段。这一阶段，洲内的跨国电力流主要有蒙古国风电和太阳能发电、俄罗斯水电、中亚可再生能源发电向中国等东北亚负荷中心地区输电；喀拉海、白令海峡等北极地区风电基地向东北亚负荷中心地区送电；北非和东非的赤道地区太阳能和风电向非洲西部和南部地区送电。这一阶段最重要的跨洲电力流主要有北非太阳能发电基地向欧洲负荷中心地区输电，输电规模在亿千瓦级；亚洲中部地区向欧洲输电的亚欧洲际输电，在亚洲中部的哈萨克斯坦、中国新疆、俄罗斯西伯利亚地区建设大型可再生能源基地，向欧洲负荷中心地区送电。2030年全球跨洲和洲内跨国电力流如图4-70所示。

2030～2050年间，随着清洁能源发电技术和输电技术的进一步发展成熟，"一极一道"可再生能源发电基地进入大规模开发阶段。各大洲内资源和开发条件好的集中式风能、太阳能资源开发率已经较高，分布式风能、太阳能开发主要在人口集

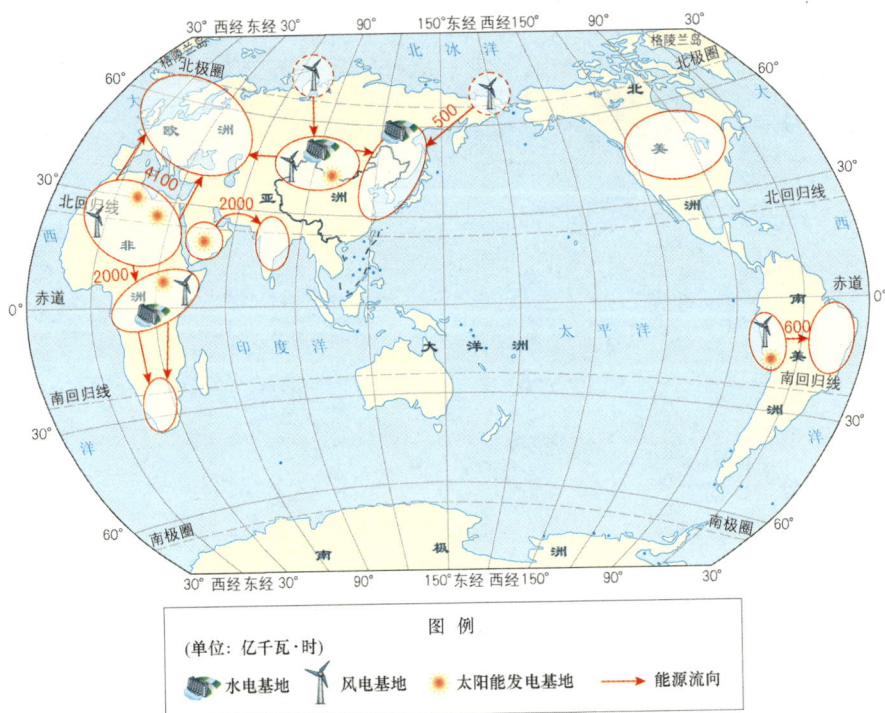

图4-70 2030年全球跨洲和洲内跨国电力流

中的城市地区，开发规模大，主要解决社区用电问题。随着人类对北极认识的不断
深入，北极地区风电逐步具备大规模开发条件，全球可再生能源开发将逐渐从各大
洲大型清洁能源基地向北极地区和赤道地区转移，通过大规模开发北极地区风能资
源和赤道地区太阳能资源，满足亚洲、欧洲和北美洲等负荷中心地区持续增长的电
力需求。这一阶段，全球电力流主要为洲内跨国电力流和"一极一道"送出电力流。
随着各大洲电力需求的增长以及清洁能源替代，各大洲内大型可再生能源基地主要
满足本洲电力需求，原有的亚欧洲际输电转变为亚欧洲际联网。跨洲电力流需求进
一步增大，"一极一道"可再生能源基地进入大规模开发阶段，全球跨洲电力流以
"一极一道"向各大洲送电为主，送电规模超过亿千瓦。以"一极一道"和各大洲清
洁能源基地为核心，形成全球电网互联、清洁能源全球范围配置格局。2050年全球
主要电力流如图4-71所示。

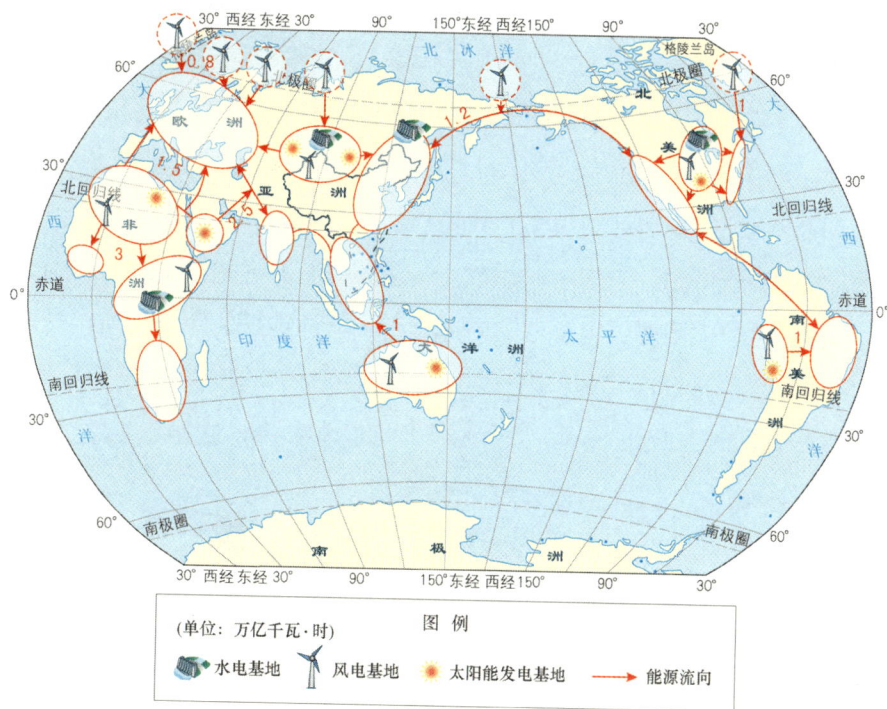

图4-71　2050年全球主要电力流

　　以上是基于清洁能源加快发展、全球能源互联网加快建设情景下，对全球电力
流的总体考虑。在实际发展过程，受洲内清洁能源开发及其技术经济性、"一极一
道"电力开发与输送经济性等因素影响，未来全球电力流规模存在较大不确定性。

1. 北极

北极地区具有非常丰富的风能资源，但存在着开发、建设、运维条件艰苦，输电距离长等方面的问题，将北极地区风电输送到欧洲、亚洲和北美洲的负荷中心，将很大程度上取决于北极地区风电开发和输送的经济性，即北极地区风电在电力受入地区与当地各类电源供电成本的经济竞争力比较。在2050年北极风电外送3万亿千瓦·时的情景方案中，设定极地风电开发技术、输电技术取得重大突破，经济性极大提升。考虑未来在北极地区风电开发和输送技术经济性方面的不确定性，2050年北极地区风电外送规模也可能下降到2万亿千瓦·时左右，格陵兰岛、挪威海和巴伦支海风电、喀拉海和白令海峡风电基地规模均有下降。

2. 非洲

就非洲内部电力流来看，2011年，非洲电力需求较大的地区主要为南部非洲地区和北非，南部非洲电力联盟、东部非洲电力联盟等机构近中期规划的洲内电力流向为北部、中部大型电源基地向南部非洲地区输电。未来，随着无电人口的消失及人均用电水平的提高，西非、南部非洲地区、北非、东非的总用电量将快速发展到较高水平，中非地区用电量相对较低（见图4-72）。由于中非、东非地区具有非常丰富的水电资源，且水电出力稳定、利用小时数高；东非、南部非洲地区拥有资源条件居世界前列的优质太阳能资源，未来中非、东非、南部非洲地区的水电、太阳能资源大规模开发，将影响北非太阳能发电基地向中部和南部非洲地区的输送规模。受此影响，2050年，北非和东非送西部和南部非洲的电力流可能从情景方案中的3万亿千瓦·时下降到1万亿千瓦·时左右。

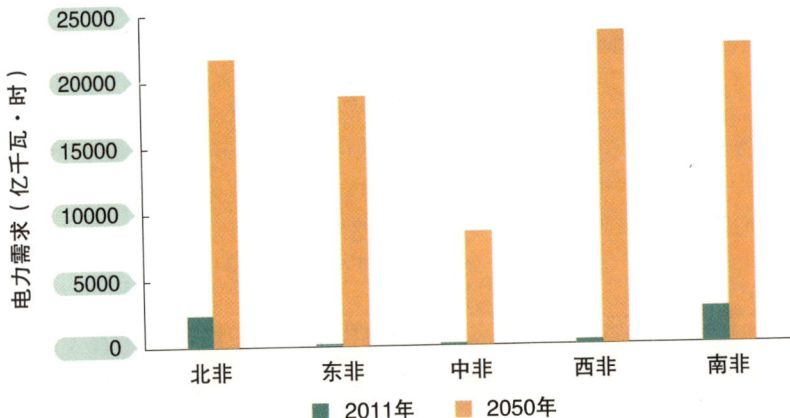

图4-72 未来非洲各区域电力需求预测

3. 南美洲

就南美洲太阳能发电基地开发情况来看，虽然秘鲁、智利拥有较好资源条件，但一方面当地拥有丰富的风能和水能资源，太阳能开发成本较高；另一方面，南美洲太阳能发电基地向巴西等东部负荷中心地区送电将面临翻越安第斯山脉、绕过雨林保护区等问题，或将影响秘鲁、智利等南美洲赤道地区太阳能发电基地的开发和外送规模。

（三）其他机构的研究预测

有关国际机构基于应对气候变化、能源低碳发展需求对未来能源发展进行了系统研究，设定不同研究目标和边界条件，得出了不同发展结果。

IEA预计未来20年间，世界核电还将有较大规模的发展，从2013年的3.9亿千瓦增长到2040年的6.2亿千瓦。在新政策情景[1]下，2012~2040年间，常规化石能源发电量将从15万亿千瓦·时增长到22万亿千瓦·时，占比从68%下降到55%；非水可再生能源发电量将从1万亿千瓦·时增长至7万亿千瓦·时，占比从5%增长至17%。

WEC发布的2013年研究报告，在考虑各国未来能源需求的情况下，预计2010~2050年，煤电发电量将从8.7万亿千瓦·时增长到20万亿千瓦·时，其中带碳捕捉和存储（Carbon Capture and Storage, CCS）的煤电发电量约1万亿千瓦·时；核电发电量将从2.8万亿千瓦·时增长到3.3万亿千瓦·时，核电装机将从3.7亿千瓦增长至4.2亿千瓦，而在交响乐情景下，核电发电量和装机容量将分别达到7万亿千瓦·时和8.8亿千瓦。

BP发布的《BP Energy Outlook 2035》中，在2012~2035年间，煤炭发电量将增长35%，核电发电量将增长53%。2035年各类能源发电量结构如图4-73所示。

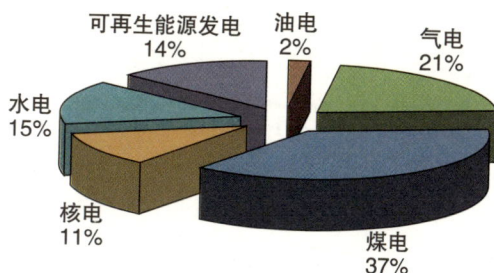

图4-73　2035年各类能源发电量结构

资料来源：BP，BP Energy Outlook 2035。

---

[1] 新政策情景，考虑了到2014年中被采纳的影响能源市场的政策和措施，以及那些需要实施细则来落实的相关政策建议。

　　总体来看，各研究机构对未来人类应对气候变化的决心已经形成共识，但对应对气候变化发展进程的认识有所不同。根据IPCC的报告，要满足到2050年大气温升控制在2℃以内的目标要求，世界各国实施清洁能源替代、电能替代的力度需要进一步加大，可再生能源开发利用规模和占比要更高，才能更好地实现人类社会可持续发展目标。为实现这一目标，"一极一道"及各大洲大型可再生能源基地应加快开发进程、提高开发规模，将全球大型可再生能源基地纳入全球范围配置。

小结

（1）基于对未来经济社会发展、能源资源供应、能源环境约束、能源技术进步和能源政策调控的趋势研判，预计全球一次能源消费总量将由2010年的188亿吨标准煤增至2050年的300亿吨标准煤，年均增长1.2%，低于经济平均增速。全球电力需求将由2010年的21万亿千瓦·时增加至2050年的73万亿千瓦·时，年均增长3.1%，高于经济平均增速和能源需求增速。能源结构将从化石能源为主、清洁能源为辅，向清洁能源为主、化石能源为辅发生根本性转变。亚洲、非洲、南美洲地区在全球能源电力消费格局中的地位继续提升，欧美发达地区能源电力消费占比下降，但仍是能源电力消费最密集的地区。

（2）北极地区风能、赤道地区太阳能及各大洲丰富的可再生能源资源得到充分开发。预计到2050年，全球清洁能源发电量将达到66万亿千瓦·时，占总电量的90%，成为主导能源。其中，太阳能（光伏和光热）发电量达到26万亿千瓦·时，比重提升到35%，风能发电量22万亿千瓦·时，比重达到31%，太阳能发电和风电将成为清洁电力发展的绝对主力。

（3）2030年之前，全球电力流主要以洲内跨国及距离较近的跨洲输电（北非—欧洲、中亚—欧洲）为主，跨洲电力流规模处于快速增长的初始阶段。2030年之后，各大洲内资源条件较好、易于开发的集中式风能、太阳能资源逐渐开发完毕，开发重点逐渐向北极地区和赤道地区转移。预计2050年，全球"一极一道"外送电力流将达到12万亿千瓦·时，占全球电力需求的16%，需要构建全球能源互联网以实现清洁能源的全球

优化配置。如果重点考虑非洲中部和南部地区水能和太阳能资源的充分开发，2050年全球"一极一道"外送电力流可能降低到10万亿千瓦·时，占全球电力需求的14%。

第五章
构建全球能源互联网

　　构建服务范围广、配置能力强、安全可靠性高、绿色低碳的全球能源互联网，是实施"两个替代"，推动全球清洁能源高效开发、配置、利用，实现世界能源可持续发展的必由之路。关键要加强特高压和智能电网技术创新，建立全球能源合作机制，共同推进各国泛在智能电网、各洲互联电网和跨洲特高压骨干网架建设，加快构建全球互联的坚强智能电网，形成以清洁能源为主导、电力为中心、全球配置资源的世界能源发展新格局。

第一节　坚强智能电网与全球能源互联网

在能源和电力需求增长的驱动下，世界电网经历了从传统电网到现代电网，从孤立城市电网到跨区、跨国大型互联电网的跨越发展，进入以坚强智能电网为标志的新阶段。适应"两个替代"的新要求，坚强智能电网将向全球广泛互联方向加快发展，构建全球能源互联网，为世界经济社会发展提供更安全、更经济、更清洁、可持续的能源。

一、坚强智能电网

自1875年在法国巴黎建成世界上第一座火力发电厂开始，至今世界电力工业已发展了一百三十多年。进入21世纪，建设具有跨国和跨洲电力配置能力、灵活适应新能源发展和多样化需求服务的现代电网体系——坚强智能电网，成为世界电网发展的方向和战略选择。

（一）世界电网发展规律

世界电网在需求增长和技术进步的推动下呈现出电压等级由低到高、联网规模从小到大、自动化水平由弱到强的发展规律。

1. 电压等级提升

由于电网输电损耗与线路电流平方成正比，在输送同样功率的情况下，提高电网电压，减小线路电流，是实现电力远距离、大容量、低损耗输送的有效途径。随着电力系统容量逐渐扩大，电力负荷越来越高，对线路的输送功率需求越来越大，输电线路电压等级需要逐渐提升。一般来说，更高一级电压的引入时间，就是系统尖峰负荷功率增长到4倍及以上的时间。从历史看，在经济持续增长阶段，新的更高电压等级的出现时间一般为15～20年。1891年，德国最早开始建设的交流输电线路电压为13.8千伏，至1900年美国已经建成60千伏高压线路。1952年，瑞典建成世界上第一条380千伏超高压线路；至1969年，美国投运的超高压线路达到765千伏。2009年，中国第一条1000千伏商用特高压交流线路投运。直流输电技术的发展主要经历了汞弧阀换流、晶闸管换流两个阶段，目前正在开发应用基于可关断器件的柔性直流输电，输电电压等级也随着需求不断提高。从1882年德国最早开始建设的1.5千伏直流输电线路开始，1954年瑞典建成±100千伏高压直流输电线路。1962年苏联建成了±400千伏超高压直流输电线路。1984年，巴西的伊泰普超高压直流输电工程达到±600千伏。2010年，中国±800千伏特高压直流输电工程投运。世界交流和直流输电电压等级的发展如图5-1和图5-2所示。

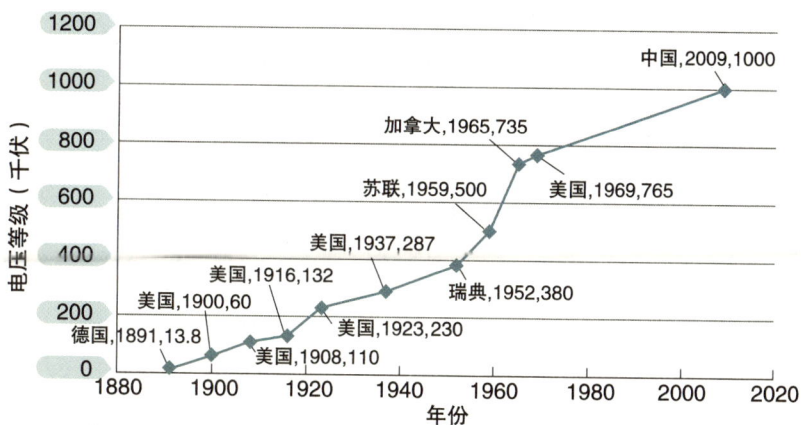

图5-1　世界交流输电电压等级发展历程

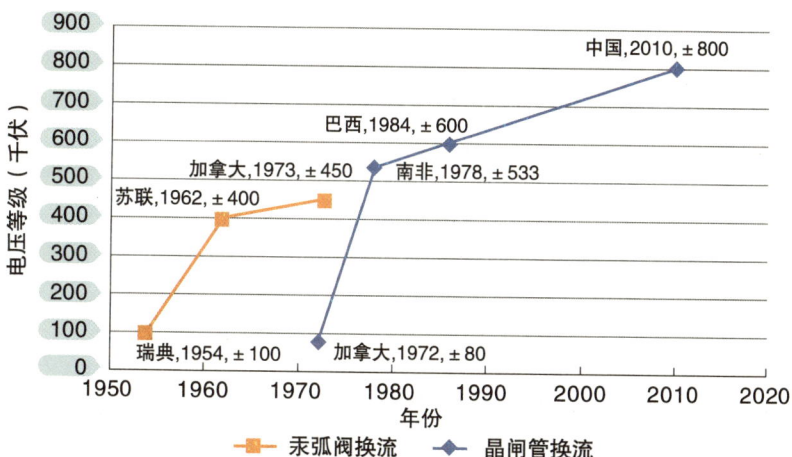

图5-2　世界直流输电电压等级发展历程

2. 联网规模扩大

19世纪末至20世纪中期，电网发展以城市电网、孤立电网和小型电网为主，规模很小，仅在局部实现电力平衡。随着接入电网的发电装机容量不断增长，要求电网提高资源配置能力、扩大输电范围。电网开始向以高电压、强互联为特征的大型互联电网发展，逐步形成以330、500、750千伏超高压和1000千伏特高压构建的跨区大电网。目前，全球已经形成了北美互联电网、欧洲统一电网、俄罗斯—波罗的海电网等跨国互联大电网。2009年，中国建成世界首条商业运行的1000千伏特高压交流输电工程。特高压输电的出现是电网发展的重要里程碑。500～750千伏超高压输电的传输距离是700～1000千米，而特高压交直流输电可以将传输距离提升到2000～5000千米，覆盖世界主要国家和地区的地域跨度，赋予电网更大范围调配能源资源的能力，为世界电网跨国跨洲大范围互联奠定了基础。

3. 自动化程度增强

在过去的一百多年里，随着电子信息技术推陈出新，自动化技术更新换代，电网自动化程度呈现出由弱到强的演进过程，电力生产的信息化、自动化、互动化水平不断提高。19世纪末至20世纪中期，电网采用简单保护和经验型调度，系统自动化多限于单项自动装置，且以安全保护和过程自动调节为主，整体自动化程度较低，电网故障经常导致停电，供电可靠性相对较低。20世纪中期至20世纪末，区域联网的形成在系统稳定、经济调度和综合自动化方面提出了新的要求。电网实现了较复杂的保护与调度，各种自动装置得到推广使用，远动通信技术得到广泛采用，数据采集与监控系统（SCADA）开始出现，继电保护装置中逐渐采用微型计算机，电网自动化程度快速提升，供电可靠性也显著提高。20世纪末至今，随着电网规模和范围的扩大，现代控制、信息通信等先进技术得到越来越广泛的应用，电力系统自动化处理的信息量越来越大，考虑的因素越来越多，直接可观可测的范围越来越广，可实现闭环控制的对象越来越丰富。同时，通过智能电网技术寻求更高的安全性和可靠性成为一种主流趋势。现代电力系统已成为集成计算机、控制、通信、电力装备及电力电子装置的统一体，电网安全稳定水平大幅提升。

（二）电网发展进入坚强智能电网新阶段

世界电网发展总体划分为三个阶段（见图5-3）。第一个阶段是小型电网。19世纪后期到20世纪中期，发电机组容量较小、装机规模较少，电网电压等级低、互联范围小，不同电网之间联系很弱，电网形态主要是以城市或局部区域电力配置为主的小型孤立电网。**第二个阶段是互联大电网。**20世纪中期到20世纪末，发电机组容量和装机规模不断提升，电网电压等级提高、电网联系增强，跨大区、跨国电网不断出现，电网逐步向具有全国或跨国电力配置能力的大型同步电网发展。**第三个阶段是坚强智能电网。**进入21世纪，随着信息通信、现代控制、特高压输电等先进技术和可再生能源的迅猛发展，世界电网进入了智能电网发展的新阶段。

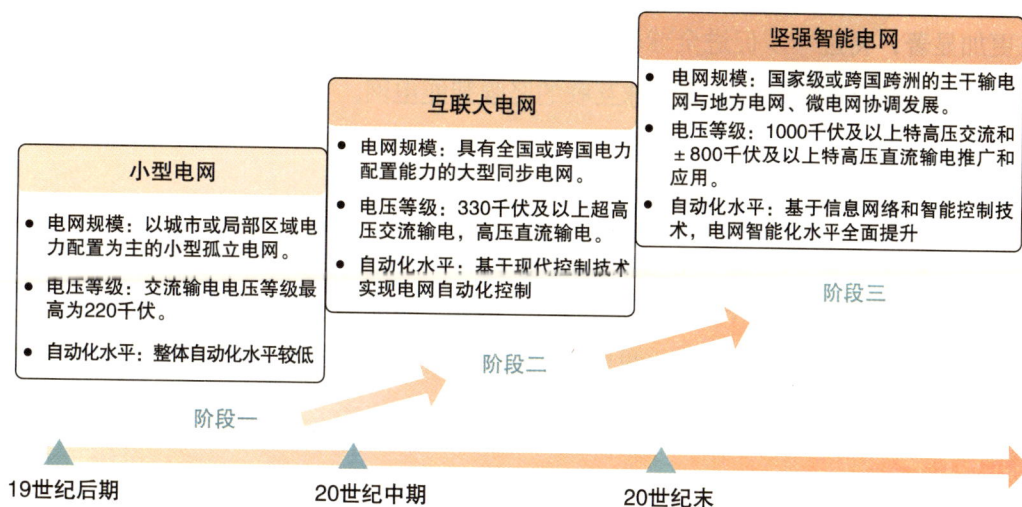

图5-3　电网发展的三个阶段

中国是智能电网发展较早的国家之一，结合能源资源布局特点和经济社会快速发展的需求，在实施"一特四大"战略（即加快特高压电网建设，促进大煤电、大水电、大核电、大型可再生能源基地集约开发）的基础上，提出了坚强智能电网的发展理念。

坚强智能电网是以特高压电网为骨干网架、各级电网协调发展，涵盖电源接入、输电、变电、配电、用电和调度各个环节，集成现代通信信息技术、自动控制技术、决策支持技术与先进电力技术，具有信息化、自动化、互动化特征，适应各类电源和用电设施的灵活接入与退出，实现与用户友好互动，具有智能响应和系统

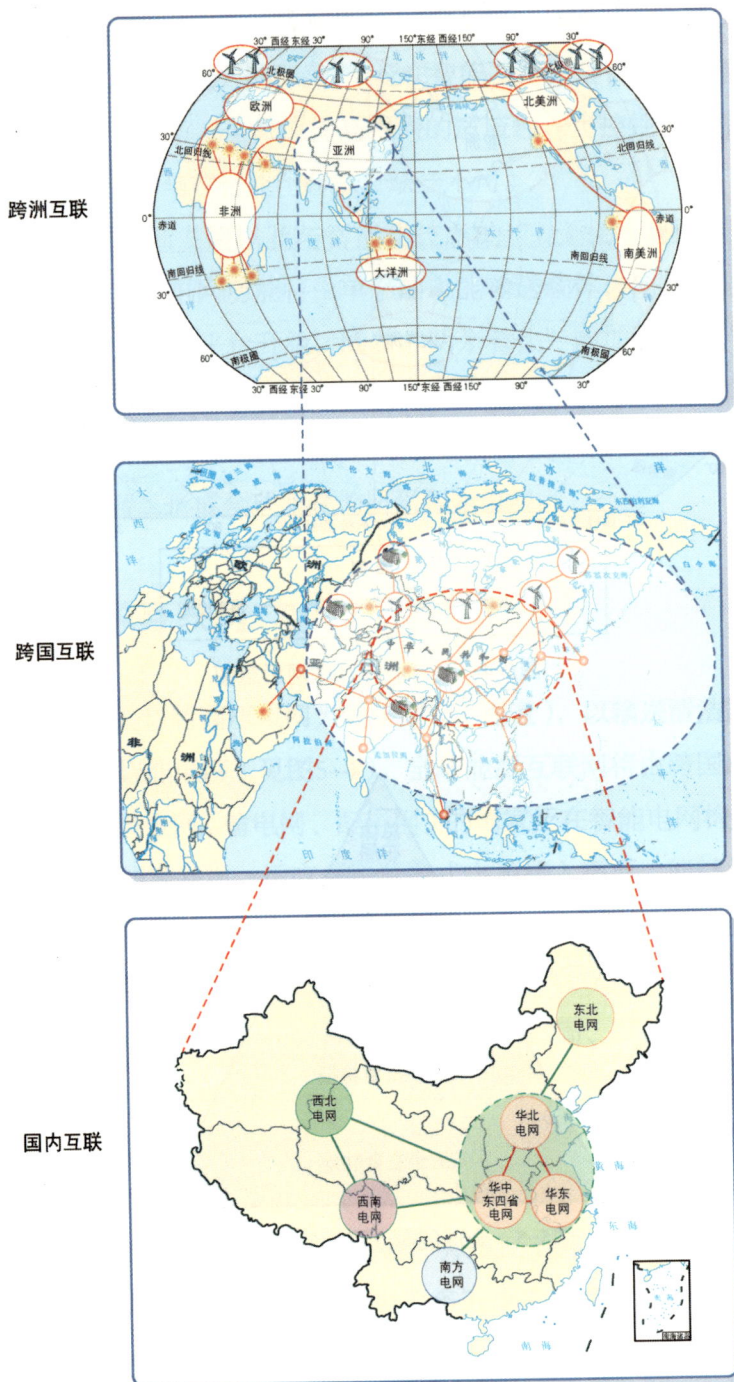

跨洲互联

跨国互联

国内互联

图5-6 全球能源互联网发展布局示意图

　　全球能源互联网发展的核心是建设连接包括"一极一道"在内的全球各类清洁能源基地与主要负荷中心的跨国跨洲骨干网架和洲际联网通道。其中，"一极一道"清洁能源基地向负荷中心的输电通道包括：北极地区风电基地向亚洲、欧洲、北美洲送电，北非、中东太阳能发电基地向欧洲、南亚送电，澳大利亚太阳能发电基地向东南亚送电。跨洲电网互联主要包括：亚洲与欧洲互联、亚洲与北美洲互联、欧洲与非洲互联、亚洲南部和非洲互联、北美洲与南美洲互联。此外，还包括各洲内大型能源基地向所在洲负荷中心的送电通道。

（二）基本原则

　　全球能源互联网是落实全球能源观、实现"两个替代"的重要载体。在其发展过程中，最核心的是要坚持两个基本原则。

1. 清洁发展的原则

　　清洁发展是应对气候变化、实现人类可持续发展的根本要求。在形成全球广泛共识的基础上，各国应围绕清洁低碳发展目标，制定能源发展战略规划，加快转变能源发展方式、提高清洁能源比重，共同推动全球清洁能源开发利用。全球能源互联网要围绕世界能源清洁、低碳发展这个目标加快布局、加快建设，更好地推动各种集中式、分布式清洁能源的高效开发利用，推动能源发展方式从传统化石能源主导向清洁能源主导转变。

2. 全球配置的原则

　　实施全球配置是由全球能源资源与负荷中心逆向分布特征所决定的。清洁能源具有随机性、间歇性特征，具备大规模开发条件的清洁能源资源一般远离负荷中心，只有在更大范围优化配置才能够解决大规模开发、高比例接入电网所带来的消纳问题，才能够发挥清洁能源的作用。全球能源互联网建设要立足世界能源资源禀赋，统筹考虑全球政治、经济、社会、环境因素，构建连接能源基地、负荷中心的全球能源配置平台，实现全球能源的高效开发、优化配置和有效利用。具有大容量、远距离输电能力的特高压输电技术发展，为实现电力跨大洲、大规模、高效率配置奠定了技术基础。通过清洁能源全球配置，还有利于将经济不发达地区的资源优势转化为经济优势，促进区域经济协调发展。

（三）发展阶段

综合考虑全球能源分布、清洁能源发展、能源供需、能源输送等因素，未来全球能源互联网发展可以划分为洲内互联、跨洲互联和全球互联三个发展阶段，如图5-7所示。

第一阶段：到2020年，推动形成共识；到2030年，根据技术经济比较优势，启动大型清洁能源基地建设，加强洲内国家之间电网的互联。各大洲加快开发清洁能源，通过各大洲内的互联电网实现清洁能源输送和消纳。如东北亚互联、北美电网互联、欧洲统一电网互联、拉美电网互联、非洲中南部电网互联等。跨国互联电网快速发展，在满足清洁能源消纳范围不断扩大需求的同时，实现各国不同季节、不

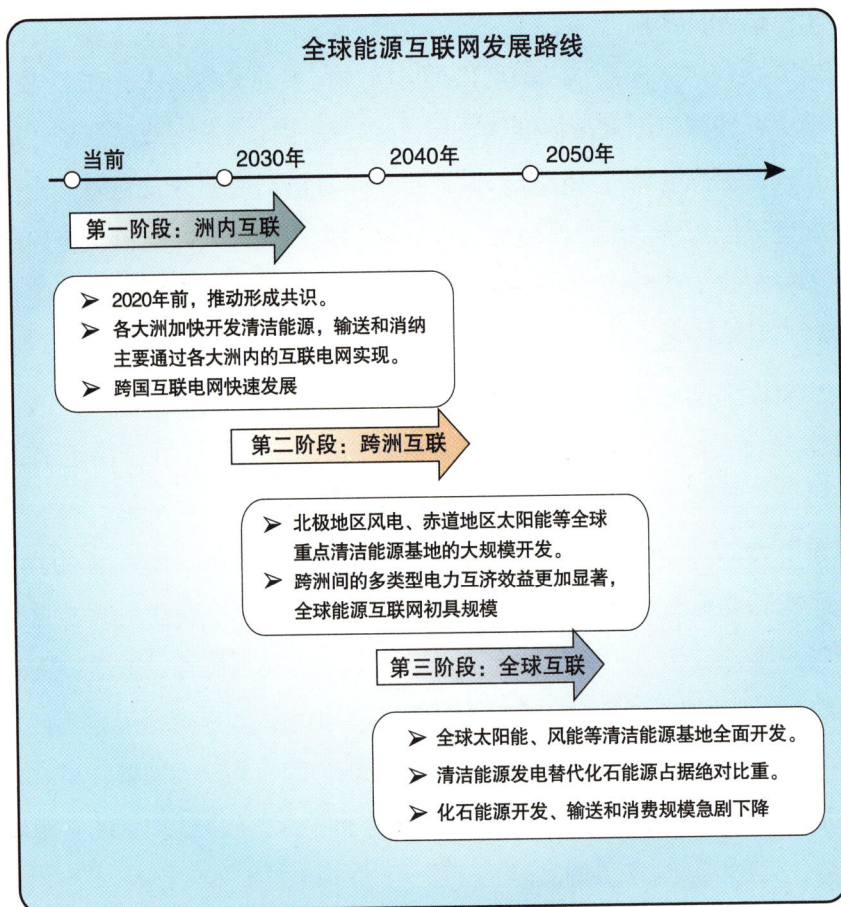

图5-7　全球能源互联网发展路线图

同时段、不同类型电力资源的互补和互济，提高能源系统效率和经济性。各国加强国内坚强网架的建设和全国互联，以更好地融入洲内联网，更加有效地接纳洲内配置的清洁能源。

第二阶段：2030～2040年，发展重点是在继续加强各洲主要国家电网互联的基础上，按照先易后难的次序，推动"一极一道"等大型能源基地开发和跨洲联网取得重要进展。洲内互联电网的网架不断完善，随着北极地区风电、赤道地区太阳能发电等全球重点清洁能源基地的大规模开发，跨洲远距离输电和跨洲电网互联成为全球能源互联网发展的主导方向。跨洲间的多类型电力资源互补、利用时差的跨洲电力互济效益更加显著，全球能源互联网初具规模。这一阶段要着重推进北极地区电力外送通道、赤道地区电力外送通道，以及亚欧洲际输电通道、亚洲与北美洲联网通道、欧洲与非洲联网通道、亚洲南部与非洲联网通道、北美洲与南美洲联网通道等的建设，建立全球能源互联网的合作推进和协调机构，初步形成全球能源互联网的合作机制。

第三阶段：2040～2050年，按照重点突破、全面推进的思路，加快全球能源互联网建设，逐步形成全球互联格局，推动实现"两个替代"目标。随着全球太阳能、风能等清洁能源基地全面开发建成，清洁能源发电替代化石能源并占据主导地位，化石能源开发、输送和消费规模明显下降，基本实现各洲、各国电网互联互通，全球能源互联网全面建成，成为全球清洁能源优化配置平台。全球能源互联网的组织机制和运行机制完善，全球调控中心建立并与各洲调度中心、各国调控中心形成分区分层控制的调控体系。全球化的电力市场建立，跨国跨洲电力市场交易电量占电力总消费的比例大幅提高。

（四）重要特征

全球能源互联网是全新的全球能源配置平台，具备网架坚强、广泛互联、高度智能、开放互动等四个重要特征。

1. 网架坚强

网架坚强是构建全球能源互联网的重要前提。坚强的网架是实现资源全球配置的基础。只有形成坚强可靠的跨国跨洲互联网架，才能实现全球能源的广泛互联和大范围配置。各国电网规划科学、结构合理、安全可靠、运行灵活，才能适应风电、光伏发电、分布式电源大规模接入和消纳。

2. 广泛互联

广泛互联是全球能源互联网的基本形态。全球能源互联网的广泛互联带来了全球能源资源及相关公共服务资源的高效开发和广泛配置。洲际骨干网架、洲内跨国网架、各国家电网、地区电网、配电网、微电网协调发展、紧密衔接，可以构成广泛覆盖的电力资源配置体系。

3. 高度智能

高度智能是全球能源互联网的关键支撑。各类电源、负荷实现可灵活接入和确保网络安全稳定运行。通过广泛使用信息网络、广域测量、高速传感、高性能计算、智能控制等技术，实现各层网架和各个环节的高度智能化运行，自动预判、识别大多数故障和风险，具备故障自愈功能；通过信息实时交互支撑整个网络中各种要素的自由流动，真正实现能源在各区域之间的高效配置。

4. 开放互动

开放互动是全球能源互联网的基本要求。构建全球能源互联网，需要各国的相互配合、密切合作。全球能源互联网的运营也要对世界各国公平、无歧视开放。充分发挥电网的网络市场功能，构建开放统一、竞争有序的组织运行体系，促进用户与各类用电设备广泛交互、与电网双向互动，能源流在用户、供应商之间双向流动，实现全球能源互联网中各利益相关方的协同和交互。

总之，全球能源互联网充分体现了互联网的特征和理念。**一是连接的广泛性**。全球能源互联网与互联网一样，用户从一个单独的设备，到一个家庭、一栋楼宇、一个工厂、一个园区都可以平等地连接到这个网络当中。**二是消费者与生产者平等参与**。与互联网类似，全球能源互联网用户的定位发生根本转变，既是消费者，也是生产者，用户的参与度和影响力大大提升。**三是能源和信息的自由流动**。全球能源互联网可以使能源像互联网中的信息一样，实现全球范围的自由流动。用户可以方便地享用几千千米之外的清洁能源，距离和资源限制不再成为问题，可以使生产和生活得到解放，充分释放能源要素的生产力。**四是服务的多元化**。依托全球能源互联网，可以形成综合服务平台，开展丰富的多元化服务，拉动上下游及相关产业的快速发展，推动形成良性发展的产业生态圈。

（五）主要功能

随着特高压输电、各种智能化等先进技术的全面推广应用，全球能源互联网远超出了传统意义上的电能输送载体的范畴，它更是一个功能强大的资源配置、市场交易、产业带动和公共服务的平台。通过这个平台，能够将煤炭、水能、风能、太阳能、核能、生物质能、潮汐能等一次能源转换为电能，实现多能互补、协调开发、合理利用；能够连接大型能源基地和负荷中心，实现电力远距离、大规模、高效率输送，在更大范围内优化能源配置；能够与互联网、物联网、智能移动终端等相互融合，满足客户多样化需求，服务智能家居、智能社区、智能交通、智慧城市发展。可以说，全球能源互联网将是未来重要的能源和服务枢纽，以此为基础实现能量流、信息流和业务流的统一。全球能源互联网具备以下五个主要功能。

1. 能源传输

能源传输是全球能源互联网最基本的功能。电能输送是重要的能源运输方式，煤电、水电、核电、风电、太阳能发电等电能的传输都通过电网进行。全球能源互联网是能源资源优化配置的载体，能够将各种一次能源转化为电能在电网中传输。依托全球能源互联网，可以实现能源和电力的光速传输。未来，随着"两个替代"的深入推进，可再生能源发电将成为全球主导能源，全球能源互联网也将成为能源综合运输体系的核心组成部分，并与铁路、公路、水路、管道等传统能源运输方式分工协作、优势互补，共同构成高度现代化的全球能源综合运输体系。

2. 资源配置

全球能源互联网是能源资源优化配置的重要平台。通过这个平台，可以连接各类电源和用户，实现各类能源的集约开发和高效利用。随着全球电网互联范围的逐步扩大，能源资源配置的范围更广、能力更强，北极地区、赤道地区等远离负荷中心的大能源基地得以开发和建设，有力促进能源结构和布局优化。电力的传输配送过程，本质就是能源资源优化配置的过程。全球能源互联网作为连接各类电源和用户的网络枢纽，能够优化配置电源资源和用户资源，可以推动煤炭、石油、天然气、水能、风能、太阳能等各类能源的集约开发和高效利用。

3. 市场交易

全球能源互联网是全球电力市场交易的物理基础。电能无法大规模储存，电力供需必须时刻保持平衡，这一客观规律决定了电力市场交易必须以电网为载体，电网的覆盖范围决定了电力市场的物理边界。覆盖全球的能源互联网，将成为全球范围电力交易的载体，既承担着能源电力交易的平台职责，又肩负着电网调频、系统备用、无功调压等服务任务，在全球电力市场建设中发挥关键作用。

4. 产业带动

全球能源互联网是培育战略性新兴产业的孵化器。全球能源互联网是技术创新的重要领域，也是新技术应用的重要载体，对新能源、新材料、智能装备、电动汽车、信息技术等新兴产业具有很强的带动作用。全球能源互联网的发展，可以形成一个良性发展的生态圈，对上游、下游产业产生全面的带动作用，提升产业的整体发展水平和发展速度。

5. 公共服务

全球能源互联网是未来生产生活不可或缺的公共服务平台，服务全社会各行各业、千家万户。随着与物联网、互联网的深度融合，全球能源互联网成为功能多元、智能先进的社会公共平台，为用户提供能源、电力、信息等综合服务，满足用户多样化、高品质的服务需求，推动生产生活方式改变。全球能源互联网的建设将全面融入经济社会、智慧城市的发展，成为不可替代的公共服务枢纽。

第二节　跨洲特高压骨干网架

全球能源互联网的跨洲骨干架构主要由"一极一道"大型可再生能源基地外送通道、洲际联网通道构成。考虑到大规模远距离输电和跨大洲联网的需求，未来"一极一道"大型可再生能源基地电力外送和洲际大容量交换通道将主要采用特高压交直流输电技术。

跨洲特高压骨干网架是全球能源互联网的顶层网架，承载着"一极一道"等大型可再生能源基地电力送出以及各大洲之间电力交换等功能，主要包括北极地区电力外送通道、赤道地区电力外送通道和跨洲联网通道等。依据全球配置清洁能源的需求分析，预计2050年，通过北极通道送出的电量规模可达3万亿千瓦·时/年、赤道地区电量外送规模可达9万亿千瓦·时/年，合计输送电量占全球用电需求的16%，此外存在一定比例的跨洲电力交换，获取错峰、资源互补、共享备用等联网效益。考虑到未来高寒地区可再生能源开发和输电技术发展，以及非洲可再生能源开发规模的不确定性，未来的"一极一道"电力流也可能降到10万亿千瓦·时左右。

一、北极地区风电外送通道

北极地区电力外送通道一方面承载着格陵兰岛、挪威海、巴伦支海、喀拉海、白令海峡等北极风电基地的电力外送需求，另一方面也是实现北半球三大洲联网、构建全球能源互联网的战略平台。北极电力外送通道示意图如图5-8所示。

北极与东北亚地区输电通道。北极地区的喀拉海风电基地到中国华北地区的距离在4400千米左右；白令海峡风电基地到中国华北、日本和韩国的输电距离在5000千米左右，处于±1100千伏特高压直流输电经济距离的覆盖范围内。未来，这些风电基地可考虑向东北亚（主要是中国、日本、韩国）地区送电，到中国的输电通道

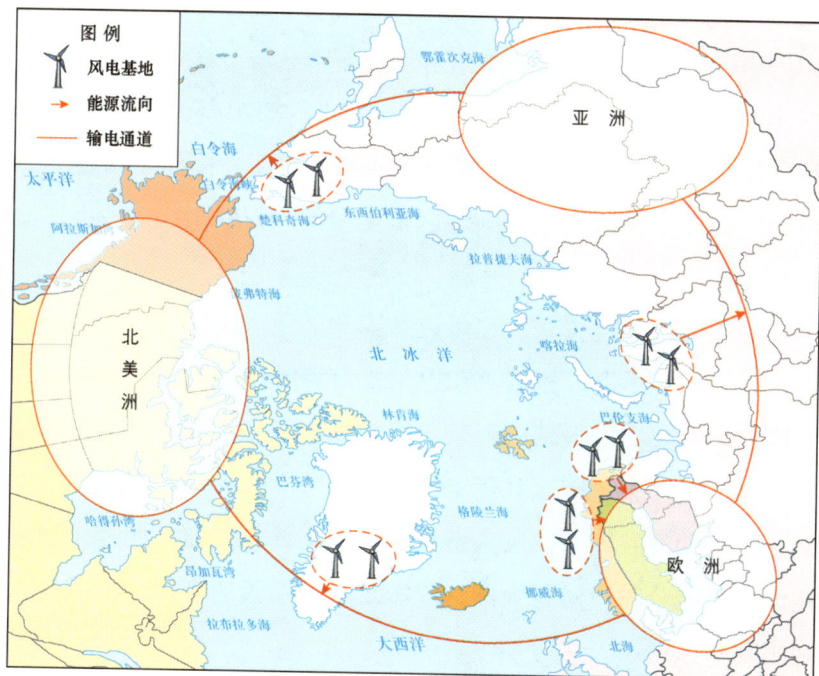

图5-8　北极电力外送通道示意图

均为陆上通道，可采用架空线的特高压直流输电技术；到日本、韩国可采用特高压直流海底电缆，其中，如果通过俄罗斯的萨哈林岛送入日本北部，则跨海输电直线距离约60千米，如果通过韩国釜山到日本南部的福冈，则跨海输电直线距离约210千米。预计2050年，北极风电基地向东北亚地区输电量约1.2万亿千瓦·时/年，输电通道能力需求约2.4亿千瓦。

北极与欧洲地区输电通道。未来，随着欧洲北部陆地和北海风电资源完成开发后，可以加快格陵兰岛、挪威海和巴伦支海风能资源开发向欧洲送电。格陵兰岛风电输送到英国北部的距离在2100千米左右，格陵兰岛南部风电基地通过特高压直流海底电缆到冰岛的距离在800千米以内，横跨冰岛约400千米的陆地后，可通过特高压直流海底电缆跨海约900千米到英国北部。挪威海和巴伦支海的近海风电可由陆上通道送欧洲电网。预计2050年，格陵兰岛、挪威海和巴伦支海风电基地向欧洲地区输电量约0.8万亿千瓦·时/年，输电通道能力需求约1.6亿千瓦。

北极与北美洲输电通道。白令海峡风电基地在向东北亚地区送电的同时，还可建设特高压输电通道，跨过白令海峡向北美洲西海岸的负荷中心地区送电。白令海峡风电基地到美国西部负荷中心的输电距离约4000千米，白令海峡宽度约90千米。在海底特高压电缆技术成熟后，格陵兰岛南部风电可通过特高压直流海底电缆输送到加拿大东海岸，再通过渥太华向美国东部负荷中心地区送电。格陵兰岛南部跨海到加拿大魁北克地区的距离在2000千米左右，其中跨海距离约500千米。从魁北克到美国纽约地区距离约1500千米，可采用陆上±1100千伏特高压直流输电线路。预计2050年，格陵兰岛风电基地向北美洲地区输电量约1万亿千瓦·时/年，输电通道能力需求约2亿千瓦。

通过以上输电通道的建设，不仅可以解决北极地区风电外送问题，而且以北极地区的白令海峡、格陵兰岛、挪威海和巴伦支海等重点风电基地为支点，实现北半球的亚洲、欧洲、北美洲电网环形互联，满足东北亚、欧洲和北美洲的远景能源供需缺口，还可充分发挥大电网互联优势，在时差跨度较大的东北亚、欧洲和北美洲电网之间取得显著的峰谷调节、互为备用、跨洲互补等效益。此外，利用各大洲间的时差，将北极风电分时段送各大洲，以满足各洲白天的高峰负荷需要，同时提高北极风电利用效率。

二、赤道地区太阳能发电外送通道

赤道地区电力外送通道主要承载北非、东非、中东、澳大利亚、南美洲等赤道地区的太阳能发电基地电力的外送功能，也是实现北半球、南半球互联的主要联络通道。赤道地区太阳能发电基地电力外送示意图如图5-9所示。

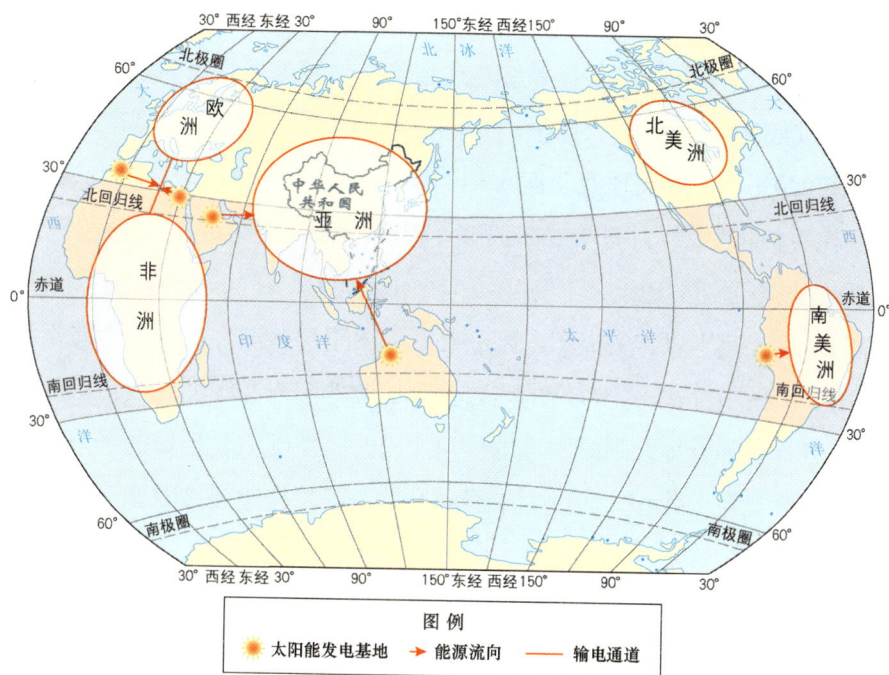

图5-9　赤道地区太阳能发电基地电力外送示意图

北非与欧洲输电通道。北非与欧洲电网互联问题，已有很多相关研究，如沙漠太阳能计划等。北非地区的摩洛哥、阿尔及利亚、突尼斯、利比亚、埃及等国的太阳能发电基地到欧洲电网南部的距离，最近的仅为几十千米（从直布罗陀海峡通过），最远的也不超过1500千米，跨洲电网互联的地理条件优越，基于当前技术就可实现联网送电。预计2050年，北非太阳能发电基地向欧洲地区输电量约1.5万亿千瓦·时/年，输电通道能力需求约3亿千瓦。

中东与南亚输电通道。中东地区的沙特、阿曼、阿联酋等太阳能发电基地向南亚的印度西部地区送电距离在4000千米左右，可采用特高压直流海底电缆通过霍尔木兹海峡（最窄处38.9千米，平均水深70米）到达伊朗，再采用陆上特高压直流输电线路途经巴基斯坦送入印度西部负荷中心的孟买地区。预计2050年，中东太阳能发电基地向南亚地区输电量约2.5万亿千瓦·时/年，输电通道能力需求约5亿千瓦。

澳大利亚与东南亚输电通道。澳大利亚向东南亚送电通道距离长、跨海路段多，对联网技术要求较高，目前基础条件较为薄弱。从澳大利亚北部太阳能发电基地采用特高压海底电缆跨海500千米左右登陆印度尼西亚，沿陆地向西北方向纵穿印度尼西亚到达其首都雅加达，再通过较短跨海距离经新加坡并穿过马来西亚半岛到达泰国。整个通道距离在6000千米左右，需要进一步提高±1100千伏特高压直流技术及跨海输电能力。预计2050年，澳大利亚北部太阳能发电基地向东南亚地区输电规模约1万亿千瓦·时/年，输送通道能力需求约2亿千瓦，大洋洲纳入全球能源互联网。

通过以上输电通道的建设，不仅可以解决赤道地区太阳能发电基地电力外送问题，而且可以实现南、北半球有关大洲电网的互联。由于这些洲在时区上相差不大，太阳辐照强度与负荷大小存在一定程度的同时性，如北非阳光高照的时候，正是欧洲负荷高峰时段，更有利于发挥太阳能发电的作用。同时，由于南北半球的季节差异，还可以取得季节互补效益。此外，通过中东能源基地，可以构建连接欧亚电网的南通道。

三、重点跨洲联网通道及发展进程

跨洲特高压骨干网架一方面承载各洲大型清洁能源基地电力的全球输送功能，另一方面可以实现东西半球时差和南北半球季节互补、资源共享，提高全球能源配置效率和效益。未来跨洲联网发展进程，主要由各大洲间的联网需求和实施条件所决定。联网相关方愿望强烈、技术经济条件好的联网工程将会先期实施。预计2030年前后，可以推进非洲—欧洲联网、亚洲—欧洲联网、亚洲—非洲联网；2040年前后，可以推进北美洲—南美洲联网、大洋洲—亚洲联网、亚洲—北美洲联网；预计2050年前后，推进欧洲—北美洲联网。

1. 非洲—欧洲联网

非洲与欧洲距离较近，存在气候差异，负荷特性互补，联网经济效益明显，具有很好的联网条件。在非洲北部地区建设大型风电和太阳能发电基地向欧洲输电，输电距离不超过2000千米，技术上易于实现。非洲与欧洲电源结构不同，北非多为太阳能发电，欧洲北部则更多的是风电和水电，电网互联后可以更加有效地利用风能和太阳能等清洁能源，优化北非和欧洲的能源结构。由于欧洲能源资源相对匮乏，北非地区可再生能源资源丰富、负荷规模远小于欧洲，因此非洲与欧洲联网，以非洲的太阳能发电输送到欧洲为主，以非洲和欧洲电网互联互济运行为辅，总的联网规模在3亿千瓦左右。同样，由于北非太阳能发电基地处在非洲—欧洲联网通道上，因此非洲和欧洲联网可以统筹考虑北非太阳能发电基地送出通道的建设，发挥北非太阳能发电基地的作用。从目前来看，北非太阳能发电基地建设及向欧洲输送清洁电力，不仅已成立相关的开发机构——沙漠产业行动计划公司（Desertec Industrial Initiative，DII），还开展了详细的研究和策划。非洲向欧洲输出太阳能电力，既可满足欧洲远期电力需求，又可有效促进非洲经济发展。北非—欧洲输电距离近、跨海距离短，实施条件较好，预计在2030年前后实现联网，联网后具有较好的互利互惠效果。

2. 亚洲—欧洲联网

亚洲与欧洲时差显著，负荷特性具有较好的互补性。考虑亚欧资源和负荷分布情况，未来亚洲与欧洲联网优先考虑南北两个特高压输电通道，如图5-10所示。**北通道以中亚国家可再生能源基地为支撑，形成连接中国、中亚国家和欧洲中部的特高压输电通道。**从中亚地区的埃基巴斯图兹电源基地到欧洲负荷中心的德国柏林，输电距离约4600千米，到中国东中部负荷中心的输电距离约3000千米，中亚地区可再生能源基地在支撑亚欧联网北通道方面具有显著的地理位置优势。中国国家电网公司对中亚与欧洲联网，已开展多年研究，现有特高压直流输电技术即可满足建设陆上输电通道的需求，不存在技术问题，实施条件较好，预计在2030年前后可实现联网。**南通道以中东太阳能发电基地为支撑向东连接印度和东南亚地区，向西北延伸至欧洲南部地区，形成亚洲与欧洲电网互联的第二通道，实现中东太阳能资源在欧洲、南亚和东南亚地区的优化配置。**在沙漠太阳能计划、地中海计划等国外已有研究中，均涉及欧洲—北非—中东联网的相关内容。亚洲与欧洲联网的南通道为陆上通道，预计未来可随着地中海太阳能计划的推进而发展，在2030年前后实现联网。欧亚联网的南北通道，与通过北极形成的亚洲、北美洲、欧洲联网通道共同形成资源配置更优、跨洲互济能力更强的环北半球特高压联网系统，能够

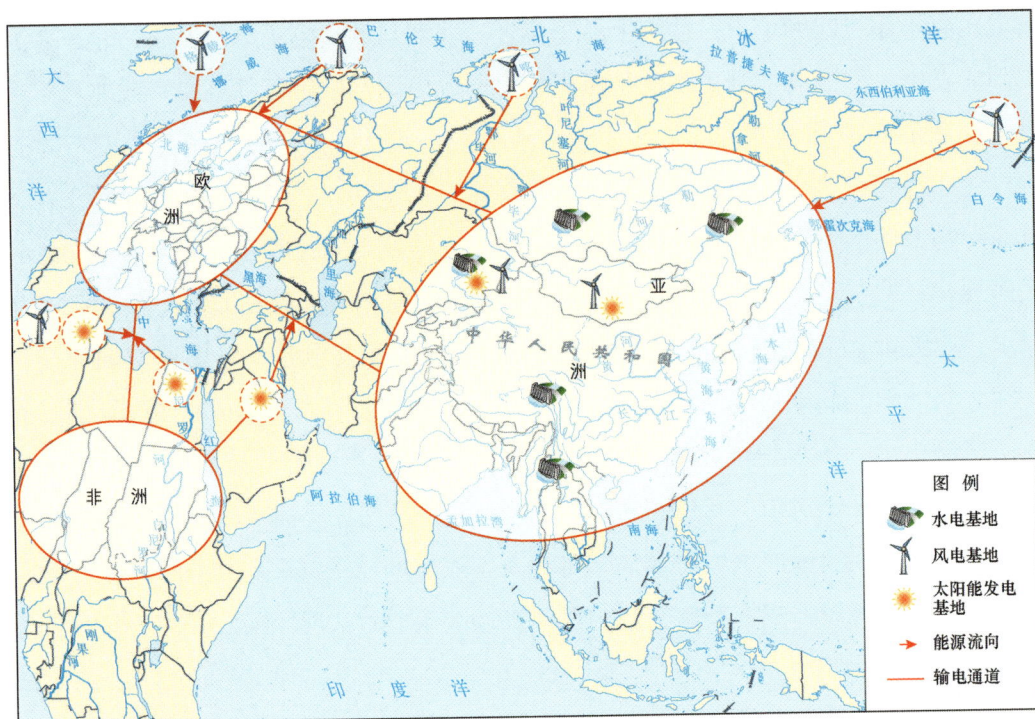

图5-10　亚欧洲际联网示意图

更好地发挥北极风电、北非和中东太阳能发电，以及中亚等大型可再生能源基地的作用。

3．亚洲—非洲联网

非洲与中东地区地理位置相邻、联网优势明显，实现联网后有利于北非、中东太阳能发电在欧亚非三洲之间的优化配置。北非、东非太阳能和风能基地通过中东与欧洲—亚洲南部联网通道相连，实现非洲与亚洲联网。利用欧洲和亚洲间时差形成的典型日负荷曲线互补特性，促进北非地区丰富的风能和太阳能等可再生能源发电在欧洲和亚洲间联合消纳，整体联网规模在5亿千瓦左右。未来亚洲与非洲联网将在2030年前后，随着亚洲与欧洲联网南通道的发展而逐步推进。

4．北美洲—南美洲联网

由于气候和季节等差异，南美洲和北美洲之间负荷特性具有较好的互补性。北美洲与南美洲以巴拿马运河为界，两洲气候条件相差较大，既存在时区差，也有季节差，电源结构也具有较大差异。南美洲以水电、风电、太阳能发电等为主，北美洲以风电、太阳能发电、水电和气电等为主。南、北美洲电网互联，可充分利用各类电源特性，发挥水电等调峰电源的作用，实现水能、风能、太阳能等多种可再生能源发电的联合运行。北美洲与南美洲负荷中心联网距离较远，但以陆上联网为主，预计整体联网规模在3亿千瓦左右。南美洲、北美洲之间联网通道建设，可以与墨西哥、秘鲁、智利等太阳能发电基地送出通道建设统筹考虑。

当前，北美洲已在洲内形成加拿大与美国、美国与墨西哥、墨西哥与危地马拉等国家间电网互联，危地马拉、洪都拉斯、萨尔瓦多、尼加拉瓜、哥斯达黎加、巴拿马等国家间已形成了区域互联电网。南美洲北部地区的委内瑞拉、哥伦比亚、厄瓜多尔、秘鲁、巴西等国家间已有联网线路。总体来看，完成巴拿马与哥伦比亚联网，可以初步实现北美洲与南美洲电网互联。2040年之前北美洲与南美洲电力系统互联应以相邻国家就近联网为主，主要获取错峰、资源互补、共享备用等联网效益。综合各方面因素研判，预计北美洲和南美洲在2040年前后可实现大规模的洲际电网互联。

5. 大洋洲—亚洲联网

大洋洲的澳大利亚北部和中部沙漠地区太阳能资源丰富，西北部的海上风能资源丰富，向东南亚地区送电的资源条件较好。澳大利亚相关机构已开展了研究，提出澳大利亚与亚洲电网互联的设想。东南亚地区人口众多，人均用电量较低，未来电力需求还有较大增长空间。东南亚地区各岛国、湄公河次区域各国能源资源相对有限，未来要实现能源的低碳清洁发展，需要从外部受入电力。大洋洲与亚洲距离较远，联网面临跨越沿途的岛屿链，跨海输电距离较长等问题，实施难度较大，预计在2040年前后实现联网。

6. 亚洲—北美洲联网

亚洲与北美洲联网可以发挥两洲时差优势，互联通道经由中国东北、西伯利亚，跨越白令海峡，连接至北美洲阿拉斯加，然后进入加拿大和美国位于太平洋西海岸的负荷中心。中国东北地区至西伯利亚距离不超过3500千米，经白令海峡进入阿拉斯加输电距离不超过2000千米，阿拉斯加至美国西海岸距离不超过4500千米，整个通道中仅在白令海峡需要跨海敷设海底电缆，距离约90千米左右。亚洲东部和北美洲的东西海岸均为各自的主要负荷中心。东亚与美国西海岸时差约为9小时，与美国东部时差约为12小时，导致两洲的典型日负荷曲线峰谷的互补性很强。鉴于亚洲部分负荷规模更大，考虑峰谷互补需求，预计整体联网规模在5亿千瓦以上。由于白令海峡的风电基地处在亚洲与北美联网的通道上，因此亚洲和北美洲联网可以统筹考虑白令海峡风电基地送出通道的建设，进一步发挥白令海峡风电基地的作用。考虑到亚洲与北美洲联网距离近9000千米，途经高寒地区、跨白令海峡等问题，实施面临诸多挑战，预计在2040年前后实现联网。

7. 欧洲—北美洲联网

欧洲电网与北美洲电网之间具有显著的错峰效益，未来可以格陵兰岛风电基地作为支撑，实现欧洲与北美洲联网。2050年，格陵兰岛风电将大规模开发并向欧洲、北美洲送电。同时，综合考虑时差效应、风电出力曲线、欧洲和北美洲负荷特性以及电源装机结构的互补性，实现格陵兰岛风电基地的合理开发与电力消纳，以及欧洲和北美洲电网的联合运行。由于格陵兰岛风电基地处于北极圈内，且跨海距离较远，预计在2050年前后实现欧洲与北美洲联网。

第三节　洲内跨国互联电网

从全球清洁能源资源分布看，除北极地区和赤道地区大型可再生能源基地外，各洲也具备建设大型可再生能源基地的条件，但与洲内负荷中心在地理上分布不均衡。构建洲内跨国互联电网，对于加快洲内的可再生能源开发利用非常必要，并可为洲内接受外来电或向洲外送电提供坚强支撑。对于能源输出洲，主要解决能源送出通道问题；对于能源受入洲，主要是构建坚强的受端电网，提高接受大规模洲外来电的能力。

在洲内跨国联网及大型可再生能源基地电力的跨国输送中，将主要采用特高压交直流输电技术；为适应未来洲内可再生能源大规模开发与利用（自用、送出或受入）、"一极一道"电力的受入和转输，现有电网需要提升电压等级和加强网架建设。洲内跨国联网将按照先易后难、由近及远的方式推进，联网基础条件好、需求迫切的区域优先建设。

一、亚洲互联电网

亚洲是全球最大的电力负荷中心，拥有丰富的可再生能源资源，未来将形成以洲内大型可再生能源基地为电源送出点、连接各大负荷中心的亚洲互联电网，并接受来自"一极一道"的跨国跨洲电力流。为实现亚洲能源低碳可持续发展，部分国家提出了亚洲超级电网概念，将东北亚地区的煤电、水电、风电和太阳能电站与中国、日本、韩国的负荷中心相连。未来，基于更高的能源低碳发展目标，亚洲要降低化石能源利用规模，加大可再生能源开发力度。**亚洲各大可再生能源基地——蒙古国风电和太阳能发电基地、俄罗斯远东和西伯利亚水电基地、中亚风电和太阳能发电基地、中国"三北"风电和西北太阳能发电基地、白令海峡及库页岛风电基地、印度太阳能与风电基地等开发提速，成为亚洲互联电网内的电源送出点。**就洲内负荷中心分布来看，未来东北亚、东南亚、印度等地区由于人口众多、产业发达，将成为亚洲主要的负荷中心。就可再生能源基地开发与联网来看，中国西南地区水电，俄罗斯西伯利亚和远东地区将建设大型水电基地向中国的负荷中心送电；中国"三北"地区，蒙古国、俄罗斯远东地区将建设大型风电基地向东北亚负荷中心地区送电；中国西北和西藏地区、蒙古国可建设大型太阳能发电基地向中国东中部和东北亚负荷中心地区送电。**中亚地区**（哈萨克斯坦、吉尔吉斯斯坦、塔吉克斯坦）水电、风电和太阳能发电打捆后，可根据亚洲和欧洲负荷变化、时差等进行灵活调度送电。

就"一极一道"电力送入的消纳情况看，亚洲北部的北极地区风电主要送入东北亚地区（中国东部、俄罗斯西伯利亚和远东地区、日本、韩国），与东北亚地区的风电、太阳能发电、水电进行联合运行消纳；赤道地区的中东太阳能送入印度进行消纳；赤道地区的澳大利亚太阳能送入东南亚地区，与东南亚水电进行联合运行消纳。

总体来看，亚洲互联电网将形成中亚、东北亚、东南亚、南亚和中东等几个大的电网互联区域，并进一步形成各区域间的联网形态，如图5-11所示。

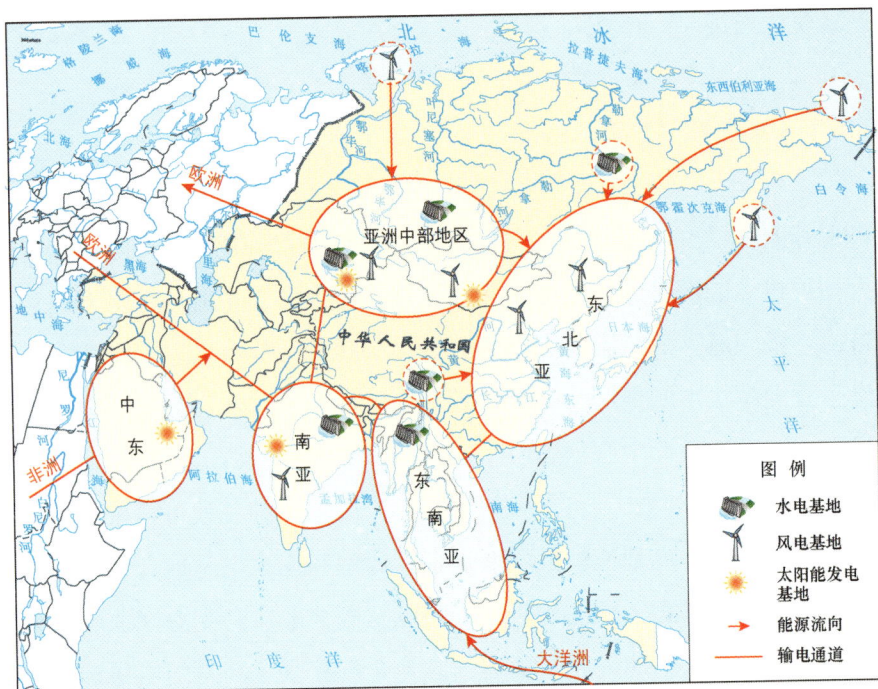

图5-11　亚洲跨国联网示意图

二、欧洲互联电网

欧洲是全球重要的电力负荷中心之一，欧洲互联电网主要为解决北极风电、北海风电、南欧太阳能与北非太阳能电力的接入，以及与欧洲水电等各类电源联合运行和在全欧洲消纳问题。2008年，欧洲提出了"欧洲超级电网"概念，设想构建泛欧洲大电网，实现北部风电、南部太阳能与欧洲水电等各类电源在全欧洲消纳。总体来看，欧洲天然气资源匮乏，人口密度大，部分国家去核化呼声很高。为实现能源的低碳可持续发展，未来欧洲有可能进一步降低化石能源和核电利用规模，进一步增大北极地区风能和赤道地区太阳能等清洁电力的受入规模，加大北海风电开发规模，提升全欧洲的可再生能源利用比重。在这种场景下，未来需要采用特高压技术构建泛欧洲骨干网架，建设坚强智能电网，保障可再生能源的高效接入与消纳。欧洲各地区负荷分布相对较均匀，其中德国、法国、英国、意大利、西班牙等国负荷规模较大。结合可再生能源开发与输送，未来欧洲可形成"三横三纵"的联网主干通道，分别为：连接北海风电、北欧水电与北极风电送入的特高压北横通道，连

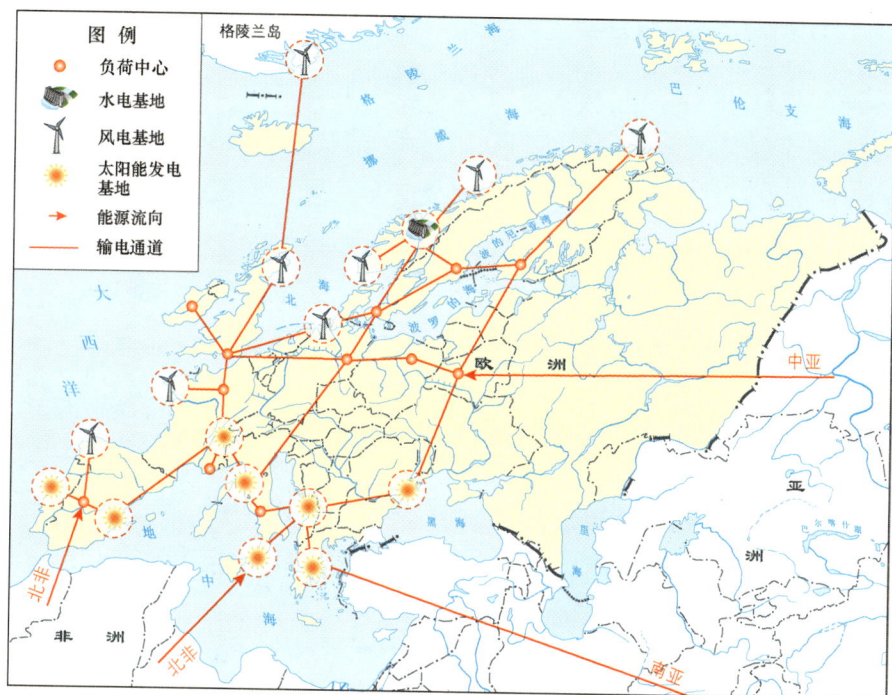

图5-12 欧洲跨国联网示意图

接英国南部、法国北部、德国、波兰等负荷中心与中亚可再生电力送入的特高压中横通道，连接西班牙、意大利、希腊等太阳能发电基地的特高压南横通道，以及连接格陵兰岛、挪威海和巴伦支海风电、英国海上风电、法国负荷中心、西班牙太阳能和北非太阳能发电基地的特高压西纵通道，连接挪威水电、德国负荷中心、意大利太阳能和北非太阳能发电基地的特高压中纵通道，连接喀拉海风电、芬兰和波兰负荷中心、希腊太阳能和北非太阳能发电基地的特高压东纵通道。此外，欧洲还与中亚地区、北非地区进行洲际联网，实现洲际电力交换。欧洲跨国联网如图5-12所示。

三、北美互联电网

北美互联电网将洲内的中部和西部风电基地、西南部太阳能发电基地、加拿大水电基地与东部和西部负荷中心相连，东部从格陵兰岛受入北极风电，西部从阿拉斯加与亚洲电网互联，实现洲内与跨洲可再生能源资源的大范围配置与高效消纳。北美洲是世界上重要的电力负荷中心之一，同时拥有丰富的太阳能、风能和水能资源。为促进洲内可再生能源开发和消纳利用，美国能源部曾提出Grid 2030计划，对美国电力系统进行升级换代，建设美国电力主干网、实现与加拿大和墨西哥的区域互联网等。在应对气候变化、加大"两个替代"的发展情景下，未来北美洲内的风电基地、太阳能发电基地将加快开发，与加拿大和美国大型流域水电等联合运行，向东部和西部负荷中心地区送电。由于可再生能源基地与负荷中心不均衡分布，洲内电力流将大幅提升，需要构建以特高压电网为骨干网架的北美互联电网。哥伦比亚河流域及五大湖区的水电基地将向北美洲西部和东部负荷中心送电，形成东部和西部的纵向骨干通道。美国中西部的风电、西南部的太阳能发电基地、南部的密西西比河流域水电向东部和西部负荷中心送电，构成北美互联电网的横向通道。此外，美国西南部与墨西哥西北部太阳能发电基地将向墨西哥负荷中心地区送电，形成北美互联电网的南部联网区及与南美洲联网通道。北美洲跨国联网示意图如图5-13所示。

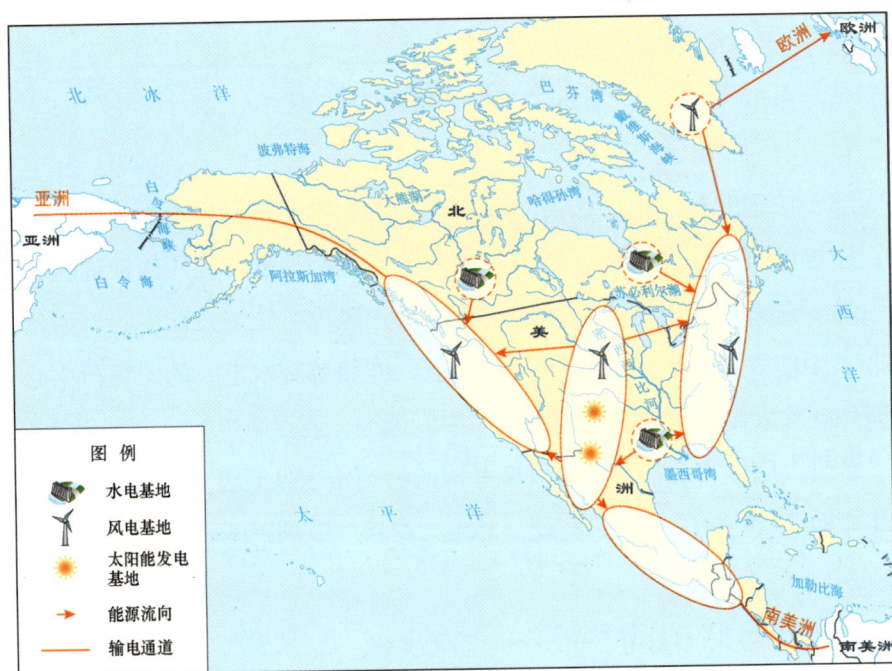

图5-13　北美洲跨国联网示意图

四、南美洲互联电网

南美洲能源资源丰富，南美洲互联电网主要实现西海岸国家间的电力南北互济，东部地区的北电南送，以及中部地区的西电东送。智利、秘鲁位于安第斯山脉西部，拥有丰富的太阳能和风能资源，而其人口规模、负荷需求远小于巴西、阿根廷等东部大国，具有较大外送潜力；东部地区的亚马孙河流域、托坎廷斯河流域及巴拉那河流域拥有丰富的水电资源，主要向巴西和阿根廷的东海岸负荷中心送电。南美洲西部太阳能和风能基地通过特高压网架向东部负荷中心供电，东西部之间进行联网，可实现较好的风、光、水联合运行效益。巴西美丽山特高压直流输电工程把北部的巴西欣古河水电送至东南部负荷中心

图5-14　南美洲跨国联网示意图

埃斯特雷图，线路长度2092千米，是美洲第一回±800千伏特高压直流输电线路。

　　未来的南美洲内互联骨干网架，主要实现厄瓜多尔、哥伦比亚、委内瑞拉等北部国家负荷中心间的互联，巴西、阿根廷等国家的东部负荷中心互联，以及巴西水电、秘鲁和智利的太阳能和风电基地与各负荷中心的互联。南美洲跨国联网示意图如图5-14所示。

五、非洲互联电网

　　非洲互联电网将实现北非的太阳能发电和风电基地与非洲中部水电基地、南部非洲太阳能发电基地进行联合运行，满足全洲电力消费增长需求，并为北非太阳能发电外送提供坚强送端电网支撑，总体形成洲内北电南送、东西互济，洲外北送欧洲、东接亚洲的新格局。为促进非洲刚果河的水电开发，2012年南非政府已批准与

民主刚果共同开发大英加项目的草案条款。根据规划，在满足民主刚果电力需求的基础上，计划应用大容量、远距离输电技术向南非、埃及、尼日利亚等国送电。其中，向北部非洲的送电方案最远可达南欧和中东。刚果河的水电开发，将为非洲互联电网建设创造条件。未来，埃及、阿尔及利亚等北非太阳能发电基地电力将向东非和西非地区输送，进而向南延伸与南部非洲地区联通，形成非洲互联电网的东部和西部纵贯骨干通道。尼罗河流域的水电将供给北至埃及、南至坦桑尼亚区域。中部非洲地区的刚果河和赞比西河流域水电基地在向中非本地区供电的同时，也将与北部和南部风能、太阳能发电基地形成联合运行态势，促进非洲境内的可再生能源消纳，并将联合供给西非和南部非洲地区。

　　未来，非洲境内将形成北非、中非和东非、西非、南非等四个大的联网区域，并进一步互联形成非洲互联电网。北非区域电网主要包含了北非太阳能发电基地、风电基地和北部负荷中心，是非洲重要的电力送出地区；中非和东非联网区域内包含水电基地、太阳能发电基地、风电基地，是非洲又一重要的电力送出地区；西非区域电网和南非区域电网内负荷规模大，是未来主要的电力受入地区。非洲跨国联网示意图如图5-15所示。

　　全球能源互联网骨干网架如图5-16所示。

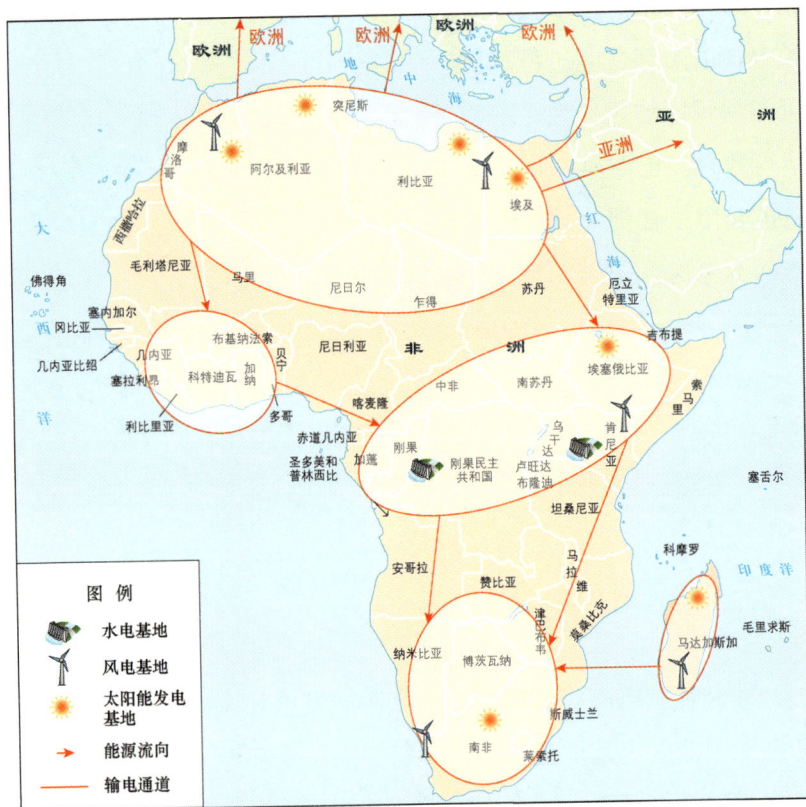

图5-15　非洲跨国联网示意图

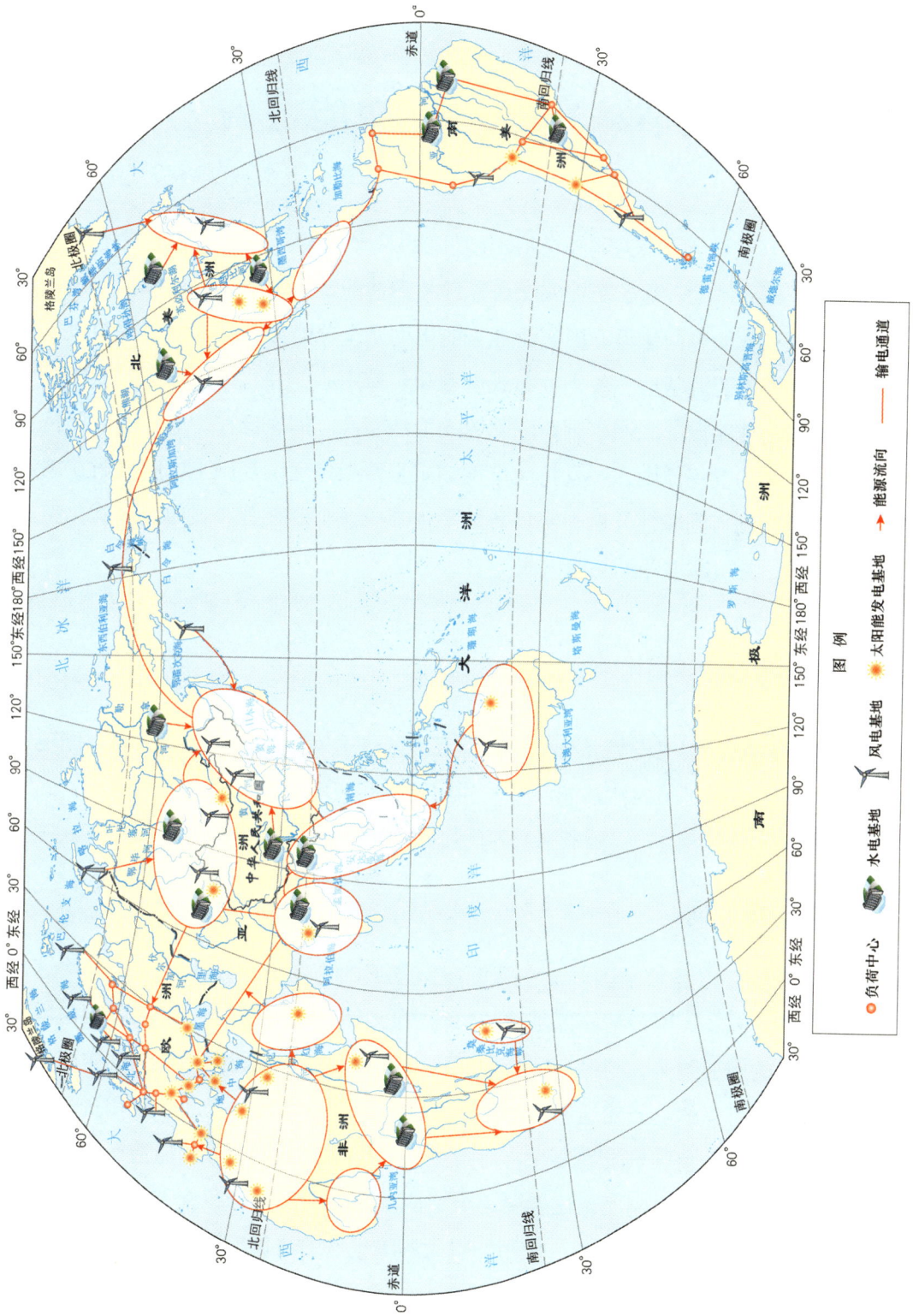

图5-16 全球能源互联网骨干网架示意图

第四节　国家泛在智能电网

　　跨国跨洲互联电网构筑了全球能源互联网的基本构架，具备了全球大范围优化配置清洁能源的基础。为了更加安全可靠地将清洁能源发电送至负荷中心，还需要加快各国泛在智能电网建设。**国家泛在智能电网是全球能源互联网的基本组成单元，广泛连接国内能源基地、各类分布式电源和负荷中心，并与周边国家的能源互联互通，承接全球能源互联网跨国跨洲配置的清洁能源。**国家泛在智能电网应坚持坚强与智能并重的发展原则，在发挥大电网和坚强网架作用的基础上，有效解决清洁能源发电随机性、间歇性问题，实现各地集中式电源与泛在分布式电源的优化接入和高效消纳，更可靠地保障能源供应。

一、电网网架建设

　　各国智能电网网架建设需要与全球能源互联网骨干网架有效衔接，保障本国电网安全稳定运行，满足国内清洁能源开发利用要求，实现外来清洁电力落得下、国内富余电力送得出，国内外能源资源统筹优化配置。

（一）发展方向

　　坚强与智能并重是未来国家泛在智能电网发展的内在要求和方向。全球快速增长的用电需求以及大型清洁能源基地与负荷中心逆向分布的特点，要求各国电网必须具备坚强的网架结构，与经济社会发展相适应的电网发展规模和相应的电压等级，强大和安全可靠的电能输送供应能力，实现本国大规模能源基地开发和资源优化配置，适应能源绿色低碳发展要求，为各类用户提供安全、可靠、清洁、优质的电力保障。同时，各国电网网架建设要与全球能源互联网跨国跨洲骨干网架有机衔接，发挥特高压/超高压输电技术的作用，扩大各级电网的覆盖范围，实现电力大规模、远距离、高效率输送。

（二）发展重点

未来的国家泛在智能电网骨干网架是承接全球能源互联网跨国跨洲资源配置的关键载体，也是全球能源互联网的重要组成部分。

一是建设坚强网架，提高电网的输电能力。形成合理的电网网架结构和布局，与本国大型能源基地开发要求和负荷分布相适应，也要与跨国电力配置相协调，具备大规模远距离输电能力。电网网架要能够有效抵御自然灾害，有效控制事故影响，具备较强的抗干扰和自愈能力。

二是坚持交直流并重，协调发展。交流输电和直流输电功能与特点各不相同，在电网网架建设中发挥不同的作用。交流具有输电和构建网架的双重功能，电力接入、传输和消纳灵活，交流电压等级越高，电网结构越强，输送能力越大。直流主要用于输电，目前还不能形成网络，适用于大容量、远距离输电。适应大规模清洁能源发电，通过大容量直流输电送出，需要依托坚强的交流电网，形成强交流、强直流联合运行、相互补充、相互支撑、相辅相成的电网格局。

三是各级电网同步发展。统筹推进各级电网建设，合理分层分区，实现各电压等级电网有机衔接，形成结构清晰、功能明确、匹配合理的电网架构。根据各国经济发展和能源禀赋，满足不同发展阶段的电力需求，有针对性地开展电网规划，合理扩大各级电网覆盖范围，与地区经济、社会和环境协调发展。

（三）功能需求

确保安全可靠。结构坚强的电网网架是保障安全可靠供电的基础。构建特高压/超高压同步电网，能够充分发挥大电网优势，有效抵御重大自然灾害和各类严重事故冲击，显著提高电网的安全稳定性、运行可靠性。中国国家电网加快建设特高压交直流电网和跨区电网，初步形成结构合理、交直流协调发展的坚强网架，电网安全稳定水平显著提高。

优化配置资源。通过加强本国主网架建设，可以克服资源分布不均衡的矛盾，满足远距离、大规模能源配置需求，保障集中式和分布式电源开发和送出。中国能源资源与负荷中心逆向分布特征明显，迫切需要大容量、远距离配置能源资源。近年来，通过建设特高压跨区输电通道，将西部煤电基地、西南水电基地的电力输送至东中部负荷中心，充分发挥大电网的大规模远距离资源优化配置能力，促进了能源富集地区发展，实现了大型能源基地的集约开发和电力可靠送出，支撑了东中部地区经济社会快速发展对于能源的需求。

支撑清洁发展。建设国内跨区域输电通道，有助于实现国内清洁能源有效开发和消纳。许多国家都在积极加强电网网架建设，促进清洁能源发展。美国计划加大输电线路的建设投资，提高各州之间的电力输送能力，接纳中部和东西海岸风电，实现2024年美国东部联合电网风电电量占总电量30%的目标。德国能源署计划新建850千米和改造400千米的220/380千伏高压输电线路，实现完全接纳北海海上风电并网。中国发展特高压输电，未来西部和北部地区风电开发利用规模将由8800万千瓦提高到3亿千瓦以上。

实现互济互通。坚强的电网网架有助于实现国内不同地区之间的电力互济互通。跨流域水电之间可以互补，水电丰富的地区可以和火电为主的地区进行水火调节、互济，也可以与风电、太阳能发电之间形成很好的互济作用，不同地区的风电和太阳能发电之间也可以形成风光互补。中国国家电网公司规划到2020年建成"三华"（华北、华中、华东）特高压同步电网和19回特高压直流工程，形成西电东送、北电南送格局，跨区输电能力将达3.8亿千瓦，实现能源资源大范围互济互通、优化配置。

二、智能化发展

高度智能是全球能源互联网的重要特征，提高电网智能化水平是构建全球能源互联网的重要内容。未来，建立在坚强网架基础上的泛在智能电网，将作为现代能源的核心网络和配置平台，在发展方向、建设重点和功能作用上与传统电网有明显的不同。

（一）发展方向

随着信息通信技术的升级、智能控制技术的发展、电网运行技术的成熟、互联网技术的应用，智能化发展的内涵不断丰富，呈现以下发展方向：

一是电网运行控制和调度的智能化水平不断提升。信息化、自动化技术在电网运行控制和调度领域的应用不断深化，大电网建模仿真的水平也不断提高，正在推动电网观测从稳态到动态、电网分析从离线到在线、电网控制从局部到整体的技术跨越。未来先进信息通信技术、电力电子技术、优化和控制理论与技术、新型电力市场理论与技术等不断融合，成为国家泛在智能电网安全经济运行的基础，最终建立灵活、高效的能源供应和配置系统，形成安全、可靠的智能能源网络。

二是智能电网下的互动将持续深入。互联网、物联网等网络技术的不断发展以及电力光纤入户、智能电能表等设施的不断部署和提升，大大加强了智能用电互动化的硬件平台，为用电多样化、智能化、互动化业务提供了通信保障；大数据分析、云计算等现代信息处理技术，使智能用电互动化可以充分挖掘海量数据蕴含的价值，推动互动业务的综合化、一体化、定制化，更好地服务于社会和经济发展。以分布式发电为代表，用户对于发电和用电的自主性和选择性增强，用户逐渐成为智能电网运行和互操作的重要参与主体。

三是智能电网从单纯的电力传输网络向智能能源信息一体化基础设施扩展。智能电网本身所具有的网络化优势以及电力通信网络所积累的信息通信资源，可以在社会生产生活的诸多领域共享利用，促进能源、信息设施实现一体化的网络资源集成复用，电网的信息数据资源可以通过灵活的增值服务和商业模式创造新的价值。各类智能终端、新型用电设备将会大量接入到智能电网，形成电力、信息双向流动的网络，智能电网从电网本体拓展到包含能源转化和利用设备的智能电力系统。

四是智能电网的泛在属性越来越凸显。人类社会对于能源的充足、可靠、清洁、便捷供应的要求不断提高，促使智能电网向泛在网络的方向不断发展。用户在享受灵活供电服务的同时，也期望获得丰富多元、全方位打破时间和空间局限的服务内容，这样的需求推动智能电网的发展。智能电网以用户为中心，通过不断融合新的网络，注入新的服务、业务和应用，逐步成为服务社会公众的基础设施和泛在网络，同时提供面向行业的基础应用，形成社会资源综合优化利用的价值网络。

（二）建设重点

智能化发展的建设重点是要全方位提升发电、输电、变电、配电、用电、调度、通信信息各个环节的智能化水平。

1. 发电环节

发电环节的重点是要促进电源结构优化，实现源网之间的协调，提升适应不同类型清洁能源发电接入的能力，促进清洁能源开发和消纳，主要包括三个领域：

（1）**电源网厂协调领域**：开展各类发电机、励磁系统、调速系统、电力系统稳定器的参数实测，提高智能建模仿真精度；提高机组的快速调节技术水平和调峰能力，改善调节速率、调节范围和控制精度。

（2）**清洁能源发电并网和运行控制领域**：建设风电场和太阳能电站的运行调度控制系统，解决间歇性电源并网控制中的出力波动、无功电压支撑、电能质量等问题；开发和应用风电和太阳能发电功率预测系统，提高低电压和高电压穿越能力，提升清洁能源电站与电网运行的协调性。

（3）**大规模储能领域**：以储能为支撑进行联合调控，实现不同电源间的互补、调剂，发挥全球能源互联网削峰填谷的作用；研发大容量储能设备、大容量电池模块化集成系统，建设大容量储能综合能量管理系统；实现集成储能的间歇式能源功率平滑调节，平抑大规模清洁能源的波动性。

2. 输电环节

输电环节的重点是要应用先进输电技术，不断提升输电能力和效率，实现输电线路的可控、能控、在控，提高电力系统稳定运行水平。主要包括三个领域：

（1）**先进输电技术应用领域**：应用特高压交直流技术加快电网网架构建；应用柔性交流输电技术实现对交流输电系统参数以及网络结构的灵活快速控制；全面突破±1100千伏特高压直流输电技术并实现工程应用；推广柔性直流输电技术，突破多端直流输电技术。

（2）**输电线路监测领域**：实现重要输电设备的状态监测，全面推广输电线路智能化巡检技术，广泛开展输电线路状态评估、状态检修和风险预警；实现在线评估诊断与决策，提升输电线路状态评估的智能化。

（3）**输电线路管理设计领域**：对输电线路进行全寿命周期管理；开展直升机智能巡检、无人机巡检、智能机器人巡检等技术的应用，开发交互式、可视化巡检设备；集成应用新技术、新材料、新工艺，实现勘测数字化、设计模块化。

3. 变电环节

变电环节的重点是变电站智能化升级提高对电网优化调度和运行管理的支撑，提升变电站资产管理和运营水平。主要包括三个领域：

（1）**设备智能化领域**：推进变电站一次设备的智能化，研发应用智能变压器、智能断路器等智能设备，将一次设备本体、传感器和智能组件进行集成；大规模应用有源电子式和无源光纤型的电流互感器和电压互感器。

（2）变电设备监测领域：增设实时监测和数据采集装置，实现设备在线监测一体化和自诊断，提取设备自身故障模式的典型特征参量并进行智能化分析处理，给出设备的运行状态、可靠性水平、故障风险、寿命曲线等信息。

（3）全站信息化领域：实现全站信息采集、传输、处理、输出过程完全数字化；采用基于IEC 61850的标准化网络通信体系；通过统一标准、统一建模实现变电站内外的信息交互和共享。

4. 配电环节

配电环节的重点是提高配电网的供电可靠性、系统运行效率以及终端电能质量，实现分布式发电、储能与微电网的并网与协调优化运行，实现高效互动的需求侧管理。主要包括三个领域。

（1）配电网调控领域：推进配电自动化系统和配电网调控一体化智能技术支持系统建设，提高覆盖范围，实现对配电网的灵活调控与优化运行；实现智能恢复和自适应保护，支撑电网故障后的自愈和网络重构。

（2）分布式及微电网协调控制领域：掌握高渗透型和多源型分布式电源系统的互补控制、源荷协调控制技术，实现随机功率波动、电能质量等的有效控制；适应联网运行、稳态孤岛以及故障孤岛运行等复杂工况下的分布式电源和微电网控制需求；发挥分布式电源在提高供电可靠性和系统削峰填谷方面的作用。

（3）配电网运维管理领域：拓展适应配电网未来发展趋势的新型应用功能系统，建设配电网生产指挥与运维管理系统，消除信息孤岛，有效实现配电网各类应用系统之间的数据与功能的整合互动。

5. 用电环节

用电环节的重点是建设和完善智能双向互动服务平台和相关技术支持平台，实现与电力用户能量流、信息流、业务流的融合与双向互动。主要包括三个领域。

（1）用电信息采集与分析领域：全面推广智能电能表，建设用电信息采集系统，进行相关终端、通信信道、主站和安全防护等关键技术及设备的研发和部署；应用大数据等智能分析手段，进行用户行为分析，提供决策参考。

（2）多元互动服务领域：开展智能家电、智能交互终端、智能用能服务系统等关键技术和设备的研发；建设智能小区、楼宇、园区，具备进行用能咨询和用能策略分析的能力，提高有序用电和能效服务的智能化程度，推动电力节能。

（3）**新型用电设备领域**：实现用户侧分布式电源及储能系统与电网的双向互动；支撑各类智能终端的灵活接入和退出；建设电动汽车智能充换电服务网络，实现电动汽车的电池参与电网调峰；推广应用各类新型节能节电设备。

6. 调度环节

调度环节的重点是通过调度环节智能化建设，实现电网调度的信息化、自动化、互动化，全面提升电网调度的资源优化配置能力和安全经济运行水平。主要包括三个领域。

（1）**智能调度领域**：建设智能电网调度技术支持系统，形成涵盖监控预警、安全校核、调度计划、调度管理的一体化智能调度体系；实现调度生产各环节的全景监视，实现电网运行、分析结果的全面整合、数据共享和多角度可视化展示。

（2）**电网运行分析领域**：建立覆盖从离线到在线、从机电暂态到电磁暂态的全状态、全时间尺度仿真分析需求的电网运行分析平台；建立灾害防御体系，推进气象信息在电网灾害预警、防灾减灾、新能源调度方面的应用，提高电网抵御自然灾害的智能化程度。

（3）**特大型电网控制领域**：掌握特大型交直流混合电网的稳态、暂态运行机理以及电网故障保护与网络重构方法；建立适应全球能源互联网运行环境的特大型交直流混合电网的仿真技术；实现跨国跨洲、多层级、广地域的分层分区协调控制，为全球能源互联网安全稳定运行提供技术保障。

7. 通信信息

通信信息的重点是强化通信网络，形成支撑各个环节及业务的信息系统，搭建信息共享透明的业务协同和互操作平台，提升管理的现代化水平，主要包括三个领域。

（1）**通信网络领域**：建设自愈高效、适应性广的电力通信网，骨干传输网采用大容量、高速实时的电力专用智能化光传输系统；配用电环节综合采用无源光网络、电力线载波、无线、公众通信网等网络传输手段。

（2）**信息系统领域**：建设覆盖智能电网多个环节、多个层次的业务系统和信息平台，包括电网一体化综合展现平台、综合辅助决策分析系统、地理信息与空间服务平台（GIS）等；开发应用海量的历史及准实时数据管理平台，实现各业务应用数据的规范接入和集中共享。

（3）新技术应用领域：建立电力物联网总体架构、统一信息模型和标准，研制专用传感器和组网技术；在电力行业逐步应用量子通信技术；采用大数据技术挖掘未来全球能源互联网多元、海量信息的潜在价值；将云计算和云存储技术应用于全球能源互联网运行管理、全球电力交易等分析与决策中。

（三）功能需求

通过电网智能化发展，国家泛在智能电网带来的安全性、灵活性、适应性和互动性，将在保障能源安全、促进"两个替代"、提供公共服务中发挥更大作用。

1. 实现电网整体运行的安全、高效

随着风能、太阳能等清洁能源发电的容量比例快速提升、电网规模的不断扩大和电力系统运行复杂性的增加，国家泛在智能电网需要依靠技术创新，特别是信息技术与电力技术的融合创新，采用先进的智能监测、控制、运行管理和决策支持等手段，在保障电网安全稳定运行的同时，实现电力的可靠、高效输配。

输变电设备的状态监测。通过推广输变电设备状态监测、智能化巡检等技术，充分利用信息技术，广泛开展输变电设备的在线与离线状态评估、状态检修和风险预警，实现对输变电设备状态的可控、能控和在控。在对输变电设备实施充分感知的基础上，通过高度智能的优化调度，充分利用电源与电网资源，提高输电线路输送能力和电网资产利用率，降低输电损耗与成本，实现电力系统的安全稳定运行。

输电网的运行控制。采用柔性交流输电技术，提高线路输送能力和电压，以及潮流控制的灵活性。以通信、信息与控制技术为支撑，以卫星定位、智能监测与先进巡检技术为手段，开展输电网运行状态评估诊断分析与决策支持，实现输电网状态评估的智能化。应用输电线路状态检修、全寿命周期管理和智能防灾技术，实现输电网运行管理的精益化。

电网的智能调控与优化运行。智能电网要具备安全可靠的供电能力和更高的电能质量，高度智能化的调度控制是神经中枢。为了保证更高的供电可靠性，电网一方面要能够很好地抵御外力与自然灾害的破坏，将破坏影响限制在一定范围内，避免出现大面积停电，保障重要用户的正常供电；另一方面，要能够自动及时检测出

已发生或正在发生的故障并进行相应的纠正性操作，使其不影响对用户的正常供电或将其影响降至最小。在电能质量方面，实时监测并控制电能质量，使电压有效值和波形符合用户的要求，保证用户设备的正常运行并且不影响其使用寿命。在各级自动化系统和调控一体化智能技术的支持下，实现对电网的灵活调控与优化运行，提高电网的可靠性水平与电能质量。

电网效率效益的提升。 智能电网实时监测电网设备温度、绝缘水平、安全裕度等，在保证安全的前提下增加传输功率，提高系统容量利用率；通过对潮流分布的优化，减少线损，提高运行效率；在线监测并诊断设备的运行状态，实施状态检修，延长设备使用寿命。

2. 确保分布式电源的灵活接入和运行

分布式电源是充分利用分散能源的重要方式，也是未来清洁能源开发利用的重要途径。多国的发展实践和政策环境都预示着分布式电源的大规模发展将成为趋势。适应并促进大规模分布式电源的接入与安全经济运行是智能电网面临的重要使命。

支持分布式电源的大规模高比例接入。 当电网中的分布式电源容量达到较高的比例（即高渗透率）时，要实现电网的功率平衡与安全运行，并保证用户的供电可靠性和电能质量，对传统电网来说是很困难的。智能电网不再像传统电网那样，为保障电网安全运行需要被动地限制分布式电源接入容量，可以从有利于分布式能源发电、节省整体投资的角度出发，有效地接入分布式电源并发挥其作用，支持分布式电源的即插即用。智能电网可以通过对传统电网的保护控制系统升级和系统接口标准化，并充分利用信息通信平台实现与分布式电源的信息交互，打造开放的综合能源利用平台，促进分布式电源的平等、便捷和高效利用。

支撑分布式电源的安全经济运行。 通过智能电网的数据信息平台，实时采集分布式电源及电网运行数据，并将实时运行数据与离线管理数据高度融合、深度集成，能够对分布式电源做到可观、可控，为运行人员提供电网运行监测、预警、自愈控制等高级辅助决策功能。分布式电源的"即插即用"、双向计量、出力预测、优化控制等功能将有效改善其运行特性和经济性，降低电力系统针对分布式电源的辅助服务成本。

3. 提升电能替代的水平

实施电能替代是适应能源消费电气化趋势的战略选择，对于能源发展和社会可持续发展具有重要意义，可以有效地推动节能减排，促进环境保护。加快发展国家智能电网，是有效推动电能替代的重要抓手。

提供更便捷、高效的电力利用平台。 智能电网通过电网基础设施的延伸，提供更加智能高效的供电服务，使得终端用电更加便捷，为电能替代提供坚强的基础网络平台。依托智能电网公共服务平台，通过开展基于电力为中心的能效管理、推广新型智能用电终端等途径，将促进终端用电更加广泛且能效更高。

多领域推动对化石能源的替代。 在交通、工业、商业、居民等多个领域推行高效、节能的用电技术和设备，替代其他化石能源的用能方式，促进全社会节能环保目标的实现。同时，持续做好电网改造和扩建，提高电能供应的稳定性和可靠性，促使电能成为终端能源消费的首选。未来，应将交通领域作为推动电力应用的重点，持续完善电动汽车充电基础设施并促进交通电气化，实现"以电代油"。

考虑到各个国家经济社会发展水平的不同，不同国家在电能替代方面有不同侧重。 对于欠发达国家，电能替代的重点在于加快电气化进程。例如，非洲年人均用电量为600千瓦·时左右，许多非洲国家仅为100千瓦·时，还有6亿多人口未用上电。这些国家亟须解决电力短缺问题，推动经济发展和电气化进程。对于发展中国家，要逐渐用电能代替其他低效的、污染较大的终端用能。例如，对于中国来说，工业领域需要加快淘汰落后产能，推广实施煤炉、油炉改电炉以及电加热设备；商业领域需要大力实施以电代煤（气）项目，推广热泵、电采暖、电锅炉等技术。对于发达国家，主要通过标准、政策和精细化的监控管理等推动电能替代。例如，日本推广蓄热电价，降低用户的供暖成本；欧盟一直将能效和用能设备质量管理的标准建设放在一个很重要的位置，能效标准、排放标准以及新电气标准的及时更新，对电能替代工作的开展起到了积极的促进作用。

4. 保障智能用电和多元化需求

传统电网仅作为供电服务商为各类用户提供供电服务。通过智能化发展，电网将日益提供丰富的智能用电服务，满足用户的多元化需求。未来互联网理念也将在电网提供的服务中全面渗透，在数据资源价值、业务服务模式与用户体验等方面给电网业务带来深刻变革。一方面，用户参与互动意识提高，要求通过信息融合建立新型供用电关系，用户需求更加突出个性和多元；另一方面，电网可以更加全面深入地了解用户用电行为，服务更加具有针对性，有利于电力公司充分发挥现有资源的潜力。

建设智能综合服务平台。依托于泛在智能电网及其伴生的智能信息通信系统，可以拓展网络服务功能，推进与公共服务资源的集成与融合，有助于实现能源流、信息流的高度集成和综合应用，开发建设基于智能电网的新型智能化、公共、互动的综合服务平台。基于智能用电互动服务平台，不断延伸服务领域，开展信息通信等增值业务，提升电力服务的附加值；通过支持需求侧管理、智能小区和智能楼宇建设，及时响应客户自由用电需求，指导客户科学用电，提高终端能源使用效率；为客户提供及时准确的电价信息、负荷信息和最佳用能方案与策略等。

支持多元化智能用电需求。通过安装高级量测装置、应用智能终端设备、建设互动基础设施、部署信息化共享互动系统等手段，充分满足多元化智能用电需求，进一步推动智能小区、智能楼宇、智能园区、智能社区的兴起，支撑智慧城市的发展。全面推广智能电能表，建设用电信息采集系统，实现对电力用户和计量关口的全面覆盖，实现在线监测和用户负荷、电量、电压等重要信息的实时采集，为智能用电服务提供技术支撑。通过建设智能用能服务系统、用户侧分布式电源及储能系统，以及多种智能用电终端设备，实现智能电网与电力用户之间实时交互响应，用户可以通过远程和移动方式方便互动，增强电网综合服务能力。建设电动汽车智能充换电服务网络，形成科学合理的电动汽车充换电站布局，实现电动汽车与电网的双向能量交换，推动电能替代，实现清洁能源广泛利用，满足交通低碳化用能需求。

实现信息和电力的双向互动。智能化发展促进电网和信息网、互联网全面融合，支撑信息流和电力流统一。用户侧的智能电能表兼具用电信息实时采集、上传和下发功能，可以作为移动互联网的接入点和中转站，将用户用电的行为信息以及热力、燃气、供水等其他外部信息通过电力专网或互联网上传至用电信息平台及数据整合与利用平台。基于这些信息和数据的存储、加工和利用，可以形成信息和电力一体化的功能应用，将业务信息发送至用户，引导用户行为；及时响应用户需求变化，通过交易和运行系统对双向电力流进行调控。基于智能电能表及高级应用的双向互动如图5-17所示。

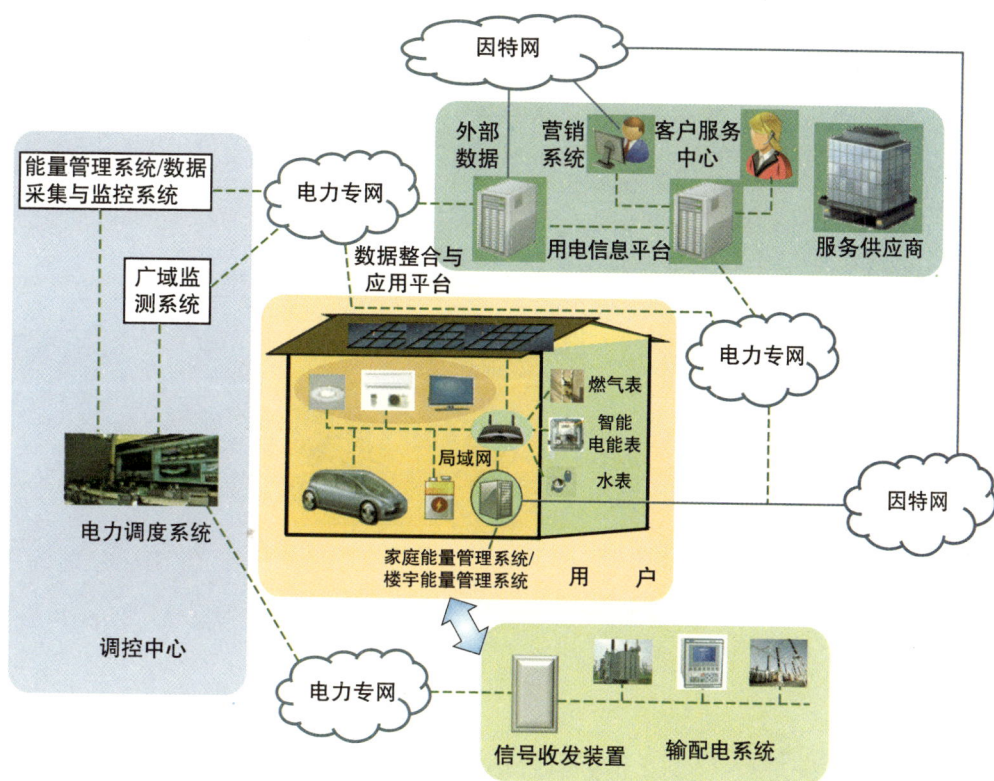

图5-17　基于智能电能表及高级应用的双向互动示意图

　　促进互联网理念在电网中的应用。智能化发展本身就蕴含了开放、平等、协作、分享的精神，通过进一步在电网发展中引入互联网理念，可以提升用户参与互动意识，并通过信息的融合建立用户群体之间的聚集关系，如图5-18所示。这将带来一系列的变革：分散的用户用电资源可以汇集起来，作为一个整体参与电网互动；智能电网业务服务商等第三方机构将会出现，作为为用户群体提供多元化服务的中间机构，增强对分散用户资源和需求的管理，如将区域内各类电力用户的用电需求与参与需求侧管理的能力进行整合，辅以灵活的商业模式与智能电网进行统一的双向互动。智能电网基础设施的潜力可以得到进一步挖掘，基于对用户需求的掌握，开展能效管理、多网融合等多种增值服务。

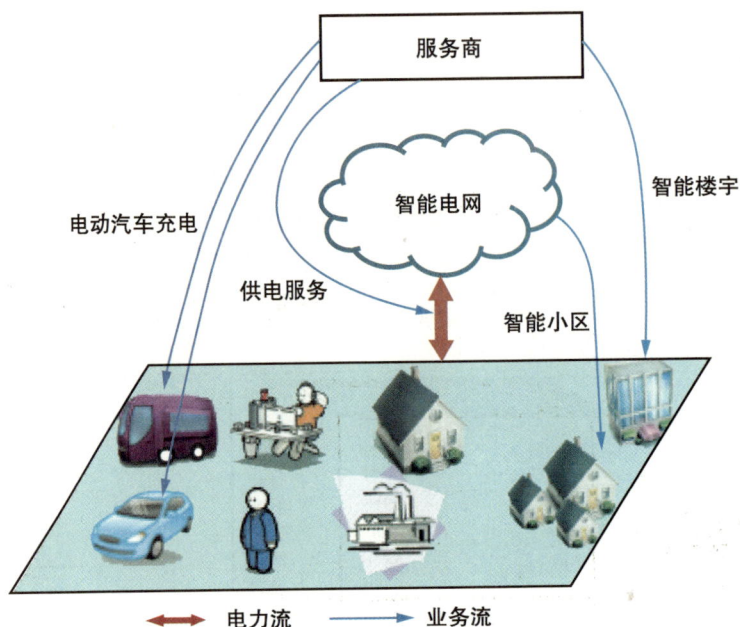

图5-18　互联网理念在智能电网发展中的应用

第五节　全球能源互联网合作机制

构建全球能源互联网是推动解决能源可持续发展问题的重大战略，涉及世界政治、经济、能源和技术的方方面面，需要各国通力合作，破除各种政策壁垒，建立相互依存、互信互利的组织机制，实现各国政府、企业、社会和用户的广泛参与和合作多赢，建立高效运转的运行机制和市场机制，保障全球能源互联网安全经济运行。

一、组织机制

全球能源互联网发展需要全面合作的全球能源治理机制提供保障。 全球能源互联网的建设和发展，涉及北极地区、赤道地区和各洲资源富集区可再生能源的大规模开发，涉及跨洲输电及电力互济的洲际联网，还涉及各洲内跨国输电网、各国输配电网的升级改造与智能化，是能源领域前所未有的全球性合作，需要建立互信互利的全球能源合作机制和组织基础。过去一百多年来，围绕着石油这一核心能源资源，国际社会形成了多种形式的国际能源合作组织，在稳定石油市场和供需方面发挥了重要的作用，但迄今为止尚未形成一个全球性和综合性的全球能源合作机构和全球治理机制。然而，人类正在面临气候变化、环境危机和能源安全的多重挑战，世界上没有一个国家可以完全依靠本国资源来满足发展需求，客观上需要对能源资源进行全球配置。从长远看，建立一个全球能源合作组织，形成有约束力的机制和共同行动计划，是十分必要的，也是推进全球能源互联网建设的重要体制基础。

在联合国设立全球能源互联网合作联盟有助于推动全球能源互联网建设和发展。联合国有20多个专门机构关注能源议题，但尚未成立专门的能源机构。未来能源发展的重点不仅仅是解决各国经济社会发展问题，还包括解决全球共同面对的生态危机问题。将全球能源互联网构建作为全球实现能源可持续发展共同行动计划的核心，需要在联合国设立全球能源互联网联盟，形成以各国政府间框架协议为基础、相关部门和企业自愿参与的合作组织。组织内形成由决策层、管理层、执行层组成的权责清晰的组织架构。决策层是以各成员国能源和环境部长会议为基础的高层决策机构，在全球能源互联网发展方向和目标上达成共识；管理层是设立的专业管理委员会及其日常管理机构，重点是从发展、经济、技术、监管等方面开展研究、决策建议和协调促进工作。执行层是自愿合作形成的一系列项目公司，也是全球能源互联网联盟的主要企业成员。

全球能源互联网合作联盟将重点在战略规划、标准制定、资源支持和对外协作方面发挥统领作用。全球能源互联网联盟的目标是，促进世界清洁能源的联通和全球配置，促进全球能源互联网的技术研发、基础设施建设和安全高效利用，促进全球能源公平接入和能源安全可靠。联盟需要在以下几个方面发挥重要作用。一是研究和制定全球能源互联网战略、互联规划、经济政策、技术标准、运行规则和市场机制。二是调动必要的技术、资金和人力资源，协调推动全球清洁能源基地和各洲间电网互联项目的开发，缩小区域间差距。三是建立与现有的各洲电力联盟、国际能源署、国际电工协会、国际智能电网行动网络等相关国际组织的合作机制，共同推动和建设可持续的全球能源供应系统。**全球能源互联网联盟组织结构示意图如图5-19所示**。

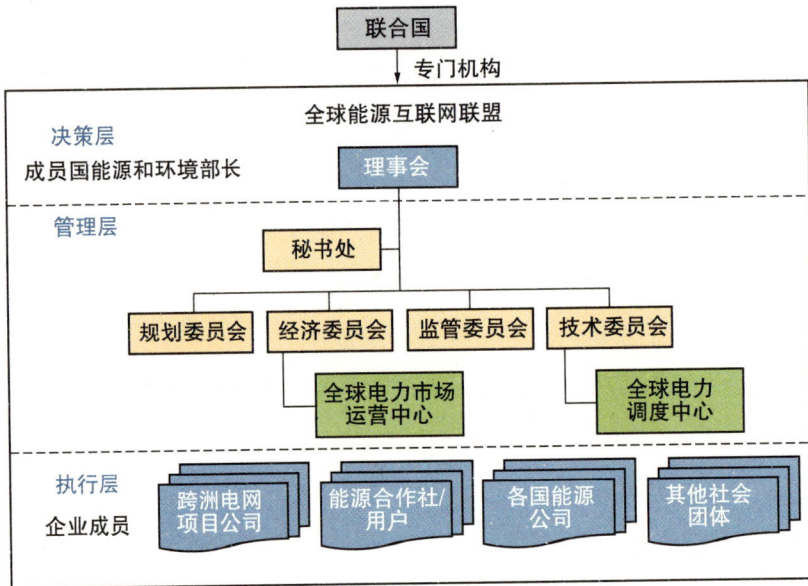

图5-19　全球能源互联网联盟组织结构示意图

二、运行机制

　　全球能源互联网需要建立高效协同机制。电力系统运行管理是一项组织严密、技术复杂的系统管理工程。过去一百多年世界电网发展的经验表明，统一调度规则和协同的运行机制，是互联电网安全运行的基本保障。未来全球能源互联网协调运行特点更加突出，形成全网统一协调的控制运行规则和职责体系对全球能源互联网运行尤为重要。一是网络规模巨大。未来将形成跨国跨洲互联、泛在的输配电网，网络上各项资产分属不同企业、分布在不同国家和地区，需要协调机制解决产权分散、地域分散与统一运行的问题和矛盾。二是间歇性资源众多。未来80%的能源来自具有间歇性运行特点的可再生能源，需要更大范围的联网优化运行以及各类储能设备调用。三是可移动设备增多。以电动汽车为典型的可移动用电设施或储能装置增多，需要实时分析掌握系统内的负荷和可用资源分布，并根据资源的增减平衡网络间运行的潮流。四是负荷灵活性增加。分布式能源实现了用户在发电和负荷之间灵活转换，需要更及时的通信信息以及控制手段，充分利用资源。

　　构建全球能源互联网调度中心保障全球能源互联网安全高效运行。过去一百多年，随着电网的逐步发展，特别是高压大电网的形成，各国已经根据电网结构和特性要求形成了洲、国、地区电网调度中心。随着全球能源互联网的发展，需要建立全球能源互联网调度中心，作为全球能源互联网合作联盟的下属机构，保障全球能源互联网的安全、稳定、经济、高效运行。全球能源互联网调度中心是各洲、各国调度中心共同参与治理的机构，以成员间签订的全球调度运行协议为基础，与各洲调度中心、各国调度中心一起，形成密切合作、分区分层控制的全球能源互联网调度体系，为保证全球能源互联网的安全运行提供制度保障。各洲调度中心在全球调度中心的统一指导下，协调洲内各国调度中心的运作。全球能源互联网调度体系示意图如图5-20所示。

　　全球能源互联网调度中心在保障全球电力安全和全球化配置能源资源中发挥重要作用。全球能源互联网调度中心是全球能源互联网建设和运行的管理协调中心，具体功能体现在三个方面：一是负责全球电网协调运行，提高电网可靠性，保障全

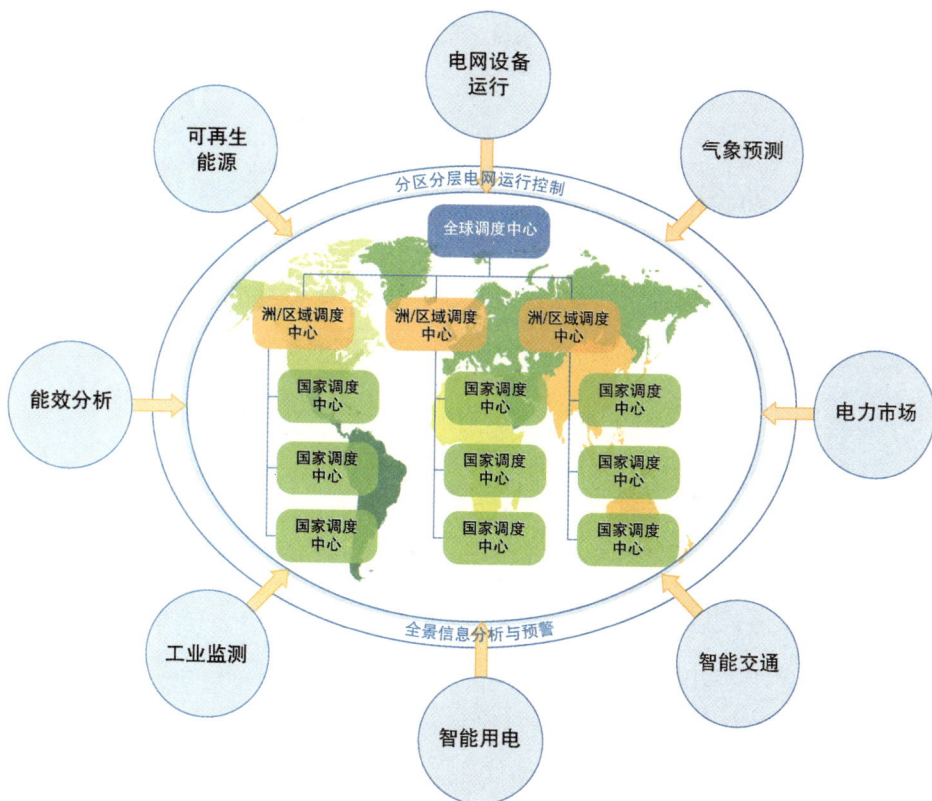

图5-20　全球能源互联网调度体系示意图

球供电安全。二是推动各洲之间的电网互联，促进电网投资，建立可持续发展的全球互联电网。三是创造有利于可再生能源接入的电网条件，推动全球实现可再生能源发展目标。主要职责将包括：制定电网运行和发展规则；调度全球能源互联网的洲际主干网；协调监测各洲电网安全运行，并负责协调跨洲间的事故支援；制定全球能源互联网发展规划等；同时，全球能源互联网将建立信息及预警系统，各国电网运营商都可在系统中获取全球及各洲、国家的电网运行实时情况及数据，加强成员间安全运行协作。

三、市场机制

全球化的市场机制是形成全球能源互联网发展动力的制度基础。全球能源互联网在电力传输和系统互联共享方面有着巨大效益，充分发挥这些效益，并能够使市场价值体现在全球能源互联网的投资收益中，需要建立公平、开放、竞争的全球电力市场机制，引导电力企业、用户的充分参与。过去20年，随着世界各国电力市场的开放，国家之间电力贸易已经实现了快速增长，电力市场交易范围也逐步扩大。目前欧洲已经形成了联合7个区域的泛欧洲市场，美国已经形成了10个区域市场，俄罗斯、澳大利亚、新西兰、阿根廷、巴西等已经形成全国电力市场。市场范围的扩大也促进了跨地区之间联网的发展，如欧洲正在推进泛欧洲输电网等。未来全球能源互联网的形成和有效运营也需要建立在全球电力市场机制的基础上。

逐步构建全球电力市场体系。全球电力市场，是在各洲各国市场基础上形成的联合市场。首先从跨国跨洲多边长期合同交易起步，在统一规则的基础上，逐步实现各洲各国市场联合交易，发展跨国跨洲短期灵活电能交易、辅助服务交易等。随着全球能源互联网和跨国跨洲电力交易的完善，全球电力市场与各洲电力市场、各国电力市场的部分功能逐渐融合，远期将建成向全球电力用户、发电企业以及电力经纪人开放、促进自由交易的全球电力市场。全球电力市场构建是一个循序渐进、由局部到整体的发展过程，初期需要在全球能源互联网合作联盟建立全球电力市场交易机构，统一制定市场规划、交易机制和运行规则，并主导全球电力市场平台建设。全球电力市场体系示意图如图5-21所示。

建立健全跨国跨洲电力市场交易机制。为保证全球电力市场安全、稳定、可持

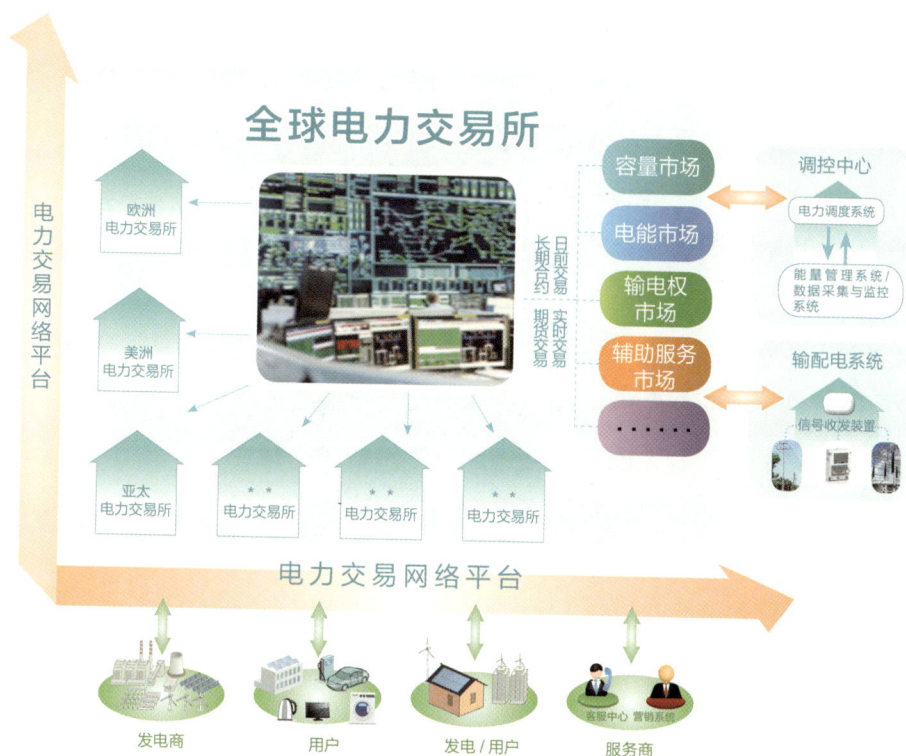

图5-21　全球电力市场体系示意图

续发展，市场机制设计需要重点解决三个问题。第一，需要建立促进跨洲输电的灵活交易机制。一方面，为给跨国资源开发和投资形成较为稳定的电量和收益预期，市场交易电量需要以中长期交易合同为主；另一方面，要充分发挥全球能源互联网的资源调配功能，需要建立月度、日前、日内等灵活的短期交易调整机制，适应可再生能源波动、需求变化带来的资源配置需求。第二，建立促进跨洲电网建设的投资机制。从投资激励来看，跨洲电网投资巨大，稳定的收入回报机制是吸引投资的关键。全球能源互联网发展进程中，远距离、大容量的跨洲输电项目，承担着促进偏远地区可再生能源开发、满足负荷中心可持续能源供应的重任，同时也发挥着重要的联网效益，需要统筹设计基于长期输电的合同收入、基于电网安全性的政府管制收入、基于短期调配的交易收入等多种方式，促进全球能源互联网的发展和高效运行。第三，促进跨洲电网运行效率提升的容量分配机制。需要考虑电网的作用和功能，合理设计跨国输电容量分配和成本分摊机制，促进输电设施的充分利用和吸引网络基础设施投资。

形成全球能源共享的市场机制和商业模式。 全球能源互联网为人类搭建了开放互联的能源基础网络平台，未来能源领域将形成以全球能源互联网为核心，市场主体之间开放、互动、共享、共赢的商业模式。全球能源互联网的构建，将由各利益相关方共同完成。除了各国、各地区的电网公司外，电力合作社将成为未来能源互联网投资和使用的重要力量，将具有共同需求和愿望的用户联系起来，采用众筹等模式建立网络投资资金，参与全球能源互联网的投资，并拥有使用全球能源互联网的权利。众多专业分包公司将成为中间力量，在规定的标准和合约下负责能源互联网建设和运行维护。所有发电商或用户均通过专用线路连接到全球能源互联网上，根据连接点所在的位置和电压等级支付一定的网络接入费即可共享网络资源，并通过开放的电力市场网络平台自由买卖电力。电力交易的信息流及时传递到各级电力调度、市场机构，并按照规则进行结算，能源互联网运营商、发电商、服务商从交易结算中分享收益。

四、政策保障

良好的政策环境是实现全球能源互联网建设目标的关键因素。构建全球能源互联网，需要各国树立全球能源观，共同应对气候变化，建立低碳发展目标，加强能源全球化合作，形成全球统一共识、合作共赢的政策环境。

一是各国形成应对气候变化共识。 全球共同应对气候变化是发展全球能源互联网的动力，需要全球在应对气候变化上达成共识。目前，基于联合国《应对气候变化政府间合作框架》下的全球应对气候变化正陷入"合作困境"，但全球面临的减排压力日益紧迫。越来越多的迹象表明，工业化以来带来的温室气体排放正在破坏地球生态平衡，将可能导致整个生态系统进入灾难性的不稳定状态。各国需要意识到，地球生物圈是人类生存不可或缺的公共资源，搁置争论，共同寻找解决措施是人类可持续发展的必然选择。能源领域的碳排放占人类活动碳排放总量的80%左右，按照全球能源互联网发展路径，2050年全球与能源相关的二氧化碳排放降低到112亿吨左右，将为有效控制气候变化奠定坚实的基础。可以看出，全球能源互联网是全球共同应对气候变化的重要载体，需要世界各国达成一致意见，以尽可能低的成本实现全球减排目标。

　　二是各国能源政策协调推进。当前世界各国在能源低碳发展方向上已经形成了基本共识，对发展可再生能源、推进能效提升、建设智能电网等方面均提出了重要举措。但是在过渡能源品种和路径选择上还各自存在差异，如化石能源清洁化利用、核能持续开发等。未来全球能源互联网建设需要各国能源政策的进一步协调。第一，进一步降低对化石能源的依赖。碳捕捉技术的突破与应用、后续环境影响都存在较大的不确定性，面临着成本过高和性能不稳定的挑战，各国需要达成共识，2030年后应加大可再生能源替换化石能源的力度。第二，全球范围内优化可再生能源发展布局。考虑到在人口密集地区发展可再生能源存在土地资源匮乏及对当地气候、景观、各类生产和商业活动影响较大的因素，各国需要鼓励优选开发位置偏远资源富集地区的可再生能源。第三，制定全球合作和共享的能源安全政策。各国需要建立更加积极的国际合作能源政策，一方面建立更加开放的能源市场，另一方面积极参与国际能源资源开发，促进全球可再生能源的优化利用。

　　三是建立合作共赢的地缘政治格局。围绕着化石能源争夺的能源地缘政治，正在将世界推向一个更加动荡的时代。"一极一道"的可再生能源开发，是构建全球能源互联网的重要基础。由于这些地区同样具有丰富的化石能源资源，当前正面临着资源争夺的政治博弈。北极地区存在大量的未开发油气资源（占世界25%）和煤炭资源（约占世界9%）等，近年来已出现了"蓝色圈地运动"。非洲地区过去10年的新增石油储量年增幅为58.8%，占全球新增储量的25%，也已成为世界各国争先进入和争夺的地区。然而，可持续发展是人类社会的共同目标，构建以可再生能源为主导的能源供应体系，需要构建合作共赢的全球能源地缘政治。可再生能源既具有永续性，又具有即发即用特性，资源永不枯竭，但只有开发利用才能真正实现其价值。对于"一极一道"地区的可再生能源，合作开发的价值高于拥有的价值。只有资源所在国和消费国家的政府和企业通力合作，可再生能源才能成为有价值的资源。这需要各国达成共识，走向从资源争夺向合作开发转变的合作共赢的能源地缘政治。

第六节 全球能源互联网综合效益

构建全球能源互联网将产生巨大的经济、社会、环境效益。一是全球联网将促进可再生能源资源的开发与消纳，大幅降低化石能源消费，能够有效控制温室气体排放，保护生态环境；二是将各大洲电网连接，由于各大洲存在时差和气候带差，负荷的峰谷期不同，以及能源资源决定的电源结构差异，洲际电网联合运行将带来巨大的联网效益；三是将大型可再生能源基地的低成本电力输送到发电成本较高的电力受入地区，可降低受电地区的电力供应成本；四是通过促进发展中国家可再生能源的开发利用，有利于拉动当地经济增长，促进区域经济协调发展。

一、环境效益

可再生能源开发利用可替代大量化石能源消耗，减少大量污染物和温室气体排放，并避免化石能源开发和利用过程中对水资源的消耗及对生态系统造成的破坏。

根据预测，在全球能源互联网加快发展情景下，2050年非化石能源发电量将达到66万亿千瓦·时，比2010年增长近60万亿千瓦·时，占全部发电量的90%。在《世界能源展望2014》（WEO2014）的新政策情景下，2040年清洁能源发电量约18万亿千瓦·时，接近总发电量的50%。如果采用WEO2014中的清洁电量比重，则2050年全球能源互联网情景下，多发清洁能源电量29万亿千瓦·时，按替代等量的燃煤发电量考虑，可节约标准煤90亿吨/年，减排二氧化碳、二氧化硫、氮氧化物和烟尘分别达到250亿吨/年、5370万吨/年、5640万吨/年、940万吨/年，节约用水700亿吨/年。

根据能源基地开发进度，预计2030、2040、2050年"一极一道"电力输出规模分别为0.9万亿、4.2万亿、12万亿千瓦·时，如果按替代等量的燃煤发电量计算，可减少标准煤消费3亿、13亿、38亿吨，相当于减少二氧化碳排放量约8亿、37亿、105亿吨/年，减少二氧化硫年排放量180万、790万、2230万吨，减少氮氧化物年排放量190万、830万、2340万吨，减少烟尘排放量约30万、140万、390万吨/年，年节约用水约20亿、100亿、290亿米³。全球联网促进清洁能源开发利用，环境效益显著。

根据预测，依托全球能源互联网，到2050年清洁能源每年可替代相当于240亿吨标准煤的化石能源，减排二氧化碳670亿吨、二氧化硫5.8亿吨。届时全球能源碳排放115亿吨，仅为2013年的33%和2009年的50%左右。根据IPCC的研究报告，能够实现《联合国气候变化框架公约》提出的"到2050年将全球平均气温上升幅度控制在2℃以内"的目标，从根本上解决冰川消融、海平面上升等影响人类生存的重大问题，保障人类可持续发展。

二、经济效益

保障经济社会发展的能源供应。依托全球能源互联网，能够开发利用分布广、潜力大的清洁能源，保障能源长期稳定供应。从现在起，如果风电和太阳能发电年均增长12.4%，到2050年非化石能源占全球能源消费总量的比重将达到80%。届时，风能和太阳能将成为主导能源，但其开发量还不到总资源量的万分之五。

降低能源供应成本。依托全球能源互联网，取得清洁能源规模化开发和外送效益，能够有效降低电力供应成本。以亚欧洲际输电为例，在亚洲送端地区（中国新疆、哈萨克斯坦、俄罗斯西伯利亚地区和蒙古国）汇集天然气、风能和太阳能等清洁能源，利用±1100千伏特高压直流输电技术向德国输电，直流通道利用小时数为5500小时，与德国接收海上风电相比，亚欧洲际输电项目通过俄罗斯圣彼得堡进行接力的输送方案比德国海上风电便宜30.4%，最大电价差为0.3648元/（千瓦·时）；在亚欧直达输电方案中，电价差最大为0.526元/（千瓦·时），相比德国海上风电便宜43.8%。通过实施亚欧洲际输电，可有效降低德国电力供应成本，洲际输电效益明显。

获取显著联网效益。由于各大洲间存在着时差、南北半球间存在着季节差，构建全球能源互联网，进行各大洲电网互联，可以有效利用各大洲电力负荷特性曲线的互补性，进行跨洲峰谷调节和全球范围的可再生能源优化配置消纳，提高各大洲发电设备的利用率、降低系统备用容量。

在地球自转和地球绕太阳公转下，各大洲接收到太阳光的时间不同，自然形成了时间差。全球共划分为24个时区，相邻时区相差一个小时。亚洲横跨13个时区，其中，中国横跨5个时区；欧洲横跨5个时区，北美洲横跨8个时区。各大洲居民的生活、工作基本都遵循着日出而作、日落而息的自然规律，各大洲各国的电力负荷曲线通常在当地时间白天和傍晚（8∶00～23∶00）呈现高峰、在夜间和凌晨呈现低谷（24∶00～7∶00）。

当欧洲和非洲是白天，处于负荷高峰期时，东亚和北美洲是夜晚，处于负荷低谷时段。由于夜晚风电出力通常大于白天，而负荷又处于低谷，通过全球联网，可将东亚和北美洲的风电在夜间送欧洲进行跨洲际消纳。反之，当欧洲、非洲处于夜间低谷时段，可将欧洲北海风电、北非风电跨洲际送东亚和北美洲消纳。

以2050年的北半球三大洲——欧洲、北美洲、亚洲互联为例。北美洲电网横跨西4区至西10区，东北亚电网横跨东7区至东9区，欧洲同步互联网横跨0时区至东2区。全球联网后，可以利用各洲自然的时差优化全球电网负荷，形成较为平滑的负荷曲线，实现削峰填谷效益。图5-22比较了三个区域联网前的负荷曲线和联网后的拟合负荷曲线。可以看出，在各洲电网充分互联的情况下，实现三大区联网负荷峰谷期互补效果明显，联网后将形成日内各时段负荷分布均衡的状态，峰谷负荷差由三个区域电网的25%～40%降低到10%以内。

拉动全球经济增长。 为实现2050年全球能源的低碳清洁发展，预计到2050年全球发电装机规模将达到350亿千瓦，比2020年增长约300亿千瓦。以十年为一个阶段来看，未来电源装机呈快速增长态势，与此相应的是电力投资规模也呈快速增长态势。结合各类电源装机容量单位千瓦投资在未来的变化趋势，估算结果显示：

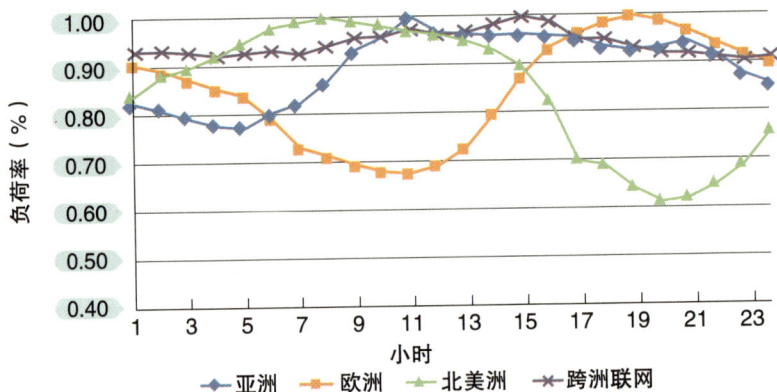

图5-22　欧洲、北美洲和亚洲负荷曲线互补关系示意图

2020～2030年间，需进行电源电网投资规模约20万亿美元；2030～2040年间，需进行电源电网投资规模约39万亿美元；2040～2050年间，需进行电源电网投资规模约46万亿美元，对经济拉动作用巨大。未来电力投资规模如图5-23所示。

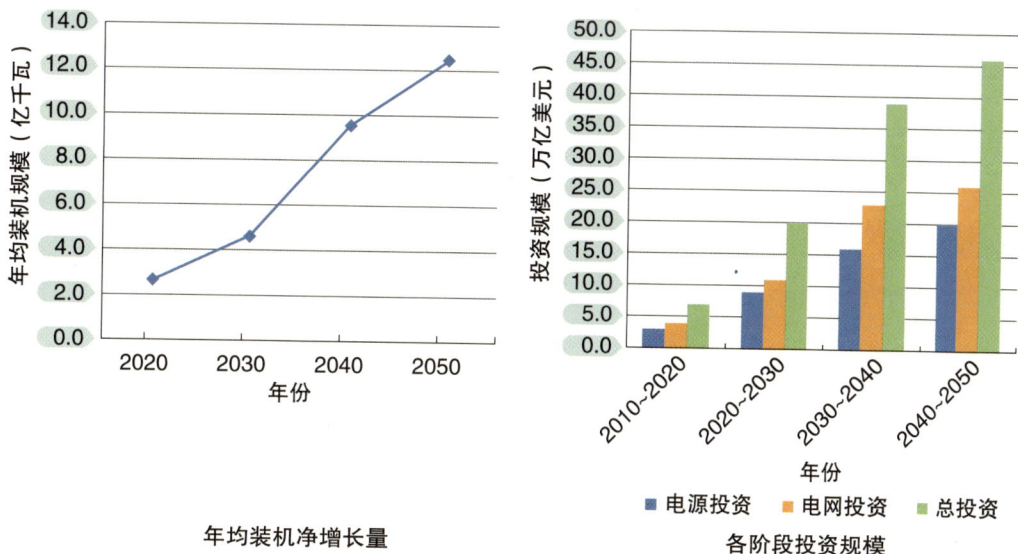

年均装机净增长量

各阶段投资规模

图5-23　未来电力投资规模估算

三、社会效益

促进发展中地区的资源优势向经济优势转化。目前尚未大规模开发的清洁能源大多位于非洲、亚洲、南美洲等地区，通过构建全球能源互联网将促进这些地区的资源优势转化为经济优势，为当地居民提供就业机会[1]，提高发展中国家的居民福利，缩小全球发展中国家与发达国家之间的差距，实现人类的共同可持续发展。

促进能源等相关产业的技术升级。全球能源互联网的构建，将推动清洁能源发电、特高压输电、大规模储能以及智能配电网和微电网等技术实现突破和广泛应用，传统的材料行业将在纳米、超导等方面实现技术创新。依托能源、信息、材料等行业的技术改造与创新，发达国家将逐步摆脱经济危机的困扰，发展中国家将加

---

[1] 2000年欧洲可再生能源协会的报告"re-thinking: 2050 A 100% Renewable Energy Vision for the European Union"提出，2020年、2030年、2050年欧洲可再生能源装机容量将达到5.2亿、9.7亿、19.6亿千瓦，届时可带动可再生能源部门就业人数分别达到270万、440万、600万人。2009年欧洲的可再生能源产业就业人数达到55万人。

快经济发展的速度与质量，最终实现全球人类的共同发展。

促进人类和谐开发利用能源。化石能源具有稀缺性、地域性、主权性，开发利用涉及领土主权和国家安全问题。而通过全球能源互联网开发取之不尽、用之不竭的可再生能源，能够实现资源和平利用，能源的生产关系得到本质性的改善。在可再生能源体系中，人类从掠夺、独占转向合作和共享。各国在能源、开发、利用过程中相互协同、交互，形成更大范围的能源生态系统。全球能源互联网将从根本上解决影响人类生态文明建设的能源环境问题，改变能源发展的方式、产业发展的方式、经济发展的方式、社会生活的方式，最终实现全球和谐发展。

小结

（1）随着电压等级提升、联网规模扩大、自动化程度增强，世界电网发展已经进入坚强智能电网发展阶段。全球能源互联网是坚强智能电网发展的高级阶段，其核心就是以清洁能源为主导，以特高压电网为骨干网架，各国各洲电网广泛互联，能源资源全球配置，各级电网协调发展，各类电源和用户灵活接入的坚强智能电网。

（2）全球能源互联网是基于全球能源观，统筹全球能源资源开发、配置和利用的重要载体。依托先进的特高压输电和智能电网技术，构建连接北极地区风电基地、赤道地区太阳能发电基地和各洲大型可再生能源基地与主要负荷中心的全球能源互联网，打造网架坚强、广泛互联、高度智能、开放互动全球能源配置平台，能够有力推动世界能源的可持续发展。

（3）构建全球能源互联网主要包括洲内联网、洲际联网和全球互联三个发展阶段。2020年前推动形成共识，到2030年启动大型清洁能源基地建设，加强洲内电网互联。到2040年，各洲主要国家电网实现互联，"一极一道"等大型能源基地开发和跨洲联网取得重要进展。到2050年，基本建成全球能源互联网，逐步实现清洁能源占主导的目标。

（4）构建全球能源互联网，需要按照先易后难、重点突破、循序渐进的思路，加快国家泛在智能电网、洲内互联电网和跨洲特高压骨干网架建设，推动"一极一道"及各洲清洁能源基地和各种分布式电源的高效开发利用。

（5）构建全球能源互联网，需要全球紧密合作、破除壁垒，建立相互依存、互信互利的组织机制，建立高效运转的运行机制和市场机制，实现政府、企业、社会和用户的广泛参与和合作多赢，保障全球能源互

联网安全经济运行。

（6）构建全球能源互联网，可以带来显著的环境效益、经济效益和社会效益。在全球能源互联网加快发展情景下，预计2050年全球清洁能源比重达到80%，能够保障能源可持续供应，并有效控制全球碳排放、降低供电成本、取得跨洲联网、拉动经济等综合效益。

第六章
全球能源互联网技术创新

现代能源工业是技术密集型产业，技术创新对能源升级发展具有决定性、根本性的作用。全球能源互联网作为一项全新的能源技术革命，在发展中不可避免地要遇到各种困难和挑战，必须发挥技术创新的引领和推动作用，加大研究和开发力度，尽快实现清洁发电、特高压电网、大容量储能、信息通信等四大支撑技术的突破，更好地支撑全球能源互联网建设，保障世界能源可持续供应。

第一节　全球能源互联网技术创新的方向和重点领域

在能源发展进程中，历次能源革命都依赖能源技术的重大突破。第一次能源革命，蒸汽机的发明推动主导能源从薪柴向煤炭转变；第二次能源革命，内燃机和电动机的发明推动主导能源从煤炭向石油、电力转变。当前，第三次能源革命兴起，从传统化石能源的开发利用向清洁能源大规模开发利用转变，需要在电源、电网、储能和信息通信等领域全面推动技术创新，为加快"两个替代"、构建全球能源互联网提供技术支撑和保障。

一、技术创新的推动作用

清洁低碳高效的能源开发利用技术创新推动了清洁能源加快发展。第一次工业革命后，经过二百余年的发展，传统化石能源开发利用效率大幅提升。先进的超超临界燃煤火电机组综合能量转化效率可以达到45%，汽车的燃油利用效率也达到40%。进一步提高传统化石能源的利用效率，不仅面临成本高、创新难度大等挑战，而且不能从根本上解决化石能源枯竭和生态环境破坏的问题。经过三十余年的发展，风电、太阳能发电技术已经取得重大突破，发电成本已逐步接近可成熟商业化运行的水平。如果将化石能源开发利用产生的污染和碳排放计入总成本，清洁能源发电将有更强的市场竞争力。未来，风能、太阳能等清洁能源将逐步取代传统化石能源，欧洲计划到2050年前后全部使用可再生能源。

输电技术创新推动了电力配置向全球电网互联发展。随着电压等级的提高，电力系统联网规模和输电容量成倍扩大，目前单条线路最长输电距离已经超过2000千米，输送容量超过800万千瓦。随着特高压输电技术发展，几千千米之外的北极风电、赤道太阳能发电基地的电力可以输送到各大洲用电负荷中心，通过不同电压等级电网、不同类型输电技术，满足城市和农村用电需求。采用柔性直流技术、海底电缆技术等，可以将大规模的风能、太阳能等可再生能源发电接入电网，集中通过特高压输电线路远距离送到终端用户。各类输电技术协调配合，形成全球清洁能源基地与各洲、各国用电负荷中心广泛互联、大范围配置的全球能源互联网。

信息通信与能源电力技术融合推动了电网智能化发展。电力系统是能量实时平衡的复杂非线性系统，先进的信息通信技术是系统安全可靠经济运行的重要保障。在电网发展初期，电力系统规模小，运行方式简单，信息通信技术刚刚起步，只能靠电话联络、人工控制发电机组启停和调整运行方式，用手工分析计算电力系统安全稳定条件，靠经验预测未来用电负荷变化。随着信息通信技术发展并广泛应用于电力领域，电力系统逐步向自动化、智能化方向发展，调度中心可远程控制发电机组，电网安全稳定计算可以扩大到跨国跨洲几十万个节点的大系统。未来光纤通信、移动互联、物联网、图像识别、云计算、大数据等众多先进的信息通信技术将与能源电力技术紧密融合，促进电网智能化发展。

二、技术创新的方向

从传统化石能源向清洁能源转型，给能源电力技术创新带来巨大挑战。全球能源互联网将电网范围从国家和地区扩大到覆盖全球，形成未来电网新格局，需要适应大规模清洁能源发电大容量、远距离输送和并网运行的间歇性、波动性，应对恶劣气候条件下设备运行维护、电网建设运行等多种挑战。

一是提高可再生能源的可控性，保障能源安全稳定供应。风能、太阳能等可再生能源发电与天气变化密切相关，与传统的煤炭、石油、天然气发电相比，具有很大的波动性和不确定性。为满足经济社会发展的能源需求，应进一步加强气候工程研究，提高风光预测的准确性和风电、太阳能发电的可控性，保障能源持续稳定供应。

二是降低清洁能源发电成本，实现能源可持续发展。风能、太阳能等可再生能源的能量密度远低于煤炭、石油、天然气等传统能源。要提供相同的能量，可再生能源的收集成本高于传统化石能源。目前，风电和光伏发电技术已经比较成熟，但风电成本仍在0.5元/（千瓦·时）左右，光伏发电成本超过0.8元/（千瓦·时），远高于火电、水电、核电等传统能源发电成本。同时，可再生能源发电和输电设备的利用小时数偏低，进一步提高了开发利用成本。通过技术创新，提高风电和太阳能发电的能量转化效率、降低初始投资、扩大装机规模、增加设备利用时间是降低清洁能源发电成本的主要措施，也是大规模开发利用清洁能源、实施"两个替代"的重要基础。

三是提高特高压输电技术水平，加快开发"一极一道"和各洲大型清洁能源基地。 随着"一极一道"及各洲大型风电、太阳能发电基地的开发利用，数亿千瓦的可再生能源发电将来自几千千米之外的北极和赤道地区。到2050年"一极一道"跨洲电力流可达到10万亿千瓦·时以上，最长输电距离将超过5000千米。要满足如此远距离、大容量的电力流动，必须研究容量更大、输电距离更远的特高压交直流输电技术。

四是研制适应极端气候条件的电力装备，保证关键设备和电网建设运行安全。 北极风电的开发面临高寒、高湿、冰冻的极端气候，而赤道地带太阳能发电的开发也需要应对干旱、高温、风沙等恶劣条件。各种严酷的自然条件对现有的风电、太阳能发电装备提出更高要求，风机要抗盐雾、污秽、风暴、高寒，而光伏发电板要抗风沙、高温、干旱，大容量的输变电设备要应对制造、运输、安装等诸多新的挑战。

三、技术创新的重点领域

通过技术创新，重点解决构建全球能源互联网的可行性、经济性和安全性问题，需要在电源、电网、储能、信息通信技术领域取得重大突破。

电源技术： 重点创新领域包括风电、太阳能发电、海洋能发电、分布式发电等清洁能源发电技术。风电技术向着大型化、低风速、适应极端气候条件、深海风电，以及风功率精确预测、电网友好型风电场发展。太阳能发电技术主要研发高转化效率光伏材料，制造和安装趋向薄片化、简易化；发展太阳能追踪技术，提高太阳能利用率；光伏电站并网控制技术向着更可控、更智能方向发展，提高光热发电容量、降低发电成本。海洋能发电尚处于试验示范阶段，未来应重点研究海洋能的经济开发利用。分布式电源作为全球能源互联网的重要组成部分，向系统更友好、更可控方向发展。

电网技术： 进一步研究超远距离、超大容量输电技术，特高压电网将成为全球能源互联的骨干网架。重点研究领域包括交流特高压、直流特高压、海底电缆、超导输电、微电网、大电网运行控制等技术，未来电网形态、构建方式、运行控制等，以及恶劣环境条件下的电网建设、安装、运维等适应性技术。

储能技术：提高储能装置的经济性和容量水平是未来储能技术创新、实现商业化应用的关键。目前，储能设备成本仍然很高，除电动汽车电池外，电力储能尚未实现商业化应用。提高功率密度与能量密度、储能和可再生能源联合运行技术是储能技术创新的重点。

信息通信技术：先进的信息通信技术是全球能源互联网安全高效运行的重要保障。全球能源互联网对应用信息通信技术，更好地适应未来电网形态变化、能源流和信息流双向流动等新趋势，实现电力调度运行、管理与决策和电力市场交易智能化，提出更高的技术创新要求。

第二节　电源技术

推动"两个替代"、形成以清洁能源为主导，以电为中心的能源格局，决定了电源技术在未来能源发展中的关键性作用。其核心是不断提高清洁能源的开发效率和经济性，重点领域包括风力发电、太阳能发电、海洋能发电及分布式电源技术等。这些技术突破是构建全球能源互联网的动力之源，对推动全球能源开发清洁化、低碳化十分重要。

一、风力发电技术

风力发电是将风的动能转换为电能的技术，利用风轮收集风能，再将其转变成旋转机械能驱动发电机发电。目前风力发电技术发展比较成熟，风力年发电量达到6400亿千瓦·时左右，占全球能源消费总量比重不足3%。按照控制碳排放的要求，到2050年前后风电比重有望提高到30%，年发电量可达到22万亿千瓦·时，发展潜力巨大。未来40年内，风电技术还将进一步突破，发电成本随技术进步有望下降50%以上，将为人类提供更加经济的清洁能源。

（一）最新技术进展

世界风电技术发展距今已经有一百多年历史。过去由于经济性不高、供电稳定性差等原因，应用较为局限，到20世纪末没有实现广泛应用。进入21世纪，随着电力电子、材料和控制等技术的创新发展，风电装机容量和效率大幅提升，商业化应用规模不断扩大。1999年，世界第一台兆瓦级风机在丹麦投运。从第一台兆瓦级风机发展到目前的最大单机容量8兆瓦的风机，仅用了10年时间，发电成本下降了90%。

陆上风电技术相对成熟，3兆瓦的陆上风机技术已经广泛应用。目前，全球最大的陆上风电场是位于美国加利福尼亚州的阿尔塔风能中心，装机容量102万千瓦，而且正在扩建中，容量将达到155万千瓦。海上风电也初步开始商业化运行，单机容量8兆瓦的海上风机叶片直径达到164米，正在丹麦国家测试中心进行试运行实验。海上风机安装船是海上风机建设的核心技术，世界上最大的海上风机安装船Pacific Orca号，载质量8400吨，一次可以携带安装12台3.6兆瓦的风机。在大型风电场建设方面，中国是世界上建设大规模风电场最多的国家，16个省级电网的风电并网容量超过100万千瓦，10万千瓦以上的大型风电场有近两百个，集中在内蒙古、河北、甘肃、辽宁、新疆等中国"三北"地区。

（二）发展方向和前景

1. 风电机组技术

风电单机容量大型化技术。海上风能平稳充足，对人类生产生活影响小，是未来风电开发的重点地区之一。风电机组单机容量大型化，可以增加风机叶轮扫风面积，提高海上风能利用效率和年发电利用小时数，降低发电成本。1998～2013年风力发电机组主要指标变化情况如图6-1所示。预计2020年前后，风电单机容量可达到20兆瓦。

低风速风机技术。一般双馈式风机的启动风速超过4米/秒，而城市周边、部分近海海域有很多低风速地区，开发利用这些风资源，需要研发低风速风机技术。直驱式风机可以在2米/秒的低风速下启动。与双馈式风机相比，直驱式风机造价较高、体积较大，实现大范围商业应用需要进一步降低成本。2012年，中国研制出世界第一台93米超大风轮1.5兆瓦超低风速风机，在安徽来安风电场并网发电。同时，许多国家也在加快研究降低双馈式风机的启动风速。预计到2030年前后，双馈式风

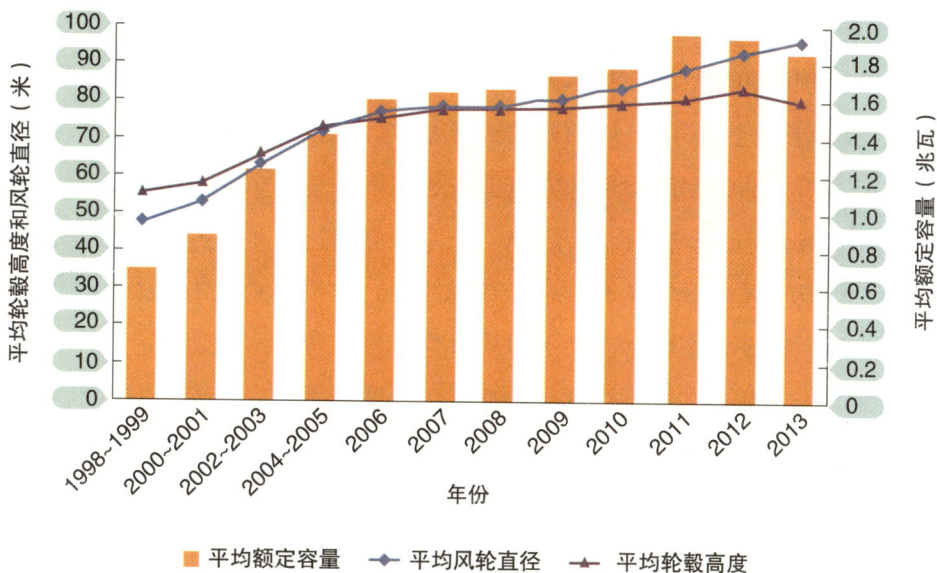

图6-1　1998～2013年风力发电机组主要指标变化情况

资料来源：伯克利图书馆数据库。

机的启动风速可低于3米/秒。未来只要场地安装条件允许，可充分利用城市周边的低风速风资源，实现分布式风机快速发展。随着低风速风机技术的广泛应用，将使全球可利用的风能资源扩大2倍以上。

适应极端气候条件的风机技术。极寒气候条件下，风机叶片容易结冰，严重影响利用效率，研究表明风能利用系数将从0.371降低到0.192，效率降低约50%。在−20℃以下的环境中，一般风机的传动机构、润滑机构、蓄电池、控制机构容易损坏，塔架、叶片材料的材质变脆，耐疲劳性大大降低。目前，一般风机在−30℃时将自动停机。为适应北极风电的大规模开发，需要重点研究风机机体加热、叶片表面憎水涂料、耐低温材料等技术，解决风机耐受北极极端气候问题。

2. 风电场技术

大规模风电场向深海发展。万吨级的海上风电安装船，浮动式的风机基座，大容量、长距离的汇流站和海底电缆，更精确的风电场设计模型将促进深海风电的开发利用。预计到2030年，全球将大规模开发百万千瓦级的海上风电场，风机基座设计、海上安装、运行维护、汇流站和海底电缆等方面技术应用基本成熟，大型风电场尾流效应实现精准评估。

3. 风电控制技术

风电精确预测和运行调控技术发展。高精度的风功率预测技术，能够有效降低风电波动对电网运行的影响，提前安排机组发电计划，减少备用容量，保证电网安全可靠经济运行。随着预测模型和方法的改进，以及遥感系统获取的全球大气数据质量的提升，风功率预测精度，特别是中长期预测精度将不断提高。风电运行控制技术发展，提高了风机低电压和高电压穿越能力，风机控制能力更强，将使得大规模风电场成为系统友好型电源。由于风电、太阳能发电、水电出力特性，在不同时间尺度上具有一定互补性，通过联合调控，可以实现水、风、光等发电机组协调运行，使发电出力更加平稳，提高输变电设备利用率和供电可靠性。

总体来看，风电技术发展将进一步提高风能利用效率、降低成本。随着单机容量10兆瓦风机的完全商业化，陆上风电成本将降至0.4元/（千瓦·时）以下，海上风电成本可下降到0.6元/（千瓦·时）以下。根据当前研发进展看，风电技术有望在2030年前后全面成熟，成为支撑全球能源互联网构建的重要电源技术。预计到2050年前后，单机容量20兆瓦的风机可以用于远海风电场的开发利用，海上风电成本降至0.5元/（千瓦·时）以下，相对其他清洁能源发电，风电成本优势明显。

二、太阳能发电技术

太阳能发电主要有光伏发电和光热发电。光伏发电是根据光生伏特效应原理，利用太阳能光伏电池，将太阳光能直接转化为电能。光热发电是指利用大规模阵列抛物或碟形镜面收集太阳热能，通过换热装置提供蒸汽，再推动汽轮发电机发电。太阳能是地球上最丰富的能源资源，随着太阳能发电技术和全球能源互联网发展，太阳能发电将成为未来潜力最大、增长最快的能源。2013年全球太阳能发电量约为1600亿千瓦·时，约占全球总发电量的0.7%。按照清洁能源加快发展的情景预测，预计到2050年前后，太阳能发电量将超过26万亿千瓦·时，其中光伏和光热发电基本各占一半，太阳能发电量占全球总发电量的比重达到36%左右。

（一）光伏发电

1. 最新技术进展

自1954年第一块光伏电池问世以来，光伏发电技术取得了长足发展，至今已经历了三个发展阶段。**20世纪五六十年代：实验室阶段**。1954年，美国贝尔实验室首次制成了实用的单晶硅太阳能电池，能量转化效率达到6%。德国人威克尔首次发现了砷化镓的光伏效应，在玻璃上沉积硫化镉薄膜，制成了太阳能光伏电池。**20世纪七八十年代：初步商业化应用阶段**。1973年，美国制订了政府级阳光发电计划，太阳能研究经费大幅度增长；成立了太阳能开发银行，推动太阳能产品商业化。1978年，美国建成了100千瓦的太阳能光伏电站。**20世纪90年代～21世纪：迅猛发展阶段**。1992年，联合国在巴西召开"世界环境和发展大会"，将利用太阳能与环境保护紧密结合，推动国际太阳能领域技术创新与合作。1997年，美国提出"百万太阳能屋顶计划"；1998年，澳大利亚新南威尔士大学创造了单晶硅太阳电池能量转化效率25%的世界纪录。进入21世纪，太阳能产业迅猛发展，许多发达国家加大了对新能源发电的支持补贴力度，太阳能发电装机容量迅猛增长。截至2014年底，中国最大的光伏电站发电装机容量达到20万千瓦，共有三座。2015年，法国将建成30万千瓦光伏电站，成为世界装机规模最大的光伏电站。

目前，光伏发电主要有硅基、薄膜和聚光太阳能发电三种形式。硅基太阳能发电较为成熟，已经实现商业化运行，最高能量转化效率可以达到20%左右。钙钛矿型太阳能电池是最受关注的薄膜太阳能电池，其能量转化效率从2009年的3%快速提高到2013年的16.2%左右，被《科学》杂志评为2013年十大科学突破之一。聚光太阳能发电是利用折射镜将太阳能聚焦在光伏发电材料上，提高单位面积上的光照强度，在500倍聚光条件下可将转化效率提高到40%以上。

2. 发展方向和前景

（1）光伏板。

材料创新提高光电转化效率。在商业化运行的电站中，单晶硅、多晶硅、非晶硅、微晶硅、碲化镉（CdTe）、铜铟镓硒化物（CIGS）等光伏材料都有较好的发展前景。单晶硅和多晶硅等硅基光伏材料，理论光伏能量转化效率可以达到38%，当前商业转化效率在20%左右，未来还有很大的发展空间。非晶硅、微晶硅、碲化镉、铜铟硒化物等材料可制成薄膜太阳能电池,最高电池效率达到15%以上,系统效率达到8%以上,使用寿命超过15年。与硅基太阳能电池板相比,薄膜电池成本优势明显,随着光电转化效率提高,未来有望取代硅基太阳能电池,获得大规模商业化应用。各类光伏电池能量转化效率如图6-2所示。

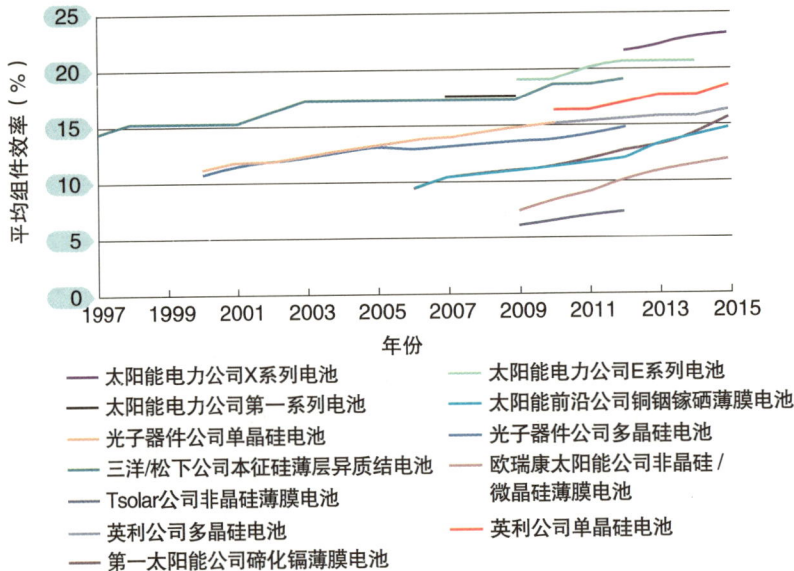

图6-2　各类光伏电池能量转化效率

资料来源:M.J. (Mariska) de Wild-Scholten,Energy Payback Time and Carbon Footprint of Commercial Photovoltaic Systems,Solar Energy Materials and Solar Cells, 2013,(119): 296–305。

制造和安装趋向薄片化、简易化。光伏发电成本主要取决于光电材料成本,薄片化是光伏电池的主要发展方向。随着硅基太阳能电池制造工艺的提升,2010年以来光伏电池板制造成本已下降了80%。各种薄膜电池正在依靠制造成本优势逐步扩大市场占有率,目前已占全球光伏市场的15%左右。光伏电池实现薄片化制造后,更易安装在建筑物上,甚至可以喷涂在建筑物表面,大大节省了安装成本,扩大了城市建筑顶层和立面的太阳能利用面积。

(2)光伏电站。

发展太阳能追踪技术,提高利用效率。太阳光照射角度随季节和时间不断变化,太阳能追踪系统可以通过调节光伏板角度,尽可能接收垂直辐射的太阳能,最大限度提高利用效率。在太阳能资源条件一般的地区,通过自动追踪技术,可以将年辐照强度从1200千瓦·时/米²提高到1500千瓦·时/米²。太阳能追踪技术在法国已有较为成熟的应用，但目前追踪系统的控制技术仍比较复杂，成本较高；未来低成本太阳能追踪系统实现商业化应用，可大幅提升太阳能利用效率和经济性。

总体来看，随着太阳能光伏发电技术和材料的不断突破，发电效率和经济性将进一步提升，实现大规模商业化应用前景广阔。2020年前后，全球光伏发电平均成本将由2010年的2元/（千瓦·时）下降到0.9元/（千瓦·时），下降幅度达到55%。随着全球能源互联网发展，太阳能将成为最重要的能源来源。预计2050年前后，集中式和分布式光伏发电成本可分别降低到0.24元/（千瓦·时）和0.27元/（千瓦·时），将低于目前传统化石能源发电成本。

（二）光热发电

1. 最新技术进展

光热发电技术主要包括槽式、塔式、线性菲涅尔式和碟式四种主流技术类型。其中槽式光热发电已经实现大规模商业运行，塔式光热发电也有商业化运行的案例，线性菲涅尔式和碟式光热发电仍处于示范运行阶段。1950年，苏联设计了世界上第一座塔式光热电站。20世纪七八十年代，相比当时价格昂贵的太阳能光伏电池，太阳能光热发电效率和经济性较高，许多发达国家投资兴建了一批试验性太阳能光热电站。1981～1991年，全世界建造的500千瓦以上太阳能光热电站有20余座，最大容量达8万千瓦，西班牙是全球太阳能光热发电装机容量最多的国家。欧洲的西班牙、意大利、法国、德国等8个国家计划开展"沙漠太阳能计划"，在北非的撒哈拉沙漠联合投资4000亿欧元，用40年时间建成1亿千瓦的超级太阳能光热电站，建成后能满足欧洲15%的电力需求。

2. 发展方向和前景

光热发电技术向大容量、高参数发展。 目前，太阳能热发电的水蒸气温度最高在400～500℃，发电效率在25%左右。西班牙正在研制600℃以上的超超临界光热电站，通过提高蒸汽温度来提升能量转化效率，发电效率将提高到30%以上。2014年2月投运的美国伊万帕太阳能光热电站，是全球最大的光热电站，总装机容量达到39.2万千瓦。未来通过提高光热电站的反射镜数量和发电装机容量，可进一步降低发电投资与运行成本，未来十万千瓦级的光热发电厂反射镜面积将达到数百万平方米。

光热电站安装储热装置，发电出力更加平稳。熔融盐是目前最常用的储热介质，比热容大，高温下性能稳定。西班牙的戈玛太阳能光热电站，装机容量达到2万千瓦，可以储热15小时，实现24小时连续平稳供电。未来，随着储热技术不断创新，储热成本大幅降低后，带有大容量储热装置的光热电站比例将不断增加，太阳能发电将不再受昼夜变化影响，成为出力平稳、连续供电的电源。

光热电站发展空气冷却技术。光热电站的发电原理与火电厂类似，汽轮机、发电机等设备需要降温。赤道太阳能丰富地区一般处于干旱半干旱的沙漠戈壁地带，缺乏水源。未来将发展采用空气冷却技术的光热电站，降低用水量，适应干旱地区运行。

目前，光热发电成本仍然超过2元/（千瓦·时）。随着技术进步，发电成本将持续下降。预计2050年前后，光热发电成本将下降到0.5元/（千瓦·时）以内，相比传统化石能源更具备竞争力。同时，光热发电出力平稳的技术特性，依赖储能技术的同步跟进，可以保障安全稳定供电。

（三）前沿技术展望

太阳能发电是朝阳产业，尚处于起步阶段。随着新材料的广泛应用，太阳能发电在提高转化效率、降低发电成本、实现大规模商业化应用方面有着巨大的技术创新空间和广阔的发展前景。许多国家都很重视太阳能发电技术创新，重点在材料领域加大研发力度。

1. 在提高转化效率方面，主要有研制新材料、改进电池构造、光伏光热联合优化运行三种技术路径

钙钛矿作为新型材料，应用于太阳能薄膜电池，可以大幅提高太阳能转化效率。英国牛津大学与西班牙海梅一世大学联合研制出了以石墨烯—二氧化钛复合物为电荷收集极、以钙钛矿为吸光材料的太阳电池，在实验室中已经实现高达16.2%的光电转化效率，未来有望达到50%，远高于目前商业化应用较为广泛的碲化镉、非晶硅、微晶硅等太阳能光伏材料8%～10%的转化效率。

太阳能电池多PN结[1]构造技术，可以更加充分利用太阳能光谱，提高转化效

---

[1] 采用不同的掺杂工艺，通过扩散作用，将P型半导体与N型半导体制作在同一块半导体基片上，在交界面形成空间电荷区，称为PN结。

率。美国国家可再生能源实验室研制出两个PN结化合物，将太阳能电池的转化效率提高到31.1%。德国和法国联合研发的四个PN结太阳能电池，转化效率高达44.7%，创造了新的世界纪录。

太阳能光伏光热联合优化运行技术，显著提升利用效率。 太阳辐射以热能形式被太阳能电池吸收，通过自然对流难以及时将这部分热量带走，夏季太阳能电池温度甚至高达80℃以上，严重影响光伏发电效率。利用热泵技术，可将光伏电池的热量集中用于光热发电设备，实现光伏光热联合运行。美国斯坦福大学研究成果显示，光伏光热联合运行的综合利用效率可达到46%。中国甘肃已经建成太阳能光伏—光热—储热联合运行供暖示范工程。

2. 在降低成本方面，主要依靠改进和节省材料

用碘化铜无机材料替代钙钛矿电池中的有机聚合物材料。 美国圣母大学研究发现，碘化铜无机空穴传输材料价格低廉、性能优异，可以替代钙钛矿电池中价格昂贵的有机空穴传输聚合物材料，大大降低了钙钛矿电池的成本，提高了电池稳定性，为钙钛矿太阳能电池的大规模生产奠定了基础。

二维电池节省光伏材料。 美国麻省理工学院研制出二维太阳能电池材料，由两种单原子厚度材料石墨烯和二硫化钼堆叠构成，厚度仅有1纳米，只有传统的硅基太阳能电池的几千分之一，单位质量的功率密度相当于传统太阳能电池的1000倍。

钙钛矿型电池、多PN结电池、光伏光热联合运行和碘化铜、二维电池等多种材料和技术的突破，将大大提高太阳能发电效率、节省装机材料和成本。目前，这些新材料和新技术尚处于实验室阶段，未来如果能够实现大规模商业化应用，将极大提升太阳能光伏发电的经济性和市场竞争力，有力推动清洁替代发展进程。

三、海洋能发电技术

海洋能可分为波浪能、潮汐能、潮流能、海流能、温差能、盐差能等。**波浪能**是海洋波浪中所蕴藏的能量。**潮汐能和潮流能**来自月亮和太阳引力作用下产生的涨落潮运动，海水的垂直升降成为潮汐，海水的水平运动成为潮流，前者为势能，后者为动能。**海流能**是由于海水温度、盐度的分布不均而形成的密度和压力梯度，产

生的洋流能量。**温差能**是在低纬度海洋中，由于海洋表层和深层吸收太阳辐射量不同，以及大洋环流的径向热量传输，造成表层水温高、深层水温低，导致表层、深层海水温度差形成的能量。**盐差能**是在海洋的沿岸河口地区，由流入海洋的江河淡水与海水之间的盐度差所形成的能量。各类海洋能的能量密度差别很大，转换成当量水头后，潮汐能、波浪能、盐差能、温差能的当量水头分别为10、2、240、210米。因为提取化学能和热能比提取机械能困难得多，盐差能和温差能的水头很难与其他能量进行严格比较。

（一）最新技术进展

在海洋能中，潮汐能开发利用最早、最成熟，有一百多年的研究历史。目前，法国、英国、俄国、加拿大、中国、印度、韩国等13个国家在进行潮汐电站的规划论证和设计研究。1966年建成的法国朗斯潮汐电站，是全球第一个商业化运行的潮汐电站，共24台机组，装机容量24万千瓦，年发电量5.44亿千瓦·时。目前，全球共有7座潮汐电站，总装机容量52万千瓦。韩国始华湖电站是世界最大的潮汐发电站，发电装机容量25.4万千瓦，年发电量超过5亿千瓦·时。

波浪能是研究较为广泛的一种海洋能。20世纪60年代初，日本研制成功了第一个商业化运行的波浪能发电装置。80年代以来，波浪能开发目标从向近海、沿岸供电转为向边远沿海和海岛供电，实现中小型实用化、商品化示范应用。目前，全球波浪能示范和实用化电站超过30个。

潮流能、海流能都是利用海水水平流动的机械能发电。1976年，美国佛罗里达海岸的50米水下安装了一台2千瓦的海流能试验发电机。1985年，美国OEK公司制造了一台20千瓦海流能发电机。1988年，日本山梨大学在海底安装了一台直径1.5米、容量3.5千瓦的海流能发电机组，连续运行了1年。1996年，意大利在墨西拿海峡开展潮流发电研究，于2004年将120千瓦试验电站投入运行。英国2003年在英国西海岸安装了一台300千瓦潮流能发电机进行试验。20世纪70年代，中国在浙江舟山首次进行了潮流发电试验，80年代中期建成1千瓦发电装置，90年代末期完成了70千瓦发电装置实验。2002年，中国第一座潮流能实验电站在浙江省舟山市岱山县建成，装机容量600千瓦。

温差能利用已有近百年历史，但最近40年才取得实质性进展。1979年，美国在夏威夷附近海域建成世界第一座具有实用意义的温差能发电装置，额定功率50千瓦。当表层水温28℃、深层水温7℃时，最大输出功率达53.6千瓦，1993年发电功率提高到210千瓦。目前，美国、日本、英国、法国、荷兰、韩国、印度、菲律宾、印度尼西亚、俄罗斯、瑞典等十多个国家在开展温差能研究。中国在温差能利用上刚刚起步，尚未建成实用化设备。

盐差能利用研究历史较短。盐差能利用总体上处于实验阶段，由于技术难度大、造价很高，目前尚未取得实质性突破。

（二）发展方向和前景

海洋能开发的历史虽然已有上百年，但技术并不成熟，尚处于研究摸索阶段。相对其他可再生能源，海洋能受能量密度和建设条件限制，开发利用技术难度大，成本极高。目前技术最成熟的潮汐能电站，投资成本高于3万元/千瓦，相当于太阳能光伏发电成本的3倍、风电成本的4倍，波浪能、温差能、潮流能、海流能发电的成本更高，实现大规模商业化应用前景尚不明朗。

四、分布式电源技术

分布式电源是指位于用户侧，就近接入低电压等级电网的发电设施或能量综合梯级利用的多联供设施，包括风能、太阳能等清洁能源分布式发电，以及余热、余压、余气发电和小型天然气冷热电多联供等。其本质是就近开发、并网、消纳的小容量发电机组。

现阶段分布式电源主要应用于以下领域：一是给海岛、农村等偏远地区独立供电，解决上述地区的电力供应问题；二是为用户提供备用电源，在大电网故障时，为具有高供电可靠性要求的用户提供电力供应；三是削峰，在高峰时段发电以减轻峰值负荷；四是采用冷热电多联供形式，提供多种能源产品，满足用户多样化需求，提高综合能源利用效率；五是支持电网电压调整，减少功率损失，改善功率因数；六是用户投资分布式电源接入电网，实现经济收益。未来，分布式电源发展将以开发负荷中心附近的太阳能、风能、小水电等清洁能源为主。

（一）最新技术进展

分布式电源并不是新生事物。**电力工业发展之初**，发电机组容量很小，电网电压等级较低，电源都属于分布式电源，接入当地小电网，为附近的用户提供电力。随着电力技术发展，发电机组单机容量、电网规模越来越大，电压等级越来越高，规模效益越来越显著，小容量机组逐渐失去竞争力。**20世纪80年代末**，能源安全受到全球广泛关注，美国、欧洲等开始重视发展分布式电源，纷纷采用分布式发电，全球电力工业呈现出由传统的集中供电模式向集中和分散相结合的供电模式发展过渡的趋势。当时的分布式电源主要以用户紧急备用的小型柴油发电机、早期燃煤的自备电厂、小热电等为主，其因技术性能差、效率低、影响环保，现在已逐渐被淘汰或取代。**进入21世纪**，小水电、风电、太阳能发电等分布式电源效率比以往有了很大的提升，而且更加低碳、环保，成为未来发展的重要方向。在单机控制方面，分布式电源已初步实现用户端的冷热气电用能联合运行，综合能量利用效率提高到65%以上。

（二）发展方向和前景

未来分布式电源技术创新重点主要集中在分布式电源并网保护、控制、电能质量监测技术，分布式电源、储能、可控负荷与配电网同步运行技术，适应大规模分布式电源接入的需求侧响应和电源、电网、负荷互动技术，分布式电源与配电网信息交互标准化技术，基于虚拟电厂的高渗透率分布式电源消纳技术。

分布式电源协调控制技术快速发展。预计2020年前后，分布式电源高渗透型多源共存系统仿真技术，分布式电源多源互补控制、源荷协调控制技术，分布式电源和微电网虚拟化等值技术基本成熟，能够适应联网运行、稳态孤岛及故障孤岛运行等复杂工况下的分布式电源控制需求。2030年前后，掌握大规模分布式电源集中接入的等值模拟技术，实现分布式电源与主网功率柔性灵活交互支援；掌握基于负荷柔性控制、储能装置和分布式电源的协调控制技术，对分布式电源高渗透率型电网的随机功率波动、电能质量等实现有效控制；智能恢复控制技术、自适应保护技术可支撑分布式电源高渗透率型电网故障后的自愈和网络重构。2050年前后，掌握分布式电源全球地域分布、聚合规模、出力特性等关键信息，实现规模化分布式电源等值虚拟系统的灵活控制；基于全球互联高速通信系统，实现规模化分布式电源在国家级电网、洲级电网及全球能源互联网的分层分级协调控制，有效支撑"一极一道"、海洋能等大型清洁能源基地与全球能源互联网负荷变化特性的高效时空互补。

第三节　电网技术

以电为中心、全球配置的能源发展格局，决定了电网技术在未来能源发展中的关键性作用，需要不断提高电网输送能力、配置能力和经济性，重点围绕电力系统各环节，加快坚强智能电网技术全面创新，主要领域包括特高压输电技术和装备、海底电缆技术、超导输电技术、直流电网技术、微电网技术和大电网运行控制技术等。这些技术突破是构建全球能源互联网的重要基础。

一、特高压输电技术和装备

特高压输电技术是指交流电压等级1000千伏及以上、直流电压等级±800千伏及以上的输电技术。近年来，中国特高压输电技术发展很快，特高压电网将西北部的风电、太阳能发电和西南部的水电送到东部沿海的用电负荷中心，输电距离从几百千米提升到几千千米，单回线路输电容量增加到800万千瓦。未来全球能源互联网将以特高压电网为骨干网架，实现全球清洁能源的大规模、大范围配置。

1. 最新技术进展

20世纪60年代末，1000千伏（1100、1150千伏）和1500千伏电压等级特高压输电工程的可行性研究和特高压输电技术的研发开始进行。中国国家电网公司2009年投运的1000千伏特高压交流输电工程是世界首条实现商业运营的特高压输电线路，到目前为止已经有3项1000千伏特高压交流工程和4项±800千伏特高压直流工程实现商业运营，最大输电距离超过2000千米、输电容量达到800万千瓦。世界特高压输电工程发展大事记如表6-1所示。

表6-1 世界特高压输电工程发展大事记

时间	事件
20世纪60年代	苏联、美国、日本、意大利等国家先后提出发展特高压输电技术，开展了特高压输电规划、设计、试验和设备研制等工作
1974年	美国开始建设1000~1500千伏三相试验线路，并投入运行
1978年	苏联开始建设从伊塔特到新库涅茨克270千米的1150千伏工业试验线路
1985年	世界上第一条1150千伏线路埃基巴斯图兹—科克契塔夫在额定工作电压下带负荷（＜200万千瓦）运行，20世纪90年代初以来一直降压到500千伏运行
1988年	日本开始建设向东京送电的1000千伏特高压输电线路，线路全长426千米，一直降压到500千伏运行，并建成新榛名特高压实证试验场
2006年	中国首个1000千伏特高压交流工程开工
2007年	中国向家坝—上海±800千伏特高压直流示范工程开工
2009年	中国晋东南—南阳—荆门1000千伏特高压交流试验示范工程投入商业运行
2010年	中国向家坝—上海±800千伏特高压直流示范工程成功投运
2012年	锦屏—苏南±800千伏特高压直流工程投运
2013年	淮南—浙北—上海1000千伏特高压交流工程投运
2014年	哈密南—郑州、溪洛渡—浙西±800千伏特高压直流工程和浙北—福州1000千伏特高压交流工程投运

2. 发展方向和前景

进一步提升特高压输电容量和距离。在现有特高压输电技术基础上，未来将研究发展更高电压、更大容量的交直流输电技术。随着电压控制技术、绝缘与过电压技术、电磁环境和噪声控制技术、外绝缘配合、关键设备制造等技术进一步取得创新突破，特高压输电距离和输电容量将进一步提升。

研制高可靠性的换流变压器、换流阀、套管、直流滤波器等关键设备。直流输电技术是实现超远距离、超大容量输电的重要基础，是连接大型能源基地和用电负荷中心的主要技术形式。近期，重点突破±1100千伏模块化电压源型换流阀拓扑研究及换流阀技术。预计2018年前后，±1100千伏特高压直流输电技术全面突破并实现工程应用，输电距离超过5000千米，输电容量达到1200万千瓦。

研制适应极热极寒地区的特高压输电设备。目前特高压工程运行环境温度在最低−50～−40℃，最高50～60℃的范围，而北极最低温度达到−68℃，赤道的最高地面温度超过80℃，均超过现有特高压输电装备承受范围。电工材料在极高温和极低温的条件下绝缘性能会下降，必须根据极热或极寒地区特点，研究适用于该特点下的相关设备的关键技术。到2030年前后，适用于极寒与极热地区的全套特高压直流关键设备将取得突破，特高压直流紧凑型换流站实现工程应用，满足"一极一道"等大型清洁能源基地电力送出需求。

目前，1000千伏特高压的输电成本只有500千伏超高压输电成本的72%左右。随着全球能源互联网建设，特高压设备实现规模化生产后，输电成本将进一步降低。

二、海底电缆技术

要构建全球能源互联网，非洲与欧洲、欧洲与北美、澳大利亚与亚洲、亚洲与北美等跨洲联网需要跨越海洋，海底电缆技术是实现这些跨洲联网、构建全球能源互联网必不可少的关键技术。

（一）最新技术进展

绝缘技术是海底电缆技术突破的重点。目前海底电缆绝缘形式有以下几种：**浸渍纸包电缆**，适用于45千伏及以下交流和±400千伏及以下直流输电线路，安装水深不超过500米。**自容式充油电缆**，适用于特高压交流或直流输电线路，可以敷设于500米水深海域，受充油压力制约，自容式充油电缆输电距离短，适合于跨越距离较近的海峡和近海可再生能源送出工程。**挤压式绝缘电缆**，其中包括交联聚乙烯绝缘电缆（Cross Linked Polyethylene，XLPE）适用于200～400千伏交流输电，可靠性高，输送距离长，是重要发展方向。**充气式绝缘电缆**，使用浸渍纸包绝缘，更适合于较长距离海底输电，但安装需要在深水下进行高气压操作，增加了设计电缆及其配件的困难，一般限制水深在300米以内。

20世纪90年代以来在各国区域海底电缆输电工程中，交流电压输电方式的工程有15个项目，其中电压等级500千伏及以上工程有5个项目。2000年以来投入运行的500千伏交流海底电缆输电工程有3个项目；直流电压输电方式的工程有67项，其中高压直流输电13个项目（包括正在建设和规划项目）。直流海底电缆正在成为电网跨海互联和连接海上可再生能源发电的主要方式。挪威—荷兰海底电缆输电工程采用高压直流输电联网，计划将于2016～2018年投入运行，设计容量均为140万千瓦，海底电缆跨越北海，长度约600千米，是全球最长的海底电缆。北美联合电网海底电缆输电工程共有14个项目，设计输送容量576.2万千瓦，海底电缆总长度为1718千米，其中，美国海王星工程采用±500千伏直流海底电缆联网，海底电缆路由最大水深2600米，是全球最深的海底电缆。

（二）发展方向和前景

高电压、长距离、大容量海底电缆是未来发展的主要技术方向。目前，应用较为普遍的是交联聚乙烯绝缘电力电缆，最高电压等级为交流500千伏、直流±320千伏。采用充油绝缘的电力电缆，最高电压等级为交流765千伏、直流±500千伏。中国最大长度海底电缆是跨琼州海峡的广东与海南500千伏交流联网工程，采用充油绝缘技术，线路长度31千米。未来交流1000千伏、直流±800千伏、距离长于100千米的特高压电力电缆研制成功后，可以用于跨海峡电网互联，以及深海地区海上风电和海洋能发电基地电力送出。

根据全球能源互联网发展需要，2030年前要完成特高压交流与直流电缆的研制，2030年后特高压交直流电缆与海底电缆具备大规模应用条件，更好地支撑全球能源互联网跨海工程的建设。

三、超导输电技术

超导输电技术是采用具有高电流密度的超导材料作为导体的输电技术，当处于超导态时，导体的直流电阻基本为零，几乎没有热损耗。从超导现象发现至今，已知的超导体元素共有近40种，合金、化合物超导体达到数千种。超导输电线路的传输容量可以达到同电压等级交流线路输电容量的3～5倍、直流输电容量的10倍。

（一）最新技术进展

1911年，荷兰莱顿大学的卡茂林·昂内斯发现了超导现象，将汞冷却到-268.98℃时，电阻突然消失，之后陆续发现许多金属和合金都具有低温下失去电阻的超导特性。由于这一发现卡茂林获得了1913年诺贝尔物理学奖。此后，各国科学家开始研究高温超导，1911～1987年，超导温度由最初的4.2开（0开=-273.15℃）提高到53开。高温超导的发现，使超导技术应用逐渐变得现实可行。国内外开展了大量超导技术示范应用，传输容量最大的是纽约长岛交流输电示范线路，电压等级138千伏，额定电流3000安，输电容量57.4万千瓦。2014年4月，德国埃森市一条1000米的超导电缆并网，是并网应用的最长超导线路。目前在研究状态的最长超导输电线路在荷兰阿姆斯特丹，电缆设计总长6000米。中国超导技术已经取得重要突破，超导临界温度已经提高到-120℃（即153开）左右。超导技术发展到今天，一方面超导输电运行仍需要-100℃以下低温环境；另一方面超导陶瓷材料延展性差，难以支撑长距离输电。

（二）发展方向和前景

高温超导体一般为陶瓷材料，延展性差，无法制成长距离输电线。要实现长距离、大容量输电，必须在高温超导材料方面实现重大突破。**超导输电线路运行温度苛刻，是实现大容量输电的关键制约因素**。液氮是目前最常用、最经济的超导材料冷却介质，可以达到-196℃，但在此低温条件下，绝缘材料性能严重下降。目前超导电缆最高电压等级仅达到138千伏，更适合用于城市配电网。超导材料成本在300～500美元/（千安·米），价格昂贵，加上必要的低温运行、维护等因素，超导输电线路的制造和运行成本会更高，因此经济性也成为高温超导输电技术应用的重要制约因素。2008年，美国研制的世界上第一条在商业电网中运行的高温超导电缆，总长610米，费用高达1800万美元。从近三十年的发展情况看，超导输电技术研究进展缓慢，没有取得更大的实质性突破。在短距离输电方面，超导技术可应用于枢纽变电站，用于降低大容量输电的损耗和占地；在长距离输能方面，将输电和输送液态氢结合在一起，实现能源的综合运输，从而降低成本，但大规模商业化应用前景难以预期。

四、直流电网技术

直流电网是以柔性直流输电技术为基础，由大量直流线路互联组成的能量传输系统。直流电网的发展目标是构建大容量的电力传输系统，可以实现新能源的平滑接入，有功、无功的独立控制，大容量远距离的电力传输，快速灵活的电力配置，全局功率的调节互济。与传统的直流输电系统相比，直流电网可以提供更高的供电可靠性和设备的冗余性，适应性更强的供电模式，灵活和安全的潮流控制。多端直流输电是直流电网发展的初级阶段，是由2个以上换流站通过串联、并联或混联方式连接起来的输电系统，能够实现多电源供电和多落点受电。与多端直流输电相比，直流电网在大规模清洁能源发电和分布式电源接入、海洋群岛供电、海上风电场群集送出、新型城市电网构建等方面，具有更高的经济性和安全性。直流联网是未来电网发展的重要方向之一。随着直流输电和联网技术的创新突破，有望形成特高压直流电网技术，成为构建全球能源互联网骨干网架的关键技术之一。

（一）最新技术进展

1999年，世界上第一个风电接入柔性直流工程——瑞典哥特兰工程投运，输电电压±80千伏、输电容量5万千瓦。目前，欧美发达国家已经开始研究基于直流输电技术构建新一代柔性输电网络。2008年欧洲提出"超级电网"计划，该计划基于高压直流输电（主要是柔性直流输电）建立广域的智能直流网络，将北海、波罗的海、北非等地的风电、太阳能发电和水电等资源进行整合，在基础理论、关键技术、核心装备和工程建设方面开展相关工作，目前处于分步骤实施阶段。英国国家电网在东海岸和北海区域，规划了由数十个大型海上风电场及近50条柔性直流输电线路构成的柔性直流输电网络，计划与挪威等国电网相连，以在大范围内平衡波动、消纳更多清洁能源。2006年，中国开始在柔性直流输电技术的基础理论、关键技术、核心设备、试验能力建设、系统集成等方面开展研究，2011年7月在上海南汇投运了中国首条柔性直流输电示范工程。2014年7月，浙江舟山±200千伏五端柔性直流输电工程投运。

（二）发展方向和前景

未来构建直流电网，需要在直流电网拓扑与网架构建基础理论、直流电网稳态特性及与交流电网相互作用机理、直流电网动态特性及安全性评价基础理论、直流电网故障保护与网络重构方法、直流电网运行可靠性基础理论与评估方法等方面进行基础研究，以及在直流电网核心装备关键技术研究及设备研制等多个方面实现创新突破。特别是要开发更高电压等级的直流电网技术，才能够支撑清洁能源大规模、超远距离的送出和消纳。

预计2020年前后，将初步建立直流电网的基础理论体系，同时完成含有两个电压等级互联的直流电网技术经济性分析及相应工程建设。展望2030年，直流电网相关技术日趋成熟，含有多个电压等级直流电网互联的技术经济性分析也将完成并且进入相关工程实施阶段；到2050年前后，直流电网技术将进入推广期，将为大规模可再生能源接入提供重要支撑。

五、微电网技术

微电网技术是对分布式供能系统和用电负荷的局域管理技术。目前，国内外微电网还处于试验示范阶段，尚未实现商业化运行。

（一）最新技术进展

微电网最早是由美国在20世纪90年代提出。20世纪美国的几次大停电事故，引起美国对输电系统可靠性的高度关注。1999年，美国电力可靠性解决方案协会（CERTS）首次提出通过发展"微电网"，提高供电可靠性，并围绕微电网开展相关技术研究和示范工程建设。欧盟和日本将微电网作为高渗透率分布式电源并网的一种解决方案。随着智能电网概念的提出，欧盟和日本已将微电网融入智能电网框架体系。中国已建和在建微电网试点工程有14个，主要特征包括：①电压等级相对较低，为380伏或10千伏；②规模都比较小，在5000千瓦以下；③涵盖不同类型，有城市并网型微电网、偏远农牧区并网型微电网、海岛地区离网型微电网等。目前中国试点工程的建设主要用于微电网关键技术的研究验证。

（二）发展方向和前景

微电网运行控制目前主要集中在对简单形态的交流型微电网的研究，未来需要在复杂形态的交直流混合微电网、冷热电联供微电网、多微电网并列运行控制技术，以及微电网与大电网协调运行等领域深入研究，推动微电网技术创新，更好地融入各国泛在智能电网。

微电网与大电网的协调优化运行技术。由于微电网内的设备种类繁多，控制方式和运行特性各异，微电网的运行控制与保护问题非常复杂，需要在控制系统结构设计、通信网络设计、控制技术等诸多方面开展标准化研究，实现成套设备设计标准化、模块化，提高微电网与大电网协调控制系统的通用性和可扩展性。

微电网能量优化管理技术。微电网将集成太阳能、风能、生物质能等多种能源和燃料电池、储能系统等多种能源转换单元，向用户提供冷、热、电等多种能源产品，不确定性和时变性更强，需要深入研究微电网能量优化管理技术，优化微电网运行，提高整体运行效率。

随着微电网和分布式电源技术的发展与融合，未来可以实现分布式电源即插即用、与用电需求侧灵活互动、与大电网协调运行，成为各国泛在智能电网的重要组成部分。

六、大电网运行控制技术

特大型交直流混合电网（简称大电网）是电力规模化集中汇集、远距离跨洲传输、大范围灵活配置的重要基础平台，是全球能源互联网骨干网架的基本形式，具有接入电源类型多元、设备类型多样、地域覆盖广泛等结构特征，以及输送容量大、潮流波动频繁、受扰行为复杂等运行特性。大电网运行控制技术是构建全球能源互联网、保障安全稳定运行的关键，主要包括大电网运行控制技术、仿真技术、大规模间歇式电源接入后的电网运行控制、故障恢复及自动重构技术等。

（一）最新技术进展

在电力发展初期，电力线路仅仅作为发电厂和负荷之间的连接线，并未形成电力网络。这个时期主要是控制发电机出力，保证频率和电压稳定，调度控制中心往往设置在发电厂内。20 世纪 20 年代，随着用电负荷飞速增长，电网逐渐形成，可以通过电网分配和调剂电力，保证供电的连续性和稳定性。这个时期的控制内容逐渐丰富，包括电厂、电网、变电站及有功和无功功率、电压，还包括电力系统中的潮流、经济调度、电力保护装置等。70 年代后，随着发电机组容量扩大和输电技术发展，电网进入超高压发展阶段，大电网通常采取分层、分区进行调度控制，并分别设立调度控制中心，既可以保证自动控制系统的可靠性，也可以更好地适应系统规模扩大和结构变更。

进入 21 世纪，电网分层分区控制方式已相对成熟，控制技术水平显著提升，正在从"离线预测、实时匹配"的事前控制，向"在线预测、决策，实时匹配"发展，未来将进一步向"实时计算、实时控制"发展。

（二）发展方向和前景

大电网安全稳定机理、特性和分析技术。 大电网安全稳定机理方面，包括暂态稳定机理分析、大区互联电网低频振荡的特征及其发生机理、电压稳定机理、大电网连锁故障机理、复杂性理论在大停电机理分析中的应用等研究；大电网安全稳定特性方面，包括分布式电源接入系统对电网安全稳定特性的影响、大型机组接入系统对大电网安全稳定性的影响、交直流混合输电及柔性交流输电技术应用对电网安全稳定性的影响、新型输变电技术的安全稳定特性等研究；大电网安全分析技术方面，包括大电网在线分析与防御系统、大电网在线动态安全评估和预警系统、基于广域测量系统（Wide Area Measurement System，WAMS）的电力系统在线监控和分析技术、用于电力系统在线安全稳定分析的人工智能技术、电网安全稳定控制的在线实时决策、基于风险理论的电网安全评估技术等研究。

实时/超实时仿真和决策技术。 离线、在线、实时、超实时是在时间尺度上依次递进的，随着电网规模扩大，对电网运行分析、决策的时效性要求越来越高。受计算机技术发展制约，电力系统早期控制都是离线计算。随着信息技术的发展，越来越多的计算可以在线甚至实时进行。动态安全评估和预警已经可以在线实现，通过在线暂态稳定分析，不但可以评估当前系统的安全水平，而且可以给出预防控制策略，辅助调度人员调整运行方式，提高电网安全运行水平。通过实时仿真，可以同步模拟电网实际运行状况，如果能够在事故发生前得出仿真结果，就是超实时仿真。未来，电网实时和超实时仿真技术发展，将进一步提高大电网安全运行控制水平。

电网故障诊断、恢复及自动重构技术。 基于故障在线监测与诊断、新型继电保护及广域后备保护、故障后恢复策略寻优、智能重构等新技术，电网对各种运行环境、不同类型故障都具有很强的安全稳定性，表现出极强的故障自愈功能，极大提升在联锁故障、极端灾害天气或外来破坏条件下的大电网防御能力。随着计算机技术和控制理论的发展，电网的运行控制越来越趋向预测、预警和故障后自动恢复。预计到2030年后，大电网运行控制将实现高度自动化，对可再生能源发电可进行日前误差5%以内的预测，实现可再生能源、传统能源、用电负荷的全球动态平衡。

第四节　储能技术

　　储能技术发展是保障清洁能源大规模发展和电网安全经济运行的关键。储能技术可以在电力系统中增加电能存储环节，使得电力实时平衡的"刚性"电力系统变得更加"柔性"，特别是平抑大规模清洁能源发电接入电网带来的波动性，提高电网运行的安全性、经济性、灵活性。储能技术一般分为热储能和电储能，未来应用于全球能源互联网的主要是电储能。含储能环节的电网结构示意图如图6-3所示。

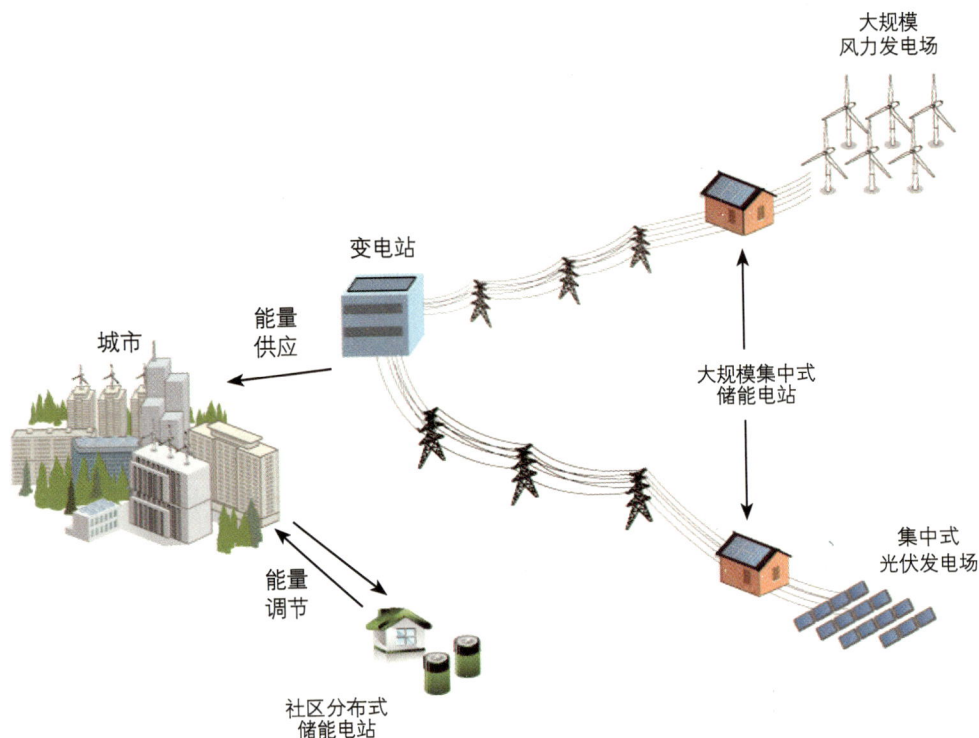

图6-3　含储能环节的电网结构示意图

一、最新技术进展

电储能技术主要分为物理储能（如抽水蓄能、压缩空气储能、飞轮储能）、电化学储能（如铅酸电池、钠硫电池、液流电池、锂离子电池、金属空气电池、氢储能）和电磁储能（如超导电磁储能、超级电容器储能）等三大类。

（一）物理储能

抽水蓄能是目前最为成熟的储能技术，储能成本较低，已经实现大规模应用。目前世界上抽水蓄能机组总装机容量超过1亿千瓦，日本、美国和中国的装机规模处于前三位，装机容量分别为2627万、2229万、2153万千瓦。中国的广州抽水蓄能电站总装机容量240万千瓦，是世界上最大的抽水蓄能电站。全球水电资源丰富，通过合理利用地形，可以建设较大容量的抽水蓄能机组，更好地保障电网供电安全。

压缩空气储能是利用电力系统低谷时的剩余电量，带动空气压缩机，将空气压入大容量储气室，即将电能转化成可存储的压缩空气势能，当系统发电容量不足时，将压缩空气与油或天然气混合燃烧，推动燃气轮机做功发电，满足系统调峰需要。压缩空气储能具有容量大、使用寿命长、经济性好等优点，但发电时需要消耗化石能源，产生污染和碳排放。目前，压缩空气储能基本处于实验室样机或小容量示范阶段。

飞轮储能是利用电动机带动飞轮高速旋转，将电能转化成动能储存起来，放电时用飞轮带动发电机发电。飞轮储能的能量密度低，适合短时间储能，解决电能质量和脉冲式用电问题，不适合应用于大规模储能。

（二）电化学储能

电化学储能是目前最前沿的储能技术。近年来，钠硫电池、液流电池和锂离子电池储能等电化学储能技术发展较快，发展潜力巨大，应用前景广阔，有望率先进入商业化发展阶段。未来需要在电池材料、制造工艺、系统集成及运行维护等方面实现技术突破，降低制造和运行成本。

铅酸电池已有140多年的历史，技术成熟、价格低廉、安全性高，是最成熟的电池储能技术，目前占据电池市场半数以上的份额，主要用于电动自行车。但铅酸电池能量密度低、质量大、材料有毒，不适于电网储能。

钠硫电池能量密度高，便于模块化制造、运输与安装，适用于特殊负荷应急供电。钠硫电池最早是由美国福特公司于1967年发明的。日本对钠硫电池技术的研究起步较早。20世纪80年代中期，日本成功研制出能量密度高达160千瓦·时/米³的钠硫电池；1992年，世界上第一座钠硫电池储能系统在日本示范运行；到2002年底，日本已有超过50座钠硫电池储能站示范运行；2004年7月，世界上最大的钠硫电池储电站在日本日立公司自动化系统工厂正式投入运行，储能功率9600千瓦、容量57600千瓦·时。2009年，中国国家电网公司建成2000千瓦钠硫电池中试线，中国成为继日本之后世界上第二个掌握大容量钠硫单体电池核心技术的国家。

液流电池容量大，电解液可回收，循环寿命长，可分别设计容量和功率，但体积庞大且原料钒有毒。最早的液流电池于1974年由美国航空航天局研制成功。目前，全钒液流蓄电系统和多硫化钠/溴液流蓄电系统是较为成熟的液流电池类型，已进入示范运行阶段。

锂离子电池是以含锂离子的化合物作正极，以碳材料为负极的电池。锂离子电池的能量密度大，平均输出电压高，自放电小，没有记忆效应，工作温度范围宽，为-20～60℃，循环性能优越，使用寿命长，不含有毒有害物质，被称为绿色电池。目前，锂离子电池广泛应用于手机、笔记本电脑、电动车等领域，但单次充放电循环的成本超过1元/（千瓦·时），应用于电力系统及大规模储能还缺乏经济性。

金属空气电池是用金属燃料代替传统燃料电池中的氢能源而形成的一种新型燃料电池，具有无毒、无污染、放电电压平稳、能量密度大、内阻小、使用寿命长、价格相对较低、工艺技术要求不高等诸多优点。金属空气电池将锌、铝等金属与氧气构成电能产生装置，原材料廉价丰富，可以再生利用，比氢燃料电池结构简单，有望成为新一代绿色储能电池。

氢储能作为一种清洁、高效、可持续的无碳能源，受到许多国家关注。部分欧洲国家和美国、日本先后制定了发展氢能的国家规划，已经有相当规模的氢储能示范应用，如配合可再生能源接入的氢储能示范系统、燃料电池汽车加氢站、氢制甲烷、混氢天然气等。美国国家可再生能源实验室研制的氢燃料电池汽车，使用15千克液态氢燃料，续航里程可以达到1500千米以上。目前，氢储能技术应用已经从动力交通拓展到能源领域，但燃料电池的离子交换膜成本仍然较高，商业化运行需要在降低离子交换膜成本和制备存储氢气方面实现技术突破。

（三）电磁储能

超级电容器是20世纪七八十年代发展起来的通过极化电解质储能的电化学元件，储能过程并不发生化学反应，因为储能过程可逆，超级电容器可以反复充放电数十万次。超级电容器功率密度高、充放电时间短、循环寿命长、工作温度范围宽，但储能容量低，不适用于电网大规模储能。

超导电磁储能是利用超导体电阻为零的特性制成的储能装置，具有瞬时功率大、质量轻、体积小、无损耗、反应快等优点，可用于提高电力系统稳定性、改善供电品质。但超导电磁储能能量密度低、容量有限，且受制于超导材料技术，未来前景尚不明朗。

二、发展方向和前景

大型能量型储能可用于全球能源互联网调峰填谷。抽水蓄能、压缩空气储能等大型的、可长时间储能的设施，可用于大电网调峰。液流电池储能量大、循环次数多、寿命长，可作为电网调峰储能装置的补充。氢储能可用于存储富余的风能和太阳能，为燃料电池汽车提供动力。

大型功率型储能可用于平抑大规模清洁能源的波动性。超级电容器、超导电磁储能、飞轮储能、钠硫电池等功率型储能设备主要与大规模可再生能源联合运行，可迅速对风电、光伏发电的出力做出反应，平抑可再生能源波动，保障电网实时运行安全。

小型储能电池可用于电动汽车。锂电池、新型铅酸电池、金属空气电池等储能设备，能量和功率密度较高，但电池同一性较差，难以组成大容量电池组，不适用大型电站，主要用于电动汽车。随着电池使用寿命的延长和成本的降低，储能电池可满足电动汽车大规模发展需要。未来，电动汽车储能电池接入全球能源互联网，通过合理安排充电时间，辅助电网调峰，实现低谷充电、高峰放电。

三、前沿技术展望

储能技术进步关键在于材料技术突破。随着储能新材料的不断创新发展，在储能元件延长使用寿命、提高能量密度、缩短充电时间和降低成本等方面有望取得重要突破。

（一）电池使用寿命大幅提高

新型锂硫电池由美国能源部西北太平洋国家实验室研制，是将锂离子电池中的石墨与传统锂硫电池中的锂相结合，使电池使用寿命翻了两番，循环充放电次数达到2000次。锂硫电池属于固体电池，能量密度高，易于实现小型化应用。**有机醌类化合物液流电池**由美国南加州大学开发，是一种水性有机醌类化合物液流电池，通过5000次循环充电试验，预计电池使用寿命可长达15年。

（二）能量密度显著提升

新型固态锂离子电池由丰田公司研发，能量密度达到400瓦·时/升，是目前市场上广泛使用的锂离子电池能量密度的2倍，并有望在2020年实现商业化应用。**熔融盐空气电池**是美国乔治·华盛顿大学开发的一种新型电池，在实验室中根据不同熔融盐的化学特性，三价铁、碳酸根离子和硼化钒三种熔融盐空气电池的能量密度分别可达到10、19、27千瓦·时/升，远高于锂空气电池6.2千瓦·时/升的能量密度。这种电池储能能力更强，成本更低。

（三）充电时间大大缩短

石墨烯锂离子电池是在2012年由美国俄亥俄州Nanotek仪器公司开发出的一种新型电池，具有充电速度快、循环次数多、比能量高的特点。锂离子电池的负极材料由石墨烯制成，利用锂离子在石墨烯表面大量快速穿梭运动的特性，极大提高充电速度。2014年底，西班牙Graphenano公司同科尔瓦多大学合作完成石墨烯聚合材料电池原型设计，比能量超过600瓦·时/千克。目前，装配这种石墨烯电池的电动汽车，续航里程可以达到1000千米，快速充满电只需8分钟。

（四）电池成本大幅降低

可充电式液流电池是由美国麻省理工学院研制出的一种价格低廉的无膜液流电池，最大功率密度可以达到每平方厘米0.8瓦左右，是一般无膜电池的3倍，制造成本低于100美元/（千瓦·时），仅为目前锂离子电池的1/4。

第五节　信息通信技术

信息通信技术是实现电网智能化、互动化和大电网运行控制的重要基础，主要包括信息和通信两方面技术。信息技术侧重于信息的编码或解码，是有关信息的收集、识别、提取、变换、存储、传递、处理、检索、检测、分析和利用等的技术。通信技术是侧重于信息传播的传送技术，主要包含传输接入、网络交换、移动通信、无线通信、光纤通信、卫星通信、支撑管理、专网通信等技术。信息通信技术被认为是21世纪社会发展和世界经济增长的重要动力，是多种技术的融合，以及与多种产业的跨界融合，正在带来深刻的产业革命。要适应全球能源互联网的发展、信息通信的内容快速增长、信息通信的范围大幅扩张，就要对信息通信的安全性、实时性、可靠性要求更加严格，这迫切需要在信息通信技术领域有更大的创新和突破。

一、最新技术进展

（一）通信技术

从1835年莫尔斯发明电报、1876年贝尔发明电话起的一百多年来，通信技术经历了从模拟信号到数字信号，从载波通信、微波通信到光纤通信、卫星通信，从有线到无线，从固定通信到移动通信的快速发展历程。当前光纤通信、移动通信、卫星通信等技术不断升级，传输能力不断提升。

光纤通信技术是通过光波在光纤线路中的传输而实现通信功能的技术，具有传输速度快、传输损耗小、信号质量和安全性高等优势，是信息骨干网的支柱技术。

目前，商用光纤网络的最快网速已经高达400吉比特/秒。2014年8月丹麦科学家在实验室中利用单根光纤和单个激光发射器实现了$43×10^3$吉比特/秒数据传送（即每秒传送5300吉字节数据），利用这一技术，下载大小为1吉字节的电影只需0.2毫秒。专家预测未来10年光纤的发展将能为用户提供接近无限的带宽。

移动通信技术集合了有线通信和无线通信的最新技术，实现了移动体之间的信息传输，是21世纪以来发展最快的技术。第一代移动通信技术出现在20世纪70年代，目前已经逐步进入第四代技术（4G）时代。目前4G技术可实现在宽带100兆赫兹下，下行峰值传输速率达到1吉比特/秒，上行峰值传输速率达500兆比特/秒。同时，5G技术是目前世界各国的研发重点，与4G相比，数据流量增长1000倍；用户数据速率提升100倍，提升至10吉比特/秒以上；入网设备数量增加100倍；端到端时延缩短了80%。5G技术将满足智能终端的快速普及和移动互联网的高速发展需求。

卫星通信技术利用人造地球卫星作为中继站来转发无线电波，从而实现两个或多个地球站之间的通信。卫星通信系统由卫星和地球站两部分组成，具有通信范围大，不受通信两点间任何复杂地理条件的限制，不易受陆地灾害的影响，可靠性高，同时具有可在多处接收，能经济地实现广播、多址通信等特点，但也存在传输时延大、高纬度地区难以实现卫星通信、太空辐射影响通信等缺点。随着技术进步和造价降低，企业卫星的发射与应用已经成为可能。

除提高信息传输速度和质量外，保障通信安全也是通信技术研究的重要方向。**量子通信技术**基于量子力学原理，在物理极限下利用量子效应现象完成的高性能通信，从物理原理上确保通信的绝对安全，解决了其他通信技术无法解决的问题，是一种全新的通信方式，已成为各国通信技术领域的研究重点。目前，量子通信技术最远传输距离达300千米，在通信距离为50千米条件下安全码率可达1兆比特/秒。量子通信技术的发展将为国防、军事及大电网等重要基础设施的信息安全提供保障。

（二）信息技术

从1947年第一台计算机诞生，贝尔实验室发明晶体管，到今天互联网盛行、"三网融合"（电信网、广播电视网、互联网）的快速推进，信息技术在半个多世纪以来迅速繁衍、进化，正在构筑信息高速公路，并呈现数字化、智能化、个人化、综合化的发展趋势。

物联网技术。物联网技术是互联网向物理世界的延伸，是传感器技术、通信技术和信息服务技术融合发展的产物。物联网是一个基于标准和互操作通信协议的、具有自组织能力的、动态的网络基础设施。在物联网中，物理和虚拟的物体都有身份标签、物理属性及智能接口，并且与现有信息网络无缝整合。物联网技术将形成现实物理环境的完全信息化，实现"网络泛在化"，在未来能源互联网的发展中将起到重要作用。

泛在互联网。1969年美国发明的互联网，又称因特网，随着个人计算机和智能手机的发展，互联网已经进入千家万户，成为社会生产生活的重要信息通信平台。泛在互联网是在传统互联网的基础上，进一步扩大覆盖范围，实现在任何时间、地点与任何人或物交换信息，根据不同需求提供多种信息服务，简单地说就是无所不在，物物之间信息相联相通的互联网。

传感器技术。传感器是一种检测装置，能按一定规律将被测量件转换成为电信号或其他所需形式的信息输出，是信息采集的关键技术。传感器技术在20世纪80年代随着集成电路、计算机技术的迅速发展开始受到重视，近年来已经成为信息通信技术的支柱技术。传感器技术包括传感器的基础研究和传感器网络系统的研究。目前传感器基础研究重点在于开发新材料，采用微细加工技术、仿生技术等，提高传感器灵敏度、准确度和稳定性。传感器系统的研究重点在于通过短距离通信技术，将传感器及其信息形成通信的末梢网络，是形成物联网的重要基础。

图像识别技术。图像识别技术是计算机对图像进行处理、分析和理解，以识别各种不同模式的目标和对象的技术。识别过程包括图像预处理、图像分割、特征提取和判断匹配。简单来说，图像识别就是计算机像人一样读懂图片的内容。图像识别可使机器具有视觉，代替人们去完成设备监控、危险预警等行动。目前，图像识别技术可以通过卫星数据实时判断路况，为无人驾驶汽车提供智能导航。

云计算与云存储技术。云计算技术就是基于互联网平台共享软件、计算、获取数据等。云存储技术是将网络中大量的存储设备集合起来，共同对外提供数据存储和业务访问功能。云计算和云存储技术的发展，将使服务器、存储及网络领域的设备运行方式经过融合形成新的硬件体系，为应用程序提供极致的可扩展性。云计算技术中虚拟化技术的发展和突破，不仅可以大大提升计算资源的利用效率，同时提供动态迁移、资源调度，使得云计算服务的负载可以得到高效管理、扩展，使得云计算的服务更具有弹性和灵活性。

大数据技术。大数据技术是从超过传统数据库处理能力的海量数据中，提取重要的有价值信息的技术。由于数据规模庞大，对数据处理能力和传输速度的要求远高于一般的数据处理技术。随着互联网的迅猛发展，各种数据和信息量越来越大。而对于未来全球能源互联网，资源、电网运行、用户等信息从原来的一个国家（地区）扩大到全球范围，数据信息量猛增，大数据技术的应用对于更好地管理和运行全球能源互联网具有重要的现实意义。

二、发展方向和前景

（一）信息通信技术未来的发展方向是宽带化、数字化、智能化、个人化、综合化

宽带化是指构建覆盖全球的高速宽带通信网，每单位时间内传输的信息越多越好，主要采用光纤技术。数字化是指实现全程数据化，即在通信网中所有信息，不论是声音、文字还是图像都全部变成数字化信息以后再入网通信，网络中不再存在模拟信号。智能化是指通信网不仅能传送和交换信息，还能存储、处理和灵活控制信息，通过软件定义网络（Software Defined Network，SDN）在各种条件下可以最优化的方式处理和传递信息。个人化则是指实现任何人在任何时候、任何地方都能自由地与世界上其他任何人进行任何形式的通信，需要大规模的网络容量和灵活智能的网络功能。综合化就是把各种业务和各种网络综合起来，"三网融合"就是重要的发展趋势，未来物联网和互联网的融合将实现更多综合业务发展。

（二）信息通信技术将为全球能源互联网的建设和运行提供更安全、更可靠、更智能的技术保障

在信息通信网方面，基于专网、公网融合的能源电力虚拟通信网体系架构，结合已有的电缆、光缆等电力通信技术，与相干长站距、4G/5G、卫星通信技术、公共频段组网技术相结合构建电力天地互联的通信网络体系，为全球能源互联网提供通信技术支撑。为保障电力系统的高度安全，有线通信技术将提供大容量高可靠性

的通信服务，通信带宽可达到每秒1000吉比特级别，满足全球能源互联网的调度和交易通信要求。而无线通信技术，如4G/5G、卫星通信技术、公共频段组网技术等，可在电力系统故障期间快速启用，不受地理条件和自然灾害的限制，以较低成本实现长距离通信。

在物联网方面，电力信息网将融合通信、信息、传感、自动化等技术，应用先进传感器，在电力生产、输送、消费、管理各环节，广泛部署具有感知能力、计算能力和执行能力的各种智能设备。通过电力传感网、物联网等技术，对电网运行状态、智能变电站、配电线路、用户、发电厂等进行实时检测，实现对全球能源互联网的全景全息感知、信息互联互通及智能控制。物联网是全球智能电网建设的基础，只有对电源、电网和用电负荷的状态做到实时监测和感知，才能通过一定的控制策略安全高效地运行全球能源互联网。

在图像识别技术方面，发电厂、变电站的监控图像，乃至航空器的巡线图像、卫星图像均可传回电力系统的监测控制中心，通过图像识别技术判断设备运行状态，对绝缘材料损坏、电晕、短路、覆冰、污秽等情况进行分析和预警。尤其针对北极高寒、赤道高温、丛林山区等不适宜人类工作的地区，图像识别技术可智能识别设备状态，提高可靠性，节省人力物力。

在云计算和云存储技术方面，将解决全球能源互联网运行控制、交易管理中分析处理速度瓶颈问题，提高对海量数据的分析速度和精度，实现全球性电力调度和交易。电力交易技术随着全球能源互联网的联网范围扩大而成熟。全球能源互联网交易体系建立后，跨国和洲际的电力市场资源的时空互补特性显现，全球互联电网电力交易系统评价体系和电力交易系统验证平台将被广泛应用，产生大量计算和存储需求。云计算和云存储技术可充分利用现有全球计算机资源和超级计算机技术，根据不同时期的计算任务分配计算资源，以满足全球能源数据信息的计算和存储需求。

在大数据技术方面，利用大数据技术在预测方面的优势，应用于超实时的电力系统状态仿真，提高分析决策的智能化水平。温度、气压、湿度、降雨量、风向、风力、辐射量等变量都得到充分考虑，对波动性电源的预测更加精准。结合了大数据分析和数值天气预报的能源电力系统建模技术能够提高波动性电源，如风电、光伏发电的供电平滑性。电网调度人员可以提前做好调度安排，也有助于电网消纳更多可再生能源。

小结

（1）全球能源互联网是全球能源发展的重大战略创新，也是重大技术创新成果。技术创新为全球能源互联网发展奠定了重要基础，未来需要在能源电力、材料、信息通信、互联网、物联网等多个技术领域实现创新突破，不断提高全球能源互联网的经济性、可控性和适应性。

（2）适应全球能源互联网发展需要，关键要在发电、电网、储能、信息通信等领域实现技术创新突破，全方位提高相关技术水平和装备水平。

（3）电源技术创新是推动"两个替代"，形成以清洁能源为主导、以电为中心的能源发展格局的关键，其核心是不断提高清洁能源开发效率和经济性。重点领域包括风力发电、太阳能发电、海洋能发电及分布式电源技术等。

（4）电网技术创新是实现能源资源全球优化配置的关键，涵盖坚强智能电网各环节，主要包括特高压、海底电缆、超导输电、直流电网、微电网、大电网运行控制等技术领域，创新重点是提高输电距离和容量、保证电网安全可靠经济运行。

（5）储能技术发展是保障清洁能源大规模发展和电网安全经济运行的关键。创新重点是提高储能的能量密度和功率密度，延长使用寿命、降低成本。

（6）信息通信技术是实现电网智能化、互动化和大电网运行控制的重要基础。创新重点是加快发展应用光纤、移动、卫星、量子通信技术，以及泛在互联网、物联网、图像识别、云计算、大数据等先进信息技术，为全球能源互联网发展提供支撑。

第七章
全球能源互联网研究和实践基础

世界能源的创新发展总是在技术探索和工程实践中不断向前推进。全球能源互联网是现代能源电力技术的重大突破和集成创新，其核心是特高压电网和清洁能源发电。近年来，国内外在特高压、智能电网、清洁能源、大电网互联等领域的研究和工程实践，特别是中国坚强智能电网的成功建设，为构建全球能源互联网奠定了坚实基础。

第一节　中国实践

　　21世纪以来，中国经济持续快速发展，能源需求不断增长，推动大型煤电、水电、核电和以风电、太阳能发电为主的可再生能源基地加快建设。同时，中国能源资源和能源消费在地域上呈现逆向分布的特点，迫切需要大范围、大规模优化配置资源，发挥坚强智能电网大容量、远距离输电的优势，实现各类能源基地集约开发和外送消纳。近年来，中国大力推动特高压、智能电网、清洁能源的发展，在坚强智能电网的技术创新、标准制定、战略规划、工程建设等方面开展了大量工作，为全球能源互联网的发展储备了技术、创造了条件。

一、技术创新

（一）特高压技术

　　特高压技术包括特高压交流输电技术和特高压直流输电技术，是当前世界电网技术的制高点。自2004年中国全面开始发展特高压以来，在技术、装备等方面取得了重要突破，实现了"中国创造"和"中国引领"。截至2014年底，国家电网公司在特高压输电领域获得专利总计705项，其中发明专利318项，实用新型与外观设计专利387项。国际电工委员会前主席克劳斯·乌赫勒表示，中国的特高压输电技术在世界上处于领先水平，作为国际标准电压，中国的特高压交流电压标准将向世界推广。

1. 特高压交流输电技术

　　中国自1986年就开展了特高压交流输电的前期论证和可行性研究。2004年组织开展特高压交流输电工程关键技术的研究，形成技术框架。2006年特高压交流输电技术进入工程应用，试验示范工程开工建设，并于2009年投运。目前中国已经全面掌握了特高压交流输电技术。

　　特高压交流输电关键技术：系统电压控制、潜供电流抑制、外绝缘配合、电磁环境控制等是关系特高压交流输电发展的核心技术。国家电网公司通过自主创新、联合攻关，取得了全面突破，在这些关键技术领域总体处于世界领先水平。**在系统电压控制方面**，通过采取过电压幅值控制、保护联动跳闸、高性能避雷器、合闸电阻、地线优化、无功控制等措施，实现了对工频过电压、操作过电压、雷电过电压以及系统运行过电压的控制；**在潜供电流控制方面**，通过在特高压电抗器中性点装设小电抗元件，有效抑制潜供电流，提高了线路单相重合成功率，有力保障了系统供电可靠性；**在外绝缘配合方面**，通过深度抑制操作过电压水平、采用复合绝缘子和套管、模拟高海拔绝缘特性等措施，解决了外绝缘尺度大幅增加、绝缘耐受电压能力随污秽度和海拔增加显著下降等难题，在保障安全基础上显著提升系统的经济性；**在电磁环境控制方面**，提出了复杂多导体系统工频电场模型仿真、导线布置优化、金具电晕控制等一系列技术和措施，有效降低了噪声和无线电干扰的影响，实现了环境友好（见图7-1）。

特高压交流设备关键技术：发展特高压，设备是关键。国家电网公司联合电工装备制造企业，自主研制了世界首台额定电压1000千伏、额定容量300万千伏·安的

图7-1　1000千伏特高压交流输电线路和杆塔

特高压交流变压器（见图7-2），攻克了变压器的绝缘结构设计、控制漏磁和防止局部过热等关键技术；研制了气体绝缘金属封闭开关设备（GIS/HGIS），攻克了特高压交流断路器操动机构、灭弧室等设计技术（见图7-3）；研制了世界最大单相容量

图7-2　1000千伏特高压交流变压器

图7-3　1000千伏特高压交流断路器

的特高压交流并联电抗器（见图7-4），单体容量达到320兆乏，解决了高电压、大容量条件下并联电抗器的漏磁和温升控制、噪声及振动控制等技术难题。除此之外还研制了应用于中等和重污秽地区的特高压避雷器、电容式电压互感器、特高压绝缘子，以及具有更高可靠性和稳定性的特高压系统全套二次设备等。

图7-4　1000千伏特高压交流并联电抗器

2. 特高压直流输电技术

2004年中国开始对±800千伏特高直流输电工程技术进行全面深入的研究，在直流高电压、大电流、大功率输电技术和装备方面实现了全面突破。

特高压直流输电关键技术：与特高压交流输电一样，特高压直流输电在过电压与绝缘配合、外绝缘配置、电磁环境与噪声控制、直流系统设计等技术领域面临前所未有的挑战，经过反复研究、试验和技术创新，这些问题都得到解决。**在过电压与绝缘配合方面，**通过全面仿真计算直流输电系统换流站及沿线在各种操作和故障下的过电压特性与水平，提出了合理布置避雷器、优化避雷器参数、平波电抗器平均分散布置等解决过电压问题的技术方案；**在外绝缘配置方面，**通过试验研究获得了输电线路长空气间隙放电特性、真型电极空气间隙放电特性及其海拔修正系数、绝缘子污闪特性和冰闪特性及其海拔修正系数等，成功应用于特高压直流工程外绝缘配置；**在电磁环境与噪声控制方面**，研究确定了导线型式、导线最小高度和最小走廊宽度，得到了各电磁环境因子的横向分布及变化规律，提出了电磁环境最优的极导线布置方式、换流站布置优化方案，有效降低了工程对周围环境的影响；**在直流系统设计方面**，研究确定了特高压直流系统额定电压、额定电流和输送功率等关键参数，首次提出了成套设计方案，实现了特高压直流输电自主系统集成，总体达到世界领先水平。

　　特高压直流设备关键技术：在元器件方面，研究确定了6英寸晶闸管主要参数，研发特殊的单晶硅预处理工艺，解决了晶闸管芯片尺寸扩大至6英寸带来的杂质扩散均匀性、芯片厚度均匀性、芯片参数均匀性和芯片变形量控制等关键技术难题，成功研制6英寸晶闸管（见图7-5），实现了6英寸大尺寸单晶硅材料制造大电流、高阻断电压晶闸管的目标。**在设备方面**，成功研制了世界电压等级最高、容量最大的±800千伏特高压直流输电换流变压器（见图7-6），采用了先进的调压绕组连接方式，解决了局部放电控制、漏磁通、谐波及温升控制等难题；设计容量最大的特高压直流输电换流阀（见图7-7），解决了绝缘结构设计难题，优化出阀侧套管和出线装置，开发了世界通流能力最大的直流穿墙套管和隔离开关等设备。除此之外，还研制了±800千伏平波电抗器、±800千伏直流场设备及交流场设备、±800千伏控制保护设备、1000毫米²及以上大截面导线、±800千伏直流输电线路绝缘子、±800千伏直流导线成套金具等（见图7-8）。

图7-5　±800千伏特高压直流输电用6英寸晶闸管

图7-6　±800千伏特高压直流输电换流变压器

图7-7　±800千伏特高压直流输电换流阀

图7-8　±800千伏特高压直流输电线路和杆塔

（二）智能电网技术

智能电网技术创新提升了电力系统运行的安全性、适应性、经济性和互动性。中国在智能电网设备监控、系统运行、智能互动、通信信息等技术领域实现全面突破。截至2014年底，国家电网公司获得智能电网相关专利11312项，其中发明专利1622项、实用新型及外观设计专利9690项。

设备监控：实现对电力系统各环节关键设备的监测和控制，可以实时、全面地掌握设备运行状态，为设备运行的动态优化和效率提升提供支撑。开发了输变电设备状态监测主站系统和终端设备（见图7-9），开展输变电设备状态评估、状态检修和风险预警，实现对输变电关键设备运行状态的可控、能控和在控；机器人、无人机智能巡检技术取得突破（见图7-10），提升了设备安全运行水平；变电站一体化监控系统、辅助功能管控、全数字化保护监控系统研制取得成功，实现了变电站设备在线监测一体化和自诊断、监测装置和自动化装置的检测、运行环境的自动监测等；智能配电终端统一支撑系统、配电网在线风险评估与预警系统在配电领域实现了广泛应用。

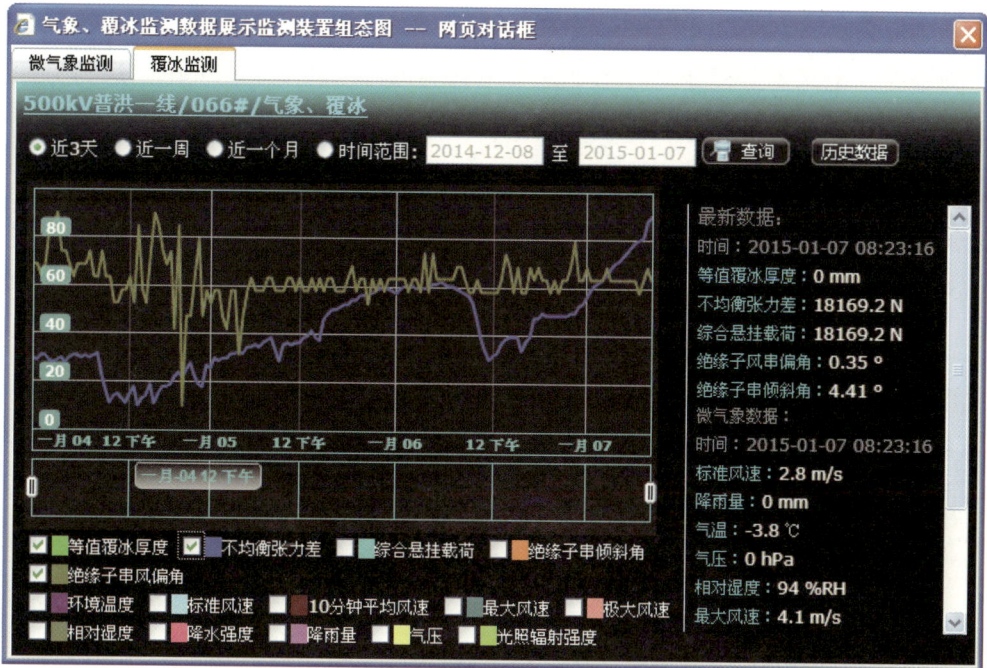

图7-9 输电线路在线监测系统

图7-10 智能变电站智能巡检机器人

系统运行：全面掌握电网运行状态，通过在线分析、安全评估、预测预警、调度控制等提升电网安全稳定运行水平，实现智能运行和调度。在**大电网运行方面**，智能调度在技术上实现了在线化、精细化、一体化、实用化四个突破，其中**在线化**是指从时间、空间、业务等多个维度在线跟踪，实现调度生产各环节的全景监视、智能告警、主动安全防御；**精细化**是指实现满足复杂约束条件的大规模、多目标、多时段、安全经济一体化的调度计划自动优化编制，以及稳态、动态、暂态全方位安全稳定校核；**一体化**是指实现多级调度的上下联动和协调运作，形成分布式一体化的智能调度技术支持系统，有效支撑了特高压大电网的一体化运行；**实用化**是指对基础数据进行完善，提高对系统运行方式的在线化应用程度，提升次日调度计划编制和安全校核方面的实用化水平。在**配电网运行方面**，自愈控制、配电终端智能化、分布式电源接入等均取得重要突破，研制了开放式配电自动化系统和智能配电终端，实现了配电自动化系统与相关系统的信息共享和应用集成；研发了分布式发电/储能及微电网接入与统一协调控制技术，对提高供电可靠性和实现系统削峰填谷起到积极作用。

智能互动：采用多种技术手段实现系统与用户之间的信息共享和互动。在智能电能表、计量装置监测、电动汽车充换电、智能楼宇、智能小区、智能园区等方面取得突破，建立智能互动的基础平台，使智能用电服务水平得到显著提升。全面推广了智能电能表，建设用电信息采集系统，实现了对电力用户和计量关口的全面覆盖，实现了在线监测和实时采集用户负荷、电量、电压等重要信息；研发智能小区（楼宇）智能用电服务系统，建成智能用电示范工程，实现智能电网与用户之间实时交互响应。研制了充电机、充电桩、电池更换装置等设备，建设电动汽车运行监控平台，形成了标准化的电动汽车智能充换电服务网络及运营管理系统，实现了充换电网络与车辆的信息交互。

通信信息：通信信息平台是各环节智能化技术实现和应用的基础支撑，中国在电力通信和电力信息技术上取得了多方面突破。在**电力通信技术方面**，建设了大容量骨干光传输网、光纤复合架空地线抗冰示范工程、电力物联网示范工程，研制电力专用通信芯片，在分组传送网、以太网无源光网络、工业以太网、电力线载波通信、无线专网及公网通信、电力特种光电复合电缆技术方面取得突破（见图7-11），提出了下一代交换网的技术体系，研发了电力通信网管理系统并全面应用，研制了电力通信网仿真平台，在电力行业首次引入量子通信技术。**在电力信息技术方面**，智能电网各环节信息技术的研发应用取得了全面突破。输变电状态监测、移动作业等一批智能电网信息系统上线，统一视频监控系统、地理信息服务系统完成建设；信息系统应用覆盖规划、建设、运行、检修、营销各环节业务；建成了总部、灾备中心及省公司一体化信息系统调度运行体系；发布了智能电网信息安全防护方案，完成三级以上电网二次系统信息安全防护和管理信息系统等级保护测评。

图7-11　电力光纤复合低压电缆截面

（三）清洁能源技术

清洁能源技术是实现清洁替代的重要技术保障，中国在清洁能源发电和运行技术方面实现了一系列创新和应用，有力支撑了清洁能源的大规模开发和消纳。

大规模风电调度关键技术：在风电功率预测技术、风电与其他电源协调优化调度技术、风电参与调峰运行模式等关键技术领域实现突破，实现风电接纳能力在线评估、风电日前计划和日内计划调整、风电场并网性能评价等功能；在运行中，将风电纳入开机安排，滚动优化火电机组开机，实现了波动性风电在运行区间内最大化消纳和系统运行安全。

大规模光伏发电并网运行技术：通过光伏电站功率预测、运行监视、运行控制等关键技术的研发，实现了基于数值天气预报的光伏电站功率的全天候、多时空尺度预测；实现了大型光伏电站功率控制的闭环控制；实现了高穿透率光伏发电的电网日前和日内滚动协调优化调度，解决了光伏电站功率瞬时波动难以把握的难题，并建立了递阶光伏发电功率控制系统，实现了光伏发电有功功率和无功功率的自动平滑调节。

新能源发电功率预测和运行监测：建立了新能源发电的预测和全面监测技术体系。在**新能源发电功率预测**方面，开展了用于风电、光伏发电出力预测的数值天气预报技术研究和系统开发，建成了国家电网数值天气预报运行中心。掌握了风电短期及超短期功率预测技术，开发了具有自主知识产权的功率预测系统。在省级调度机构部署了风电功率预测系统，预测精度达到88%；开展了基于数值天气预报、卫星云图及地基云图的光伏发电短期和超短期功率预测技术研究，预测精度达到90%，并在多个省级电网实现示范应用；掌握了分布式光伏发电网格化预测技术，在多个地区实现示范应用。在**新能源运行监测**方面，实现了先进的新能源发电与送出联合调控，风电运行在线监测技术取得突破（见图7-12），通过加强风电运行监控以及风电自动化系统建设，实现了对风电场气象信息，以及风机有功、无功、电压、电流和机组运行状态等信息的广域全景展示和监测。光伏电站运行实现了实时的信息监视和数据的即时采集，能够实现对并网光伏电站的效率、功率、电量、电能质量、运行状态等信息的实时监测，记录各种稳态、暂态事件，为运行控制提供了依据。

　　储能系统运行技术：在储能系统提高间歇式电源接入能力应用方面取得技术突破。建立了应用储能技术提高风电接入能力的量化模型，提出了基于多变量协调与多规则切换的储能电站广域协调优化控制技术；通过风光储输示范工程的建设（见图7-13），掌握了风、光、储、输系统联合运行特点、储能系统配置优化方法，推进了大型储能电站在线监控平台的建设，提高了储能系统与间歇式电源的协调运行能力。

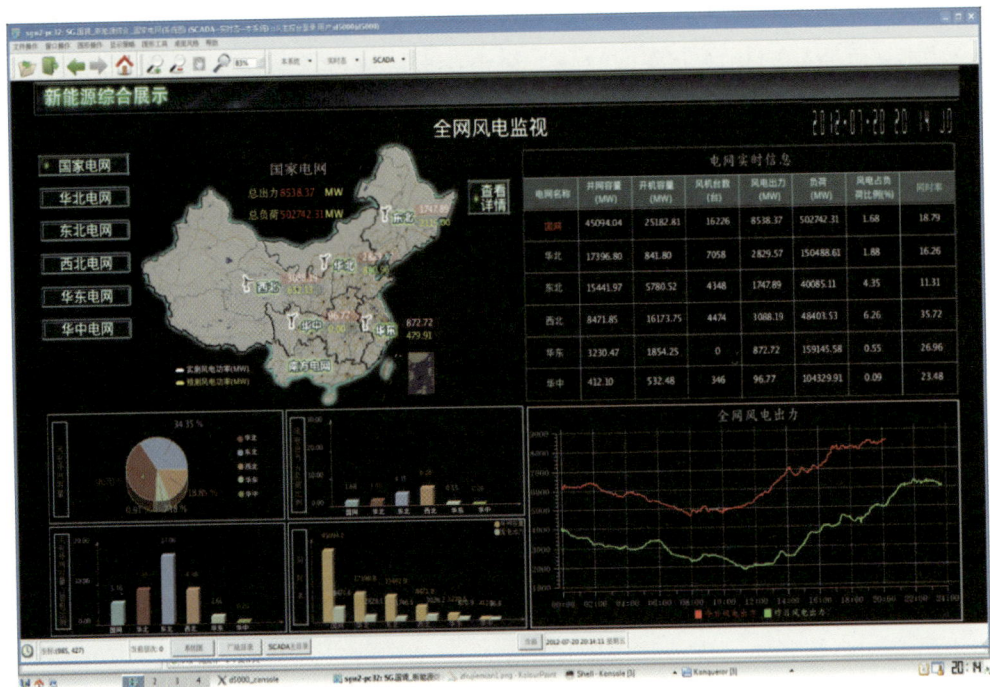

图7-12　风电运行监测系统

图7-13　河北张北国家风光储输示范工程联合运行调控中心

（四）试验体系

在坚强智能电网的技术研发和工程实践中，中国建设了完整的特高压和智能电网研究试验体系，包括特高压交流试验基地、特高压直流试验基地、高海拔试验基地、特高压杆塔试验基地、特高压直流输电工程成套设计研发（实验）中心、国家电网仿真中心、大型风电并网系统研发（实验）中心、太阳能发电研发（实验）中心等，具备世界一流的电网试验研究能力。这些先进的试验条件和手段，为全球能源互联网关键技术研发和工程建设提供了预研平台。

特高压交流试验基地（见图7-14）：位于湖北省武汉市。该基地拥有1千米单双回特高压试验线段、电磁环境测量试验室、特高压交流电晕笼、环境气候试验室、7500千伏户外冲击试验场、特高压设备长期带电考核场等试验设施，可满足特高压电磁环境影响研究，高海拔、高污秽和严重覆冰等特殊自然条件下的外绝缘特性研究，电气设备长期全电压带电考核及输变电设备运行检修研究的需要。

特高压直流试验基地（见图7-15）：位于北京市昌平区。该基地主要包括户外试验场、试验大厅、污秽及环境试验室、绝缘子试验室、避雷器试验室、特高压直流试验线段、电晕笼、电磁环境模拟试验场，具备直流特高压电磁环境、外绝缘、系统运行安全、设备试验技术与运行特性等方面的全方位试验研究能力。

特高压杆塔试验基地（见图7-16）：位于河北省霸州市。该基地满足1000千伏

图7-14　湖北武汉特高压交流试验基地

图7-15　北京特高压直流试验基地

特高压同塔双回铁塔真型试验的需要，兼顾1000千伏同塔双回、±800千伏单回和±800千伏同塔双回线路等杆塔外形尺寸和设计荷载，兼顾新型杆塔结构研究的部件试验及整体试验需求。

西藏高海拔试验基地（见图7-17）：位于西藏自治区拉萨市。该基地由户外试

图7-16　河北霸州特高压杆塔试验基地

图7-17　西藏高海拔试验基地

验场、污秽试验室和试验线段三部分组成，是世界上海拔最高的电力试验基地，能够满足海拔4000米及以上输变电线路、设备绝缘和电磁环境特性研究的需求，支撑了功能设计、设备研制、控制及试验技术和工程应用的技术创新。

国家电网仿真中心（见图7-18）：位于北京市海淀区。该中心针对特高压交直流混合大电网规划、设计建设和运行技术，建立了电力系统数字仿真、动态模拟、数字模拟混合仿真、运行和安全监控等试验研究基础设施，构成了结构完整、功能完备、技术先进的电力系统仿真研究体系，实现了电力系统多层次、多角度的全方位仿真。

特高压直流输电工程成套设计研发（实验）中心（见图7-19）：位于北京市昌平区。该中心具备同时进行1个特高压直流输电工程、3个常规直流输电工程二次系统联合测试和试验研究的能力，可为超/特高压直流输电工程的关键技术研究、系统

图7-18　北京国家电网仿真中心

图7-19　北京特高压直流输电工程成套设计研发（实验）中心

设计、阀厅设计、设备成套设计、设备采购规范、设备监造、系统与调试、现场调试等方面提供技术支持、资源共享及管理平台。

大型风电并网系统研发（实验）中心（见图7-20）：位于河北省张家口市。该中心具备风电基础研究能力、移动式风电检测能力和风电试验能力，具备检测风电机组全部特性的能力，具有国际最先进的风电电气测试手段，可以解决新生产风电机组产品的型式认证和入网检测问题。

图7-20　河北张家口大型风电并网系统研发（实验）中心

太阳能发电研发（实验）中心（见图7-21）：位于江苏省南京市。该中心具备太阳能发电基础研究能力、光伏系统并网运行试验检测能力、并网光伏电站移动检测能力，能够开展太阳能发电组件的性能验证、电网适应能力、抗干扰能力检测工作。满足开展接入电网关键技术、系统及设备关键技术、规划设计技术等研究和实验检测的需要。

图7-21　江苏南京太阳能发电研发（实验）中心

（五）全球能源互联网研究

中国在全球能源互联网发展方面，已经开展了初步研究，包括亚欧输电研究、北极地区风电开发与全球互联电网展望研究、全球能源互联网关键技术和设备研究等，为全球能源互联网发展进行了良好的储备。

亚欧输电研究：深入分析了欧盟电力市场空间，研究亚洲送端地区能源资源开发与外送潜力，并进行了亚欧洲际输电的技术经济分析。研究认为，论证了在弃核及化石能源发电装机退役情况下，未来欧洲存在一定市场空间；亚洲送端地区能源资源丰富，具有较好的可持续送电能力；亚欧洲际输电具有较好的经济竞争力，可为欧洲低碳能源发展提供可行选择。综合考虑未来新增电力负荷、化石能源与核电装机退役、水电装机增长、新能源发展等多种因素，预计2011～2020年欧洲电力市场空间达到1.4亿千瓦，其中德国电力市场空间约1460万千瓦。亚欧洲际输电项目到网电价比北海风电价格低0.3～0.5元/（千瓦·时）。随着输电通道利用小时数的上升，到网电价进一步下降，亚欧洲际输电项目竞争力逐步增强。

北极地区风电开发与全球互联电网展望研究：开展了系列专题研究，包括北极地区环境特点及风电资源评估，全球可再生能源评估及以北极为核心跨洲互联电网研究，北极地区风电开发技术研究，高寒、高湿、强风地区输变电技术研究，北极风电和远东西伯利亚电力外送方案研究等。对北极地区、西伯利亚地区在全球能源互联网下的资源现状、开发前景、互联战略等进行了全面研究。根据初步研究成果，北极地区蕴藏着丰富的油气资源和风能等清洁能源资源，将北极地区风能与俄罗斯西伯利亚及远东地区的天然气、水能、煤炭、可燃冰等能源资源进行联合开发与打捆，通过特高压电网进行跨国优化配置，可供应中国、日本、韩国、北美地区，满足低碳可持续发展的能源需求。

全球能源互联网关键技术与设备研究：开展了涵盖全球能源互联的资源分析及开发潜力评估、战略与规划、适应性的输变电技术和输变电设备、运营与控制技术、新技术应用等关键内容的研究，重点包括输变电工程建设技术、工程优化设计技术、直流电网技术、高压大电流电力电子器件、储能设备关键技术、全球电力交易运营和调度构架、仿真建模、保护和稳定控制、信息支撑等技术，将为全球能源互联网的发展提供技术支撑。

二、标准制定

标准制定是推进全球能源互联网的一项重要工作。通过将成熟的技术和设备进行标准化，建立统一的接口和规范，不仅有利于后续的推广应用，还可以为全球能源互联网下各国电网和设备的互联互通提供条件。中国在特高压、智能电网、清洁能源技术不断创新的基础上，大力推进标准化工作，建立了较为完整的标准体系。自2005年以来，中国已经编制坚强智能电网相关国家标准83项、行业标准204项，并积极推进特高压和智能电网技术标准国际化。截至2014年底，国家电网公司参与制定国际标准21项，发布611项企业标准，如表7-1所示。

表7-1　　截至2014年底国家电网公司特高压和智能电网标准制定情况

领域	类别	数量
特高压	申请国际标准	12
	参与编制国家标准	46
	参与编制行业标准	61
	制定企业标准	171
智能电网	申请国际标准	9
	参与编制国家标准	37
	参与编制行业标准	143
	制定企业标准	440

特高压交流输电技术标准体系：依托特高压交流技术科研成果和工程建设，国家电网公司研究提出特高压交流输电技术标准体系，全面涵盖了规划设计、设备材料、工程建设、测量试验、运行检修、环境保护与安全六大领域，其中，发布企业标准100项，33项国家标准、41项电力行业标准已获颁布。特高压交流输电技术标准体系如表7-2所示。

表7-2   特高压交流输电技术标准体系   单位：项

类别	国家标准	行业标准	企业标准
规划设计类	5	1	14
设备材料类	19	7	34
工程建设类	6	7	31
测量试验类	—	5	4
运行检修类	3	18	15
环境保护与安全类	—	3	2

特高压直流输电技术标准体系：依托特高压直流技术研究成果和工程建设，国家电网公司建立了±800千伏特高压直流成套标准体系，涵盖了规划设计、设备材料、工程建设、测量试验、运行维护、环境保护与安全等特高压直流输电所有环节，其中，发布企业标准71项，13项国家标准、20项行业标准已获颁布。特高压直流输电技术标准体系如表7-3所示。

表7-3   特高压直流输电技术标准体系   单位：项

类别	国家标准	行业标准	企业标准
规划设计类	2	1	5
设备材料类	3	2	22
工程建设类	5	12	31
测量试验类	1	1	5
运行维护类	2	2	6
环境保护与安全类	—	2	2

智能电网技术标准体系。国家电网公司制定并发布了《智能电网技术标准体系规划》，提出8个专业分支、26个技术领域、92个标准系列。中国形成了由电网企业主导，科研机构、设备厂商、用电客户共同参与，涵盖技术攻关、设备研制、试验检验、工程应用、标准编制的智能电网技术研究体系。目前，国家电网公司共发布智能电网相关企业标准417项，参与编制的37项国家标准、143项行业标准已获颁布。国家电网公司的智能电网技术标准体系如图7-22所示。

积极参与国际标准制定工作。在国际电工委员会（International Electrotechnical Commission，IEC）：中国的特高压交流标准电压已经被采纳，中国提出并由IEC设立高压直流输电、智能电网用户接口、可再生能源接入电网等三个技术委员会，IEC有4个秘书处设在国家电网公司。在国际大电网会议（International Council on Large Electric systems，CIGRE）：成立了由中国牵头的多个工作组，包括特高压变电站设备（A3.22）、特高压变电站系统（B3.22）、特高压绝缘配合（C4.306）、超/特高压交流开关设备的开断特性和试验要求（A3.28）、特高压交流变电站建设及运行中的现场试验技术（B3.29）等。在电气和电子工程师学会（Institute of Electrical and Electronics Engineers，IEEE）：中国牵头制定了6项标准，其中包括3项特高压交流、1项储能、2项超高压国际标准，发起编制3项特高压交流技术标准，分别是绝缘配合（IEEE P1862）、现场试验（IEEE P1862）和无功电压（IEEE P1860）。

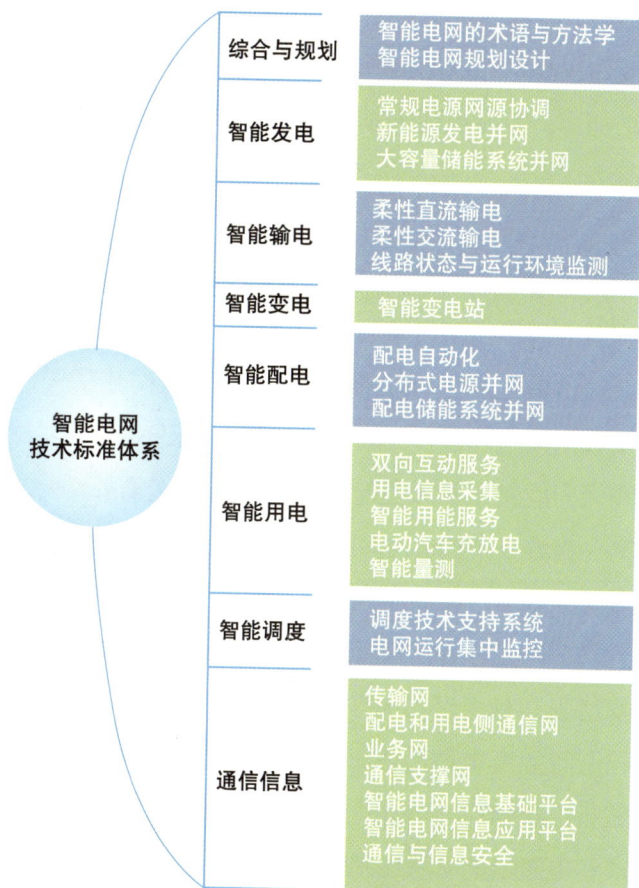

图7-22　国家电网公司智能电网技术标准体系

三、战略规划

中国在特高压和智能电网的推进过程中，形成了全面的战略和规划。2009年国家电网公司制定了《坚强智能电网发展规划纲要》，首次提出建设以特高压电网为骨干网架、各级电网协调发展，电网结构坚强，智能化技术涵盖电力系统各个环节的坚强智能电网。近年来，在技术研发和工程实践不断推进的基础上，国家电网公司滚动开展电网规划研究，目前已经形成较为完备的规划体系。

中国国家电网公司坚强智能电网发展总体分为三个阶段。

第一阶段（2005～2010年）：**发展起步阶段**。开展坚强智能电网关键技术研发和设备研制，制定技术和管理标准，开展各环节的试点工作。完成特高压交流和直流示范工程的建设，中国电网进入特高压交直流混合电网时代，电网基本实现全国互联；开展智能电网各环节的技术应用试点工作，建成一批智能化变电站，智能调度建设基本完成，提升源网协调能力，形成能够满足可再生能源发展需求的电网接纳能力；智能电能表基本覆盖全国大中型城市，研发智能用电设备，开展双向互动服务试点。

第二阶段（2011～2020年）：**全面建设阶段**。加快特高压电网和城乡配电网建设，推动关键技术和装备实现重大突破和广泛应用，基本建成以特高压电网为骨干网架、各级电网协调发展的坚强国家电网。到2020年，建成淮南—南京—上海、锡盟—山东、蒙西—天津南等多项特高压交流工程，形成"四纵七横""三华"特高压交流网架，建成19回特高压直流输电工程，满足西南水电、西部和北部煤电、风电和太阳能发电等大型能源基地电力外送需要。全国形成"三华"和东北、西北、西南、南方五个同步电网，其中东北、西北、西南、南方电网通过特高压或超高压直流与"三华"特高压同步电网实现异步互联，总体形成西电东送、北电南送、水火互济、风光互补的能源优化配置新格局。届时，国家电网跨区资源优化配置能力大幅增强，有力保障大型煤电、水电、核电和可再生能源发电基地电力外送和消纳；核心智能变电站覆盖率达到50%左右，智能化调度全面推广，双向互动服务在大中城市广泛推广，电动汽车充换电市场全面放开，电动汽车高速公路快充网络全面建成；电网电能质量达到国际先进水平。

第三阶段（2021～2025年）：**完善提升阶段**。全面建成坚强智能电网，技术和装备全面达到国际先进水平。到2025年，电网的资源配置能力、安全水平、运行效率大幅提升；从智能电能表到用户信息采集系统，从智能电力设备到智能变电站，从光纤入户到"多网融合"综合服务体系，各种智能装备在电力系统全面推广应用，电网智能化水平显著提升，全面适应各类集中式、分布式清洁能源发展和智能楼宇、智能小区、智慧城市建设需要。中国电网与周边国家电网友好互联，为构建全球能源互联网提供典范。

经过多年努力，国家电网公司已成功实现了坚强智能电网的阶段性规划目标。展望未来，国家电网公司将全面建设以特高压电网为骨干网架的智能电网，加强与周边国家输电和联网。国家电网网架结构进一步巩固完善，形成更为坚强的"三华"受端电网，"三华"区外受电容量继续扩大，能够保障实现西部、北部可再生能源基地、西南水电通过特高压直流跨区外送消纳。电网智能化水平进一步提高，形成紧密连接各大型电源基地、分布式电源、充换电设施、智能用电终端的综合公共服务平台。建设智能化城乡配电网，结构更合理，供电能力和供电可靠性明显提高。智能化用电设备得到广泛应用，实现充分的双向信息共享、远程和自动控制；分布式电源、微电网与大电网友好衔接；电动汽车等各种智能用电终端、虚拟电厂都实现负荷端智能调度，充分参与系统的调峰运行。中国与俄罗斯、蒙古国、哈萨克斯坦、缅甸、泰国、越南、韩国、朝鲜、日本等周边国家的电网互联互通工程加快建设，积极参与亚欧联网、"一极一道"开发及跨区送电工程的研究，为全球能源互联网发展奠定基础。

特高压和智能电网发展得到了中国政府的高度重视，已被纳入国民经济和社会发展规划、国家能源规划及相关专项规划中，成为国家能源发展的战略重点，有力地推动了电网创新实践。中国涉及特高压和智能电网的国家规划如表7-4所示。

表7-4　　　　　中国涉及特高压和智能电网的国家规划

时间	规划名称
2005年	《国家中长期科学和技术发展规划纲要（2006～2020）》
2006年	《国务院关于加快振兴装备制造业的若干意见》
2006年	《中华人民共和国国民经济和社会发展第十一个五年规划纲要》

续表

时间	规划名称
2007年	《中国应对气候变化国家方案》
2011年	《中华人民共和国国民经济和社会发展第十二个五年规划纲要》
2011年	《国家"十二五"科学和技术发展规划》
2012年	《"十二五"国家战略性新兴产业发展规划》
2012年	《智能电网重大科技产业化工程"十二五"专项规划》
2013年	《"十二五"国家重大创新基地建设规划》
2013年	《能源发展"十二五"规划》
2013年	《大气污染防治行动计划》

四、工程建设

在技术创新和发展规划的引领下，中国已经建成了一批特高压和智能电网重大工程，产生了重要的经济社会效益。

（一）特高压电网工程

近年来，中国建设了一批特高压交流和直流输电工程，全面验证了特高压输电的安全性、经济性和环境友好性。这些工程的成功建设和运行，表明依托特高压技术建设全球能源互联网是可行的。截至2014年底，中国已建成投运了3条特高压交流线路和6条特高压直流线路。2014年6月，国家能源局下发《关于加快推进大气污染防治行动计划12条重点输电通道建设的通知》，包括了4项特高压交流工程和5项特高压直流工程，其中国家电网公司负责8项，2014年11月2项特高压交流工程和1项特高压直流工程已开工。截至2014年底，国家电网公司在运在建特高压输电线路长度近1.6万千米，变电（换流）容量约1.6亿千伏·安（千瓦）。国家电网公司在运在建特高压工程如图7-23和表7-5所示。

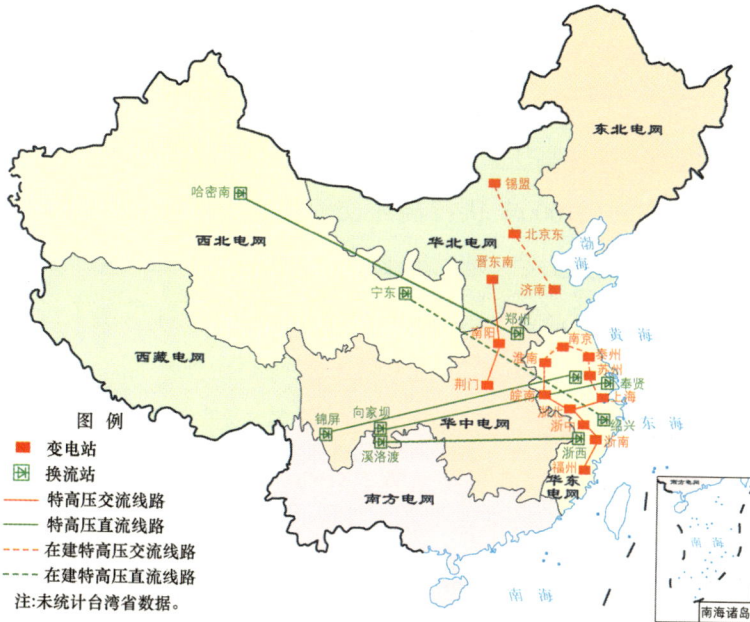

图7-23　国家电网公司在运在建特高压交直流工程示意图

表7-5　　　　　　　国家电网公司在运在建特高压工程

项目	工程名称	电压等级（千伏）	投运或计划投运时间	线路长度（千米）	变电/换流容量（万千伏·安/万千瓦）
在运工程	晋东南—南阳—荆门	1000	2009年1月	640	600
	向家坝—上海	±800	2010年7月	1891	1280
	晋东南—南阳—荆门扩建	1000	2011年12月	0	1200
	锦屏—苏南	±800	2012年12月	2059	1440
	淮南—浙北—上海	1000	2013年9月	2×648.7	2100
	哈密南—郑州	±800	2014年1月	2191	1600
	溪洛渡—浙西	±800	2014年7月	1669	1600
	浙北—福州	1000	2014年12月	2×603	1800
在建工程	淮南—南京—上海	1000	2016年	2×780	1200
	锡盟—山东	1000	2016年	2×730	1500
	宁东—浙江	±800	2016年	1720	1600
总计				15693.4	15920

1. 特高压交流输电工程

特高压交流输电工程建设是构建坚强主网架的基础，用于实现跨区联网输电，形成坚强的受端电网，为特高压直流大容量、多回路输电提供网架支撑。

晋东南—南阳—荆门1000千伏特高压交流输电试验示范工程：线路长640千米，一期工程于2009年1月投运，是世界上第一条实现商业运行的特高压交流输电工程，如图7-24所示。该工程包括"三站两线"，其中山西晋东南（长治）和湖北荆门两站为变电站，各安装一组3×100万千伏·安特高压变压器，河南南阳站为开关站。2011年12月二期工程投运，晋东南、荆门站各扩建一组3×100万千伏·安特高压变压器，南阳站扩建两组3×100万千伏·安特高压变压器，配套扩建开关等其他设备。工程输电能力达到500万千瓦，每年可输送电量250亿千瓦·时。工程连接华北、华中两大电网，已成为中国南北方向的一条重要能源输送通道，实现冬季华北地区煤电资源的北电南送、夏季华中富余水电的南电北送以及事故支援等功能，取

图7-24　晋东南—南阳—荆门1000千伏特高压交流输电试验示范工程示意图

得了十分重要的经济和社会效益。在2009年5月21日特高压输电技术国际会议上，国际大电网委员会秘书长科瓦尔表示："中国特高压交流试验示范工程是一项伟大的技术成果，是电力发展史上的里程碑。"

　　淮南—浙北—上海1000千伏同塔双回特高压交流输电工程：线路长2×648.7千米，于2013年9月投运，是世界首个商业化运行的同塔双回特高压交流输电工程。该工程包括"四站三线"，起于安徽淮南变电站，经安徽皖南（芜湖）变电站、浙江浙北（安吉）变电站，止于上海沪西（练塘）变电站，变电容量2100万千伏·安，如图7-25所示。工程远期输电能力达1000万千瓦。该工程连接安徽"两淮"煤电基地和华东电网负荷中心，有助于华东电网坚强受端的构建，更好地接受向家坝—上海、锦屏—苏南等大容量直流输电，显著提升了华东电网接受区外电力的能力和电网安全稳定水平，促进了区域经济社会协调发展。

　　浙北—福州1000千伏同塔双回特高压交流输电工程：线路长2×603千米，于2014年12月投运。该工程新建浙中（兰江）、浙南（莲都）和福州（榕城）变电站，扩建浙北（安吉）变电站，变电容量1800万千伏·安，如图7-26所示。工程建成初期输电能力将达680万千瓦，远期输电能力可进一步提高到1050万千瓦以上。该工程连接浙江与福建两省，是华东特高压主网架的重要组成部分，有助于提高华东地区接纳区外电力的能力，进一步发挥特高压电网优化配置资源能力，对保障浙江、福建电力供应及服务华东经济社会发展发挥重要作用。

2. 特高压直流输电工程

　　特高压直流输电工程的作用是将大型能源基地的电能进行远距离、大容量的外送，点对点地直接送往负荷中心。国家电网公司已建成投运的4条特高压直流输电线路，有效地将西部、北部、西南的煤电、水电、风电、太阳能发电基地的电能输送至负荷中心，支撑了东中部地区的经济社会发展。

　　向家坝—上海±800千伏特高压直流输电示范工程：线路长1891千米，于2010年7月投运。该工程起于四川复龙换流站，止于上海奉贤换流站，线路途经四川、重庆、湖南、湖北、安徽、浙江、江苏、上海8省（直辖市），如图7-27所示。该工程应用了世界上首次研制成功的全套±800千伏特高压直流设备，包括6英寸晶闸管，800千伏、32.1万千伏·安换流变压器和800千伏、175万千瓦的换流阀组，800千伏、4500安干式平波电抗器。工程额定电压±800千伏，额定功率640万千瓦，最大

图7-25 淮南—浙北—上海1000千伏同塔双回特高压交流输电工程示意图

连续输送功率700万千瓦，每年可输送电量325亿千瓦·时，为向家坝、溪洛渡和四川富余水电的送出，满足华东地区用电需求提供了重要支撑。

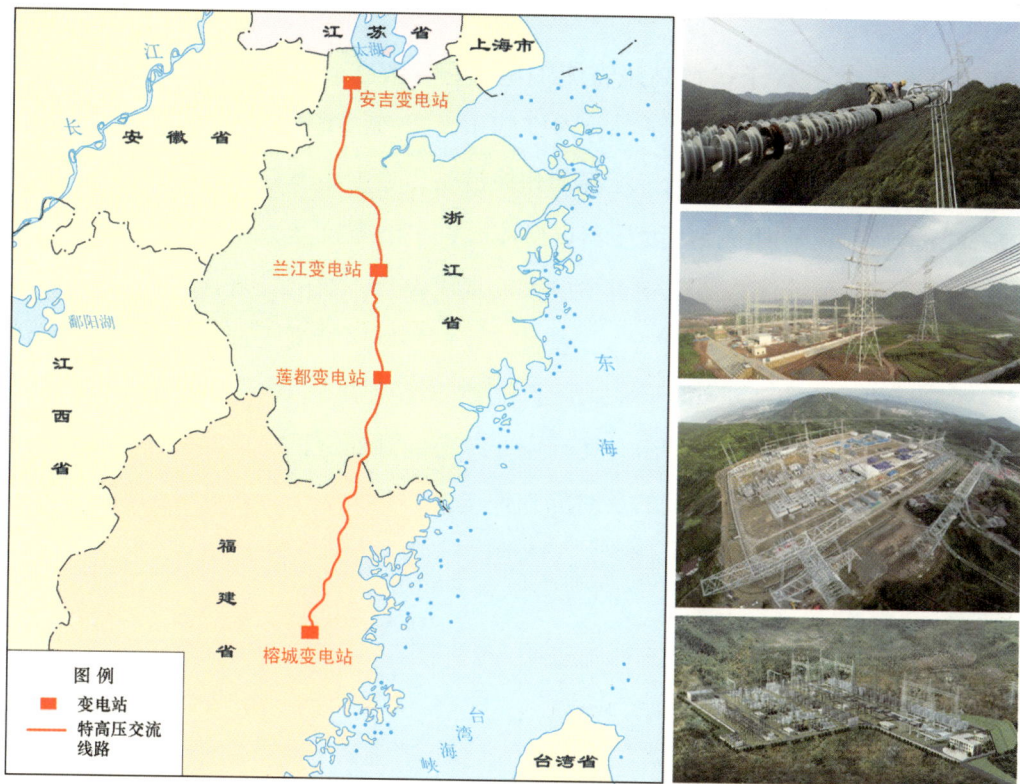

图7-26 浙北—福州1000千伏同塔双回特高压交流输电工程示意图

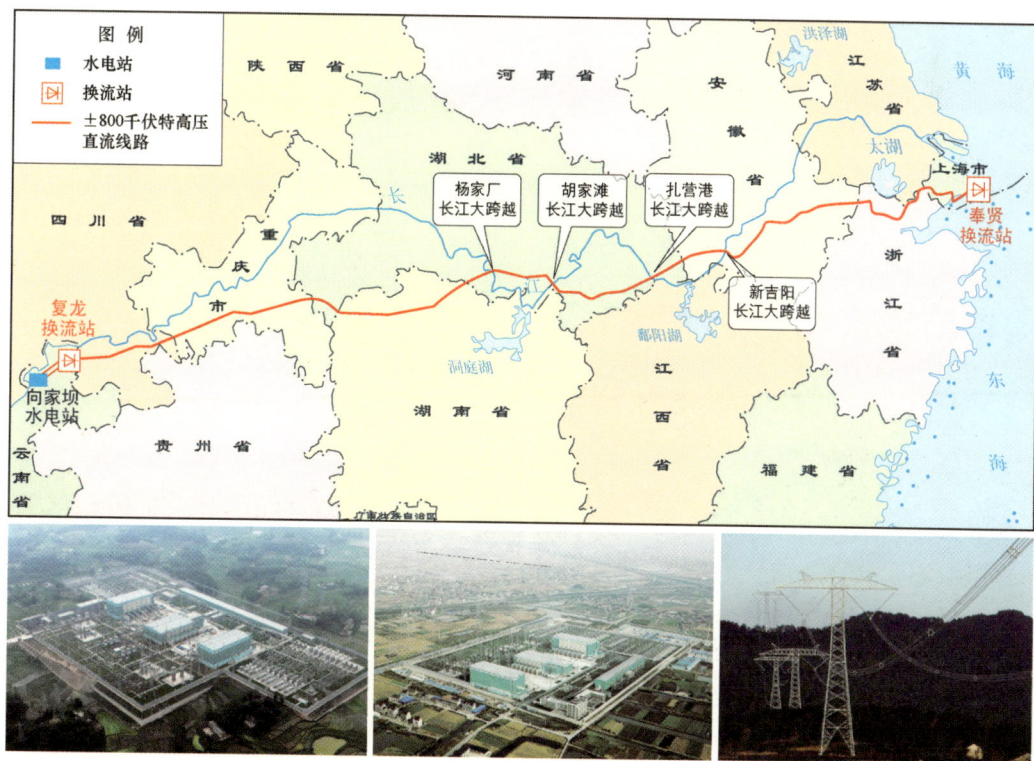

图7-27 向家坝—上海±800千伏特高压直流输电示范工程示意图

　　锦屏—苏南±800千伏特高压直流输电工程：线路长2059千米，于2012年12月投运。该工程起于四川锦屏换流站，途经四川、云南、重庆、湖南、湖北、浙江、安徽、江苏8省（直辖市），止于江苏苏州换流站，输电距离首次突破2000千米，如图7-28所示。工程采用的换流变压器、换流阀、平波电抗器、直流套管均为当时世界上电压最高、通流能力最强和容量最大的直流设备，输电线路首次采用6分裂900毫米²大截面导线，解决了高海拔、重覆冰、重污秽地区特高压直流线路的设计与施工难题。工程额定电压±800千伏，额定功率720万千瓦，每年可输送电量360亿千瓦·时。该工程成为"西电东送"又一重要绿色能源通道，有力地保证了官地、锦屏水电站和汛期四川富余水电的及时顺利外送，有效缓解了华东地区迎峰度夏期间用电紧张局面，有力缓解了东部经济发达地区日益严峻的环保压力。

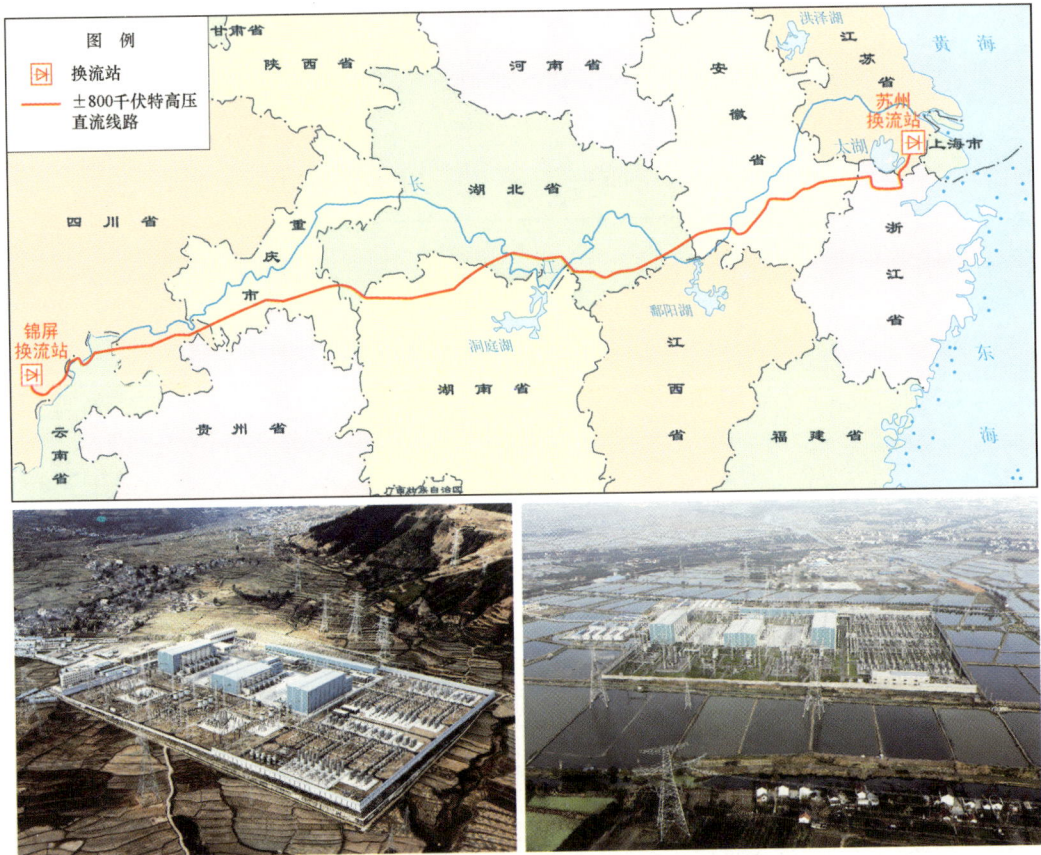

图7-28　锦屏—苏南±800千伏特高压直流输电工程示意图

哈密南—郑州±800千伏特高压直流输电工程：线路长2191千米，2014年1月投运。该工程起于新疆天山换流站，止于河南中州换流站，途经新疆、甘肃、宁夏、陕西、山西、河南6省（自治区），如图7-29所示。该工程是目前世界上输电路径最长的特高压直流输电工程，也是大型火电、风电基地电力打捆送出的首回特高压直流输电工程。该工程额定电压±800千伏，充分利用了6英寸大截面晶闸管换流阀的通流能力，输电容量达到800万千瓦，每年可输送电量500亿千瓦·时。哈密南—郑州工程是"疆电外送"的首条特高压通道，有利于推动西北煤电和风电、太阳能的集约化开发，实现电力资源在全国范围内优化配置，成为连接西部边疆与中原地区的"电力丝绸之路"。

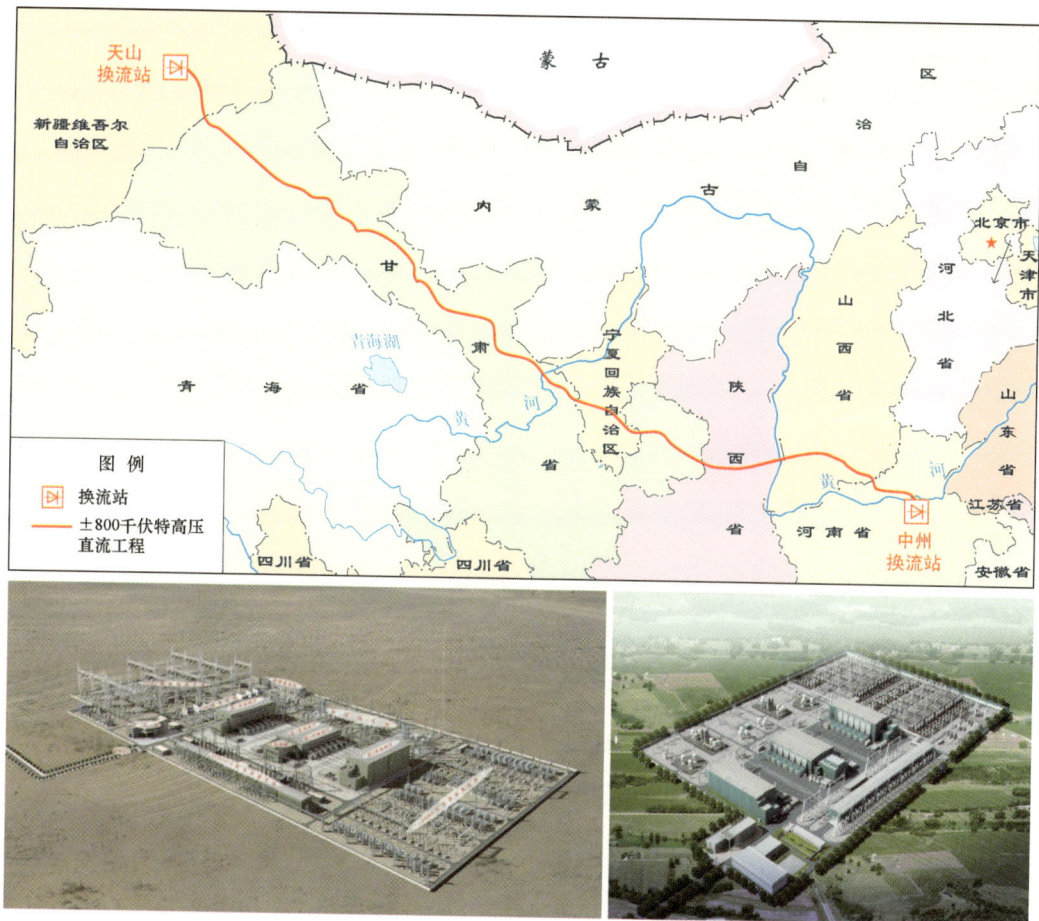

图7-29　哈密南—郑州±800千伏特高压直流输电工程示意图

溪洛渡—浙西±800千伏特高压直流输电工程：线路长1669千米，2014年7月正式投运。该工程起于四川宜宾换流站，止于浙江金华换流站，途经四川、贵州、湖南、江西、浙江5省，如图7-30所示。该工程在世界上首次实现单回直流工程800万千瓦满负荷输电运行，创造了超大容量直流输电的新纪录。每年可将西南地区约400亿千瓦·时清洁水电输送至浙江地区。该工程是继向家坝—上海、锦屏—苏南特高压直流输电工程之后，又一条连接西南水电基地和东部负荷中心的清洁能源大通道，对于解决金沙江流域大型水电站输送、消纳丰水期富余水电，促进资源优势向经济优势转化和能源结构优化，具有重大意义。

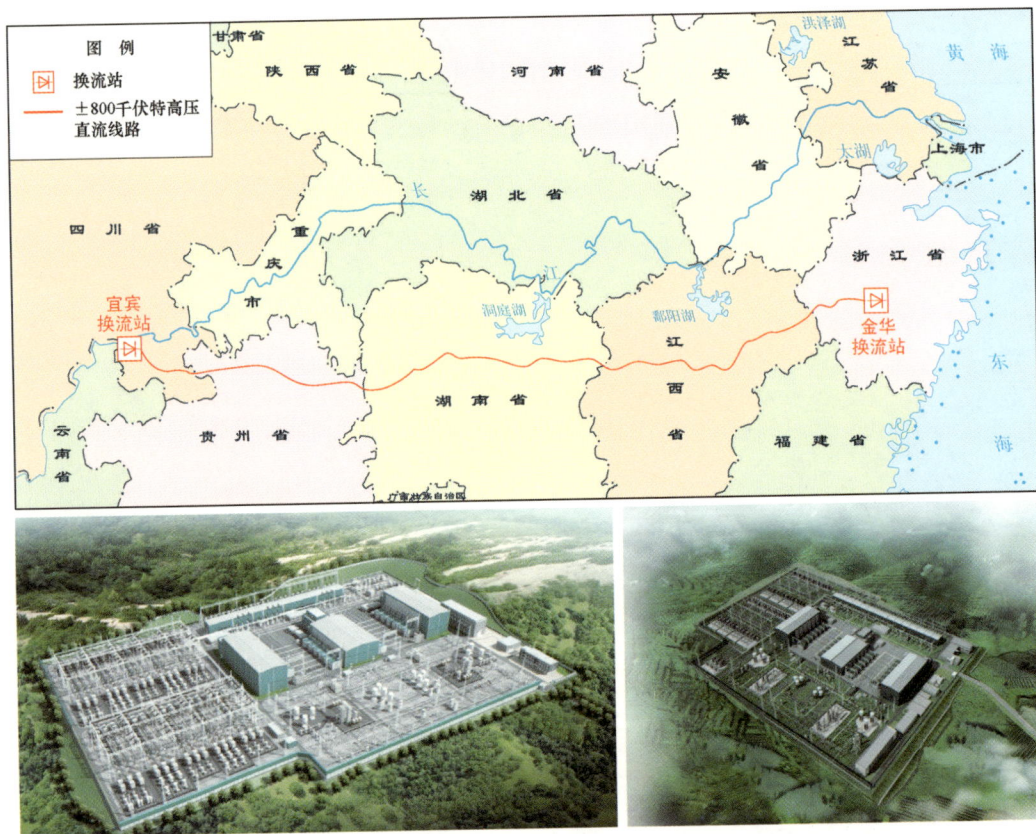

图7-30　溪洛渡—浙西±800千伏特高压直流输电工程示意图

（二）智能电网工程

智能电网是世界电网发展的重要方向，具有支撑大规模清洁能源发展、适应多样用户需求、实现故障自愈、提高运行经济性等显著优势，为全球能源互联网的智能化发展奠定了基础。中国的智能电网建设涵盖发电、输电、变电、配电、用电、调度等各领域。截至2014年底，国家电网公司累计安排智能电网试点项目38类358项，建成试点项目32类305项，项目分布如图7-31所示。这些示范工程的建成和高效运行，对于全球能源互联网的智能化发展起到了示范和借鉴作用。

图7-31 国家电网公司智能电网试点项目分布示意图

1. 发电领域

适应大规模清洁能源发电接入是智能电网发展的重要目标，关键要解决风电、光伏发电等随机性、间歇性电源并网和消纳的难题。主要措施包括风电、太阳能发电功率预测、多种清洁能源发电的联合运行控制等。在清洁能源发电功率预测方面，截至2014年底，国家电网公司在20个省（自治区、直辖市）部署了风力发电功率预测系统；在青海、新疆、宁夏建设了太阳能发电功率预测系统，对清洁能源发电的运行、控制、消纳起到了重要作用。在运行控制方面，通过在张北地区建设国家风光储输示范工程（见图7-32），掌握了多种清洁能源发电和储能联合运行的技术。该示范工程总容量67万千瓦，一期工程包括风电10万千瓦、光伏发电4万千瓦、储能系统2万千瓦；二期工程包括风电40万千瓦、光伏发电6万千瓦和储能系统5万千

图7-32　河北张北国家风光储输示范工程

瓦。工程深度探索了风、光、储多组态、多功能、可调节、可调度的联合运行方式，掌握了多种风机机型、大规模功率调节型光伏发电设备、多类型及不同规模化学储能装置的运行特点，实现了风、光、储、输联合运行，为提高电网接入和消纳新能源能力提供了创新模式。

2. 输电领域

输电设备在线状态监测和实时诊断是输电领域智能化的重要内容，主要智能化设备如图7-33所示。截至2014年底，国家电网公司经营区内26个省（自治区、直辖市）已经完成输变电设备状态监测系统主站部署，实现了对4263条输电线路和3597座变电站的输变电设备的状态监测，其中，特高压线路、特高压变电站、换流站及跨区电网重要变电站实现了全面监测。通过上述工程，实现了关键输变电设备运行状态的实时感知、监视预警、分析诊断和评估预测，为生产管理提供在线监测信息，全面掌控了输变电设备运行状态，有力提升了输变电业务的精益化管理水平。通过直升机和无人机的机载智能巡检设备，开展了智能巡检，进一步提高了设备运行的实时观测控制能力，提升了设备安全运行水平。

作为疆电外送的重要电力输送通道，哈密南—郑州±800千伏特高压直流输电线路的状态监测系统，由多个输电铁塔前端监测装置和输电线路后台监测中心组成，使用无线移动通信网络进行数据和图像传输，查看图像、接收报警信息。该线路上安装有17套在线监测设备，包括信号对测、微风、振动及视频系统和附属设

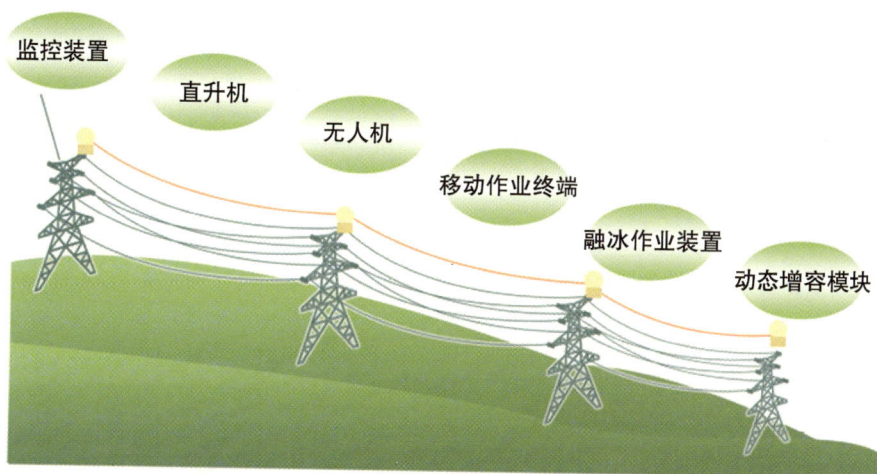

图7-33　输电领域主要智能化设备

备。系统采用太阳能板、风电多电源供电，通信采用光缆熔接和3G网传输，电源供电系统及网络传输系统更加稳定。输电线路状态监测系统的应用，使运维人员可以准确掌握输电线路运行环境下实时气压、湿度、雷电等自然环境技术数据，为切实提高线路运行和维护水平提供了全新的技术手段。

3. 变电领域

变电站的智能化建设是提高整个电力系统智能化水平的关键，重点要实现全站数字化、设备集成化、业务一体化、设计紧凑化。智能变电站结构如图7-34所示。全站数字化是将变电站各种信号、各种设备、各种控制全面数字化，形成数字化变电站模型，为实现全面智能控制和高效管理搭建平台。设备集成化是应用新技术、新材料、新工艺，优化变压器、断路器等关键设备设计，集成相关传感器及智能部件，增强设备功能，控制尺寸，提高可靠性。业务一体化就是整合保护控制、自动化和通信等系统，集成在线监控、现场巡视、运维检修等业务，构建一体化业务系统，减少交叉、重复，实现协调控制，提高整体效率。设计紧凑化是根据不同电压等级、不同类型变电站特点，推行整体集成设计，优化主接线和站布局，减少占地和投资。截至2014年底，国家电网公司建成110（66）~750千伏智能变电站1527座，其中110（66）千伏1135座，220千伏344座，330千伏12座，500千伏29座，750千伏7座。

750千伏延安智能变电站（见图7-35）是首座实现无人值班的750千伏变电站。

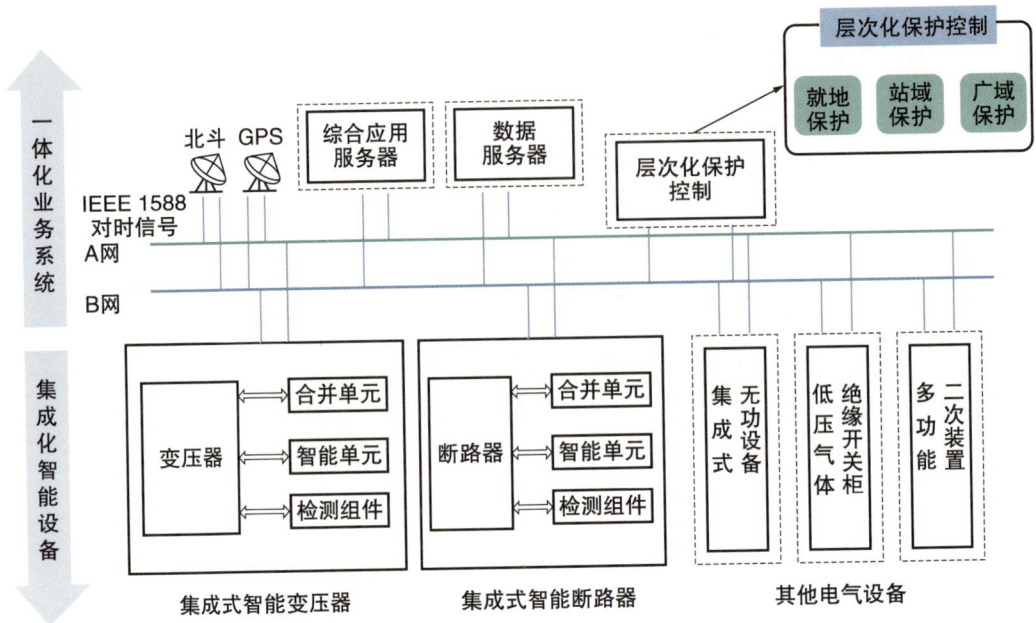

图7-34   智能变电站结构示意图

图7-35   750千伏延安智能变电站

全面实现了变电站的状态可视化、操作程序化、检修状态化、运行智能化，在多个方面实现了创新突破。电气一次设备智能化：断路器加装机械、气体、局部放电状态监测单元和智能终端；主变压器嵌入油色谱、局部放电等传感器和智能终端，采用智能通风系统，节能15%。全站采用电子式互感器：750千伏设备采用罗氏线圈电子式电流互感器，330千伏设备采用罗氏线圈、全光纤式电流互感器，方便维护检修，改善互感器电磁特性，提高保护测控装置性能。统一状态监测平台：采用离线和在线相结合的方式，统一状态监测装置数据采集和诊断分析平台，实现各监测参量由"单项诊断"向"综合诊断"的转变。"一键"式倒闸操作：综合应用顺序控制、智能告警、故障推理与分析决策等高级应用，实现自动操作，改变了传统倒闸操作方式。具备无人值班功能：采用一体化全景信息平台，优化整合全站数据，提高了变电站运行水平，实现了一次设备可视化、状态检修、智能告警等高级应用功能。

4. 配电领域

配电领域智能化工程实践在配电网自愈控制、配电终端智能化、分布式电源接入等方面取得了重要突破。智能配电网与传统配电网比较如图7-36所示。截至2014年底，国家电网公司已在78个城市核心区建设智能配电网，投运了覆盖10000多条10千伏线路的配电自动化系统，包括智能配电网自愈控制系统、智能配电终端统一支撑系统、配电网在线风险评估与预警系统等6大系统的集成，以及智能配电终端、分布式电源并网接口设备、微电网保护等20余项智能配电设备的应用。配电网调度集约化水平得到提升，配电网生产运行控制能力增强，显著减少了故障停电时间，缩小了故障影响范围，提高了配电网供电可靠性。

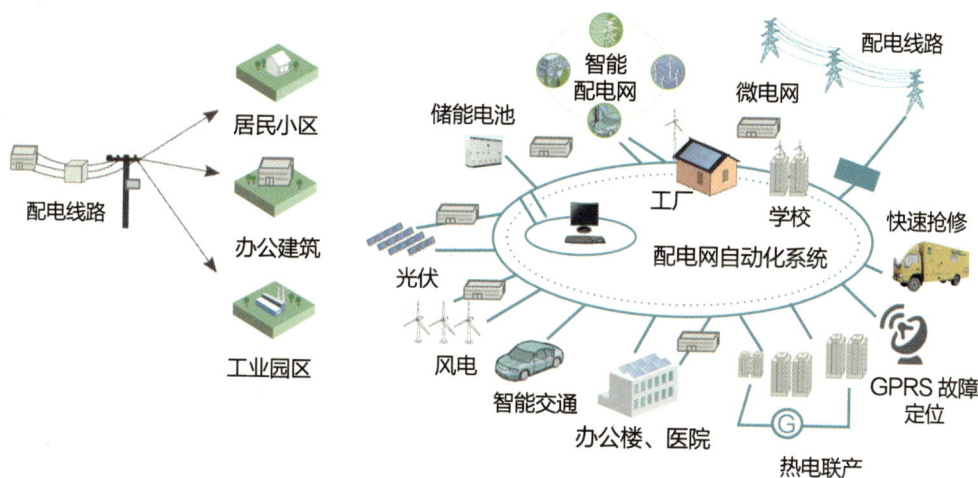

图7-36　智能配电网与传统配电网的比较

成都配电自动化工程是国家电网公司实施的规模最大、终端数量最多的配电自动化试点工程项目。该工程全面实现了配电网运行监控、馈线自动化、配电网模型管理和配电网应用分析等功能，建设了集成共享的配电通信系统，建立了成都配电网调控一体化运维管理和城区电网运维管理机制。工程覆盖主城区全部10千伏馈线，完成了开闭所终端、馈线终端、配电变压器终端、开关站、分界隔离开关等1190台配电设备的接入，终端设备运行稳定、可靠，取得了良好的实用效果。为调度人员提供了交互控制模式手段，可以在1分钟内定位故障点并提供故障处理方案，30秒内实现故障隔离，并通过网络重构恢复供电，缩小停电面积，大大提高了供电可靠性。

5. 用电领域

智能用电关系千家万户。中国在智能电能表、用电信息采集系统、营销互动服务、需求侧管理、用户侧分布式电源、电动汽车充换电设施、电能质量监测、电力光纤入户等方面开展了系列工程实践。截至2014年底，国家电网公司建成包括2.4亿只智能电能表的用电信息采集系统，实现了远方自动抄表、自助充值、实时用电监控、线损监测和有序用电管理；开发了集成光纤与电力线的电力光纤，完成47万用户的电力光纤入户（见图7-37），在配送电能的同时，为终端用户提供互联网、电信、广播电视信号传输服务和各种增值服务，创新电网运营模式，为社会公众提供更便捷、更丰富、更高效的服务；在北京、上海等地已建成28个智能小区（见图7-38），服务平台覆盖28.7万用户；加快建设电动汽车充换电服务网络，累计建成充换电站618座，充电桩2.4万个。2014年，沿京沪、京港澳（北京—咸宁）、青银

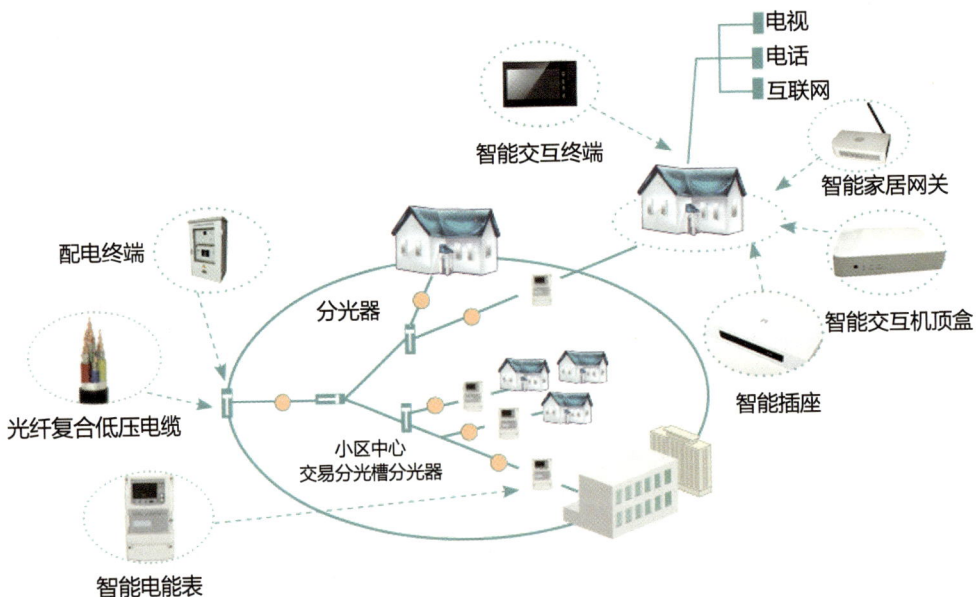

图7-37　电力光纤入户系统示意图

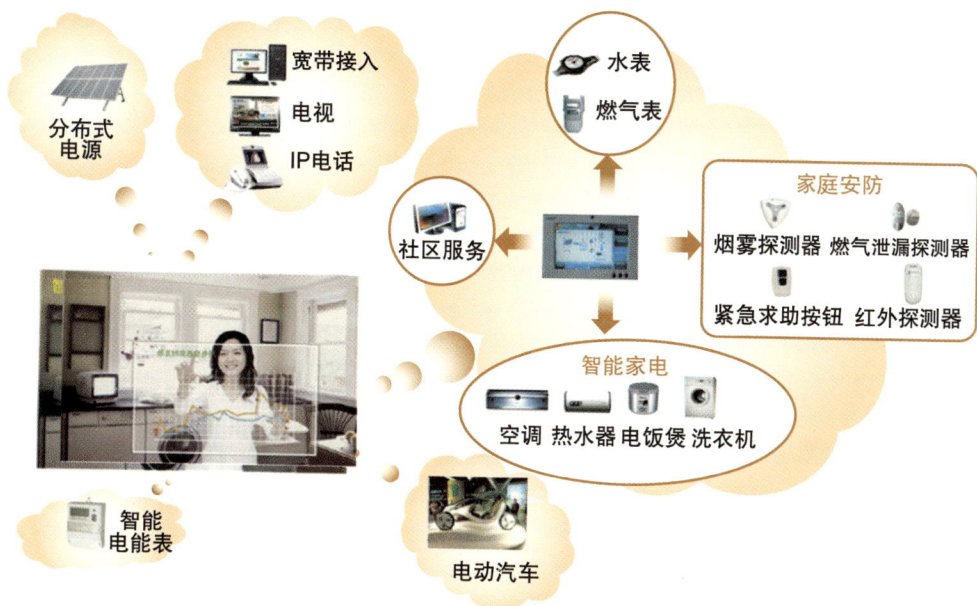

图7-38　智能小区的主要功能

图7-39　2020年"四纵四横"高速公路快充网络示意图

（青岛—石家庄）高速公路，共建设电动汽车快充站133座、快充桩532个，基本形成"两纵一横"高速公路快充网络，覆盖34个城市，续航里程达2900千米。到2020年，全面建成"四纵四横"（四纵：沈海、京沪、京台、京港澳高速公路；四横：青银、连霍、沪蓉、沪昆高速公路）高速公路快充网络，覆盖135个城市，续航里程达1.9万千米（见图7-39）。

国家电网公司在北京初步建成了智能充换电服务网络。截至2014年底，累计建成充换电站72座、充电桩4260个。其中，公交车充换电站14座，出租车充电站16座，在大型交通枢纽、科技园区、高校、汽车4S店的停车位建设交直流充电桩1688个，基本形成中心城区5千米绿色充电圈。投运北京市智能充换电网络服务平台、开发手机APP客户端，实现充电导航、预约充电等功能，为电动汽车用户提供便捷的充电服务。服务电动汽车9599辆，累计提供充换电服务99.8万次，充换电量3180万千瓦·时，服务车辆行驶7584万千米，有效地促进了电能替代和二氧化碳减排。

国家电网公司在上海实施电力光纤到户、建设智能小区方面进行了成功探索。电力光纤到户工程覆盖20万户，并以此为基础，打造开放式公共信息平台的智能小区，实现丰富的互动功能：①为小区居民提供更可靠、更高速、更便捷的信息网络服务，不仅有IPTV高清电视节目，还可提供各种互动媒体业务，包含视频直播、高清点播、新闻资讯、股票证券、游戏等功能。②利用电力光纤实现用电信息采集和中低压线损比对等智能电网功能。居民用电信息经由智能电能表将数据上传到集中器，然后直接通过电力光纤将数据传送到供电企业。采集成功率和准确率基本达到100%，实现实时采集。③推动智能用电。用户足不出户，就能进行用电数据的查询分析，制订家庭合理用电规划，推动节能减排，实现节约用电、科学用电。上海电力光纤到户和智能小区的成功商业化运营，为"智慧城市"建设奠定了基础。

6. 调度领域

调度智能化的重点是对电网进行主动式和智能化的监视、分析、预警、辅助决策和自愈控制，对于保障清洁能源高效利用和电网安全、经济运行至关重要。近年来，国家电网公司在全网统一调度的基础上，研发了新一代智能电网调度技术支持系统，逐步实现运行信息全景化、数据传输网络化、安全评估在线化、调度决策精细化、运行控制自动化、网厂协调最优化。电网调度运行信息全景化，可以实现对电网运行信息、气象信息、社会安保、公共传媒、环保监测、风力预测、地理信息、工业视频等信息的采集和监测。截至2014年底，智能电网调度控制系统已成功实现规模化应用，涵盖了国家电网公司全部省级以上主调，接入站点7011个，数据采集点89万个，接入广域量测单元（phasor measurement unit，PMU）厂站2451多个，建成投运了33个省调和5个网调的智能电网调度技术支持系统，是世界上规模最大、驾驭能力最强的调度系统。实现了220千伏以上电网实时信息共享、三级协调运行控

图7-40　国家电网公司调度控制中心

制和纵深安全防护，实现了调度业务的"横向集成、纵向贯通"，提升了驾驭大电网能力，有力支撑了"华北—华中—华东"电网一体化运行和清洁能源发电并网调度。国家电网公司调度控制中心如图7-40所示。

7. 综合示范

为了全面展示和验证智能电网技术，评估智能电网的综合效益，国家电网公司建成了一批智能电网综合示范工程。截至2014年底，国家电网公司建成了上海世博园、中新天津生态城、扬州开发区、江西共青城、浙江绍兴新区、河南郑州新区等9个智能电网综合示范工程，并在北京、山东等16个地区建设综合示范工程。

中新天津生态城智能电网综合示范工程是中国智能电网建设的一个标志性综合示范工程，如图7-41所示。该工程通过配电自动化、设备在线监测、智能调度、智能变电站等新技术，提高电能质量和供电可靠性与安全性，生态城供电可靠率将达到99.999%，电压合格率达到100%，综合线损率降低1.18%，能源供应更加可靠；实现了由36千瓦风电、光伏发电和储能构成的微电网接入，研制并建设了基于智能调度支撑平台的微电网能量管理系统，达到充分利用分布式电源的目的；建立了智能营业综合数据管理平台，利用网络、短信、电话、邮件、传真等多种途径为客户提供灵活、多样的交互方式，实现与客户的现场和远程管理的互动，

图7-41   中新天津生态城智能电网综合示范工程

使客户可根据各自需要查询供用电状况、电价电费、能效分析等信息，实现各类智能家居设备远程控制和管理。生态城智能电网示范工程每年将减少1074吨燃油消耗，节约标准煤5930吨，共计每年可减少二氧化碳排放18488吨，节能减排效果显著。

（三）清洁能源发展

近年来，中国的清洁能源发展迅猛，截至2014年底，清洁能源发电装机容量为4.44亿千瓦，发电量为1.37万亿千瓦·时。其中水电装机容量为3.02亿千瓦，发电量为10661亿千瓦·时；风电装机容量为9581万千瓦，发电量为1563亿千瓦·时，是全球接入风电容量最大、增长速度最快的电网；太阳能发电装机容量2652万千瓦，发电量为231亿千瓦·时。

1. 水电工程

截至2014年底，中国装机容量达百万千瓦以上的水电站有54座，其中三峡、溪洛渡和向家坝水电站是中国水电装机容量排名前三位的大型水电站。中国较大规模水电站的基本情况如表7-6所示。

表7-6　　　　　　　　　中国较大规模水电站的基本情况

序号	水电站	投产容量（万千瓦）	总容量（万千瓦）	机组容量（台×万千瓦）
1	三峡	2250	2250	2×5+32×70
2	溪洛渡	1386	1386	18×77
3	向家坝	640	640	8×80
4	糯扎渡	585	585	9×65
5	龙滩	490	630	9×70
6	瀑布沟	360	360	6×60
7	小湾	420	420	6×70
8	锦屏二级	480	480	8×60
9	锦屏一级	360	360	6×60
10	拉西瓦	350	420	6×70

资料来源：《中国电力百科全书》编辑委员会、《中国电力百科全书》编辑部，中国电力百科全书（第三版）·水力发电卷，中国电力出版社，2014年。

三峡水电站：第一台机组于2003年7月并网发电，至2012年7月全部机组投运，是世界第一大水电站，如图7-42所示。三峡水电站装机34台，总装机容量2250万千瓦，由三部分组成，其中：左、右岸电站共装设26台单机容量为70万千瓦的混流式水轮发电机组（左岸14台，右岸12台），装机容量1820万千瓦；地下电站位于右岸山体内，装设6台70万千瓦机组，装机容量420万千瓦；电源电站位于左岸山体内，装设2台5万千瓦机组，装机容量10万千瓦。三峡水电站年平均发电量882亿千瓦·时，每年可替代原煤约5000万吨。三峡电力输送华中、华东、华南和川渝地区，受益人口超过全国人口的一半。

溪洛渡水电站：于2014年6月投运，是中国第二大水电站。该电站总装机容量

图7-42   三峡水电站

1386万千瓦，在左、右两岸各布置一座地下厂房，各安装9台单机容量77万千瓦的水轮发电机组。预计年均发电量571亿千瓦·时。溪洛渡水电站是中国"西电东送"骨干工程，电站主要为华东、华中地区供电，兼顾川、滇两省用电需要，是金沙江"西电东送"距离最近的骨干电源之一。

向家坝水电站：于2014年7月投运，装机容量640万千瓦，包括8台80万千瓦水轮机，年平均发电量307亿千瓦·时。该电站的电能通过直流特高压送往华中、华东地区，是"西电东送"中路通道的骨干电源。

2. 风电基地

中国在大型风电基地建设方面成绩显著，规划了9个大型风电基地（见图7-43）。其中，河北风电基地规划容量1100万千瓦，已并网发电913.1万千瓦；蒙东风电基地规划容量800万千瓦，已并网发电782.5万千瓦；蒙西风电基地规划容量1300万千瓦，已并网发电1238.1万千瓦；吉林风电基地规划容量600万千瓦，已并网发电408万千瓦；甘肃风电基地规划容量1100万千瓦，已并网发电1007.6万千瓦（见图7-44）；新疆风电基地规划容量1000万千瓦，已并网发电803.9万千瓦；江苏风电基

图7-43　中国9个大型风电基地分布示意图

图7-44　甘肃酒泉风电基地

地规划容量600万千瓦，已并网发电302.3万千瓦；山东风电基地规划容量800万千瓦，已并网发电622.4万千瓦；黑龙江风电基地规划容量600万千瓦，已并网发电453.7万千瓦。

3.　光伏发电

中国光伏发电装机容量从2009年不足30万千瓦发展到2014年底的2652万千瓦。随着光伏发电技术的不断成熟，设备利用效率不断提高，系统造价平稳下降，光伏发电系统投资由2010年的每千瓦25000元降至2013年的每千瓦9000元。青海是中国最大的太阳能光伏发电基地。截至2014年底，青海省累计并网光伏电站153座（见图7-45），总装机容量达到423万千瓦。

4.　分布式电源

分布式清洁能源发电在政府、电力企业的支持和推动下，也得到了较快发展。总体来看，中国的分布式清洁能源发展处于起步阶段，目前规模还较小，但从长远来看具有很大的发展潜力。截至2013年底，国家电网公司经营区域内已开展前期工作、在建和并网投运的接入10千伏及以下电压等级的分布式电源项目共有1677个

图7-45　青海格尔木光伏发电基地

图7-46　浙江海宁分布式光伏发电

（见图7-46），总装机容量431.3万千瓦，其中已投运的项目688个，总装机容量150.4万千瓦。已并网投运的分布式光伏装机容量为310万千瓦，占全部光伏发电装机容量的16%。

（四）全国联网和跨国输电

全球能源互联网是建立在世界各国坚强电网的基础上的。中国幅员辽阔，资源和需求呈逆向分布，需要大范围优化配置能源资源，加强全国联网和跨国输电成为必然趋势。中国电网互联和跨国输电的建设实践对全球能源互联网的建设具有重要借鉴作用。

中国全国联网历经半个多世纪。1949年以前，中国电力工业发展缓慢，全国只有少数大中城市有电，电网规模很小，电压等级繁多。1949年后，中国统一了电压等级，逐渐形成电压等级序列。1952年后，形成京津唐110千伏输电网。1954年后迅速形成东北电网220千伏骨干网架。1972年后，逐渐形成西北电网330千伏骨干网架。1981年后，一批500千伏线路的建设形成了华中电网500千伏骨干网架，华北、华东、东北、南方也相继形成500千伏骨干网架。1989年葛洲坝—上海±500千伏直流线路实现了华中—华东两大区的直流联网。2005年开始，随着一批750千伏输变电工程的建设，逐步形成西北地区750千伏骨干网架。2009年，特高压交流试验示范工程的投运实现了华北与华中特高压跨区联网。2010年，新疆与西北主网通过750千伏线路实现联网。2011年底，青藏±400千伏直流联网工程竣工投运，西藏结束了孤网运行的历史。

目前中国电网已经形成了华北—华中、华东、东北、西北、南方、西藏等六个同步电网，除台湾省外，实现了全国联网，华北与华中通过1000千伏特高压交流同步联网，东北与华北、西北与华中、西北与华北、华中与华东、华中与南方通过直流实现异步联网。截至2013年底，中国发电装机容量达12.5亿千瓦，服务人口超过13亿人。

未来，中国将依托特高压电网，加快川藏水电开发外送，构建西南电网，与华中地区通过直流背靠背联网。中国互联电网有望形成西南、西北、东北三个送端，"三华"一个受端及南方电网五个同步电网，结构更合理、功能更清晰、配置能力更强、安全水平更高，"西电东送"、"北电南供"、"水火互济"、"风光互补"的能力进一步加强。未来中国的电网格局如图7-47所示。

在跨国联网方面，中国积极开展跨国输电工程实践。目前，俄罗斯通过3条交流线路（2条220千伏，1条110千伏）和1条直流线路（500千伏）向中国输电，中国

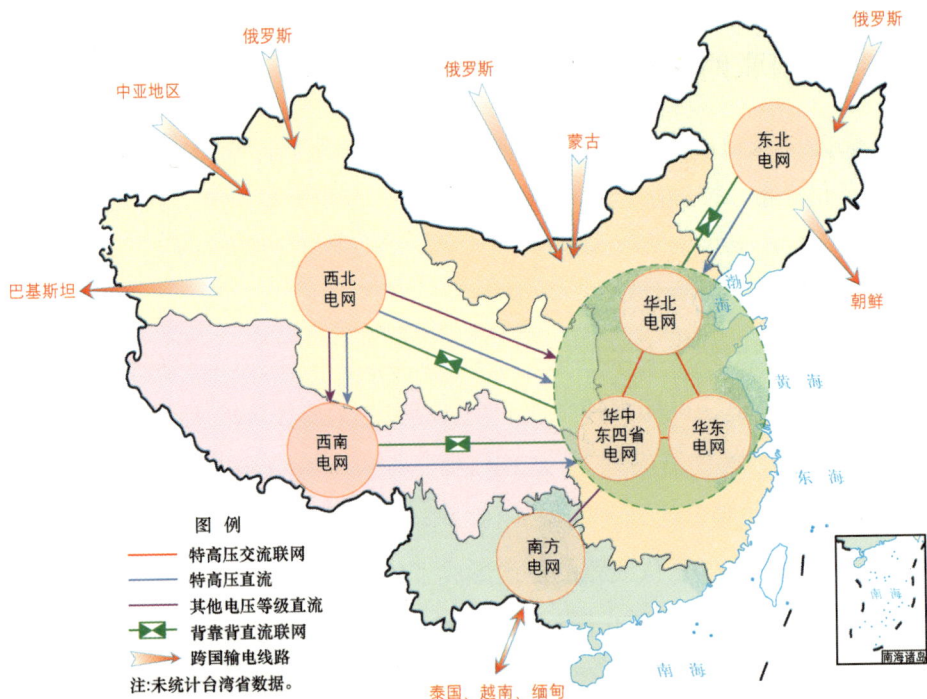

图7-47   未来中国电网联网格局示意图

通过四条交流线路（1条35千伏，3条10千伏）向蒙古国送电，吉尔吉斯斯坦通过2条12千伏交流线路向中国送电。中国电网还通过3条220千伏和4条110千伏线路向越南送电，通过115千伏联络线向老挝北部送电，通过35千伏和10千伏线路向缅甸送电。截至2014年10月，我国已累计接受俄罗斯电量165亿千瓦·时，累计向蒙古国送电6亿千瓦·时，接受吉尔吉斯斯坦送电90万千瓦·时。国家电网公司与周边国家电网互联现状如表7-7所示。

表7-7　　国家电网公司与周边国家电网互联现状

序号	国家	线路名称	境外联网地点	境内联网地点	输电方式	电压等级（千伏）	线路长度（千米）	投运时间
1	俄罗斯	阿黑线		黑河换流站	直流	500	160	2012年4月
2 3		布爱甲、乙线	布拉格维申斯克市	爱辉站	交流	220	2×10.9	2006年12月
4		布黑线		黑河市	交流	110	8.24	1992年7月
5	蒙古国	小型口岸输电线	哈比日嘎口岸	呼伦贝尔新巴尔虎右旗	交流	10	8.2	2001年12月
6		小型口岸输电线	白音呼硕口岸	呼伦贝尔新巴尔虎左旗	交流	10	82	2008年1月
7		小型口岸输电线	松贝尔口岸	兴安盟阿尔山市	交流	10	1.7	2008年5月
8		塔蒙线	科布多省	阿勒泰清河县	交流	35	64	2009年12月
9	吉尔吉斯斯坦	小型口岸输电线	图鲁噶尔特口岸	乌恰县吐尔尕特边防口岸	交流	12	5（境内）	1997年
10		小型口岸输电线	奥什州萨雷塔什	乌恰县伊尔克斯坦口岸	交流	12	12（境内）	2001年

未来中国将继续加强与周边国家的电力联网：与**俄罗斯联网**方面，通过特高压直流将俄罗斯远东、西伯利亚大型发电基地的电能送到中国，重点推进俄罗斯远东叶尔科夫齐煤炭基地向河北±800千伏特高压送电项目和西西伯利亚库兹巴斯煤炭基地向河南±1100千伏特高压送电项目。与**蒙古国联网**方面，研究在蒙古国合作建设煤矿坑口电厂，向中国出口电力，重点推进蒙古国锡伯敖包向天津±660千伏、布斯

敖包向山东±800千伏特高压送电项目。**与哈萨克斯坦联网**方面，重点推进埃基巴斯图兹向河南南阳±1100千伏特高压送电项目。**与巴基斯坦联网**方面，通过向巴基斯坦送电缓解其电力短缺的问题，重点推进伊犁向伊斯兰堡±660千伏直流送电项目。

基于特高压和联网工程的成功实践，中国将加强与各个国家、电网互联联盟组织等的交流合作，分享技术和经验，开展跨国跨洲能源工程基础研究、技术攻关、设备研制、工程建设等合作；参与北极、赤道等重点地区的资源开发及亚欧洲际输电大通道等项目研究，与世界相关国家等共同协作推进全球的资源优化配置。

第二节　国际实践

在新一轮能源革命的驱动下，世界主要国家都在积极发展智能电网和清洁能源，推进电网互联，一些国家在特高压技术方面也开展了研究和建设。这些实践成为构建全球能源互联网的重要基础。

一、特高压发展

20世纪60年代起，世界主要电力大国开展了一系列的特高压输电关键技术和设备制造研究工作。从20世纪60年代开始，苏联、日本、美国、意大利等国家先后提出发展特高压输电技术，开展了特高压输电规划、设计、试验和设备研制等工作，取得了一些成果。苏联、日本等国后期由于用电负荷增长缓慢，对大容量、远距离输电的需求减弱，从而导致特高压输电工程暂时搁置或延期，或是降压运行。美国和意大利等国出于技术储备的考虑开展了相关研究工作。印度和巴西根据可再生能源开发输送需求开展了工程建设实践。

苏联：苏联是世界上最早开展特高压输电技术研究的国家之一。从1960年起，苏联组织动力电气化部技术总局等多家研究机构进行特高压输电的基础研究。从1973年开始，苏联在白利帕斯变电站建设了长1.17千米的特高压三相试验线段。1978年开始建设从伊塔特到新库涅茨克长270千米的工业试验线路，以及拥有

3×1200千伏、10～12安串级试验变压器和1000千伏冲击发生器的特高压试验基地。1981年开始动工建设了5段特高压线路，总长度达2344千米。1985年8月，建成投运了1150千伏埃基巴斯图兹—科克契塔夫线路。进入90年代后，由于苏联解体和需求下降等因素，该工程一直降压运行。苏联还建设了从埃基巴斯图兹到坦波夫的±750千伏、600万千瓦直流输电工程，但工程未完成就搁浅。

美国：于20世纪60年代后半期就开展了特高压输电技术的研究，通过一系列的研究和试验，证明了特高压输电技术的可行性。1974年，美国电力公司和通用电力公司在匹茨菲尔德的特高压输电技术研究试验站进行可听噪声、无线电干扰、电晕损失和其他环境效应的实测。美国电力研究院于1974年建设了1000～1500千伏三相试验线段，通过试验运行获得了电磁环境、铁塔安装试验、变压器设计等方面的经验成果。1976年开始，美国邦纳维尔电力局在莱昂斯试验场和莫洛试验线段上进行特高压输电线路机械结构、电晕、生态环境、操作和雷电冲击绝缘等研究。为了满足经济和能源发展的需求，美国更加关注电力网络基础架构的升级更新，在Grid 2030计划中提出了美国全国联网的设想。

日本：日本于1972年启动了特高压输电技术的研究开发计划，日本电力中央研究所、东京电力公司和NGK绝缘子公司开展了特高压输电技术研究。以日本电力中央研究所为核心，完成赤诚、盐原等特高压试验研究基地的建设，在赤诚试验基地对电晕噪声、无线电干扰、风噪声、电晕损失及对生态环境的影响进行了实测研究。在盐原试验场进行了杆塔空气间隙和绝缘子串的试验研究。1988年日本开始建设计划向东京送电的1000千伏特高压输电线路，线路全长426千米，一直降压运行。

意大利：意大利电力公司在确立了1000千伏的研究计划后，从1971年起在试验站和试验室进行特高压输电技术的研究与技术开发。萨瓦雷托试验场1000千伏试验设施包括1千米长的试验线段和40米的试验笼组成的电晕、电磁环境试验设备，在此开展了操作和雷电过电压试验、绝缘特性的试验研究。1984年意大利开始在萨瓦雷托试验站建设3千米的特高压输电架空试验线路，1995年10月建成，进行了两年的全压运行试验，取得了一定的运行经验。

印度：印度于2007年开始1200千伏特高压交流研究工作，2011年9月开工建设1200千伏特高压交流户外试验站及试验线路，并规划建设6回特高压交流线路，到2020年通过1200千伏特高压交流输电线路实现全国电网同步互联。同时，印度将发展±800千伏特高压直流输电列入其"十二五"（2012～2017年）电网规划，计划通过建设两个±800千伏特高压直流工程，将东北部水电资源输送到西部，将东部、中部火电输送到北部，两个工程的线路长度分别为1728千米和3700千米。其中，2011年3月开工建设印度比斯瓦纳特恰里亚利—阿格拉±800千伏特高压直流线路，如图7-48所示。该工程额定功率600万千瓦，线路长度1728千米，预计2016年建成。印度还开展了1200千伏特高压直流输电的研究，2012年12月投运了Bina试验站，建设了2千米的实验线路。未来随着印度东部和中部火电及东北部水电的进一步开发与外送，需要建设更多的特高压工程。

巴西：巴西发展特高压的主要动因是开发国内水电资源，其水电资源主要集

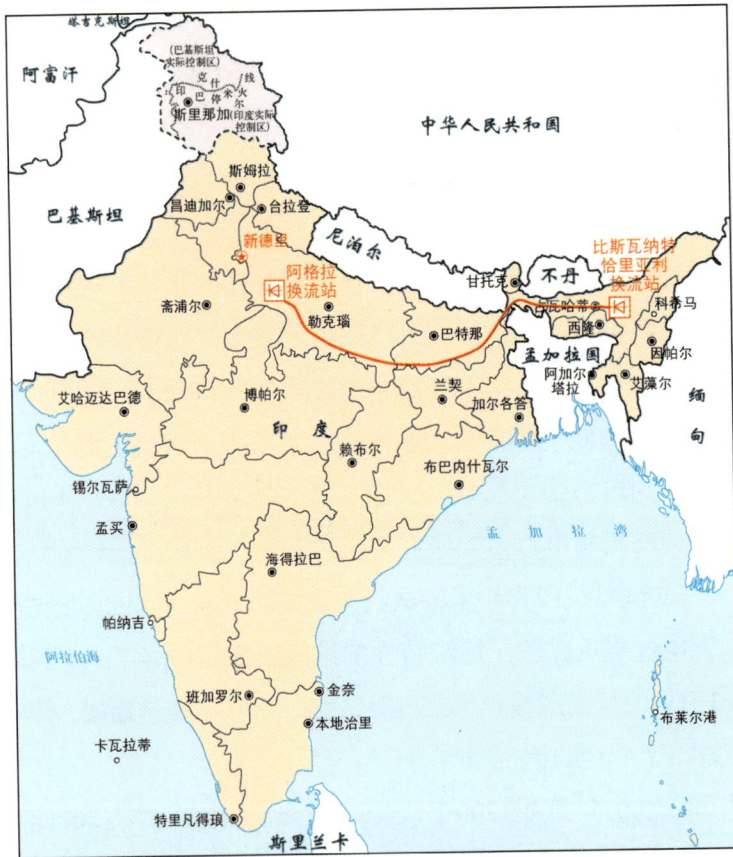

图7-48　印度在建的±800千伏特高压直流输电工程示意图

中在北部亚马孙河及其支流，负荷中心位于东南部地区，水电基地与负荷中心距离跨度达到1000~2500千米，水电外送需要依托特高压大容量、远距离的输电技术优势。2014年2月，中国国家电网公司与巴西电力公司组成的联营体中标巴西美丽山±800千伏特高压直流输电线路项目，如图7-49所示。该工程从巴西欣古河送至埃斯特雷图，线路长度2092千米，是美洲第一条±800千伏特高压直流输电线路，工程建成后可将巴西北部的水电资源直接输送到东南部的负荷中心。

图7-49 巴西美丽山±800千伏特高压直流输电工程示意图

二、智能电网发展

21世纪以来，世界主要国家高度重视智能电网发展，期望通过智能电网应对能源供应、环境保护、气候变化的挑战，保证安全、可靠、优质、高效的电力供应，满足互动、多样的电力需求。世界各国智能电网的发展有电网网架、高级量测系统、电动汽车基础设施、储能技术四个重点领域。

电网网架： 主要目标是升级电网基础设施，采用先进监测和控制技术，提升电网的安全、可靠运行水平。各国在智能电网发展中都很注重进一步保证电网安全稳定运行、确保可靠优质的电力供应、提高电网资源利用效率。**美国**在对电网的发展前景展望中认为，本国电网效率低下、输电拥堵、供电可靠性和电能质量低，已经严重影响了能源变革和创新进程。因此美国近十年来一直积极推动电网现代化进程，颁布了《能源独立与安全法案》、《复苏与再投资法案》、《2010战略计划》等一系列政策文件，提供资金用于加强电网基础设施，建设电网稳定性预警系统，实时监测系统扰动，防止大面积停电事故发生。**欧洲**同样面临电力基础设施老化的问题，欧盟在2020年总体战略中计划以电网基础设施建设为主体，投资2000亿欧元用于输电网和天然气管网的改造和升级，加快跨国能源网络建设，其中输电网投资达1420亿欧元，占70%。其中优先建设的电网基础设施有：①建设连接北海风电、北欧和中欧的海上电网，将覆盖欧盟90%的海上风电场；②加强欧洲西南部内部联网及其与欧洲中部的联网，建设北非到欧洲南部的海底联网工程，接纳北非的可再生能源；③联通欧洲中东部电网和东南部电网；④建设支持波罗的海统一市场的联网工程。**日本**电网的自动化程度和安全可靠性水平较高，日本政府认为在清洁能源大规模发展的形势下需要更加强调电网系统运行的稳定性。2010年日本经济产业省下设的新能源国际标准化研究会发布《智能电网国际标准化路线图》，明确提出日本需要建立能抵御灾害的坚强电网，包括输电系统广域监视控制系统、电力系统用蓄电池、配电网管理、需求侧响应、先进测量装置等提升电网运行水平的重要技术领域。

高级量测系统： 主要目标是开展需求侧管理，部署高级量测系统，提升电力用户和电网的互动性。**美国**基于提高电网运营效率、改善供电服务质量的需要，开展了智能用电服务的研究和实践。美国政府要求能源部启动电网数字信息技术研发项目，以支持智能电能表、需求响应、分布式电源、储能技术、广域量测、通信信息网络、电动汽车等相关技术评价与研究工作，还要求各州为所有电力用户提供实时电价等用电信息。在工程建设方面，美国在科罗拉多州的波尔得建成全美第一个智能电网城市，为每户家庭都安装智能电能表，用户可以直观地了解实时电价，从而将用电行为安排在电价低的时段。西北太平洋智能电网示范工程是美国最大的智能电网示范工程，参与机构包括爱达荷州、蒙大拿州、俄勒冈州、华盛顿和怀俄明州的11家电力公司和5家技术合作伙伴，覆盖6万电力用户，验证如何在保证网络安全的前提下，实现分布式发电、存储与电网基础设施之间实现双向通信互动的可行性。**欧洲**主要是利用智能电能表、智能用电终端及智能家电，通过公用电力和数据网络实现电力用户与电力企业之间的双向信息流通。**意大利**安装和改造了3000万只智能电能表，建立起了智能化计量网络。**德国**要求所有新建房屋和经大规模修缮的房屋均安装智能电能表。**法国**政府正在将电力用户使用智能电能表纳入法律。**英国**政府立法通过了涉及智能电能表和用户账单等内容的白皮书，要求公共事业部门使用的所有智能计量设备采取市场化运作模式，实现智能电能表生产商、供应商、运营商和数据采集部门的协同推动。

电动汽车基础设施：主要目标是加快建设充换电基础设施，推动电动汽车技术及产业发展，实现电能替代。电动汽车充换电服务作为智能电网的一项重要业务，是电力行业的新兴市场，因此各国电力企业都在大力建设电动汽车基础设施，推动电动汽车的发展。美国重视政策体系的完善，率先开启电动汽车竞争市场，并且加大充电桩和家庭智能充电器等基础设施的建设，以期引领和推动电动汽车产业。2012年美国能源部向电动汽车项目拨款1.2亿美元，计划建造14000座充电桩。美国加利福尼亚州是电动汽车推广力度最大的地区之一，该州的空气质量委员会拨款2700万美元，用于发展纯电动汽车和混合动力汽车。欧洲电动汽车发展较快的是德国。作为主要汽车生产国，**德国**在电动汽车的发展中侧重于关键技术研发，培育未来核心竞争力，强调从能源系统总体优化角度推动电动汽车发展。德国的政府资金投入主要用于推动电动汽车相关核心技术研发，提升产业基础能力。德国十分重视电动汽车及其充电基础设施在提高可再生能源利用水平及提高电网整体效率方面的作用，并将电动汽车与智能电网技术的融合作为电动汽车行动计划的重要组成部分。日本推行以高性能电池技术为先导的混合动力和纯电动汽车多元化发展战略，重视国际标准制定，注重联合本国企业联盟，推动电动汽车产业的发展。先进的电池技术加上日本汽车企业在汽油发动机和混合动力技术上的已有基础，是日本电动汽车产业的重要优势。汽车企业联合电池厂商、电力企业，组成了日本电动汽车市场的中坚力量。

储能技术：主要目标是发展储能技术及示范应用，为清洁能源大规模发展进行技术储备。无论从项目数量还是从装机规模来看，美国与日本是最主要的储能示范应用国家。美国是储能发展较早的国家，目前拥有全球近半的储能示范项目，并且出现了若干实现商业应用的储能项目。美国政府在储能技术的发展和应用方面，尤其是在锂离子电池制造及系统集成方面，提供了全面、持续的政策和资金支持。日本在钠硫电池、液流电池和铅酸电池储能技术方面处于国际领先水平。2011年福岛核电站事故后，日本将推动户用储能作为产业扶持的重点，并于2012年4月出台了家庭储能系统补助资金的政策。**欧盟**对欧洲14个国家储能研究、开发与示范项目进行了支持。**德国**在推动储能产业方面的力度较大，在2013年和2014年共投资5000万欧元，对新购买储能系统的用户直接进行补贴，有效地促进了家庭储能市场的发展。

三、清洁能源发展

世界主要国家都高度重视清洁能源的开发利用，并制定了发展目标。在政策、产业、资金的支持下，全球清洁能源发展迅猛。截至2013年底，世界清洁能源发电装机容量约为19.4亿千瓦，约占全部装机容量的33.8%；清洁能源发电量约4.42万亿千瓦·时，约占全部发电量的19.6%。

水电在全球能源供应中占有重要地位，是目前世界上开发规模最大的清洁能源。截至2013年底，全球水电装机容量达到10.12亿千瓦，当年发电量为3.19万亿千瓦·时，约占全球电力供应量的14.2%。世界上在运的大型水电站工程持续提供了大量的清洁能源，国外主要大型水电站的情况如表7-8所示。

表7-8　　　　　　　国外主要大型水电站

国家	电站名称	所在河流	最大水头（米）	装机容量（万千瓦）	年发电量（亿千瓦·时）	开始发电年份
巴西、巴拉圭	伊泰普	巴拉那河	126	1400	900	1984
委内瑞拉	古里	卡罗尼河	146	1030	510	1968
美国	大古力	哥伦比亚河	108	649	248	1941
巴西	图库鲁伊	托坎廷斯河	68	812	324	1984
俄罗斯	萨扬—舒申斯克	叶尼塞河	220	640	235	1978

国家	电站名称	所在河流	最大水头（米）	装机容量（万千瓦）	年发电量（亿千瓦·时）	开始发电年份
俄罗斯	克拉斯诺亚尔斯克	叶尼塞河	100.5	600	204	1968
加拿大	拉格兰德二级	拉格兰德河	142	533	358	1979
加拿大	丘吉尔瀑布	丘吉尔河	322	523	345	1971

伊泰普水电站：世界第二大水电站，位于巴西与巴拉圭之间的界河——巴拉那河，由巴西与巴拉圭共同建设，于1975年10月开始建造，1984年第一台机组投产，1992年一期工程18台机组全部投产发电，2006~2007年扩机2台，共有20台70万千瓦的发电机组，总装机容量1400万千瓦。该电站年发电量900亿千瓦·时，承担了巴西15%以上和巴拉圭70%以上的电力供应。

古里水电站：世界第四大水电站，位于委内瑞拉东部卡罗尼河。于1963年开工，分两期建设，1968年竣工。该电站总装机容量1030万千瓦。一期工程所建1号厂房安装10台机组，包括3台18万千瓦机组和7台30.3万千瓦机组，总装机容量266万千瓦。二期增建的2号厂房安装10台机组，单机容量73万千瓦，总装机容量730万千瓦。由于大坝加高，1号厂房的装机容量由原来的266万千瓦增加至300万千瓦。该水电站年发电量510亿千瓦·时，一期工程施工5年即开始发电，以后边发电边扩建，根据用电负荷的增长逐步扩大电站规模。电站提供的廉价水电，为委内瑞拉节省大量石油，经济效益显著。

大古力水电站：世界第六大水电站，位于美国哥伦比亚河上，发电总装机容量649万千瓦，并预留了4台共240万千瓦的发电机组位置。工程于1933年开工，1941年第一台机组投入运行，1978年第三电厂建成。电站初期工程建有第一厂房和第二厂房，各装9台容量为10.8万千瓦水轮发电机组，第一厂房内还装有3台厂用机组，每台1万千瓦。扩建工程新建第三厂房，装有3台60万千瓦机组和3台80.5万千瓦机组，总容量为390万千瓦。初期安装的机组经重绕线圈后，提高出力至12.5万千瓦。三个厂房累计装机容量达到649万千瓦。该电站年发电量248亿千瓦·时，在哥伦比亚电力系统中起到了枢纽作用。

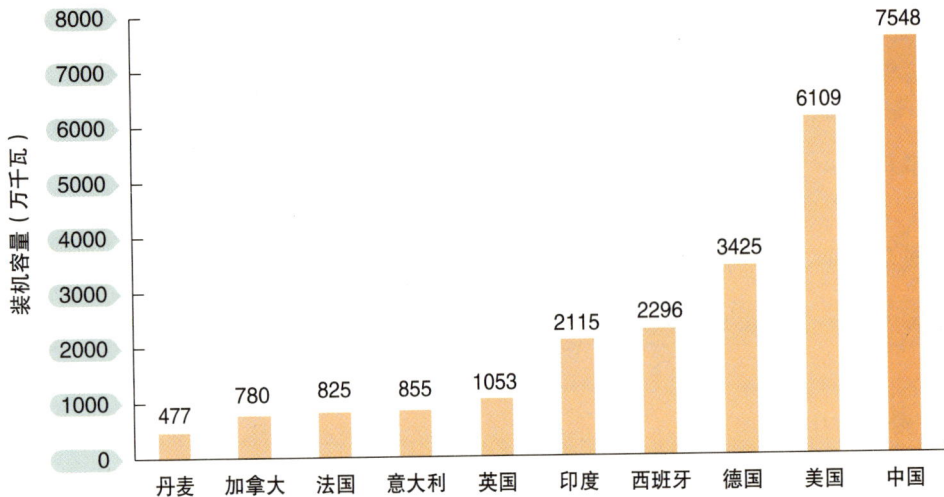

图7-50   2013年世界风电累计装机容量排名前十位的国家

　　风电是目前发展规模较大的新能源发电形式。截至2013年底，全世界风电装机容量为3.18亿千瓦。世界风电累计装机容量排名前十位的国家如图7-50所示。国外最大的风力发电场为美国的Alta风能中心，位于加利福尼亚的贝克斯菲尔德，装有342台风力发电机，总装机容量102万千瓦，目前正在扩建，未来装机容量将达到155万千瓦。该项目的实施可以每年减少超过520万吨的二氧化碳排放，相当于减少了44.6万辆燃油汽车。世界最大的海上风力发电场是英国的"伦敦阵列项目"，装有175台风力发电机，总装机容量63万千瓦。一期工程建成后可每年减少碳排放92.5万吨，供应50万户家庭用电。

　　太阳能发电显示出了巨大发展潜力。截至2013年底，全球太阳能发电装机容量约为1.4亿千瓦。2013年世界光伏发电装机容量排名前五位的国家如图7-51所示。非洲的太阳能资源丰富，太阳能发电也在加速开发。南非启动独立发电运营商采购可再生能源项目，计划建设47座包括光伏、风力和小水力三种类型的发电站，其中光伏电站27座，总装机容量104.8万千瓦。2013年9月，该项目装机容量7.5万千瓦的光伏电站投运，是非洲最大规模的光伏电站。中东地区规模最大的太阳能电站是阿联酋的太阳一号光热电站，于2013年投运。位于阿联酋的扎耶德城市郊沙漠地区，是中东地区规模最大、技术最先进的集中式太阳能发电项目，占地面积2.5千米^2，装机容量10万千瓦，产生的电能可供2万个家庭使用，可实现每年减少约17.5

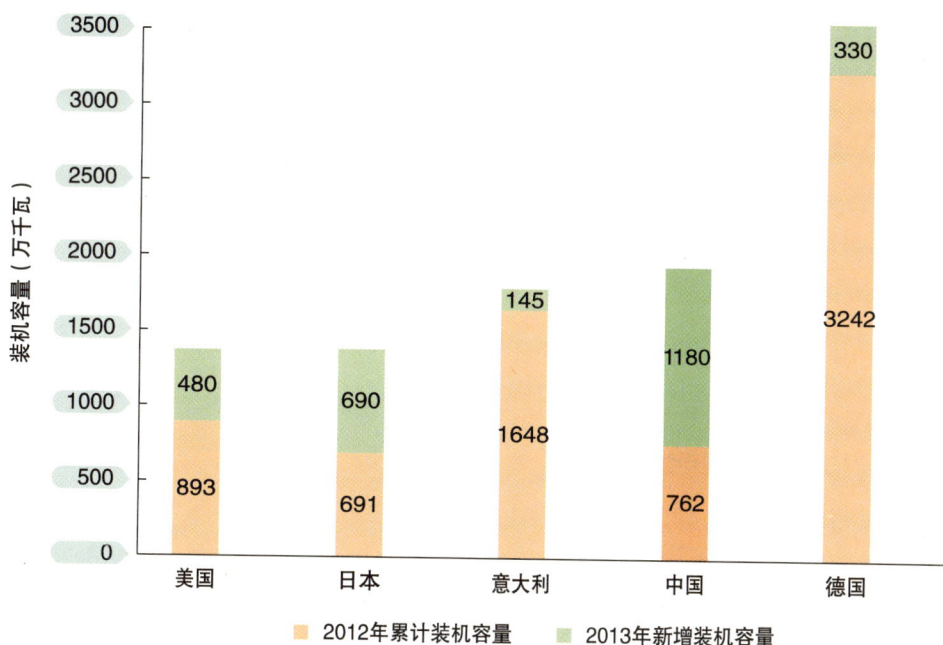

图7-51　2013年世界光伏发电装机容量排名前五位的国家

万吨碳排放。

　　除了风能和太阳能之外，一些国家在潮汐能等新能源发电的利用方面也进行了探索。韩国建成了世界最大的潮汐发电厂——始华湖潮汐发电厂，于2004年开工建设，2011年8月投运。该发电厂装备有10台发电机，装机容量25.4万千瓦，年发电量5.5亿千瓦·时。

　　分布式电源在世界范围内得到了快速发展。截至2011年底，全球分布式能源的装机容量为8187万千瓦。欧洲是最大的分布式能源发电市场之一，比较具有代表意义的是德国。德国分布式光伏发电项目数量占光伏发电项目总量的83%。截至2012年底，德国光伏发电装机容量达到3228万千瓦，其中18%的项目安装在独立居民住宅屋顶（1~10千瓦），59%的项目安装在中小型多户住宅或商业建筑屋顶（10~100千瓦），6%的项目安装在大型商业建筑屋顶（100千瓦以上），地面电站项目仅占17%。亚太地区国家也在不断推出激励政策，鼓励分布式能源发电市场的发展。日本的分布式发电以热电联产和太阳能光伏发电为主，总装机容量约占全国发电装机容量的13%。北美地区也是分布式太阳能光伏发电的重要市场。

美国光伏发电采用集中式开发和分布式开发并重的模式，2012年新增光伏发电装机容量331万千瓦，其中居民及工商业用户合计约占46.2%。中东和非洲地区也在推动分布式能源发电市场发展，近年来非洲地区的离网式分布式电源发展迅速。

四、世界互联电网发展

电网发展具有规模效益，大电网互联是全球电网的发展趋势，全球能源互联网的核心内容就是实现全球电网的互联。目前世界各国都在加快电网互联进程，互联规模不断扩大。北美互联电网、欧洲互联电网和俄罗斯—波罗的海电网是全球能源互联网发展的重要实践。此外，南部非洲、海湾地区、南美洲等地区也逐步实现电网互联。总体看来，各大洲许多国家之间正在形成跨国互联电网，全球电网呈现出显著的互联发展趋势，构建全球能源互联网已经具备了实践基础。

（一）世界电网互联现状

北美互联电网：如图7-52所示。北美互联电网的发展可以追溯到20世纪30～50年代，大规模水电开发推动了北美电网的第一次大发展；50～80年代，随着电力需求高速增长，电压等级相应提升，形成了北美互联电网。目前，北美电网呈现4个同

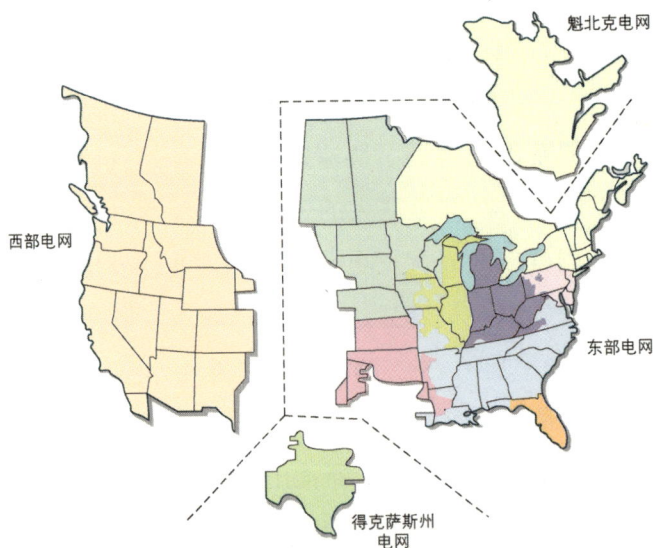

图7-52　北美互联电网覆盖地域示意图

步电网异步互联格局，由美国电网、加拿大和墨西哥的部分电网组成，包括北美东部电网、北美西部电网、得克萨斯州电网和魁北克电网4个互联电网。在4个同步电网之间，北美东部电网通过6条直流联络线与西部电网互联，通过2条直流联络线与得克萨斯州电网互联，通过4条直流联络线和1套变频变压器与魁北克电网相连。美国与加拿大的7个省电网之间有超过100条输电线路，电压等级为500、230、115千伏等，此外还有一条多端超高压直流输电线路及多个直流背靠背工程，两国电力交换能力约2000万千瓦。美国与墨西哥之间有27条输电线路，大部分为交流输电线路。北美互联电网中的各个系统之间通过双边或多边协议规定进行电力交换，建立共同

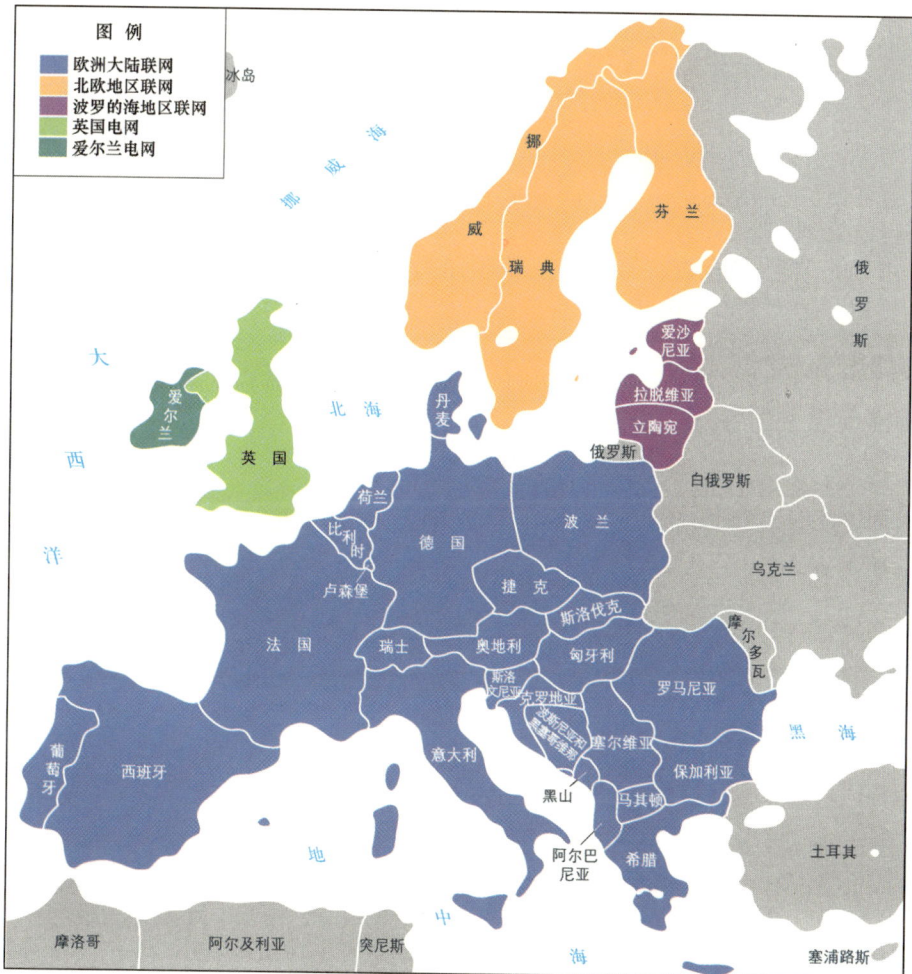

图7-53　欧洲互联电网覆盖地域示意图

管理和协调机构，实行联合电力系统调度机制，进而提高系统运行可靠性。

欧洲互联电网：如图7-53所示。欧洲互联电网的发展可以追溯至1958年，首先逐步形成西欧联合电网，至1996年，西欧联合电网进一步与欧洲中部电网实现同步互联。2009年7月，欧洲输电运营商联盟（ENTSO-E）成立，由34个欧洲国家、42个输电系统运营商（TSO）组成。目前欧洲电网主要由欧洲大陆电网、北欧电网、波罗的海电网、英国电网、爱尔兰电网等5个跨国互联同步电网，以及冰岛、塞浦路斯2个独立电力系统构成。截至2013年底，欧洲电网各成员国间共有联络线340条，其中交流联络线318条、直流联络线22条，主要是通过220/285、330、380、400千伏等电压等级交流线路互联。随着欧洲电网联网进程的推进，资源优化配置能力不断加强，各国间电量交换逐渐加大，2013年，各成员国之间的总交换电量达到3873亿千瓦·时，占总用电量的12%。欧洲输电运营商联盟正在考虑进一步扩大欧洲互联电网范围，与俄罗斯、乌克兰、白俄罗斯和摩尔多瓦等国电网互联。

俄罗斯—波罗的海互联电网：如图7-54所示。该电网横跨8个时区，是世界上覆盖面积最大的同步电网，包括俄罗斯、阿塞拜疆、白俄罗斯、格鲁吉亚、哈萨克斯坦、摩尔多瓦、蒙古国、乌克兰、拉脱维亚、立陶宛、爱沙尼亚以及中亚的吉尔吉斯斯坦、哈萨克斯坦等国电网。芬兰电网通过容量142万千瓦的背靠背高压直流输电线路与俄罗斯电网异步互联。

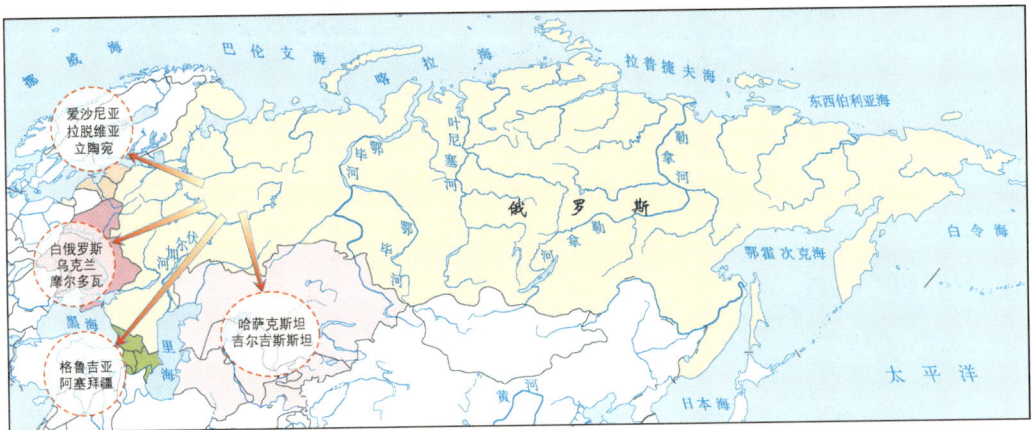

图7-54　俄罗斯—波罗的海互联电网覆盖地域示意图

南部非洲互联电网：如图7-55所示。1995年成立的南部非洲电力联盟积极推动跨国电网互联。该联盟包括博茨瓦纳、莫桑比克、马拉维、安哥拉、南非、莱索托、纳米比亚、民主刚果、斯威士兰、坦桑尼亚、赞比亚、津巴布韦12个成员国，除马拉维、安哥拉和坦桑尼亚外，其余9个国家已实现电网互联。互联线路电压等级有400、275、220、132千伏。南部非洲互联电网规划的重点联网工程有两大类，一是马拉维、安哥拉和坦桑尼亚与其他成员国的电网互联工程；二是中部输电通道工程，主要有津巴布韦—赞比亚—博茨瓦纳—纳米比亚电网互联工程、津巴布韦中部输电走廊工程及赞比亚输电工程。南部非洲各国电网中，南非装机容量最大，约占南部非洲互联电网总装机容量的82%。

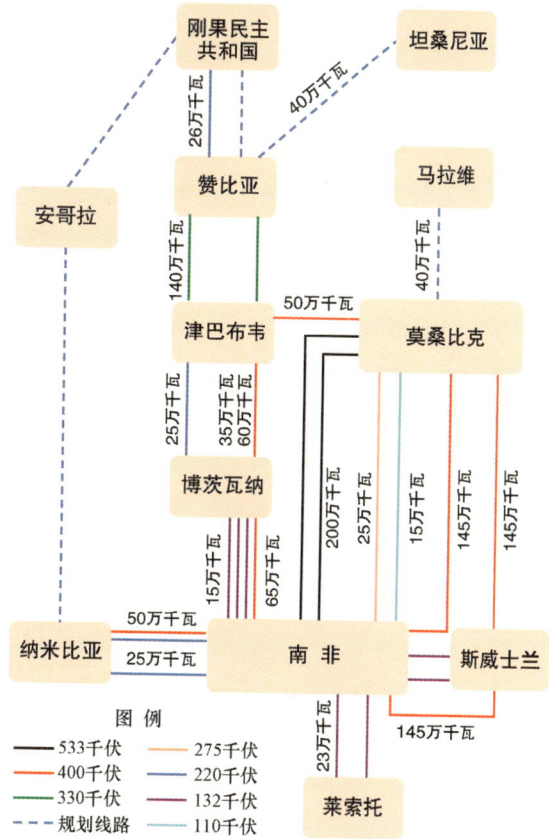

图7-55　南部非洲电网互联示意图

资料来源：Southern African Power Pool, Annual Report 2014, 2014。

海湾地区互联电网：如图7-56所示。海湾地区互联电网主要由成立于2001年的海湾合作委员会互联电网管理局（GCCIA）推动。该组织由海湾地区6个国家联合创立，旨在推动沙特阿拉伯、科威特、卡塔尔、阿联酋、巴林及阿曼等6个海湾地区国家之间的电网互联，负责运营及管理六国间的跨国电网及电力交易。六国互联工程总共分为三个阶段，第一阶段工程通过800千米的输电线路将沙特阿拉伯、科威特、卡塔尔和巴林的电网连接，该工程于2009年12月开始正式运行。第二阶段的工程将连接阿联酋和阿曼的电网，该工程已于2006年完工。第三阶段是将第一和第二阶段工程的电网实现互联，已于2011年完工。互联电网的建立为海湾地区内部及与其他地区的电力交易提供平台，并为科威特和沙特阿拉伯各自增加电力供应120万千瓦，为阿联酋、卡塔尔、巴林和阿曼分别增加90万、75万、60万、45万千瓦的电力。

南美洲互联电网：如图7-57所示。目前南美洲电网互联区域主要分为南北两部

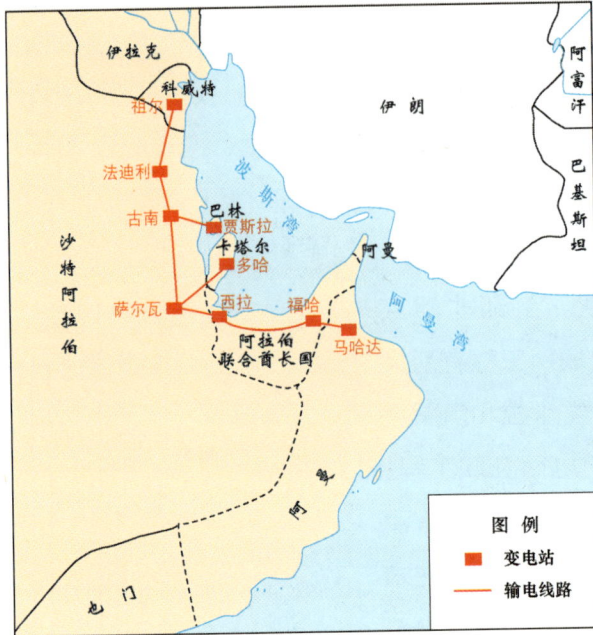

图7-56　海湾地区互联电网示意图

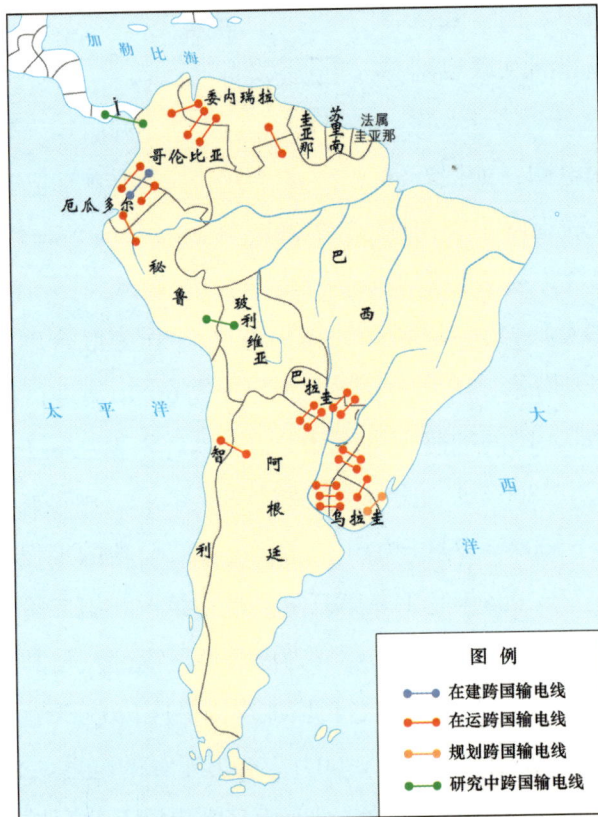

图7-57　南美洲互联电网示意图

分：北部包括哥伦比亚、厄瓜多尔和委内瑞拉，南部包括巴西、巴拉圭、阿根廷和乌拉圭。其中，南部电网联系最为紧密。2011年4月，南美安第斯共同体成员国秘鲁、哥伦比亚、厄瓜多尔、玻利维亚、智利共同成立"安第斯国家电力联网系统"，计划建设"安第斯国家电力走廊"，最终实现区域电力联网；2013年签署了电力基础设施发展促进协议，计划于2017年完成秘鲁、厄瓜多尔和哥伦比亚三国间的电力联网，然后继续向南延伸至智利和玻利维亚，力争在2020年实现五国电力系统一体化。

中美洲互联电网：如图7-58所示。中美洲互联电网包括巴拿马、哥斯达黎加、洪都拉斯、萨尔瓦多、危地马拉、尼加拉瓜等六个国家电网，包括15个变电站，1800千米230千伏跨国输电线路。2014年，中美洲互联电网发电总量406亿千瓦·时，其中可再生能源发电量比重超过65%，水电发电量达到209亿千瓦·时。

图7-58　中美洲互联电网示意图

（二）特大型互联电网研究规划

欧洲、非洲、亚洲、美洲等地区积极开展跨洲联网的研究和规划，目标是实现更大范围内的资源优化配置。比较典型的包括欧洲超级电网计划、沙漠太阳能计划、亚洲超级电网计划和美国的Grid 2030计划。

欧洲超级电网计划： 2010年，欧洲北海沿岸国家，包括德国、法国、比利时、荷兰、卢森堡、丹麦、瑞典、爱尔兰和英国在内的9个国家共同发布欧洲超级电网计划，准备将各国的风力发电、太阳能发电和水力发电资源进行整合，建设连接北海沿岸清洁能源项目的超级电网，如图7-59所示。欧洲超级电网将覆盖整个欧洲，将海上风电、北部的抽水蓄能电站、南部的太阳能电站与欧洲的负荷中心（如英国、德国、法国等）连接起来，未来实现洲际能源传输——连接非洲沙漠的太阳能电站。

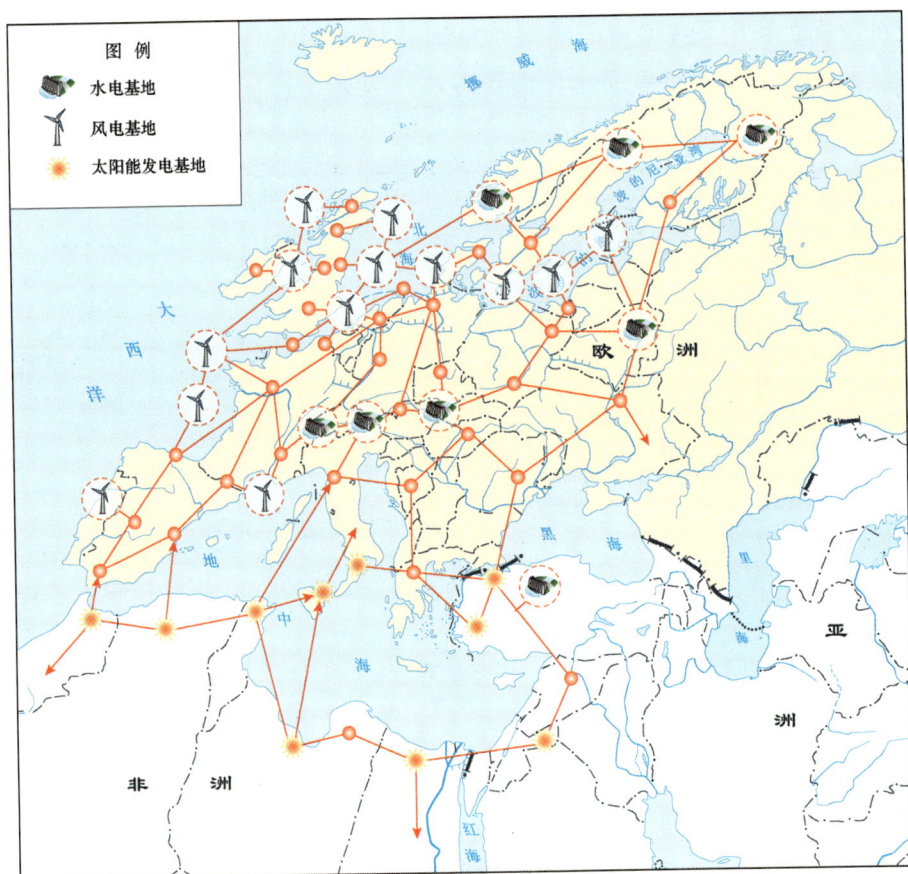

图7-59　欧洲超级电网示意图

资料来源：http://www.friendsofthesupergrid.eu。

该计划分为三个阶段。第一阶段（2010～2015年）：以新能源发电厂替代老的火电厂和核电厂，大型风电场接入电网，着手制定加强和扩大现有输电系统的规划。第二阶段（2015～2020年）：建设更多大型海上风电场，继续减少火电厂和核电厂，从整个欧洲范围进行电力平衡，海上风力发电站彼此互联并进行跨国连接。第三阶段（2020～2050年）：继续进行整个欧洲的电网系统集成，进一步建立泛欧洲的电网体系，实现欧洲大陆的负荷中心与北欧的风电场、抽水蓄能设施，以及与南欧的大型光伏电厂的互联，实现欧洲与北非光伏电厂的互联。

沙漠太阳能计划：2009年，欧洲与非洲有关企业和机构达成了在北非撒哈拉沙漠地区建设全球最大太阳能电站的沙漠太阳能计划，如图7-60所示。计划投资4000亿欧元，于2050年前建成，通过穿越沙漠及地中海的输电线路向欧洲提供每年所需电能的15%。这些机构共同成立了"沙漠产业行动计划公司"（Desertec Industrial Initiative，DII），旨在号召更多的公司及团体加入到沙漠太阳能计划项目当中。初期参加该项目的企业包括德国能源巨头E.ON能源集团、RWE能源集团、德意志银行、

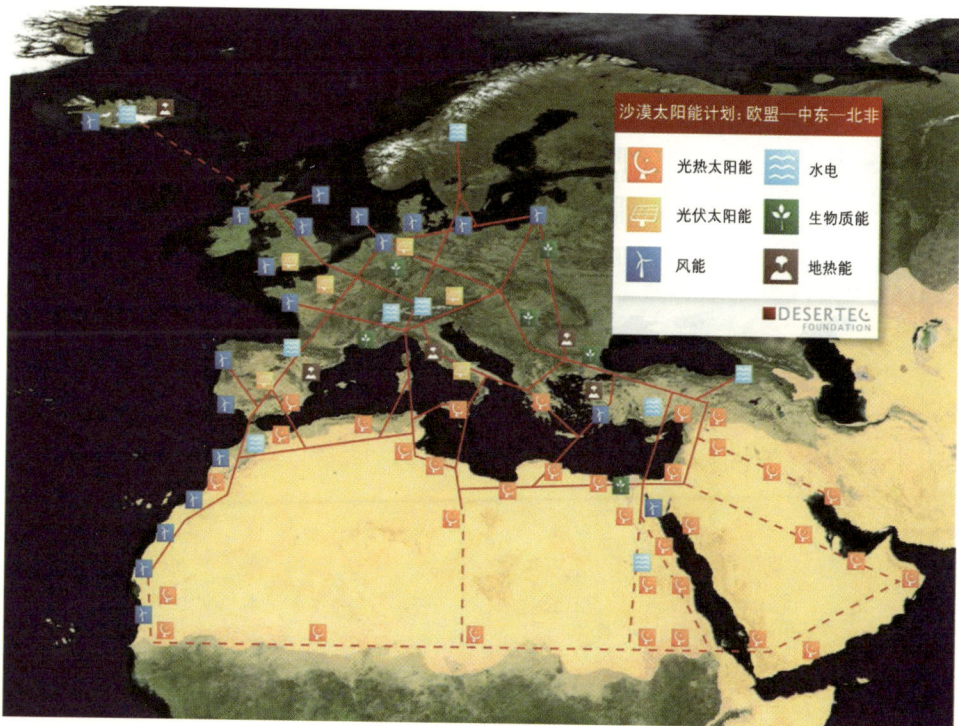

图7-60　沙漠太阳能计划示意图

资料来源：DESERTEC Foundation，Clean Power Form Deserts-The DESERTEC Concept for Energy, Water and Climate Security, 2007。

慕尼黑再保险公司（Munich Re）、ABB公司、西班牙Abengoa Solar公司、阿尔及利亚Cevital工业集团、沙漠太阳能计划基金会（DESERTEC Foundation）、德国北方银行(HSH Nordbank）、MAN Solar Millennium公司、美斯威尔公司(M+W Zander)、肖特太阳能（Schott Solar）以及西门子公司（SIEMENS）等。目前，中国国家电网公司已加入该项目，也有一些企业和机构因各种原因退出。沙漠太阳能计划建设太阳能电站的主要地点是摩洛哥、突尼斯及阿尔及利亚，其中摩洛哥计划于2020年建设发电容量为200万千瓦的太阳能电站，突尼斯计划于2030年建立总容量为470万千瓦的太阳能电站，阿尔及利亚计划于2030年实现1000万千瓦的清洁电力出口。

亚洲超级电网计划：亚洲超级电网计划最早称为"亚洲超级圈"跨国电网计划，由俄罗斯于1998年提出。俄罗斯曾在1999～2000年期间，完成了对铺设地下电缆实现萨哈林岛至日本列岛大规模电力出口的可行性研究。亚洲超级电网计划开发蒙古国戈壁的风电与太阳能、俄罗斯远东地区的水电与火电、中国的风电与太阳能、韩国和日本的光伏与风电，实现连接俄罗斯、中国、蒙古国、韩国和日本的泛亚洲跨国电网，总输送距离达到3.6万千米，如图7-61所示。亚洲超级电网近年来取

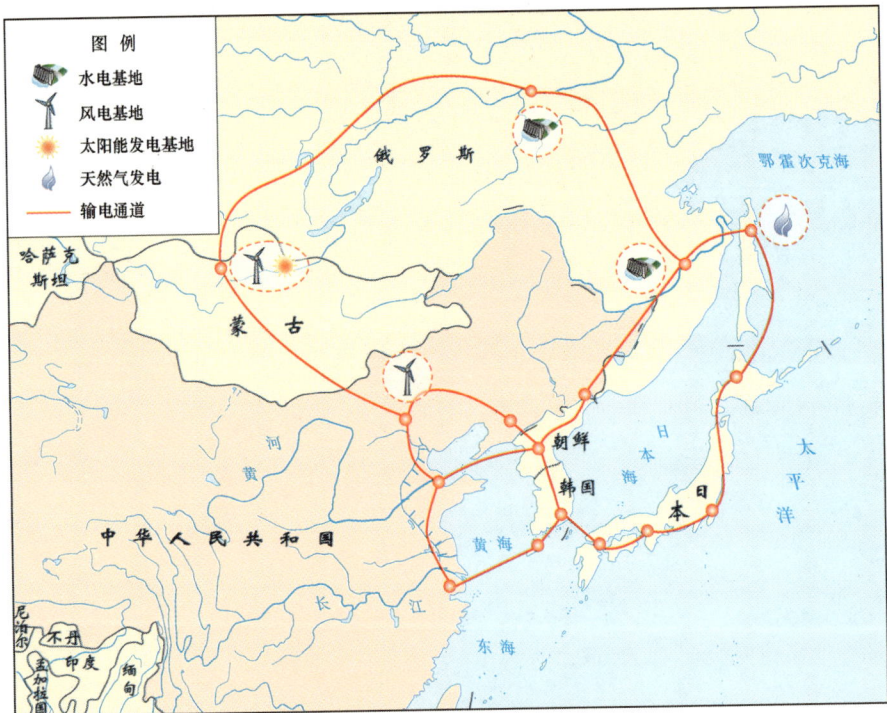

图7-61　亚洲超级电网示意图

得了一定进展。2012年12月，蒙古国能源部召开"东北亚地区可再生能源合作与电网整合"国际会议，推动可持续的能源合作模式来提升东北亚地区能源安全。2013年3月，蒙古国能源部、俄罗斯能源研究院、韩国能源经济研究院、日本可再生能源基金会、能源宪章秘书处签订了谅解备忘录，联合开展亚洲超级电网的可行性研究。总体来看，亚洲超级电网的倡议得到了各国的积极响应，这也是未来全球能源互联网构建的重要基础。

美国 Grid 2030计划：该计划源自2003年6月美国能源部输配电办公室《电网2030——电力的下一个100年的国家设想》的报告。该报告中明确提出了未来美国电网的发展远景（见图7-62），强调了全国联网及与加拿大和墨西哥联网的重要性，可以实现在更大范围内的电力优化配置。该计划包括三部分内容：① 建设国家电力骨干网。通过建设大容量输电走廊，形成连接美国东西海岸，以及北部加拿大和南部墨西哥的全国骨干互联网，充分发挥全国联网的综合效益，提高电网的整体效率和服务质量。② 建设区域互联电网。区域电网接入国家电力骨干网，各个区域电网内部通过交流或直流线路加强互联，相邻的非同步运行区域间通过大容量直流背靠背工程进行连接。③ 建设局部、小型和微电网。局部电网通过区域电网接入全国电力骨干网，通过实时监控和信息交换使得电力市场能够实现全国范围的即时交易。用户能够实现定制电力。随着技术进步，电动汽车和燃料电池汽车有望作为小型分

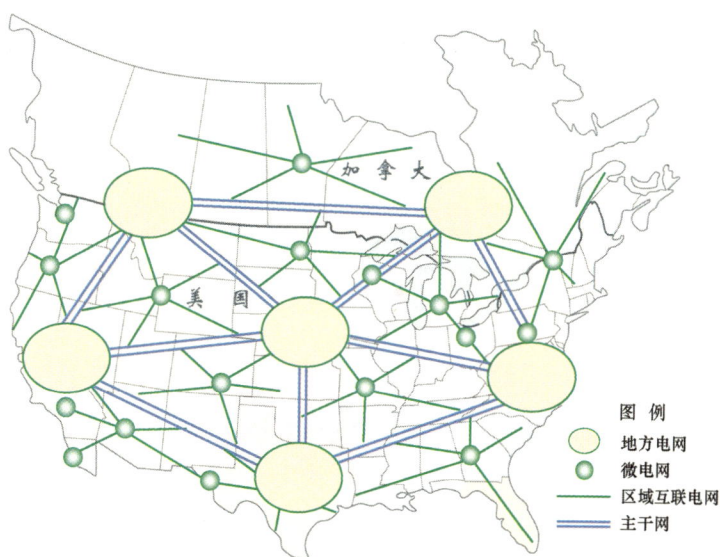

图7-62　Grid 2030美国电网远景图

布式发电设施使用。在 Grid 2030之后，美国能源部出资开展关于可持续能源发展的
未来电网的研究（The Future Grid to Enable Sustainable Energy Systems），以2050年
为目标年份，主要研究内容包括控制与保护手段、可再生能源开发的技术和市场机
制、电力教育培训、系统运行仿真分析、信息—物理网络安全等领域，来有效应对
可再生能源大规模发展的挑战。

　　上述国家和地区关于互联电网的研究规划是全球能源互联网的有益探索和实
践，为构建全球能源互联网提供了重要的基础支撑。

小结

　　（1）包括中国在内的世界有关国家对特高压、智能电网、清洁能
源和大电网互联开展了技术研究、标准制定、工程建设、规划编制等工
作，这些工作为全球能源互联网的发展奠定了技术和实践基础。

　　（2）各洲大电网互联已经初具规模，其发展趋势表明全球能源互联
网的发展成为必然。特高压技术的成熟和工程应用，为全球能源互联网
的远距离、大规模配置清洁能源提供了现实可行的解决方案和技术保障。

　　（3）智能电网技术在各国的发展和在各国电网中的应用，为风电、
太阳能发电等间歇式、随机性清洁能源发展提供了平台保障，将有力促
进全球清洁能源大规模的开发利用。

　　（4）依托特高压、清洁能源技术构建全球能源互联网，将有力推动
"两个替代"，实现世界能源可持续发展。

第八章
全球能源互联网改变世界

　　全球能源互联网作为21世纪能源领域的重大创新，描绘了未来世界能源发展的新蓝图，将深刻改变全球能源发展、经济增长、社会生活和生态环境，这种影响将是巨大的、深层次的和全方位的。展望2050年，世界将进入以全球能源互联网为重要标志的新时代，长期困扰人类发展的能源紧缺、环境污染、经济危机等问题得到有效解决，人们将享受更充足的能源、更舒适的生活、更繁荣的经济、更宜居的环境、更和谐的社会，开启世界可持续发展的美好明天。

第一节　构筑能源发展新格局

展望2050年，以特高压电网为骨干网架、以清洁能源为主导的全球能源互联网基本建成，"两个替代"全面推进，世界能源发展进入以电为中心、以清洁能源为主导、资源全球优化配置的崭新阶段，能源保障将更安全、更高效、更友好，有力支撑世界经济发展和人类文明进步。

一、突破资源约束，人人享有充足清洁能源

全球水能、风能、太阳能等清洁能源取之不尽、用之不竭，充足的清洁能源供应保障人类用能需求，为经济社会发展带来持续的强劲动力。

能源供给更充裕。 以全球能源互联网为支撑，奔腾的流水、过境的大风、普照的阳光、涌动的海潮等自然界的能源，将会通过无数水轮发电机、风力发电机、光伏光热装置、海浪发电机等载体，转换成电能，造福全人类。到2050年，全球每年可生产出66万亿千瓦·时清洁电能，这一数字比2010年增长近10倍，充沛的电能将照亮世界每一个角落；全球人口比2013年增长20多亿，达到95.5亿；有人类生存的地方，就会有充足、不间断的电力服务，每个人都能以可接受的成本获取能源供给。长期困扰非洲的缺电问题成为历史，大量无电人口都用上了清洁的电力；石油、煤炭、天然气等化石能源主要作为工业原料继续为人类服务，煤矿、油井、气田的开发更加有序，化石能源不再紧缺，世界发展终于摆脱了化石能源枯竭的制约瓶颈。在充足的能源支撑下，人类巨大的物质需求得到充分满足，比如，大量收集的雨水、人类排放的污水、充满盐分的海水都被转化为清洁且价格低廉的淡水，满足社会持久增长的用水需求，也促进了粮食生产。

能源保障更可靠。 能源问题是典型的全球性问题，长期以来饱受资源、资金、成本等因素困扰。依托全球能源互联网，随着技术进步和环保要求的提高，太阳能、风力发电的成本将明显低于化石能源发电成本。未来世界能源可实现低成本、

充足供给，智能化的用能系统自动调节能量需求，全球配置的能源市场将建立秩序井然的能源供需调节机制，能源发展将较少地受到金融操控、商业投机、垄断经营、地缘政治、自然灾害等因素的影响，避免价格暴涨暴跌，更好地支撑经济发展。同时，由于化石能源需求量减少和清洁能源的充足供应，基于全球能源互联网的能源外交和国际合作焦点转向能源技术，而非能源资源本身，中东、非洲等地的化石能源资源不再成为国际争端和潜在冲突的导火索。能源也不再作为筹码，受到各国利益之争的控制。

能源平台更坚强。特高压和智能电网技术让能源互联网覆盖世界每一个角落，能源供给不再有盲区和空白。通过地上电网及海底电缆，全球覆盖的电力网络以其强大的资源配置能力，保障着水电、风电、太阳能发电等集中式和分布式电源大规模接入，实现供用电关系的灵活转换。依托大电网控制技术、信息通信技术和先进电力系统仿真技术，可实时仿真几十万个节点的大系统稳定状态，精确预测用电负荷，动态调整电力系统结构，保障跨国跨洲电网安全稳定运行。兼具坚强和智能特征的全球能源互联网，抵御风险能力高，能够自动预判、识别大多数故障和风险，具备故障自愈功能，能够更高效地应对台风、冰灾、地震等灾害及外力破坏，类似美加大停电等事故不会再重演。

二、突破时空约束，清洁能源实现高效利用

全球能源互联网可以充分发挥网络的规模性和经济性，依托坚强网架、现代信息和通信技术，实现清洁能源生产、输送和分配系统的整体优化和实时调整，大幅提高清洁能源开发利用效率。

开发更高效。连接大型基地与负荷中心的特高压大通道建成，使全球可再生能源的资源得到充分发掘。届时，特高压输电距离可以达到5000千米以上，大电网充分利用不同区域负荷特性差异，平衡不同地区的各种可再生能源，实现各类能源联合高效协调运行，实现多种能源开发的综合效益最大化。世界各地相隔千里的水电、风电、太阳能发电装置联合运行，最大限度地提高资源开发利用效率，实现共赢。高山、海峡、沙漠等都不再是全球能源互联网拓展的障碍，中国西南的水能、白令海峡的风能、撒哈拉沙漠的太阳能、加勒比海的海洋能都能够得到充分的开发

和并网送出。届时，各洲清洁能源，包括富集在北极地区、赤道地区的清洁能源同样能够得到充分利用。

配置更高效。依托全球能源互联网，大规模的电力能够以光速在全球高效传输配置，不再局限在国内、洲内，实现东西半球跨时区补偿、南北半球跨季节调节，大幅减少全球总装机规模。2050年，全球"一极一道"外送电力流将达到12万亿千瓦·时，占全球电力需求的16%。未来，深夜的疾风不会再被浪费，强劲的风电将沿着环北半球洲际联网通道，追逐着太阳，给日间工作的人们提供可靠的电力；盛夏的烈日不再令人生厌，源源不断的太阳能发电，沿着南北半球的洲际联网通道，将温暖输送给另一端仍处在严寒冬日的人们。在全球能源互联网的紧密联系之下，未来全球成为一个"能源村"，能源配置更便捷、更高效。

消纳更高效。未来，依托全球能源互联网，各大洲实现互联互通，亚洲、欧洲、北美洲是主要电力受入地区，非洲、大洋洲成为电力输出地区。大电网突破了清洁能源富集地区当地消纳能力有限的制约，将消纳范围扩大至全球，从根本上消除弃光、弃风、弃水问题。同时，在用电侧与用户的双向互动，引导用户有序用电，促进了节能降耗、削峰填谷，提高了能源系统运行水平和能源利用效率。依托大数据，全球能源互联网搜集、整理、分析各个能源消费终端的信息，预判需求，实现各种能源优化调配，最大限度地避免浪费和低效利用，能源得到更高效使用，发挥更大作用。

三、突破环境约束，清洁能源成为主导能源

依托全球能源互联网，"两个替代"全面实施，清洁能源实现大发展，清洁电力得到全面应用，绿色低碳能源成为新时尚。到2050年，清洁能源占一次能源消费比重提高至80%，成为世界主导能源。

能源开发实现清洁替代。应对气候变化，化石能源开发将受到严格控制，石油、煤炭、天然气产量在2030年前先后达到峰值，之后将逐步被清洁能源替代。未来，传统的燃煤电厂逐步退役，集中式、分布式清洁能源大规模开发，千万千瓦级的水电、风电、太阳能电站集群在峡谷、高山和荒漠安家，百万千瓦级的海上风电场在海中竖立，各种分布式电源广泛分布在城市、农村，以清洁能源为特征的能源

生产革命在全球兴起。

能源消费实现电能替代。到2050年，全球实现电力普及，人人可获得电力，非洲等曾经贫困地区的人们，告别薪柴取能的时代，直接跨入电气化社会。电锅炉、电采暖、电制冷、电炊具和电动交通应用等广泛实现，热水、烹饪、采暖、空调、照明、灌溉等人类生活所需越来越多地通过电力解决，清洁电能基本上可满足绝大部分用能需求，交通、建筑、工业等重点领域的能耗水平显著降低。工业领域大范围推广实施煤炉、油炉改电炉以及电加热设备，告别烟囱林立。电力驱动的高速列车基本取代中短程的飞机航线，航空业碳排放大幅减少；公路上奔驰的汽车超过九成由电力驱动。到2050年，电能占据终端能源需求的"半壁江山"，比重达到52.2%。人类进入了"电力无处不在"的电气化新时代。

能源生产消费实现双向互动。传统的能源生产消费过程具有封闭的、单向特征，用户没有太多选择能力。在全球能源互联网背景下，互联网、物联网、移动终端、云计算、大数据等众多先进的信息通信技术与能源电力技术紧密融合，电网更加智能化，推动能源消费从单向被动接收的用电方式，向双向互动、灵活智能化用电方式转变。电力公司可实时了解每一个用户甚至每一个用电设备的用电信息并掌握用电规律，针对用户特点开展灵活、精细、高效的需求侧响应工作，引导用户改变用电行为，提供更加优质的用电服务；用户可以及时掌握自己的用电状况、电力价格等信息，主动参与城市及社区的用电管理，设定用电设备运行策略，实现对用电的精益化管理。全球成千上万的建筑物、汽车、工厂等传统意义上的能源消费者，也成为能源的生产者，成为全球能源互联网的交易主体。

第二节　激发经济增长新活力

全球能源互联网创造出巨大的生产力，为世界经济带来能源要素的解放，推动全球范围内技术更新换代和产业升级，成为经济持续增长的强大引擎，推动世界日益繁荣富强。

一、增强发展动力，全面提升经济质量

全球能源互联网重构世界能源体系，推动能源转型，带动经济发展方式转变，全方位推进经济又好又快发展。

推动经济全球化。全球能源互联网承载的不只是能源和电力，更让经济发展的各种基本要素在全球范围聚集和配置，对经济全球化发展起到显著促进作用。特别是史无前例的大规模清洁能源通过能源互联网在全球配置，不仅替代传统的化石能源，为全球经济注入强大动力，而且有利于打破长期制约经济全球化的各种贸易壁垒，促进投资、金融、生产、技术、信息、商品、服务以及人力资本的全球化，推动世界经济发展方式转型升级，让世界各国特别是发展中国家在全球化进程中广泛受益。

降低社会成本。全球能源互联网使能源产业的链条大大缩短，极大简化了能源产业的组织管理流程。依托全球能源互联网，清洁能源实现规模化生产、网络化配置，有效降低了能源开发成本，整体提高全社会能源利用水平。预计2035年后，赤道沙漠、北极等人烟稀少地区的可再生能源电力成本在电力受入地区逐步具有经济竞争力。随着供电成本的快速下降，太阳能、风能在电力供应结构中占据主导地位。届时，全球各国为保障化石能源体系安全所花费的政治、军事、外交、经济等投入大为削减，油气储运、火电厂治污、核废料处理、碳封存问题得到根本解决；用于运输煤炭、石油等资源的公路、铁路、轮船等运力充分释放，长期制约中国经济发展的煤电运紧张问题不复存在，全社会用能成本显著降低。

优化经济结构。电力作为高品质能源在全球实现更广泛应用，取代化石能源，提高能源利用效率，促进技术进步、产业优化升级和生产方式变革，过度依赖化石能源、"高消耗、高排放、高污染、低效率"的粗放式经济发展模式实现转型。正如世界银行报告所言，到2030年，低碳运输及工厂、建筑物和家电的能源效率提升可使全球生产总值每年额外增加1.8万亿美元或1.5%。全球能源互联网的推进，将带动就业增加，产生新的社会分工，数亿人直接或间接服务于清洁能源行业，分享全球能源互联网带来的红利。全球能源互联网的发展显著改变经济要素结构，推动经济增长更多地依靠新技术、新知识、新思想，带动绿色和低碳产业加快发展。

二、释放创新红利，带动新兴产业发展

科学技术作为第一生产力，是推进社会进步的不竭源泉。在全球能源互联网的带动下，新能源、新材料、智能装备、电动汽车、新一代信息产业焕发生机，带来生产方式和组织结构的深刻变革，从而使国家竞争力的基础和全球产业竞争格局发生彻底重构，催生新一轮工业革命。

助推新一轮工业革命。作为跨行业的新技术革命，全球能源互联网创造出全新的市场领域，全面推动战略性新兴产业发展。在人类历史上前两次工业革命中，蒸汽机、内燃机、电动机等技术创新发挥了引领作用；与全球能源互联网相伴生的第三次工业革命，则是新能源的开发与传输技术、新材料技术、通信技术、人工智能等各类新技术的集成式、聚合式突破。储能技术突破瓶颈，使电动汽车单次充电续航里程远超过内燃机汽车，高速公路上充电站代替了加油站；全球数百颗气象卫星联网协作，我们可精准判断某时某地光的强弱、风的速度，最大限度地从自然界中获取能源；等离子体、纳米材料等技术更加先进，我们制造出光电转换效率更高的面板、强度更高的风机、质量更轻的电动汽车、线损更低的输电线路，彻底更新能源产业面貌。伴随全球能源互联网的持续发展，围绕绿色能源、智能网络、节能环保等应用，能源、信息、材料、制造、生物、环境等科技领域的大批创新成果不断涌现，将推动第三次工业革命兴起和蓬勃发展。

带动商业模式创新。全球能源互联网不仅是电力、能源的载体，而且是信息、服务、科技和文明的载体，将催生出新的经济模式。全球能源互联网使大量交汇于能源与电力的商业实践成为可能，大批新型价值创造方式应运而生。巨大的电力流、信息流在全球范围内流动，数十亿人及大量的手机、电动汽车、建筑等全部于一个平台上同时在线，亿万台智能设备实现"即插即用"。届时，依托大数据，我们可以为各种用能设备提供全方位的综合服务。当电价低廉时，一些用电装置将自动开启甚至进入储能模式；人们可以投资各种能源项目，使分散的资金用于大规模新能源开发，能源电力成为全体大众的事业；随时变化的电价成为了人们财富交换和资源交易的中介；电网公司不仅向用户卖电，而且帮助用户节电，甚至发电，获取更多的经济效益，实现电网服务方式和营销模式的转变。

推动体制机制创新。未来几十年，新一轮科技革命和产业变革将同人类社会发

展形成历史性交汇。作为新兴能源基础设施的全球能源互联网，不仅催生一系列新兴产业，也将引发资源配置方式、能源市场运行机制以及监管制度模式等诸多方面的转型，使各类法律法规、行业规则和治理机制快速形成。这些新的体制机制，将突破束缚生产力发展的制度障碍，重塑能源和经济运行的制度体系，推动各种先进要素流动和聚集，为先进生产力的形成和发展提供制度保障。全球能源互联网与交通网、通信网、互联网一样，为社会组织创新和管理创新搭建平台，推动各类产业协调发展。

三、推动合作共赢，促进世界经济协调发展

全球能源互联网使产业布局、人口分布等经济发展诸要素不再受能源状况的约束，构建起了以能源为先导、互利共赢的全球价值链，推动社会生产力大提高，劳动生产率大飞跃。

促进各经济体共同发展。全球能源互联网推动了经济变革与能源转型，与以前历次工业革命的不同在于，此次变革不再是在世界的局部地区率先出现，而是带动全球各国共同开展。全球大规模发展可再生能源，使非洲大陆和拉美国家成为世界能源的提供者，不仅解决了本地的能源供给问题，而且使水能、风能、太阳能资源优势转化为经济优势，带动当地经济社会发展，融入世界经济增长的大潮流，成为新的增长点。全球能源互联网的建设，还拉动投资，带动各国基础设施建设，增加数亿就业岗位，全方位推动世界经济发展，大幅缩小全球南北差距、东西差距，使全球经济布局更加协调均衡。

促进城乡一体化发展。全球能源互联网在全球范围优化配置电力资源，将在更大范围促进城乡一体化发展，大幅提高印度、拉丁美洲、非洲等地供电普遍服务能力，推动实现联合国提出的"人人享有可持续能源"的目标。丰富、可靠的电力，将保证数十亿人生活必需的基础设施、交通工具及生产设备的正常运转，提高农村居住、教育、医疗等领域的发展水平，令当地居民得到更多福祉。

促进各行业融合发展。全球能源互联网深深融入社会每个角落，与互联网、物联网相辅相成、相互促进，向能源、建筑、交通、制造、农业、教育等领域渗透，推动产业边界渐趋模糊，使产业交互成为趋势。在随之而来的产业结构调整过

程中，许多传统产业会利用全球能源互联网这一能源信息网络出现的契机，完成自身的转型、升级、再造，激发创新附加值，再现新生机，再造新财富。一方面，推动不同产业间发生融合。智能制造、创新设计等新的制造模式与服务外包、电子商务、网络购物等新的商业模式融合共进，显著加速了制造业与服务业的发展。另一方面，推动同一产业链上下游产生融合。未来的智能生产线、绿色家电、电动汽车就是以新能源和信息技术为纽带，实现产业链上下游产业重组融合的产物。从某种意义上说，在全球能源互联网的发展征程中没有旁观者，政府、企业、社会组织乃至每个人都是参与者、实践者，各个阶层、各个行业的人们均从中受益。

第三节　创造社会美好新生活

全球能源互联网是"能量流、信息流、业务流"的高度融合，是智能化、自动化、网络化的能源保障体系。全球能源互联网的发展，将深刻影响人类生产生活和自然生态环境，推动众多梦想成为现实，共谋人类福祉。

一、改变公众生活，提升人类发展水平

全球能源互联网作为人类赖以生存和发展的能源基础设施，开创一种更具活力的经济体系，使人类在全新的能源网络经济中实现更好发展。

让人人享受智能生活。未来，人类生产生活各个方面无不打上全球能源互联网的印记。在生产领域，信息技术与清洁能源系统的更好结合，使整个能源系统实现智能化，传感器无处不在，即时信息快速传达，信息技术系统与能源系统联手，推动难以计数的各种机械、自动化生产线运转，共同调节建筑、汽车、工厂、电源间的联动运行。它改变能源使用设备的个体属性，使其从单机单功能实体成为多功能互联电网体系中的一部分，最终使能源系统的效率得以优化。在生活领域，全球能源互联网给人类带来了空前便利。从汽车奔驰、火车运行、通信畅通，再到空调、微波炉、冰箱、洗衣机等家用电器，全部实现智能化运行。人们可以网络遥控打开

家中的空调、制作美味的晚餐；可以自动控制洗衣机等各种用能设备，最大限度方便用户，节省用能成本；可以自动开启家庭储能设备、分布式电源、电动汽车充电设施等，成为亿万电力供应商的一员。普通家庭都能够通过全球能源互联网平台实现用户能源管理、移动终端购电、水电气多表集抄、综合信息服务、远程家电控制等，全面提高生活智能化水平。

让个性需求得到充分满足。 在能源利用上，通过全球能源互联网，人人都可以生产能源、分享能源、控制能源、定制能源，既是用能者，又是生产者。人们甚至可以自由选择使用北极风能还是赤道地区的太阳能，可以选择不同时段不同价格的用电套餐。未来，人类的能源需求、商品需求、工作需求等由规模化向多元化转变。依托全球能源互联网，成千上万个工作岗位可以从工厂和办公室转移到家中去，改变人们的生产生活方式，解决交通拥堵和工业社会中的诸多问题。

让人们全面自主健康发展。 全球能源互联网引发的新科技革命及其成果的应用，将推动生产力加快发展，显著提升人类认识世界、改造世界的能力，全方位促进人们生产方式、生活方式、交往方式和社会关系的改变。未来，社会生产的自动化和智能化水平显著提高，枯燥、重复的工作基本由机器和智能网络完成，工厂里甚至会变得罕有人烟，自动化工厂、自动化生产线、自动化驾驶等逐渐成为现实，广大劳动者逐渐从制造业、农业、流通、社会服务和家务劳动等方面的直接劳动、重复性劳动以及煤炭开采、油气运输等具有一定危险性的职业中解脱，有更多时间与精力从事自己喜爱的创造性劳动，从而为人的全面、自由发展创造客观条件、奠定物质基础、提供时间保证，人生道路的选择更为开阔。

二、推动社会变革，构建高效社会形态

全球能源互联网处于能源供需与交换的枢纽地位，拥有坚强的网络设施，拥有呈指数增长的海量数据，是引导产业布局、整合各类资源、推动社会变革的综合平台。

社会生产方式更协同。 能源革命对社会生产具有决定性影响，是工业革命的根本动力。在第一次、第二次工业革命中，机械化、自动化制造业先后兴起。全球能源互联网是承载新一轮工业革命的基础平台，对新一轮工业革命具有全局性的推

动作用。全球能源互联网具有交互和协同性，与数字化和智能化制造业高度融合，将发挥越来越大的作用，推动"分布式"生产的兴起，而这某种意义上正是全球能源互联网在更高发展阶段的延续。企业是人类社会资源和能源消耗量最大的社会组织。未来企业间的互联构成更大、更高层次的智能生产网络，制造业的制造模式发生深刻变革，多品种、小批量生产方式可实现最优的能源效率。

社会组织形式更高效。能源转型过程，也对包括经济结构、生活方式在内的整个庞大社会体系进行了更新和优化。对于整个社会来说，在全球能源互联网背景下，更加高效率的扁平化模式受到欢迎，新兴的、具有可移动特征的网络化组织会逐步代替原来固化的层级组织。全球能源互联网营造出人和人之间更为平等的世界，社会分工合作在全球范围内得到更广泛实施。新科学、新技术、新理念过渡到新产品、新服务、新应用之间的时间跨度缩短，转换成本降低。对于个人而言，人类的生活方式呈现出网络虚拟集中、地理现实分散的鲜明特征，人类将身处更为宽松的工作环境、更具效率的社会组织中。

社会运转体系更智慧。2050年，智能电网与物联网、互联网等深度融合，能源供应、工业监测、信息通信、家政医疗、物流交通、远程教育、电子商务等各方面的服务更加丰富，实现全社会资源共享、多行业协同服务，拓展出广阔的应用领域。**在城市管理领域**，生活在城市的全球2/3人口享受便利。依靠无处不在的电网和通信系统，大到气象监测、城市用能、经济增长波动等信息，小到街上每个垃圾桶是否已满等情况，城市管理者都可以进行实时分析、处理和决策。**在医疗服务领域**，人体传感器与网络医生保持实时联系，全天候保障人们的身体健康，甚至可远程控制机械手术刀来完成应急手术。**在个人生活领域**，智能眼镜、手表等可穿戴设备功能强大，人们可用语言、动作甚至意念来调动程序，实现新闻浏览、车辆启动、订餐等任务。**在农业生产领域**，灌溉、播种、施肥、照明等由计算机系统控制电机自主完成，生产者以最低的能耗、水耗精确控制作物生长。**在商业经营领域**，营销系统、物流系统高度融合，无人化的交通工具实现便捷送货，并自动完成充电工作。**在交通运输领域**，自动驾驶的汽车分分秒秒连通着全球能源互联网、全球定位系统，隐藏在道路上的实时交通监控芯片保障着车辆行驶安全，交通事故大为减少。遍布各处、与智能电网整合的传感器及时捕捉位置、速度、高度、振动、温度、湿度、压力、空气质量等各个维度的信息，整个社会处于可测、可知、可控的新物理状态。

三、改善自然环境，实现生态可持续发展

全球能源互联网大幅提升了全球清洁能源消费比重，各类温室气体和污染物排放显著下降，生态环境问题得以解决，处处是青山、绿水、蓝天，人类步入享受生态文明成果的新常态。

气候变化得以控制。全球能源互联网根本解决了全球气候难题。从现在起到2050年，依托可再生能源的快速发展，全球累计新增二氧化碳排放将在1万亿吨左右，2050年二氧化碳排放仅为1990年的一半，大气温升控制在2℃以内。粮食生产、水资源、生态、城镇化建设和人民生命财产受到的威胁大幅减少，部分地区稻米、小麦和玉米等主要作物产量下降的风险得以消除。格陵兰岛、南极冰盖及陆地高原冰川等避免加速融化，海平面上升得到遏制，小岛屿国家和沿海低洼地区不会被冲蚀，全球上百座人口稠密的沿海城市不必耗巨资修筑防护堤，数亿人口避免因海水入侵陆地而离开家园。昆仑山的融化雪水得以持续滋养新疆沙漠绿洲，喜马拉雅山冰川存续令恒河两岸上亿人的饮用、灌溉水继续有保障。干旱、洪水、气旋和风暴、热浪或寒潮等极端气候事件减少，泥石流、山体滑坡等灾害的恶性程度也显著降低。根据世界卫生组织估计，从2030年起，因温室气体排放减少，每年可挽救数百万人的生命。

生态环境得到恢复。全球能源互联网使困扰人类的诸多能源生态问题迎刃而解。传统化石能源的生产、传输和消费规模都会缩减，煤炭开采、加工、运输、存储及燃烧带来的地表沉陷、矿难、透水、爆炸、烟尘等问题日益减少，油气开采、输送、利用对地质、陆地和海洋生态的破坏日益减轻，森林、湿地面积持续扩大，生物多样性得到保护和恢复。生活在人口密集或工业密集城市的消费者处处都能呼吸到高质量空气、饮用到高质量水、吃到高质量食品。广大消费者不必再为化石能源所产生的污染治理成本埋单，许多在医疗上所支付的金钱转向保健和锻炼，人的生活质量提高，平均寿命延长，从源头上降低环境污染对公众健康造成的负面影响。

资源消耗大幅减少。全球能源互联网推动化石能源采掘业转变成清洁能源制造业，能源生产不存在资源枯竭和品质下降、价格升高问题，这是新一轮可再生能源

生产革命不同于前两次工业革命的又一突出特征。新工业体系下，清洁、高效、环境友好日益成为世界各国追求的主要目标，也推动了人类生产理念的改变。世界自然基金会2012年的报告显示，如果任凭地球自然资源不断减少，到2050年，人类将需要消耗2.9个地球的资源。全球能源互联网的发展，以可再生能源替代化石能源，将改变长期以来高消耗、高污染的生产方式和高消费、高浪费的生活方式，彻底改变经济增长高度依赖资源消耗这一现状。全球各大经济体只依靠原来四分之一的原材料，就能在天更蓝、地更绿、水更净的环境下，支撑经济长周期繁荣。

第四节　开启人类文明新篇章

作为21世纪深刻影响人类生产生活的重大创新，全球能源互联网改变的不仅是能源发展方式，而且有助于改变世界地缘政治格局，培育生态文明理念，提高人的理性认知和思想境界，推进人类文明持续进步。

一、推动政治和谐，促进世界和平

能源是现代化的基础，能源机制塑造了文明的本质，决定了文明的组织结构、商业和贸易成果的分配、政治力量的作用形式，指导社会关系的形成与发展。

全球能源互联网成为维系世界和平的纽带。全球能源互联网变革了长久形成的国际能源秩序基础，改变了世界地缘政治格局，促进世界向多极化发展。世界各国在新能源开发、利用过程中有着共同利益，相互依存、相互合作、相互促进的程度进一步加深。由能源资源争夺所引发的政治、军事、外交矛盾和冲突风险得到有效控制，中东、北非等地区地缘政治的紧张局势得到缓解；蕴藏石油和天然气资源的北极地区不会再成为世界争端的焦点，北极风能成为全人类共享的宝藏。全球从个体安全转向集体安全，各国在资源合作的基础上不断扩大其他的合作领域，有力促进世界和平。

全球能源互联网成为保障社会稳定的基石。对幸福生活的追求是推动人类文明进步最持久的力量。全球能源互联网带来的充足能源，推动生产力发展，令人类能够拥有更满意的收入、更可靠的社会保障、更高水平的医疗卫生服务、更适宜的居住条件、更优美的自然环境。传统化石能源体系下的诸多社会不稳定因素在很大程度上获得解决，正如亚洲开发银行2013年10月发布的《亚太地区能源展望报告》中所警告的，如果不减少对石油进口的严重依赖，提高电力使用效率，采用更绿色的能源，亚太地区能源领域的贫富差距将越来越大。全球能源互联网显著促进社会各阶层结构的变迁，有利于缓和社会矛盾。全球能源互联网在推动各国致力于逐步实现人类生存资源的均衡分配与交换，保障人类的永续生存，为共同发展创造前提。

全球能源互联网成为聚合人类共同利益的平台。 在全球能源互联网平台上，瞬间万里、天涯咫尺的能源、信息传导机制将发挥重要作用。不论是遏制全球变暖，还是改善生态环境；不论是提高人民福祉，还是实现和平发展，这些全人类的共同利益超越了社会制度、发展水平、民族宗教和意识形态分歧，成为不同国家的共同关切。全人类日益成为一个你中有我、我中有你的命运共同体，大家拥有平等的生存权和发展权。各国在相互依存中形成了共同利益链条。这一变革的深度、广度、速度都前所未有，使任何单一国家的自身发展和进步，都必须自觉地融入到全球潮流中来，孤立的发展与进步不复存在。全球能源互联网消除能源鸿沟，为一个没有浪费、没有贫穷、没有战争的世界奠定动力基础。在新平台上，各种国际组织将发挥日益重要的作用，人类社会将建立起更好的利益分享机制。

二、推动环境和谐，促进生态文明

全球能源互联网使人们深度参与到绿色能源的生产和消费中，自觉培育绿色生态的生活方式和理念，成为世界生态文明的根本推动力量。

生态文明价值观得以确立。 世界近300年的工业化历程，仅使约10亿人口的发达国家实现了较高程度的现代化，但全球资源和生态却付出了极为沉重的代价。未来，包括中国在内的发展中国家要实现现代化，再也无法延续传统的经济增长方式和发展模式。全球生态是一个系统的、整体的、有机联系的统一体。生态文明作为对工业文明的超越，代表了一种更为高级的人类文明形态。21世纪，是人类社会由工业文明向生态文明过渡的世纪。全球能源互联网促使人类以系统、整体的观点看待自然，推动人类树立责任意识，自觉珍爱、保护环境，坚持人—自然—社会的全球生态系统的整体价值观，实现经济、政治、文化与生态的协同发展。

节能减排成为共同道路。工业时代的过度物质消费已远远超过了人类的合理需求，超过了自然保障能力，破坏了生态平衡。发展全球能源互联网，推动绿色低碳社会的到来，意味着人类从生产方式到生活方式的全面变革。在不断提高生活质量的过程中，人们逐步树立适度消费、节约资源的消费理念，摒弃对物欲的无节制追求。人们更为推崇尊重自然、顺应自然，保护生态系统和生命的消费观念，不超越资源与环境的承载能力。人们着力改变过度消耗、过多排放等与低碳经济不相适应的生产生活方式，培育和建立科学、健康的消费文化和消费模式。未来，我们购买一件商品、享受一次服务、完成一次出行中，都能够准确获知并及时控制能源消耗，每个人都能精确管理自己的能源账单，并视此为美德。

可持续发展理念深入人心。可持续发展是人与人、人与社会、人与自然的协调发展战略，功在当代，利在千秋。全球能源互联网以全球能源观为指导，更为注重可再生能源利用，坚持可持续发展理念，理顺了人与自然和谐共处的关系，为人类社会发展指明了前途和方向。全球能源互联网推动形成了资源节约型、质量效益型、科技先导型、环境友好型的可持续发展模式，推动绿色低碳、节能环保产业成为经济可持续发展的新引擎，最终推动人类突破民族、国家的藩篱，超越狭隘的个人、集团利益，共同承担各自责任，坚持平等合作，共同保护和建设美好地球家园。

三、推动人类和谐，促进文明升级

全球能源互联网的发展，不仅推动人类物质财富和福利生活的更大改善，而且推动人与人的关系更为自由平等，推动人类从根本上实现人与自然、人与人的双重和谐，实现人类文明转型升级。

提升人类认识思维。全球能源互联网推动了人的思维方式和思想观念的更新。一是全局思维。全球能源互联网时代，人们对能源与信息、时间与空间、虚拟与现实、生产与消费、公平与效率、竞争与合作、软件与硬件等难以兼顾或者原本具有二元特征的事物进行空前紧密的调和，人类文明深度持续拓展。二是开放创新思维。全球能源互联网是一个高度开放系统，具有极大的产业带动力量，催生新的技术、业态和模式，各种融合式、突破式创新将不断涌现，对产业经济、社会政治、世界格局将产生巨大影响，推动人的思维与时俱进，不断打破条条框框，更开放、更包容。

重构人类知识体系。知识就是力量。在全球能源互联网时代，人的知识疆域不断拓展、知识内容不断深入。从某种意义上说，推动世界经济的基础从更多依靠物质资源转化到更多依靠知识资源。未来能源世界，以特高压输电技术、新能源发电技术、信息网络技术、智能控制技术等为基础，新兴多学科、交叉学科和跨学科技术不断涌现，将更新人类已有的能源知识体系，并作用于自然科学、社会科学，显著提高人类改造世界的能力，对社会经济发展各个方面产生重大影响。未来，在各国经济发展中，知识和技术所占的权重越来越大，各国更为重视教育和科研，注重培养复合人才，注重增强人的创造性，重视知识产权，抢占未来发展先机。

升华人类精神文明。每当人类社会的生产力完成一次实质性的跨越，人类的精神文明就要完成一次飞跃。随着物质文明高度发达，人类社会的发展成果也能够愈来愈多满足人们精神方面的需求，人类思想领域更为繁荣。**人类的智慧水平将进一步提高**，全球能源互联网将促进国与国的合作、人与人的分享，增强每个人参与能源、信息合作的动力，激发人类命运共同体意识，强化社会凝聚力。**人类的道德水准将进一步提高**，跨越时空的全球能源合作理念被广泛接受，契约精神与责任意识促使人类在开发利用资源过程中遵循责任共担、利益共享原则，培育合作、诚信的新氛围。**人类文明多样性将进一步增强**，在全球协同发展的时代背景下，不同民族、国家和地区的各种文明将彼此尊重、保持特色、交流互鉴，推动全人类文明迈向更高阶段。

小结

（1）全球能源互联网推动能源发展方式转变，使能源发展摆脱资源、时空和环境约束，实现清洁能源高效开发、利用，推动清洁能源成为主导能源，让人人享有充足能源供应。

（2）全球能源互联网推动经济发展方式转变，促进经济向创新驱动、全面协调、质量提升方向转型，为世界经济发展注入新活力、带来新繁荣。

（3）全球能源互联网的发展深刻影响人类生产生活方式，人的发展质量、社会管理效率和自然环境水平大幅提升，推动创造人类社会美好新生活。

（4）借助全球能源互联网，人类文明将走向更高阶段，推动形成全球范围的政治和谐、生态和谐和人类和谐的场景得以实现，开启世界文明新篇章。

（5）展望2050年，全球能源互联网基本建成，不仅为推动实现中华民族伟大复兴注入强大动力，而且为推动世界经济社会可持续发展作出卓越贡献。

内 容 索 引

参考文献

[1]　习近平. 习近平谈治国理政. 北京：外文出版社，2014.

[2]　江泽民. 中国能源问题研究. 上海：上海交通大学出版社，2008.

[3]　李鹏. 电力要先行　李鹏电力日记. 北京：中国电力出版社，2005.

[4]　张国宝. 中国能源发展报告2010. 北京：经济科学出版社，2010.

[5]　刘振亚. 中国电力与能源. 北京：中国电力出版社，2012.

[6]　刘振亚. 特高压交直流电网. 北京：中国电力出版社，2013.

[7]　刘振亚. 智能电网技术. 北京：中国电力出版社，2010.

[8]　刘振亚. 特高压直流输电技术丛书. 北京：中国电力出版社，2009.

[9]　刘振亚. 特高压输电知识问答. 北京：中国电力出版社，2006.

[10]　刘振亚. 中国特高压交流输电技术创新. 电网技术，2013（3）.

[11]　刘振亚. 智能电网与第三次工业革命. 科技日报，2013-12-5.

[12]　刘振亚，张启平，董存，等. 通过特高压直流实现大型能源基地风、光、火电力大规模高效率安全外送研究. 中国电机工程学报，2014（16）.

[13]　刘振亚. 论全球能源互联网. IEEE Spectrum科技纵览，2014（10）：54-56.

[14]　《中国电力百科全书》编辑委员会，《中国电力百科全书》编辑部. 中国电力百科全书. 3版. 北京：中国电力出版社，2014.

[15]　中华人民共和国国家统计局. 中国统计年鉴2013. 北京：中国统计出版社，2013.

[16]　国家统计局能源统计司. 中国能源统计年鉴2013. 北京：中国统计出版社，2013.

[17]　国家能源局发展规划司. 科学发展的2030年国家能源战略研究报告. 2012.

[18]　中华人民共和国环境保护部. 2013年中国环境状况公报. 2014.

[19]　国务院发展研究中心，壳牌国际有限公司. 中国中长期能源发展战略研究. 北京：中国发展出版社，2013.

[20]　中国电力企业联合会，美国环保协会. 中国燃煤电厂大气污染物控制现状2009. 北

京：中国电力出版社，2009.

[21] 中国电力企业联合会. 电力工业统计资料汇编2013. 2014.

[22] 全联新能源商会. 全球新能源发展报告2014. 2014.

[23] 罗伯特·海夫纳三世. 能源大转型. 马圆春，李博抒，译. 北京：中信出版社，2013.

[24] 丹尼尔·耶金. 能源重塑世界. 朱玉犇，阎志敏，译. 北京：石油工业出版社，2012.

[25] 杰里米·里夫金. 第三次工业革命：新经济模式如何改变世界. 张体伟，孙豫宁，译. 北京：中信出版社，2012.

[26] 斯科特L.蒙哥马利. 全球能源大趋势. 宋阳，姜文波，译. 北京：机械工业出版社，2012.

[27] 戴维·麦凯. 可持续能源：事实与真相. 张军，董萌，等译. 北京：科学出版社，2013.

[28] 丹尼尔·波特金，戴安娜·佩雷茨. 大国能源的未来. 草沐，译. 北京：电子工业出版社，2012.

[29] Hermann Scheer. 能源变革：最终的挑战. 王乾坤，译. 北京：人民邮电出版社，2013.

[30] 卢安武，洛基山研究所. 重塑能源：新能源世纪的商业解决方案. 秦海岩，鉴衡认证中心，译. 长沙：湖南科技出版社，2014.

[31] M.B.麦克尔罗伊. 能源：展望、挑战与机遇. 王聿绚，郝吉明，鲁玺，译. 北京：科学出版社，2011.

[32] 余胜海. 能源战争. 北京：北京大学出版社，2012.

[33] 周洪宇，徐莉. 第三次工业革命与当代中国. 武汉：湖北教育出版社，2013.

[34] 董崇山. 困局与突破：人类能源总危机及其出路. 北京：人民出版社，2006.

[35] 王传崑，卢苇. 海洋能资源分析方法及储量评估. 北京：海洋出版社，2009.

[36] A.E.阿萨林，赵秋云. 俄罗斯的水资源及其利用. 水利水电快报，2008（5）.

[37] 樊新中. 赴美国、加拿大水能资源开发利用管理考察报告. 中国水能及电气化，2008（4）.

[38] 汪海瑛，白晓民. 大规模风电场的发电充裕度与容量可信度评估. 电网技术，2012，36（6）：200-206.

[39] 杨校生. 风力发电技术与风电场工程. 北京：化学工业出版社，2012.

[40] Sathyajith Mathew. 风能原理、风资源分析及风电场经济性. 许锋飞，译. 北京：机械工业出版社，2011.

[41] 张兴，曹仁贤，等. 太阳能光伏并网发电及其逆变控制. 北京：机械工业出版社，

2011.

[42] 何道清，何涛，丁宏林. 太阳能光伏发电系统原理与应用技术. 北京：化学工业出版社，2012.

[43] 黄素逸，黄树红，等. 太阳能热发电原理及技术. 北京：中国电力出版社，2012.

[44] 黄湘. 太阳能热发电技术. 北京：中国电力出版社，2013.

[45] 汤广福，罗湘，魏晓光. 多端直流输电与直流电网技术. 中国电机工程学报，2013，33（10）：8-17.

[46] 王裕霜. 国内外海底电缆输电工程综述. 南方电网技术，2012，（2）：26-30.

[47] 严陆光，肖立业，林良真，等. 大力发展高电压、长距离、大容量高温超导输电的建议. 电工电能新技术，2012，31（1）：1-7.

[48] 沃泽克. 海底电力电缆——设计、安装、修复和环境影响. 应启良，徐晓峰，孙建生，译. 北京：机械工业出版社，2011.

[49] 徐政. 柔性直流输电系统. 北京：机械工业出版社，2013.

[50] 韩民晓，文俊，徐永海. 高压直流输电原理与运行. 2版. 北京：机械工业出版社，2013.

[51] 王银顺. 超导电力技术基础. 北京：科学出版社，2011.

[52] 张建华，黄伟. 微电网运行、控制与保护技术. 北京：中国电力出版社，2010.

[53] 艾芊，郑志宇. 分布式发电与智能电网. 上海：上海交通大学出版社，2013.

[54] Frank S. Barnes，Jonah G. Levine，等. 大规模储能技术. 肖曦，聂赞相，等译. 北京：机械工业出版社，2013.

[55] 吴佳梁，曾赣生，于铁辉，等. 风光互补与储能系统. 北京：化学工业出版社，2012.

[56] 杨秀，李宏仲，赵晶晶. 分布式发电及储能技术基础. 北京：水利水电出版社，2012.

[57] 唐跃进，石晶，任丽. 超导磁储能系统（SMES）及其在电力系统中的应用. 北京：中国电力出版社，2009.

[58] 李宏仲，段建民，王承民. 智能电网中蓄电池储能技术及其价值评估. 北京：机械工业出版社，2012.

[59] 苏伟，刘世念，钟国彬，等. 化学储能技术及其在电力系统中的应用. 北京：科学出版社，2013.

[60] 涂子沛. 大数据. 桂林：广西师范大学出版社，2013.

[61] 杨正洪. 智慧城市：大数据、物联网和云计算之应用. 北京：清华大学出版社，2014.

[62] 维克托·迈尔-舍恩伯格，肯尼思·库克耶. 大数据时代. 周涛，等译. 杭州：浙江人民出版社，2013.

[63] Gerd Keiser. 光纤通信. 4版. 蒲涛，徐俊华，苏洋，译. 北京：电子工业出版社，2012.

[64] Zhenya Liu. Smart Grid in China: Development and Practice. Paper C1-203, CIGRE Session 2014, Paris, France, August 2014.

[65] BP. Statistical Review of World Energy 2014. 2014.

[66] UN. World Energy Statistics Yearbook 2011. 2014.

[67] IEA. Energy Balances of Non-OECD Countries 2014. 2014.

[68] IEA. Energy Balances of OECD Countries 2014. 2014.

[69] IEA. Electricity Information 2014. 2014.

[70] IEA. World Energy Outlook 2014. 2014.

[71] IEA. CO_2 Emissions from Fuel Combustion 2013. 2013.

[72] IEA. CO_2 Emissions From Fuel Combustion Highlights 2014. 2014.

[73] IEA. Energy Prices and Taxes Q2 2014. 2014.

[74] IEA. Energy Supply Security: Emergency Response of IEA Countries 2014. 2014.

[75] IMF. World Economic Outlook 2014. 2014.

[76] WEC. World Energy Scenarios: Composing energy futures to 2050. 2013.

[77] WEC. World Energy Resources: 2013 survey. 2013.

[78] WEC. World Energy Perspective Smart Grids: Best Practice Fundamentals for a Modern Energy System. 2012.

[79] WNA. World Nuclear Power Reactors & Uranium Requirements. 2013.

[80] IAEA. Uranium 2014: Resources, Production and Demand. 2014.

[81] GWEC. Global Wind Report 2013. 2014.

[82] IPCC. Climate Change 2014: Impacts, Adaptation, and Vulnerability: Summary for Policymakers. 2014.

[83] IPCC. Renewable Energy and Climate Change. 2011.

[84] IPCC. IPCC Special Report on Renewable Energy Resources and Climate Change Mitigation. 2011.

[85] IRENA. Estimating the Renewable Energy Potential in Africa. 2014.

[86] IRENA. Southern African Power Pool: Planning and Prospects for Renewable Energy. 2014.

[87] REN21. Renewables 2014 Global Status Report. 2014.

[88] NREL. Eastern Wind Integration and Transmission Study. 2010.

[89] NREL. U.S Renewable Energy Technical Potentials: A GIS-Based Analysis. 2012.

[90] EPIA. Global Market Outlook for Photovoltaics 2014-2018. 2014.

[91] BTM Consult. World Market Update 2013. 2014.

[92] U.S. Energy Information Administration. International Energy Outlook 2014. 2014.

[93] EU. Energy Road Map 2050. 2012.

[94] EU. EU Energy, Transport and GHG Emissionstrendsto 2050: Reference Scenario 2013. 2014.

[95] EU. Renewable Energies in Africa Final Report 2011. 2011.

[96] European Environmental Agency. Europe's Onshore and Offshore Wind Energy Potential: An Assessment of Environmental and Economic Constraints. 2009.

[97] ENTSO-E. Statistical Factsheet 2013.

[98] IEEE. IEEE Power System Operations Committee Organization and Procedures. 2009.

[99] V. A. Vasil'ev, M. I. Saparov, B. V. Tarnizhevskii1, Possibilitiesof Use and Promising Layouts of Power Plants Employing Renewable Energy Sources in Arctic Regions of Russia. Power Technology and Engineering, 2005.

[100] Anatole Boute, Patrick Willems. RUSTEC: Greening Europe's Energy Supply by Developing Russia's Renewable Energy Potential. Energy Policy, 2012.

[101] David Elliott. Emergence of European Super grids: Essay on Strategy Issues. Energy Strategy Reviews, 2013.

[102] Alison M. Conner, James E. Francfort, Ben N. Rinehart. DOE. U.S. Hydropower Resource Assessment Final Report. 1998.

[103] Haisheng Chen, Thang Ngoc Cong, Wei Yang, Chunqing Tan, etc. Progress in electrical energy storage system: A critical review. Progress in Natural Science, 2009 (19): 291 - 312.

[104] M.J. (Mariska) de Wild-Scholten. Energy Payback Time and Carbon Footprint of Commercial Photovoltaic Systems. Solar Energy Materials and Solar Cells, 2013. (119): 296 - 305.

后　记

　　电的发现和利用，是人类历史上最伟大的成就之一，以史无前例的速度加快世界文明发展的进程，为人类经济社会发展提供了强大动力。我于20世纪70年代初投身中国电力事业，2000年以来先后任职中国国家电力公司和国家电网公司，2009年底以来兼任中国电力企业联合会理事长，在电力研究、建设、管理等领域工作了四十多年。这些经历，使我对能源与电力工作充满着感情，对其未来发展问题也一直在研究、探索和思考，认识也在不断深化、完善。

　　从历史和现实看，能源和电力是长期影响经济社会发展的重大因素。进入21世纪以来，全球能源生产和消费持续增长，化石能源的大量开发和使用，导致资源紧张、环境污染、气候变化诸多全球性难题，对人类生存和发展构成严重威胁。面对严峻挑战，我的基本判断是，建立在传统化石能源基础上的能源发展方式已经难以为继，由可再生能源全面取代化石能源是大势所趋，应该引起各方重视和大力推进。

　　中国是世界上最大的发展中国家，也是最大的能源生产国和消费国，能源环境问题尤为突出。近年来，中国大气雾霾、煤电运紧张、油气供应等问题日益严重。国家电网公司立足中国基本国情和能源资源禀赋，提出了实施"一特四大"战略和"以电代煤、以电代油、电从远方来、来的是清洁电"电能替代战略，加快建设以特高压电网为骨干网架、各级电网协调发展的坚强智能电网，推动能源资源在全国范围优化配置，取得了显著成效，实践验证了发展特高压电网、推进清洁能源发展的重要性和可行性。

基于对中国能源和电力的探索与实践，进一步引发了我对全球能源问题的深入思考。我认为，气候变化是当前和今后影响世界能源开发路径、关系人类生存发展的长期问题，温室气体排放是化石能源无法回避的问题，应对气候变化的唯一出路在于能源的绿色低碳发展，根本途径是实施清洁替代和电能替代，关键要依托特高压电网构建全球能源互联网，发挥其大范围优化配置能源资源的重要作用，实现世界范围清洁能源大规模开发利用，保障人人享有充足的清洁能源供应。这是全球能源可持续发展的必由之路。

建设全球能源互联网，在技术和工程上已有基础。尤其是特高压电网和清洁能源技术的发展为构建全球能源互联网创造了有利条件。近年来，国家电网公司相继建成了"三交四直"特高压工程并长期保持安全稳定运行，有力保障了中国大型能源基地开发和电力远距离、大规模、高效率送出。本书所涉及的特高压、智能电网、清洁能源等技术，都基于现有科学水平，是现实可行的，这也是发展全球能源互联网的根基。

对于全球能源互联网战略构想，国际上的响应非常积极。2014年，国家电网公司先后在电气与电子工程师学会电力能源协会（IEEE PES）年会、联合国气候变化首脑峰会、埃森哲全球能源委员会会议、首届可持续城镇化首席执行官理事会会议，以及电气与电子工程师学会科普论坛、《福布斯》杂志上发表研究成果，引起广泛关注。从开发"一极一道"等大型能源基地到构建全球特高压骨干网架，从推动智能电网广泛应用到加强能源电力技术创新，不论是发达国家，还是发展中国家，各方都有共同的话题、共同的愿景、共同的利益。大家普遍认为，构建全球能源互联网，实现"两个替代"，是解决世界能源问题、应对气候变化的治本之策。

我也深知，能源问题具有全局性和广泛性，是国际政治、经济、外交、国防、气候变化博弈的焦点，任何一个国家都不能单独解决。构建全球能源互联网，既面临可再生能源加快发展的历史机遇，也面临地缘政治、经济利益、社会环境、能源政策、市场建设、技术创新等重大挑战，不会一帆风顺，不会一蹴而就，需要经历一个艰难曲折的过程。但是，千里之行，始于足下。只要我们齐心协力、共同推动，全球能源互联网一定大有可为，一定能够成功。对此，我充满信心和期待。这也是我写作此书的原因和动力所在。

由于个人学力和精力原因，也由于水平所限，本书还有很多不尽如人意的地方，作为一家之言，旨在抛砖引玉，欢迎各位专家、学者及同仁们赐教，也希望能够凝聚智慧、形成共识，带动更多的有志之士投身到全球能源互联网这一伟大事业。本书在成书过程中，得到了许多领导、专家、同事的帮助，在此一并表示感谢。

作 者
2015年1月